Michel Schenk

Schiedsfreiheit und staatliche Schutzpflichten

Schiedsgerichtsbarkeit als Ausübung grundrechtlicher Privatautonomie – Unter Berücksichtigung einer Schiedsgerichtsbarkeit mit staatlicher Beteiligung

Springer

Michel Schenk
Fachbereich Rechtswissenschaften
Philipps-Universität Marburg
Marburg, Deutschland

Dissertation, Philipps-Universität Marburg, 2019

ISBN 978-3-658-29853-1 ISBN 978-3-658-29854-8 (eBook)
https://doi.org/10.1007/978-3-658-29854-8

Die Deutsche Nationalbibliothek verzeichnet diese Publikation in der Deutschen Nationalbibliografie; detaillierte bibliografische Daten sind im Internet über http://dnb.d-nb.de abrufbar.

Springer ist ein Imprint der eingetragenen Gesellschaft Springer Fachmedien Wiesbaden GmbH und ist ein Teil von Springer Nature.
Die Anschrift der Gesellschaft ist: Abraham-Lincoln-Str. 46, 65189 Wiesbaden, Germany

Schiedsfreiheit und staatliche Schutzpflichten

Meinen Eltern

Vorwort

Die vorliegende Arbeit wurde im Wintersemester 2019/20 vom Fachbereich der Rechtswissenschaften der Philipps-Universität zu Marburg als Dissertation angenommen. Sie befindet sich auf dem Stand von April 2019.

Der Schwerpunkt der Arbeit unterlag einigem Wandel. Zu Anfang war geplant, verfassungsrechtliche Transparenz- und Öffentlichkeitsproblematiken bei solchen Schiedsverfahren zu untersuchen, bei denen der Staat als Schiedspartei auftritt. Klar wurde dabei aber, dass sich derart besondere verfassungsrechtliche Fragestellungen nicht befriedigend bearbeiten lassen, solange die grundlegenden verfassungsrechtlichen Problematiken einer Schiedsgerichtsbarkeit mit staatlicher Beteiligung als Schiedspartei nicht geklärt sind. Dieser Umstand führte wiederum zu der noch grundlegenderen Einsicht, dass selbst der verfassungsrechtliche Rahmen der privaten Schiedsgerichtsbarkeit als immer noch ungelöst und sehr umstritten gelten muss. So kam es schließlich, dass der Kern der Arbeit ein sehr allgemeiner verfassungsrechtlicher wurde.

Herzlich danken möchte ich zunächst Herrn Prof. Dr. Wolfgang Voit für die gute Betreuung und die wissenschaftliche Freiheit, die mir gewährt wurde, aber auch dafür, dass er schon während meiner Studienzeit im Rahmen der Arbeit am Institut für Verfahrensrecht als studentische Hilfskraft und – zusammen mit Dr. Reinmar Wolff – durch Ermöglichung der Teilnahme am *Willem C. Vis International Commercial Arbitration Moot Court* mein Interesse an der Schiedsgerichtsbarkeit geweckt hat. Ferner herzlichst danken möchte ich Herrn Prof. Dr. Steffen Detterbeck, der freundlicherweise mit seiner öffentlich-rechtlichen Expertise das Zweitgutachten anfertigte. Meinen Eltern danke ich für die fortwährende Unterstützung bei all meinen Vorhaben.

Düsseldorf

Michel Schenk

Inhaltsüberblick

Inhaltsverzeichnis

Abkürzungsverzeichnis

a.A.	anderer Auffassung
a.E.	am Ende
bez.	bezüglich
BIT	Bilaterales Investitionsschutzabkommen (bilateral investment treaty)
bspw.	beispielsweise
bzw.	beziehungsweise
d.h.	das heißt
diesbez.	diesbezüglich/e/en/er
EU	Europäische Union
evtl.	eventuell
gem.	gemäß
ggf.	gegebenenfalls
ggü.	Gegenüber
grds.	grundsätzlich/e/en
h.M.	herrschende Meinung
h.L.	herrschende Lehre
i.d.S.	in diesem Sinne/in dem Sinne
insbes.	Insbesondere
i.S.	im Sinne
i.S.v.	im Sinne von
i.Ü.	im Übrigen
i.V.m.	in Verbindung mit
i.w.S.	im weiteren Sinne
m.a.W.	mit anderen Worten
m.w.N.	mit weiteren Nachweisen
sog.	sogenannte
st.	ständige
Rspr.	Rechtsprechung
u.a.	unter anderem
u.U.	unter Umständen
vgl.	vergleiche
vs.	versus
z.B.	zum Beispiel
z.T.	zum Teil

Einleitung und Gang der Darstellung

Die Schiedsgerichtsbarkeit gilt allgemein als gleichwertige Rechtsprechungsalternative zur staatlichen Gerichtsbarkeit. Der Beliebtheit der Schiedsgerichtsbarkeit liegen diverse Vorteile der privaten Streitbeilegung im Vergleich zur staatlichen Gerichtsbarkeit zugrunde, wozu bspw. die Nichtöffentlichkeit des Verfahrens, ein größerer Spielraum bei der Verfahrensgestaltung, die schnellere Streitbeilegung und vor allem im internationalen Bereich die einfachere Möglichkeit der Vollstreckung des Schiedsspruches gehören.[1] In diesen Vorteilen sehen viele allerdings auch die bestehenden Problematiken der Schiedsgerichtsbarkeit. So begründet die Beliebtheit der privaten Streitbeilegung in diversen Rechtsgebieten bspw. einen Mangel an staatlichen Gerichtsurteilen.[2] Insbesondere durch die Möglichkeit der staatlichen Beteiligung an privaten Schiedsverfahren als Schiedspartei gewinnt die Problematik der Schiedsgerichtsbarkeit eine weitere Dimension, wobei hierbei vor allem Forderungen nach Transparenzpflichten und Intensivierung der zwingenden Verfahrensanforderungen laut werden.[3]

Vor diesem Hintergrund ist daher der verfassungsrechtliche Rahmen der Schiedsgerichtsbarkeit von herausragender Bedeutung. Genau dieser muss aber nach wie vor als noch ungeklärt gelten.[4] Bisherige Untersuchungen beschränken sich meist auf das Verhältnis der Schiedsgerichtsbarkeit zur staatlichen Rechtsprechung (Art. 92 GG) und deren Konkurrenzverhältnis. Grund dafür ist, dass der durch Schiedsvereinbarung begründete »Verzicht« auf den allgemeinen Justizgewährungsanspruch[5] Bedenken auslöst und die Frage nach dem Bestehen eines staatlichen Rechtsprechungsmonopols[6] aufwirft. Die Antwort darauf fällt jedoch recht unterschiedlich aus.[7] Allgemein geht es um die Bestimmung der verfassungsrechtlichen Grenzen der Schiedsgerichtsbarkeit, die sich als generelle Grenzen i.S. einer objektiven Schiedsfähigkeit oder als spezielle Grenzen i.S.

1 Zu den Vorteilen vgl. *Schwab/Walter*, Kap. 1 Rn. 8 ff.
2 Siehe: Erster Teil C II 4 f), S. 52 ff.
3 Siehe insgesamt: Dritter Teil.
4 Vgl. *Lachmann*, Rn. 230.
5 Siehe hierzu: Erster Teil C I 3, S. 34 ff.
6 Siehe hierzu: Erster Teil B II, S. 15 ff.
7 Vgl. Zweiter Teil D II, S. 128 ff.

M. Schenk, *Schiedsfreiheit und staatliche Schutzpflichten*,
https://doi.org/10.1007/978-3-658-29854-8_1

von Verfahrensanforderungen auswirken können. Betrachtet man jedoch die Meinungsverschiedenheiten um die Herleitung und Reichweite solcher verfassungsrechtlicher Grenzen, muss einem schnell auffallen, dass diese nicht selten daher rühren, dass ein völlig unterschiedliches Grundverständnis darüber besteht, was die Schiedsgerichtsbarkeit (verfassungsrechtlich) von ihrem Wesen her überhaupt ist. Meist pauschal wird die Schiedsgerichtsbarkeit bei der grundrechtlich gewährten Privatautonomie verankert, ohne jedoch die genaue Bedeutung dieser grundrechtlichen Verortung im Einzelnen zu reflektieren.

Ziel der vorliegenden Arbeit ist es daher, die grundrechtliche Dimension der Schiedsgerichtsbarkeit näher auszuleuchten. Dabei sollen die Grundrechte nicht nur als Grundlage, sondern insbesondere auch als Grenze der Schiedsgerichtsbarkeit untersucht werden. Im Zusammenhang mit den privatautonomen, grundrechtlichen Grenzen der Schiedsgerichtsbarkeit muss sodann das Stichwort der staatlichen Schutzpflichten fallen. Von staatlichen Schutzpflichten spricht man in diesem Zusammenhang, wenn der Staat in privatrechtliche Beziehungen regelnd eingreift, um die Selbstbestimmung des einen Privaten vor der Fremdbestimmung durch einen anderen Privaten zu schützen..[8] Die Begrenzung der Schiedsgerichtsbarkeit durch Grundrechte bzw. staatliche Schutzpflichten ist dabei nicht neu, sondern entspricht zumindest der im verfassungsrechtlichen Schrifttum überwiegenden Meinung.[9] Die genaue Auslotung dieses Befunds, d.h. die konkrete Herleitung verfassungsrechtlicher Verfahrensanforderung und einer verfassungsrechtlichen objektiven Schiedsfähigkeit aus den staatlichen Schutzpflichten fehlt aber bisher und ist daher Gegenstand der vorliegenden Untersuchung. Hierbei wird sich insgesamt zeigen, dass das allgemein gebräuchliche Paradigma, die Schiedsgerichtsbarkeit sei eine »echte« Gerichtsbarkeit und übe »echte« Rechtsprechung aus, nicht zielführend ist und daher – zumindest auf verfassungsrechtlicher Ebene – fallen gelassen werden sollte und ein Paradigmenwechsel angezeigt ist.

Aus der Zielsetzung der Arbeit ergibt sich daher der folgende Aufbau: Im Ersten Teil soll eingangs der grundrechtliche, privatautonome Charakter der Schiedsgerichtsbarkeit im Detail herausgearbeitet[10] und mit all seinen daraus entspringenden verfassungsrechtlichen Folgen[11] dargestellt werden. Im Zweiten

8 Vgl. insgesamt: Zweiter Teil B, S. 59 ff.
9 Vgl. Zweiter Teil C I 2, S. 78 ff. und D II 3, S. 133 ff.
10 Erster Teil B, S. 7 ff.
11 Erster Teil C, S. 17 ff.

Teil sollen sodann nach einer allgemeinen Darstellung der staatlichen Schutzpflichten[12] im Konkreten verfassungsrechtliche Verfahrensanforderungen[13] und eine verfassungsrechtliche, objektive Schiedsfähigkeit[14] hergeleitet werden. Zuletzt soll im dritten Teil die besondere Problematik einer Schiedsgerichtsbarkeit mit staatlicher Beteiligung als Schiedspartei aufgegriffen werden, wobei im Vordergrund steht, inwiefern der private Charakter der Schiedsgerichtsbarkeit überhaupt eine staatliche Beteiligung als Schiedspartei am Schiedsverfahren zulässt.

Zur Klarstellung seien vorneweg zwei Dinge angemerkt. Zum einen bezieht sich die vorliegende Untersuchung, da es um eine auf den Bereich des Grundgesetzes beschränkte grundrechtliche Verhaltensweise der Schiedsparteien geht, dem Grunde nach nur auf eine nationale Schiedsgerichtsbarkeit. Zum anderen soll die derzeitige einfachgesetzliche Ausgestaltung des 10. Buches der ZPO keiner vollständigen Bewertung unterzogen werden, d.h. ob diese im Einklang mit den gewonnenen, verfassungsrechtlichen Anforderungen steht. Vielmehr soll die einfachgesetzliche Lage dort, wo auf sie Bezug genommen wird, nur der Erklärung und Verdeutlichung der verfassungsrechtlichen Bewertung dienen. Die einfachgesetzliche Ausgestaltung muss sich stets an den verfassungsrechtlichen Vorgaben messen und nicht anders herum. Es besteht zudem stets die Gefahr, die verfassungsrechtliche Lage vom Blickwinkel der einfachgesetzlichen Ausgestaltung zu präjudizieren.

12 Zweiter Teil B, S. 59 ff.
13 Zweiter Teil C, S. 75 ff.
14 Zweiter Teil D, S. 124 ff.

Erster Teil: Grundrechte als verfassungsrechtliche Grundlage der Schiedsgerichtsbarkeit

Im ersten Teil sollen die Grundrechte als Grundlage einer Schiedsgerichtsbarkeit untersucht werden. Nach einer Definition der Schiedsgerichtsbarkeit und der Festlegung des Untersuchungsgegenstands (A.) ist deren grundrechtliche, private Natur darzulegen (B.) und auf die daraus folgenden verfassungsrechtlichen Konsequenzen einzugehen (C.).

A. Untersuchungsgegenstand und Definition der Schiedsgerichtsbarkeit

Für die Ermittlung einer verfassungsrechtlichen Definition der Schiedsgerichtsbarkeit bietet sich ein Blick auf die zivilprozessuale, d.h. einfachgesetzlich geregelte private Schiedsgerichtsbarkeit an. Gesetzlich wurde die Schiedsgerichtsbarkeit im 10. Buch der ZPO geregelt. Danach ist von einer Schiedsgerichtsbarkeit zu sprechen, wenn aufgrund einer rechtsgeschäftlichen Abrede (Schiedsvereinbarung) eine abschließende, die staatlichen Gerichte verdrängende Entscheidung einer Rechtsstreitigkeit (Schiedsspruch) durch private Personen (Schiedsgerichte) im Raume steht.[15] Neben der Schiedsvereinbarung ist ebenfalls eine Anordnung der Schiedsgerichtsbarkeit durch einseitige Verfügung gem. § 1066 ZPO möglich.[16]

Maßgebliches Wesensmerkmal der Schiedsgerichtsbarkeit ist demnach das Verbot der *révision au fond*, welches besagt, dass eine nachträgliche Inhaltskontrolle durch das staatliche Gericht unzulässig ist, um die Autonomie der Schiedsgerichtsbarkeit zu wahren. Dieses Merkmal grenzt die Schiedsgerichtsbarkeit auch von anderen Einrichtungen wie dem Schiedsgutachten und der Mediation

15 Vgl. *Geimer* in: Zöller, Vor. § 1025 ff. Rn. 1 ff.; *Münch* in: MünchKomm-ZPO, Vor. § 1025 ff. Rn. 1 ff.; *Prütting* in: Prütting/Gehrlein, § 1025 Rn. 1.

16 Auf diese besondere Möglichkeit der Errichtung eines Schiedsgerichts, die ebenfalls die Freiwilligkeit der Unterwerfung sicherstellen muss, soll im Rahmen dieser Arbeit nicht im Besonderen eingegangen werden, vgl. hierzu: *Kölbl*; *Beckmann*.

M. Schenk, *Schiedsfreiheit und staatliche Schutzpflichten*,
https://doi.org/10.1007/978-3-658-29854-8_2

ab,[17] welche einer großzügigeren gerichtlichen Nachkontrolle unterliegen können. Neben der Autonomie der Schiedsgerichtsbarkeit steht die Freiwilligkeit der Unterwerfung unter diese im Vordergrund, da niemand gegen seinen Willen dem staatlichen Rechtsschutzsystem entzogen werden soll.[18]

Übertragen auf die verfassungsrechtliche Ebene, sind ebenfalls diese einfach gesetzlich festgelegten Wesensmerkmale von bedeutendem Interesse: Inwieweit können bzw. dürfen sich Private dem staatlichen Rechtsschutz entziehen und einen Rechtsstreit der verbindlichen Entscheidung eines Schiedsgerichtes unterwerfen? Aus Sicht des Staates stellt sich die Frage, inwieweit er die bestehende Autonomie der Schiedsgerichtsbarkeit zu respektieren hat, wenn diese bspw. mit anderen schützenswerten Gütern kollidiert. Die autonome Entscheidung, ein Schiedsverfahren durchzuführen, ist dabei auch immer vor dem Hintergrund zu sehen, dass den Parteien gleichzeitig der vollständige Weg zu den staatlichen Gerichten versperrt wird, was bspw. mit verfassungsrechtlich geschützten Gütern wie der Rechtsschutzgarantie nach Art. 19 Abs. 4 GG bzw. dem allgemeinen Justizgewährungsanspruch nach Art. 20 Abs. 3 GG i.V.m. Art. 2 Abs. 1 GG[19] und dem Recht auf den gesetzlichen Richter nach Art. 101 Abs. 1 S. 2 GG kollidieren könnte. Da sich dieses verfassungsrechtliche Spannungsfeld nur dann auftut, wenn dem Staat eine generelle Nachkontrolle i.S. einer *révision au fond* verboten ist, wird das Wesensmerkmal der verdrängenden, abschließenden Entscheidung durch das Schiedsgericht auch zum maßgeblichen »verfassungsrechtlichen« Definitionsmerkmal einer Schiedsgerichtsbarkeit.

Eine verfassungsrechtliche Untersuchung der Schiedsgerichtsbarkeit kann sich daher an den zur Schiedsgerichtsbarkeit i.S. der ZPO entwickelten Wesensmerkmalen orientieren, ohne dabei jedoch durch die blinde Übernahme einfachgesetzlicher Wertungen die verfassungsrechtlichen Fragestellungen vorab zu präjudizieren. Untersuchungsgegenstand soll daher das Grundrecht sein, unter dem Ausschluss der inhaltlichen Nachkontrolle durch staatliche Gerichte eine verbindliche und durchsetzbare Entscheidung privater Schiedsrichter herbeizuführen. Dieser Untersuchungsgegenstand gilt außerdem zunächst unabhängig von bzw. gleichsam für die Frage, ob eine rein private Schiedsgerichtsbarkeit oder

17 Dazu: *Geimer* in: Zöller, § 1029 Rn. 4; *Münch* in: MünchKomm-ZPO, Vor. § 1025 ff. Rn. 1, 21 ff., 55 ff.; *Voit* in: Musielak/Voit, § 1029 Rn. 17 ff.

18 *Geimer* in: Zöller, Vor. § 1025 ff. Rn. 4.

19 Dazu: *Voßkuhle/Kaiser*, JuS 2014, 312.

eine solche mit Beteiligung des Staates als Schiedspartei im Raum steht.[20] Trotzdem bezieht sich im Folgenden – sofern nicht anders gekennzeichnet – der Begriff »Schiedsgerichtsbarkeit« nur auf die private Schiedsgerichtsbarkeit, da deren Untersuchung als »Grundform« vorangestellt werden soll.

B. Schiedsgerichtsbarkeit als grundrechtlich verankerter, privatautonomer Vorgang

I. Schiedsgerichtsbarkeit als Ausfluss der grundrechtlich verankerten Privatautonomie

1. Grundgesetzliche Verankerung der Privatautonomie

Die Schiedsgerichtsbarkeit wird im Grundgesetz im Gegensatz zur staatlichen Gerichtsbarkeit nicht explizit geregelt. Allein Art. 24 Abs. 3 GG enthält die einzige Verwendung des Begriffes Schiedsgerichtsbarkeit überhaupt. Nach dieser Norm wird der Bund zur Regelung zwischenstaatlicher Streitigkeiten Vereinbarungen über eine allgemeine, umfassende, obligatorische und internationale Schiedsgerichtsbarkeit beitreten. Diese Form der Schiedsgerichtsbarkeit i.S. einer völkerrechtlichen Einrichtung[21] hat mit der »klassischen« privaten Schiedsgerichtsbarkeit als Untersuchungsgegenstand freilich nichts zu tun und kann daher unberücksichtigt bleiben.

Mangels expliziter Regelung stellt sich die Schiedsgerichtsbarkeit daher nach ganz h.M. als ein Ausfluss der Privatautonomie[22] dar, die den Grundrechten entspringt.[23] Im Einzelnen lässt sich freilich darüber streiten, ob die Privatautonomie in Form der Schiedsgerichtsbarkeit hierbei als Ausfluss der allgemeinen

20 Zu letzterem: Dritter Teil A, S. 190 ff.

21 Vgl. *Randelzhofer* in: Maunz/Dürig, Art. 24 Abs. 3 Rn. 7 ff.

22 BGH NJW 2000, 1718; *Geimer* in: Zöller, Vor. § 1025 Rn. 3; *Prütting* in: Prütting/Gehrlein, § 1025 Rn. 1; *Saenger* in: Saenger, Vor. § 1025 Rn. 7; *Wolf/Eslami* in: BeckOK-ZPO, § 1025 Rn. 2; *Voit* in: Musielak/Voit, § 1029 Rn. 3.

23 BGH NJW 2000, 1718; *Achterberg* in: BK, Art. 92 Rn. 181, 185; *Brach*, S. 233 (zumindest potenziell); *Classen* in: Mangoldt/Klein/Starck, Art. 92 Rn. 41; *Hillgruber* in: Maunz/Dürig, Art. 92 Rn. 87; *Niedermaier*, S. 45 f.; *Sonnauer*, S. 24; a.A. *Rehm*, S. 25 ff. (Privatautonomie und Anerkennungsanspruch als Teil des subjektiven Rechtsstaatsprinzip).

Handlungsfreiheit nach Art. 2 Abs. 1 GG (»Auffanggrundrecht«), oder – je nach Gegenstand des Schiedsverfahrens – als Ausfluss speziellerer Grundrechte (z.B. Art. 14 GG) anzusehen ist.[24] Da die Schiedsvereinbarung allgemein[25] als Grundlage der Schiedsgerichtsbarkeit verstanden wird, hängt dieser Streit naturgemäß mit der generellen Problematik zusammen, unter welche Grundrechte die Vertragsfreiheit als spezieller Ausfluss der Privatautonomie zu fassen ist.[26]

Diese Problematik tritt nicht ein, wenn man mit Teilen der Literatur die Schiedsgerichtsbarkeit nicht als Unterfall der Vertragsfreiheit, sondern als eigenständigen Konfliktmechanismus außerhalb der Vertragsfreiheit ansieht, der jedoch ebenfalls von der allgemeinen Handlungsfreiheit gem. Art. 2 Abs. 1 GG umfasst ist und dort seine Grundlage findet.[27]

Eine Stellungnahme zu den aufgeworfenen Zuordnungsproblematiken ist jedoch entbehrlich. Im wesentlichen Ergebnis, dass die Schiedsgerichtsbarkeit der Privatautonomie entspringt und in den Grundrechten zu verankern ist, stimmen (fast) alle Ansätze nämlich überein. Unterschiede können sich höchstens bei der an dieser Stelle nicht nachzugehenden Frage[28] der Reichweite von Schrankenvorbehalten ergeben, d.h. wenn unterschiedliche grundrechtliche Gesetzesvorbehalte existieren. Für die generelle grundrechtliche Verankerung ebenso irrelevant ist an dieser Stelle die Frage, ob die Schiedsgerichtsbarkeit etwa einer materiellen oder prozessualen Privatautonomie zuzuordnen wäre, da beide Fälle von Art. 2 Abs. 1 GG umfasst wären.[29] Richtigerweise wäre diesbezüglich nämlich festzustellen, dass Art. 2 Abs. 1 GG nicht einerseits eine materielle und anderseits eine prozessuale Privatautonomie i.S. von getrennten Erscheinungsformen gewährleistet, sondern eine (einheitliche) Privatautonomie als Grundrecht garantiert, welche sich jedoch (einfachgesetzlich) auf materieller und prozessualer Ebene auswirken kann.[30]

24 Dafür: *Hillgruber* in: Maunz/Dürig, Art. 92 Rn. 87; dagegen: *Hesselbarth*, S. 43.

25 Zur Bedeutung der rechtlichen Ausgestaltung des antizipierten Legalanerkenntnisses nach § 1055 ZPO i.V.m. dem Aufhebungsverfahren nach § 1059 ZPO für die Rückbindung des Schiedsspruches an die Schiedsvereinbarung bzw. der Schiedsgerichtsbarkeit an die Privatautonomie siehe: C I 1 b) aa) (3), S. 21 ff.

26 Vgl. *Distler*, S. 117 ff.

27 *Distler*, S. 120 ff.

28 Für die vorliegende Untersuchung interessieren nämlich nur die verfassungsimmanenten Schranken, vgl. C I 2 b), S. 33 ff.

29 *Hesselbarth*, S. 43.

30 Zur Bedeutung der umstrittenen Einordung der Schiedsgerichtsbarkeit als materiell- bzw. prozess-rechtliche Erscheinungsform vgl. C I 1 b) bb), S. 24 ff.

Festzuhalten bleibt demnach, dass die Grundrechte in Form der Privatautonomie die Grundlage der Schiedsgerichtsbarkeit bilden.

2. *Schiedsgerichtsbarkeit als Delegation von Privatautonomie*

Privatautonomie in ihrer »klassischen« Form der Vertragsfreiheit bedeutet, dass Private verbindlich das zwischen ihnen herrschende Rechtsverhältnis festlegen können. Allerdings ist der privatautonome Gestaltungsspielraum damit nicht erschöpft. Neben der persönlichen Aushandlung des Rechtsverhältnisses durch Vertrag ist es nämlich auch möglich, die Bestimmung des Rechtsverhältnisses einem Dritten zu übertragen. Auf diese Form einer Delegation von Privatautonomie, zu der auch die Schiedsgerichtsbarkeit zu zählen ist, ist an dieser Stelle daher einzugehen. Danach seien noch verwandte Institutionen vorzustellen, die auch eine Form der Delegation von Privatautonomie darstellen.

a) *Delegation von Privatautonomie: Das Spannungsverhältnis zwischen Selbst- und Fremdbestimmung*

Unter Privatautonomie versteht man das Prinzip der Selbstbestimmung, was die eigenverantwortliche Bestimmung der Rechtsverhältnisse des Privaten nach seinem eigenen Willen umfasst und auf die Würde des Menschen zurückgeführt werden kann.[31] Den Gegenpol hierzu bildet die Fremdbestimmung, die einerseits durch staatliche Einmischung erfolgen, andererseits aber – was für diese Untersuchung von maßgeblichem Interesse ist – auch von privaten Dritten ausgehen kann.[32] Vor diesem Hintergrund stellt sich natürlich die Frage, inwiefern sich ein Privater der verbindlichen Bestimmung seiner Rechtsverhältnisse durch einen anderen Privaten unterwerfen kann.

Möglich ist dies allein dadurch, dass eine etwaige Drittbestimmung eine Rückkopplung an die Privatautonomie des Bestimmten erfährt und damit keinen Verzicht, sondern gerade eine Form der (geschützten) Ausübung dieser dar-

31 Vgl. BVerfG NJW 1994, 36, 38; *Di Fabio* in: Maunz/Dürig, Art. 2 Abs. 1 Rn. 101; *Kleinschmidt*, S. 3 ff.; *Flume*, AT II, § 1 S. 1 ff.; *Ohly*, S. 70.

32 Vgl. *Di Fabio* in: Maunz/Dürig, Art. 2 Abs. 1 Rn. 101, 107 ff. (abwehrrechtliche und Schutzpflichtenfunktion); *Kleinschmidt*, S. 6 ff.

stellt.[33] Privatautonomie bedeutet nämlich nicht, dass man als Privater alles selbst regeln und entscheiden muss und eine Entscheidung durch einen Dritten schlichtweg mit dem Prinzip der Selbstbestimmung unvereinbar wäre.[34] Vielmehr beinhaltet die Privatautonomie auch das Recht, gewisse Sachverhalte durch einen Dritten verbindlich regeln bzw. festlegen zu lassen, sodass man auch den Begriff der zulässigen Fremdbestimmung i.S. einer privatautonomen Selbstbestimmung von der unzulässigen, nicht an die Privatautonomie zurückgekoppelten (und daher grundrechtswidrigen) Fremdbestimmung unterscheiden kann. Die Selbstbestimmung des Einzelnen ist insofern in gewisser Weise »delegierbar«, sodass man auch von einer »Delegation von Privatautonomie« sprechen mag.[35] Dabei meint der Begriff der Delegation jedoch nicht, dass der Delegierende durch die Delegation seine eigene »Selbstherrlichkeit« verliert; der Grundsatz der Privatautonome gibt i.d.S. keine Legitimation zum Handeln in »Selbstherrlichkeit« über andere.[36] Das Handeln für einen anderen bei der Gestaltung von Rechtsverhältnissen i.S. der Delegation von Privatautonomie kann hierbei immer nur das Handeln in pflichtmäßiger Bindung bedeuten.[37] Aus staatlicher Sicht ist hierbei allein maßgeblich, ob die Privaten ihre Angelegenheiten in zulässiger Weise privatautonom »unter sich« ausmachen, sei es alleine oder unter Zuhilfenahme eines Dritten.

Eine solche Delegation von Privatautonomie liegt beispielsweise bei der Stellvertretung (§ 164 ff. BGB), der Leistungsbestimmung durch eine Partei (§ 315 BGB) oder einen Dritten (§§ 317 ff. BGB) oder dem Schiedsgutachten (§§ 317 ff. BGB analog) vor. Für das Grundkonstrukt ist dabei zunächst unerheblich, wie die zulässige Fremdbestimmung genau ausgestaltet ist. Bei der Stellvertretung wird z.B. erst ein Rechtsgeschäft für den Vertretenen durch den Vertreter als Delegationsempfänger begründet, während bei der Leistungsbestimmung (§ 315 ff. BGB) ein schon bereits bestehendes Rechtsverhältnis hinsichtlich seines Inhalts konkretisiert bzw. ergänzt wird. Neben der Begründung oder Ergänzung eines (materiellen) Vertrags ist es aber ebenso von der Privatau-

33 Vgl. BVerfG DNotZ 1986, 629, 631 (»Fremdbestimmung« durch Vertreter auf Selbstbestimmung des Vertretenen zurückzuführen); *Kleinschmidt*, S. 7, 101 ff., 833; *Rieble* in: Staudinger, § 315 Rn. 31 ff.

34 *Rieble* in: Staudinger, § 315 Rn. 32.

35 Auf diesem Begriff baut auch die Untersuchung von *Kleinschmidt* (vgl. dort S. 3) auf.

36 *Flume*, AT II, § 1 S. 7, 9.

37 *Flume*, AT II, § 1 S. 9; vgl. auch: *Schubert* in: MünchKomm-BGB, § 164 Rn. 180; aus philosophischer Sicht: *Mill*, S. 149 f.; ausführlich: Zweiter Teil C II 3, S. 111 ff.

tonomie gedeckt, dass der Delegationsempfänger Feststellungen treffen kann, d.h. für den Delegierenden verbindlich Tatsachen ermittelt und ggf. damit verbunden Rechtsfragen klärt, wie es beim Schiedsgutachten oder beim Schiedsverfahren der Fall sein kann.[38] Davon abgesehen, dass eine trennscharfe Unterscheidung solcher Feststellungsentscheidungen vom Gegenstück der gestaltenden Entscheidung kaum möglich ist, lässt sich nämlich jede Feststellung auch als Vertragsergänzung konzeptualisieren, da jederzeit die Freiheit besteht, einen entsprechenden (materiellen Vergleichs-) Vertrag mit dem Inhalt der Feststellungen abzuschließen bzw. diese Funktion an einen Dritten zu delegieren.[39] Maßgeblich spricht dafür auch der Grundsatz der »Selbstherrlichkeit« der Privatautonomie: In einem privaten Rechtsverhältnis gilt grundsätzlich etwas als verbindlich, allein weil der Private es so will und nicht etwa, weil es der objektiven Sachlage entspricht oder eine andere Begründung oder Rechtfertigung existiert (*stat pro ratione voluntas*).[40]

Da somit auch die Feststellung von Tatsachen und Rechtsfragen von der Privatautonomie umfasst ist und die Privaten sich diesbezüglich im Grundsatz autonom einigen können, steht auch einer entsprechenden Delegation nichts im Wege, sodass die Schiedsgerichtsgerichtsbarkeit mit ihrer »rechtsprechenden Funktion«[41] eine Form der Delegation von Privatautonomie darstellt.[42]

b) Verwandte Institutionen zur Schiedsgerichtsbarkeit

Wie bereits erwähnt, stellt die Schiedsgerichtsbarkeit nicht die einzige privatrechtliche Institution dar, durch das sich ein Privater der Fremdbestimmung durch einen anderen Privaten unterwerfen kann. Als andere Formen privatrechtlicher Fremdbestimmung seien beispielsweise das Schiedsgutachten (§ 317 ff. BGB analog) bzw. die Leistungsbestimmung durch einen Dritten (§ 317 ff. BGB), die Leistungsbestimmung durch eine Partei (§ 315 BGB) und die Stell-

38 Vgl. eingehend zu dieser Möglichkeit: *Kleinschmidt*, S. 44 f.

39 Vgl. *Kleinschmidt*, S. 44; *Rieble* in: Staudinger, § 315 Rn. 119 f.; § 317 Rn. 24; streng unterscheiden will hinsichtlich der Rechtsbegründung durch Verträge und der Rechtserkenntnis durch (private) Urteile jedoch: *Rehm*, S. 133 f.

40 Vgl. *Flume*, AT II, § 1 S. 6 f.

41 Zur Kritik an der Qualifikation der Schiedsgerichtsbarkeit als Rechtsprechung vgl. C I 1 b) aa), S. 19 ff.

42 Dies in den richtigen Zusammenhang stellend: *Kleinschmidt*, S. 24, 773 ff., 842 ff.; a.A. *Ebbing*, S. 26 (Parteien übertragen nicht eigene Regelungsbefugnis, sondern wählen zwischen zwei Rechtsprechungsalternativen, vgl. dazu sogleich auch: C I 1 b), S. 19 ff.).

vertretung (§ 164 ff. BGB) genannt.[43] Da es bei allen Formen dem Grunde nach um die Möglichkeit und die Grenzen einer privatautonomen Fremdbestimmung geht und deswegen (aus verfassungsrechtlicher Sicht) Wechselbeziehungen und Wertungsparallelen zwischen den verschiedenen Rechtsformen existieren können, seien diese an dieser Stelle kurz dargestellt, wobei die Institution der Stellvertretung in der besonderen Ausprägung eines obligationenrechtlichen Schiedsverfahrens erläutert werden soll.[44]

aa) Schiedsgutachten und Leistungsbestimmung durch Dritte bzw. eine der Parteien

Im BGB taucht das Phänomen der privatrechtlichen Fremdbestimmung insbesondere bei der nachträglichen Leistungsbestimmung durch eine Partei (§ 315 BGB) und durch einen Dritten (§ 317 BGB) auf. Unterschiede bestehen vor allem im gerichtlichen Kontrollmaßstab: Während die Leistungsbestimmung durch eine Partei auf Billigkeit überprüft werden kann (§ 315 Abs. 3 BGB), ist die Leistungsbestimmung durch einen Dritten hingegen nur auf offenbare Unbilligkeit zu kontrollieren (§ 319 Abs. 1 BGB).

Das Schiedsgutachten stellt dabei einen praktisch sehr bedeutsamen Fall der Leistungsbestimmung durch einen Dritten dar, auf den die §§ 317 ff. BGB direkt oder entsprechend anwendbar sind.[45] Schiedsgutachten werden dabei in verschiedenste Untergruppen ausdifferenziert: Es gibt solche, die nachträglich den Vertrag materiell ergänzen (z.B. Preisbestimmung beim Unternehmenskauf), solche, die im »klassischen« Sinne tatbestandliche Elemente wie z.B. die Mangelhaftigkeit einer Ware feststellen (Qualitätsarbitrage), sowie andere Formen bzw. Mischformen.[46] Es ist außerdem zulässig, durch Schiedsgutachten Rechts-

43 Zu nennen wären ferner die – hier nicht zu vertiefenden – erbrechtlichen Mechanismen in den Grenzen des § 2065 BGB, wie die Auswahl der Person eines Vermächtnisnehmers (§ 2151 BGB), des Gegenstands eines Vermächtnisses (§ 2156 BGB), des Begünstigten einer Auflage (§ 2193 BGB), des Testamentsvollstreckers (§ 2198 BGB) und die Auseinandersetzung einer Erbengemeinschaft nach billigem Ermessen eines Dritten (§ 2048 BGB), vgl. *Kleinschmidt*, S. 5 f.

44 Auf konkrete Gemeinsamkeiten und Unterschiede sowie auf die Bestimmung etwaiger gemeinsamer, der Sache nach zu ziehenden verfassungsrechtlichen Grenzen, wird im nächsten Teil zurückzukommen sein, siehe: Zweiter Teil C II, S. 83 ff.

45 *Rieble* in: Staudinger, § 317 Rn. 18.

46 Vgl. *Rieble* in: Staudinger, § 317 Rn. 19 ff.; *Schlosser* in: Stein/Jonas, Vor. § 1025 Rn. 42 ff.

fragen klären zu lassen, wodurch sich Schiedsgutachten auch als Alternative zu Schiedsverfahren bewähren können.[47]

Insbesondere bei Schiedsgutachten, die auch Rechtsfragen klären sollen, ist die Abgrenzung zum Schiedsverfahren äußerst schwierig und umstritten, wegen der erheblich unterschiedlichen Rechtsfolgen – insbesondere der Gleichstellung des Schiedsspruches mit einem gerichtlichen Urteil (§ 1055 ZPO) im Gegensatz zur Kontrollmöglichkeit auf offenbare Unbilligkeit beim Schiedsgutachten (§ 319 Abs. 1 BGB) – jedoch zwingend erforderlich.[48] Damit zusammen hängen die Fragen, ob auch im Schiedsgutachtenverfahren rechtliches Gehör gewährt werden muss, der Schiedsgutachter neutral zu sein hat und das Schiedsgutachten materiell-rechtlich oder prozessual zu qualifizieren ist,[49] wobei letzterer Fall – zumindest dem Grundgedanken nach – eine entsprechende Anwendung etwaiger zwingender, schiedsverfahrensrechtlicher Verfahrensanforderungen (z.B. § 1042 ZPO) erlauben soll, sodass der Streit um die Rechtsnatur des Schiedsgutachtens z.T. mit dem Streit um die Geltung zwingender Verfahrensgrundsätze gleichläuft.[50]

bb) Obligationenrechtliches Schiedsverfahren

Das obligationenrechtliche Schiedsverfahren, welches auch als materielles oder irreguläres Schiedsverfahren bezeichnet wird, stellt einen eigenen Typus dar, der von dem Schiedsverfahren des 10. Buches des ZPO abzugrenzen ist.[51] Etabliert ist diese Form der privaten Streitbeilegung – im Gegensatz zur deutschen Praxis[52] – insbesondere in Italien (*arbitratio irrituale* im Gegensatz zur Schiedsgerichtsbarkeit als *arbitratio rituale*), wo sie genutzt wird, um den übermäßig strengen Verfahrensanforderungen der dortigen Schiedsgerichtsbarkeit zu entgehen.[53] Bei dem obligationenrechtlichen Schiedsverfahren bestimmen die Parteien einen oder mehrere (gemeinsame) Vertreter (§§ 164 ff. BGB), welcher bzw. wel-

47 Vgl. hierzu: *Kasolowsky/Schnabl*, SchiedsVZ 2012, 84.

48 Zu dieser Problematik vgl. *Rieble* in: Staudinger, § 317 Rn. 29 ff.; *Schlosser* in: Stein/Jonas, Vor. § 1025 Rn. 62 f.; *Münch* in: MünchKomm-ZPO, Vor. § 1025 ff. Rn. 55 ff.; *Voit* in: Musielak/Voit, § 1029 Rn. 17 f.

49 Zur entsprechenden Streitigkeit (materiell vs. prozessual) bei der Schiedsvereinbarung vgl. C I 1 b) bb), S. 24 ff.

50 Vgl. *Rieble* in: Staudinger, § 317 Rn. 29 ff.

51 *Münch* in: MünchKomm-ZPO, Vor. § 1025 ff. Rn. 63.

52 *Bosch*, S. 11.

53 *Nicklisch*, RIW 1978, 633, 637; *Münch* in: MünchKomm-ZPO, Vor. § 1025 ff. Rn. 63; *Schlosser*, RipS, Rn. 27.

che – u.U. im Wege des Insichgeschäfts nach § 181 BGB – für beide Parteien einen materiellen Vergleichsvertrag (§ 779 BGB) abschließt bzw. abschließen.[54] Im Gegensatz zum Schiedsverfahren nach der ZPO endet bei dieser vergleichsvertraglichen Konstruktion die Streitbeilegung zwar nicht mit einem Schiedsspruch, der in seiner Rechtskraftwirkung einem staatlichen Urteil gleichgestellt ist (§ 1055 ZPO); dieses »Defizit« lässt sich aber auf anderem Wege ausgleichen. Einerseits ließe sich eine Feststellungsabrede zwischen den Parteien vereinbaren, wobei deren Vollstreckbarkeit dann durch Leistungsklage vor den staatlichen Gerichten zu erreichen wäre.[55] Andererseits könnten die Parteien auch ihre Rechtsanwälte als Vertreter wählen und sich direkt dem vollstreckbaren Anwaltsvergleich nach § 796a ZPO unterwerfen.[56] Die Sperrwirkung des § 1032 ZPO ließe sich zudem über ein *pactum de non petendo* erreichen.[57]

Formal betrachtet unterliegt das obligationenrechtliche Schiedsverfahren zunächst keinen gesetzlichen Verfahrensanforderungen; die schiedsrechtlichen Grundsätze wie z.B. § 1042 Abs. 1 S. 2 ZPO (rechtliches Gehör) oder das Erfordernis der Unparteilichkeit und Unabhängigkeit der Schiedsrichter (vgl. § 1036 ZPO) finden keine direkte Anwendung; letzteres scheitert rein formal gesehen schon daran, dass der oder die »Entscheider« Bevollmächtigte, d.h. Interessenvertreter sind, nicht Schiedsrichter.[58]

3. *Zwischenfazit*

Die Schiedsgerichtsbarkeit versteht sich als eine Ausübungsform der Privatautonomie, die zumindest in Art. 2 Abs. 1 GG grundrechtlich verankert ist. Privatautonomie bedeutet Selbstbestimmung des Einzelnen (*stat pro ratione voluntas*) und damit auf der Kehrseite Schutz vor (ungewollter) Fremdbestimmung. Teil der Selbstbestimmung kann aber auch sein, die eigene Privatautonomie zu delegieren und von einem Dritten das eigene Rechtsverhältnis festlegen zu lassen (gewollte Fremdbestimmung). Im Speziellen versteht sich die Schiedsgerichtsbarkeit daher als eine Art Delegation von Privatautonomie, die von der grund-

54 *Münch* in: MünchKomm-ZPO, Vor. § 1025 ff. Rn. 63; *Rieble* in: Staudinger, § 315 Rn. 38.
55 *Münch* in: MünchKomm-ZPO, Vor. § 1025 ff. Rn. 63.
56 Vgl. *Voit* in: Musielak/Voit, § 1029 Rn. 3, § 796a Rn. 1 ff.
57 *Voit* in: Musielak/Voit, § 1029 Rn. 3.
58 Vgl. *Münch* in: MünchKomm-ZPO, Vor. § 1025 ff. Rn. 63.

rechtlichen Ausgangssituation mit anderen Formen wie der Stellvertretung, der Leistungsbestimmung durch eine Partei oder einem Dritten bzw. dem Schiedsgutachten verwandt ist.

II. Kein absolutes Rechtsprechungsmonopol staatlicher Gerichte (Art. 92 GG)

Einigen sich die Parteien durch Schiedsvereinbarung zulässigerweise auf die Durchführung eines Schiedsverfahrens, wird eine Entscheidung durch eine staatliche Gerichtsbarkeit insoweit quasi verdrängt. Sollte eine der Schiedsparteien dennoch abredewidrig die Streitigkeit durch Klage vor ein staatliches Gericht bringen, muss dieses, um dem einmal getroffenen Parteiwillen Rechnung zu tragen, in Ansehung der Verbindlichkeit der Schiedsvereinbarung die Klage abweisen. Einfachgesetzlich ist dieser Mechanismus in § 1032 Abs. 1 ZPO geregelt, wonach das Gericht die Klage als unzulässig abzuweisen hat, sofern der Beklagte dessen Unzuständigkeit rügt. Dass die Schiedsvereinbarung einfachgesetzlich nur auf Einrede respektiert wird, soll erneut der Parteiautonomie Rechnung tragen: Den Parteien soll es auch nach Abschluss der Schiedsvereinbarung freistehen, diese nachträglich stillschweigend aufzuheben bzw. auszusetzen.[59]

Diese faktisch »verdrängende« Zuständigkeit eines Schiedsgerichts wirft auf der Ebene des Grundgesetzes zunächst die Frage der Vereinbarkeit mit Art. 92 GG auf, wonach die rechtsprechende Gewalt den Richtern anvertraut ist. Dementsprechend muss geklärt werden, in welchem Verhältnis die Schiedsgerichtsbarkeit zur staatlichen Rechtsprechung steht und inwiefern Art. 92 GG eine Verbotsaussage zu ersterer trifft.

Zentraler Punkt verfassungsrechtlicher Untersuchungen der Schiedsgerichtsbarkeit war bisher daher vor allem dieses Verhältnis zu Art. 92 GG.[60] Dabei besteht grundsätzlich Einigkeit darüber, dass Art. 92 GG kein absolutes staatliches Rechtsprechungsmonopol i.d.S. begründet, dass daneben eine private, rechtsprechende Schiedsgerichtbarkeit verboten wäre.[61] Begründet wird dies vor

59 *Wolff*, SchiedsVZ 2015, 280, 282 (mit genereller Kritik am Konzept des Rügeerfordernisses nach § 1032 ZPO).

60 Vgl. etwa: *Brach*, S. 195 ff.; *Hesselbarth*, S. 57 ff.

61 BGH NJW 1976, 109; *Achterberg* in: BK, Art. 92 Rn. 185 f.; *Bettermann*, HStR III², § 73 Rn. 77; *Classen* in: Mangoldt/Klein/Starck, Art. 92 Rn. 41; *Detterbeck* in: Sachs, Art. 92 Rn. 28; *Distler*, S. 47 ff., 52; *Geimer*, S. 118; *Hillgruber* in: Maunz/Dürig, Art. 92 Rn. 87; *Lachmann*, Rn. 232; *Münch* in: MünchKomm-ZPO, Vor. § 1025 ff. Rn. 4; *Möller*, S. 65 ff.,

allem mit der Systematik des Grundgesetzes, wonach der IX. Abschnitt nur die staatlichen Gerichte und deren Rechtsprechung meinen kann; nichtstaatliche Gerichte seien daher durch die Vorschrift weder erlaubt noch verboten.[62] Nach dieser zuzustimmenden Auffassung können Schiedsgerichte daher auch keine Rechtsprechung i.S. des Grundgesetzes ausüben, da damit lediglich die staatliche Tätigkeit i.S. einer hoheitlichen Gewalt gemeint ist.[63] Eine andere Sichtweise müsste auf die rein funktionelle Komponente der rechtsprechenden Tätigkeit abstellen, um die Schiedsgerichtsbarkeit als Rechtsprechung i.S. des Grundgesetzes qualifizieren zu können. Eine solch rein funktionenbezogene Gewaltenbestimmung des Grundgesetzes kann jedoch nicht angenommen werden. Dagegen sprechen bereits systematische Gründe, da Art. 20 Abs. 2 S. 2 GG als besondere Organe der staatlichen Gewalt die Gesetzgebung, die vollziehende Gewalt und die Rechtsprechung bezeichnet und somit klar wird, dass das Grundgesetz bei der Verwendung dieser Begrifflichkeiten allein Organe im institutionellen Sinn, d.h. Ausübung von Staatsgewalt meint.[64]

Festzuhalten bleibt an dieser Stelle daher, dass Art. 92 GG die Schiedsgerichtsbarkeit zumindest nicht generell verbietet; inwiefern dieser Norm darüber hinaus mit Teilen der Literatur trotzdem eine Aussage über die Grenzen der Schiedsgerichtsbarkeit entnommen werden kann, bleibt noch an anderer Stelle zu diskutieren.[65]

77 ff.; *Prütting* in: Prütting/Gehrlein, § 1025 Rn. 3; *Schulze*, S. 10; *Schulze-Fielitz* in: Dreier, Art. 92 Rn. 49 f.; *Sonnauer*, S. 22.

62 *Detterbeck* in: Sachs, Art. 92 Rn. 28; *Hillgruber* in: Maunz/Dürig, Art. 92 Rn. 87.

63 *Detterbeck* in: Sachs, Art. 92 Rn. 28; *Hesselbarth*, S. 13; abweichend: *Wolff* in: Umbach/Clemens, Art. 92 Rn. 45 (rechtsprechende Gewalt wegen des teilweisen Ausschlusses der staatlichen Gerichte).

64 *Kloepfer*, VerfR II, § 50 Rn. 4 ff.

65 Zweiter Teil D II 2, S. 130 ff.

C. Bedeutung und Folgen einer grundrechtlichen Verankerung der Schiedsgerichtsbarkeit

I. Auswirkungen im Allgemein

Bevor man sich Einzelfragen bezüglich der Grenzen und der Durchführung eines Schiedsverfahrens widmet, erscheint es sinnvoll, sich zunächst die grundlegenden Folgen einer grundrechtlichen Verankerung der Schiedsgerichtsbarkeit klar zu machen. Oftmals entsteht nämlich der Eindruck, dass genau diese missverstanden bzw. nicht hinreichend beachtet werden, obwohl deren Bedeutung nicht zu unterschätzen ist. Die allgemeinen Konsequenzen einer grundrechtlich fundierten Schiedsgerichtsbarkeit sollen daher unter Bezugnahme auf verschiedene Interpretationen der Schiedsgerichtsbarkeit eingangs dargestellt werden.

1. Schiedsgerichtsbarkeit als rein privates, grundrechtliches Verfahren

Verankert man die Schiedsgerichtsbarkeit wie vorliegend in den Grundrechten und sieht die Durchführung eines Schiedsverfahrens als Grundrechtsausübung an, werden im Hinblick auf das Grundgesetz schnell deutliche qualitative Unterschiede klar: Das Schiedsgericht übt, wie bereits erwähnt, im Gegensatz zum staatlichen Gericht keine rechtsprechende Gewalt und damit keine hoheitliche Tätigkeit[66] aus, sondern bleibt eine rein private, grundrechtlich gestützte Institution.[67] Klargestellt ist damit, dass beide Einrichtungen in verfassungsrechtlicher Hinsicht nicht dieselbe Tätigkeit ausüben und daher auch nicht gleich zu behandeln sein können. Dennoch treten Schiedsgerichte im Streitfall sozusagen an die Stelle der staatlichen Gerichte und übernehmen insoweit äquivalent deren Aufgabe, den Streit zu entscheiden. Dies mag wohlmöglich den Gesetzgeber und einige Autoren auch dazu verleitet haben, die Schiedsgerichtsbarkeit als »gleichwertig« zu bezeichnen. Wie zu zeigen sein wird, muss das Attribut »gleichwertig« in Hinblick auf das Grundgesetz und die verfassungsrechtlichen Folgen jedoch streng von dem Attribut »gleichartig« getrennt werden. An dieser Stelle soll daher zunächst auf die weit verbreitete »Gleichwertigkeitsthese«, deren ver-

66 *Brach*, S. 135, 143; *Hesselbarth*, S. 3 f.; *Schulze*, S. 10.
67 *Kahlert*, S. 81; *Rehm*, S. 37; *Schulze*, S. 10.

schieden ausfallende Rezeption und deren verfassungsrechtliche Einordnung eingegangen werden.

a) Die Gleichwertigkeitsthese des Gesetzgebers

Mit dem Schiedsverfahrens-Neuregelungsgesetz vom 22.12.1997[68] hat der Gesetzgeber an mehreren Stellen zum Ausdruck gebracht,[69] dass er die Schiedsgerichtsbarkeit als eine der staatlichen Gerichtsbarkeit grundsätzlich gleichwertige Rechtsschutzmöglichkeit ansieht, was insgesamt einige Lockerungen der einzuhaltenden Anforderungen mit sich brachte.[70] Diese Änderungen brachten selbstverständlich einiges an Kritik mit sich;[71] insbesondere der Begriff der »Gleichwertigkeit« ist im (zivilprozessualen) Schrifttum jedoch mittlerweile weit verbreitet. Die Gleichwertigkeitsthese stellte dabei das Ergebnis eines langjährigen Auffassungswandels dar, wobei die Schiedsgerichtsbarkeit von einer eher vertraglich basierten Einrichtung immer näher in die Richtung einer »echten Gerichtsbarkeit« rückte.[72] Allerdings sprach der Gesetzgeber bei der Neuregelung u.a. eher vorsichtig von einer *»im Prinzip gleichwertige*[n] *Rechtsschutzmöglichkeit«*[73], was nicht unbedingt zwingend als Qualifikation der Schiedsgerichtsbarkeit als »echte Gerichtsbarkeit« zu sehen ist und Raum für Interpretationen lässt. Eine eingehende Bewertung der gesetzgeberischen Neuregelung aus verfassungsrechtlicher Perspektive soll hier jedoch nicht vorgenommen werden.[74] Von Interesse ist allerdings die Frage, inwiefern die Schiedsgerichtsbarkeit im Rahmen des Grundgesetzes eine »echte«, neben der staatlichen »gleichwertig« stehende Gerichtsbarkeit darstellen kann.

68 BGBl. Teil I Nr. 88, S. 3224.
69 BT-Drs. 13/5274, S. 34, 36.
70 Vgl. *Hesselbarth*, S. 7 ff.
71 Für einen Überblick zum Meinungsstand siehe: *Hesselbarth*, S. 14 ff.
72 Vgl. *Hesselbarth*, S. 10 f.
73 BT-Drs. 13/5274, S. 34.
74 Dazu ausführlich: *Hesselbarth*.

b) *Schiedsgerichtsbarkeit als »echte« Gerichtsbarkeit?*

aa) *Materielle Rechtsprechung und »echte« Gerichtsbarkeit*

(1) *Deutungsversuch*

In einer Linie mit oder auch in Bezugnahme auf die Gleichwertigkeitsthese des Gesetzgebers wird die Schiedsgerichtsbarkeit oftmals als Ausübung privater, »echter« Gerichtsbarkeit bezeichnet. Insbesondere von prozessualen Theorien der Schiedsgerichtsbarkeit wird auf einfachgesetzlicher Ebene eine solche Qualifikation vorgenommen.[75] Dies wirft zunächst die Frage auf, was unter dem Begriff der echten Gerichtsbarkeit bzw. der Qualifikation der Schiedsgerichtsbarkeit als solcher genau zu verstehen ist. Angeführt wird diesbezüglich, dass Schiedsgerichte ebenfalls wie staatliche Gerichte materielles Recht sprechen würden,[76] der Schiedsspruch daher auch ein urteilsgleicher, prozessualer Akt sei, wobei jedoch eingeräumt wird, dass dieser gleichfalls keinen Hoheitsakt i.S. einer Ausübung öffentlicher Gewalt darstelle.[77] Insbesondere *Ebbing* versteht die Schiedsgerichtsbarkeit als eine Art private und quasi institutionalisierte Zivilgerichtsbarkeit, deren Zuständigkeit sozusagen zwar durch Schiedsvereinbarung begründet wird, die Kompetenzen der echten »Rechtsprechungsalternative« jedoch über die Privatautonomie der Schiedsparteien hinausgehen, da diese nicht lediglich ihre eigene Regelungsbefugnis übertragen.[78] Wirft man einen Blick in die zivilprozessuale Literatur, wird eine Gerichtsbarkeit allgemein wie folgt definiert:

> *»Gerichtsbarkeit ist die auf die Verwirklichung der Rechtsordnung gerichtete Staatstätigkeit. Neben der gesetzgebenden Gewalt (Legislative) und der Verwaltung*

75 Vgl. *Geimer* in: Zöller, Vor. § 1025 Rn. 1; *Prütting* in: Prütting/Gehrlein, § 1025 Rn. 1; *Saenger* in: Saenger, Vor. § 1025 Rn. 6; *Schlosser* in: Stein/Jonas, Vor. § 1025 Rn. 4; zu den prozessualen Theorien zudem sogleich: C I 1 b) bb), S. 24 ff.

76 Grundlegend: *Kornblum*, S. 105 ff. (»Streitentscheidungstheorie«); vgl. ferner: *Distler*, S. 191 ff., 204 ff.; *Geimer*, S. 129 f.; *Geimer* in: Zöller, § 1042 Rn. 5 (Schiedsgerichte betreiben Rechtspflege); *Karl*, S. 50 f. (echte rechtsprechende Funktion); *Sonnauer*, S. 39 (gerichtsähnliche Funktion); *Schwab/Walter*, Kap. 9 Rn. 4 (materielle Rechtsprechung); anschaulich leitet auch *Spohnheimer* (S. 7) den ersten Teil seiner Untersuchung mit dem Satz ein: »Schiedsgerichte sprechen wie staatliche Gerichte materiell Recht«.

77 *Geimer*, S. 121 f., 148; *Schlosser* in: Stein/Jonas, Vor. § 1025 Rn. 4; *Schulze*, S. 10; *Kornblum*, S. 105 f.

78 Vgl. *Ebbing*, S. 19, 26, der freilich aus einfachgesetzlicher Sicht urteilend versucht, die zivilprozessualen Regelungen zu erklären; vgl. insofern auch *Rehm*, S. 154 f., 161.

> *(Exekutive) bildet sie die dritte Gewalt im Staat (Judikative). Die Gerichtsbarkeit wird auch »richterliche Gewalt« (§ 1 GVG) oder »rechtsprechende Gewalt« (Art. 92 GG) genannt. Sie ist den Gerichten und Richtern anvertraut.«*[79]

Da hierbei offensichtlich unter Gerichtsbarkeit allein die staatliche Tätigkeit verstanden wird, bedeutet dies, dass die Schiedsgerichtsbarkeit als nichtstaatliche Institution nach dieser Definition entweder schon gar keine Gerichtsbarkeit darstellt oder dass sich die Definition schlicht nur auf einen engeren, unvollständigen Begriff der Gerichtsbarkeit bezieht, der sich in einer Abgrenzung der Judikative zu den anderen Staatsgewalten erschöpft und über eine nichtstaatliche Gerichtsbarkeit keine Aussage trifft. Im letzteren Falle bliebe die Definition eines weiter gefassten Begriffs der Gerichtsbarkeit freilich offen, sodass ohnehin weitere Überlegungen anzustellen sind.

Mit der Beschreibung der Schiedsgerichtsbarkeit als echter Gerichtsbarkeit wird allem Anschein nach wohl auf die Gleichartigkeit der Tätigkeit aus einer funktionellen Sichtweise heraus abgestellt,[80] um sodann beispielsweise konkrete Verfahrensanforderungen daraus abzuleiten. Dem Verständnis dieses Ansatzes entsprechend lässt sich aus der Verdrängung der staatlichen Gerichte durch Schiedsvereinbarung begründen, dass die sodann gewählte Schiedsgerichtsbarkeit selbst eine echte Gerichtsbarkeit sein müsse, die wie ein beständiges staatliches Gericht durch Parteivereinbarung für den konkreten Streitfall zuständig sei.[81] Zulässig sei dies gerade nur, weil der liberale Staat kein (absolutes) Rechtsprechungsmonopol beanspruchen könne.[82]

(2) Notwendigkeit der Freiwilligkeit: Keine »Zwangsarbitrage«

Nahezu gänzliche Einigkeit besteht jedoch darüber, dass eine solche private Gerichtsbarkeit jedenfalls auf einem Rechtsgeschäft, d.h. einer Schiedsvereinbarung beruhen muss, damit die Freiwilligkeit eines solchen Verfahrens sichergestellt

79 Rosenberg/Schwab/*Gottwald*, § 9 Rn. 1.

80 Zur funktionellen Sichtweise vgl. oben: B II, S. 15 ff.

81 Vgl. zu diesem Gedanken: *Wolff* in: Umbach/Clemens, Art. 92 Rn. 45 (rechtsprechende Gewalt).

82 *Schlosser* in: Stein/Jonas, Vor. § 1025 Rn. 4; abweichend: *Wolff* in: Umbach/Clemens, Art. 92 Rn. 45 (wegen Verstoßes gegen den Wortlaut des Art. 92 GG ist dieser aus historischen Gründen teleologisch zu reduzieren).

ist.[83] Da niemand in einer derartigen Form der Fremdbestimmung gegen seinen Willen dem staatlichen Rechtsschutz entzogen werden darf,[84] wäre eine von einer entsprechenden Vereinbarung unabhängige private Gerichtsbarkeit i.S. einer »Zwangsarbitrage« angesichts Art. 92 GG und des allgemeinen Justizgewährungsanspruchs, des Rechts auf den gesetzlichen Richter nach Art. 101 Abs. 1 S. 2 GG sowie unter dem Aspekt staatlicher Schutzpflichten vor Fremdbestimmung verfassungsrechtlich unzulässig.

Dabei beschreibt der Begriff der Freiwilligkeit zwar hierbei das richtige Phänomen, trifft die Sache aber nicht im Kern. Versteht man wie hier die Schiedsgerichtsbarkeit als eine besondere Ausübungsform der Privatautonomie,[85] bedarf es an sich keines gesonderten Hinweises auf die Freiwilligkeit, da diese ohnehin schon begrifflich zwingend im Wesen der Privatautonomie als von Fremdbestimmung befreiter Selbstbestimmung mitinbegriffen ist. Ähnliches gilt hinsichtlich des (vermeintlichen) Verzichts auf den allgemeinen Justizgewährungsanspruch: Versteht man die Schiedsgerichtsbarkeit als Ausübung der Privatautonomie und das Verbot der *révision au fond* als erforderliche, staatliche Anerkennung dieser, so liegt auch hierbei kein Anspruchsverzicht, sondern eine Modifikation des allgemeinen Justizgewährungsanspruches vor.[86] Eine gesonderte Normierung der Bedingung der Freiwilligkeit ist daher nach hier vertretener Ansicht überflüssig und dient lediglich als Beweis dafür, dass viele die Schiedsgerichtsbarkeit als eine von der Privatautonomie abgekoppelte, eigenständige Institution aufzufassen scheinen, der man sich abstrakt »unterwerfen« kann.

(3) Geltungsgrund der Schiedsgerichtsbarkeit unabhängig von der Privatautonomie?

Im Zusammenhang mit der Bezeichnung der Schiedsgerichtsbarkeit als »echter«, eigenständiger Gerichtsbarkeit und der Freiwilligkeit der Vereinbarung einer solchen ist außerdem noch auf den besonderen Standpunkt von *Spohnheimer* einzugehen, hinter dem sich die ganze Problematik zuspitzt. Dazu ist an dieser Stelle ein kleiner Vorgriff notwendig: Der Schiedsspruch als privater, nicht hoheitlich

83 *Hillgruber* in: Maunz/Dürig, Art. 92 Rn. 88; *Geimer* in: Zöller, Vor. § 1025 Rn. 4; *Prütting* in: Prütting/Gehrlein, § 1025 Rn. 1; *Schlosser* in: Stein/Jonas, Vor. § 1025 Rn. 10; *Münch* in: MünchKomm-ZPO, § 1059 Rn. 12; *Sonnauer*, S. 56 f.

84 *Geimer* in: Zöller, Vor. § 1025 Rn. 4.

85 Vgl. B I, S. 7 ff.

86 Vgl. hierzu: C I 3, S. 34 ff.

begründeter Akt bedarf grundsätzlich der staatlichen Anerkennung und Vollstreckung.[87] Durch § 1055 ZPO ist der Schiedsspruch zwischen den Parteien einem staatlichen Gerichtsurteil gleichgestellt[88] und kann nur noch durch ein Aufhebungsverfahren nach § 1059 ZPO beseitigt werden. Da es demnach kein separates, vorgeschaltetes Anerkennungsverfahren[89] für inländische Schiedssprüche gibt, diese vielmehr durch Erlass Wirksamkeit entfalten und nur nachträglich aufgehoben werden können, spricht *Spohnheimer* – bis zu diesem Punkt der Sache nach auch vollkommen richtig – von einem »antezipiertem Legalanerkenntnis«,[90] auf dessen Bedeutung noch an anderer Stelle einzugehen sein wird.[91] An dieser Stelle ist nun folgender Gedanke von Interesse: Aus dem Zusammenspiel von § 1055 ZPO und § 1059 Abs. 2 Nr. 1 a) ZPO – welcher die Aufhebbarkeit eines Schiedsspruches bei unwirksamer Schiedsvereinbarung vorsieht – schließt *Spohnheimer* die Folgerung, der Geltungsgrund des Schiedsspruches (und damit wohl auch des Schiedsverfahrens bzw. der Schiedsgerichtsbarkeit insgesamt) liege nicht in der privatautonomen Schiedsvereinbarung, sondern allein im Rechtssatz des § 1055 ZPO, da eine Aufhebung eines (nichtwirksamen) Schiedsspruches bei unwirksamer Schiedsvereinbarung ansonsten widersinnig wäre, wenn dessen Wirksamkeit und Existenz ohnehin von der Wirksamkeit der zugrundeliegenden Schiedsvereinbarung abhinge.[92]

Vor dem Hintergrund dieser nachvollziehbaren Argumentationslinie ließe sich nun die These aufstellen, der Schiedsspruch und damit im Wesentlichen die gesamte Schiedsgerichtsbarkeit existierten unabhängig von der Privatautonomie und der freiwilligen Unterwerfung der Parteien. Eine solche Interpretation käme auch am ehesten der Bezeichnung der Schiedsgerichtsbarkeit als »echter« Gerichtsbarkeit nahe, da sie das von der Privatautonomie unabhängige Bestehen einer Schiedsgerichtsbarkeit suggeriert. Indes wäre eine derartige Interpretation jedoch aus den gerade genannten Gründen verfassungswidrig und lässt sich auch nicht aus der derzeitigen Ausgestaltung des 10. Buches der ZPO i.S. eines antizi-

87 Hierzu: C II 4, S. 40 ff.
88 Hierzu: C II 4 e), S. 49 ff.
89 Zum grundlegenden Verhältnis zwischen privatautonomen Akten und der Anerkennung durch die Rechtsordnung vgl. C II 4 d), S. 43 ff.
90 *Spohnheimer*, S. 13 ff.
91 Vgl. C II 4 d), S. 43 ff.
92 Vgl. *Spohnheimer*, S. 15 f., 23, 67; ähnlich: *Rehm*, S. 135, 153 ff. (Schiedsvereinbarung nicht Grundlage der Schiedsgerichtsbarkeit, da diese ein eigenständiges Rechtsprechungssystem darstellt, welches nicht in der Privatautonomie, sondern im Rechtsstaatsprinzip verankert ist); vgl. dazu ablehnend auch: *Brach*, S. 187 ff., 231 ff.

pierten Legalanerkenntnisses schlussfolgern.[93] Der Aufhebungsgrund des § 1059 Abs. 2 Nr. 1 a) ZPO löst den Schiedsspruch und die Schiedsgerichtsbarkeit nicht aus ihrem privatautonomen Rahmen und befreit nicht etwa von dem Erfordernis der freiwilligen Unterwerfung der Schiedsparteien, sondern entpuppt sich vielmehr als »Heilungsvorschrift« für all diejenigen Fälle, in denen zwar eine Schiedsvereinbarung gegeben war, dieser aber i.S. einer Begrenzung der Privatautonomie die Wirksamkeit durch die Rechtsordnung versagt wurde. Ob aber grundsätzlich eine freiwillige Schiedsvereinbarung gegeben ist, die nur an (einfachgesetzlichen) Wirksamkeitsmängeln leidet, stellt einen wesentlichen Unterschied zu dem Fall dar, in dem überhaupt keine Schiedsvereinbarung und damit keine freiwillige Unterwerfung gegeben ist.[94] Aus verfassungsrechtlichen Erwägungen muss eine Freiwilligkeit der Unterwerfung i.S. einer Rückkopplung an die Privatautonomie unbedingt gegeben sein; ob der Gesetzgeber dieser im Einzelfall einfachgesetzlich zunächst die Wirksamkeit versagt, nachträglich aber eine Heilung durch Nichterhebung der Aufhebungsklage nach § 1059 Abs. 2 Nr. 1 a) ZPO erlaubt, steht auf einem anderen Blatt.[95]

Gezeigt werden sollte hierbei jedenfalls, dass auch ein antizipiertes Legalanerkenntnis und die dabei mitklingende Qualifikation der Schiedsgerichtsbarkeit als »echter« Gerichtsbarkeit nicht dazu führen kann, dass die Schiedsgerichtsbarkeit von der Privatautonomie losgelöst und auf das Erfordernis der freiwilligen Unterwerfung etwa verzichtet werden kann.[96]

93 Bedenken meldet schließlich auch *Spohnheimer* (S. 26) hinsichtlich der subjektiven Rechtskrafterstreckung auf Dritte an; diese dürften durch Schiedsspruch nicht ihrem staatlichen Richter entzogen werden, da nur die Parteien des Schiedsvertrags sich zulässigerweise ihrem staatlichen Richter entzogen hätten. Dies ist inkonsequent mit der übrigen Argumentation, die Schiedsspruch bestünde unabhängig von der Schiedsvereinbarung und bleibt zumindest missverständlich, denn auch die (vermeintlichen) Parteien selbst dürfen nicht ihrem gesetzlichen Richter entzogen werden.

94 Richtigerweise sollten daher Schiedssprüche, die ohne jegliche Grundlage betrieben wurden und an denen sich der Schiedsbeklagte auch nicht beteiligt hat, als nichtig und nicht nur aufhebbar erachtet werden, vgl. *Voit* in: Musielak/Voit, § 1059 Rn. 5.

95 Beispielsweise kann die Schiedsvereinbarung wegen Unbestimmtheit unwirksam sein (vgl. *Voit* in: Musielak/Voit, § 1029 Rn. 16), was nach Erlass des Schiedsspruches hinsichtlich der Bindung des Schiedsbeklagten unproblematisch wäre, da er den konkreten Inhalt des Schiedsspruches kennt. Indes ist in solchen Fällen auch an Heilung bzw. Präklusion durch rügelose Einlassung des Schiedsbeklagten zu denken, vgl. hierzu: *Münch* in: MünchKomm-ZPO, § 1059 Rn. 16 f.

96 Die diesbez. nicht hinreichend differenzierten Begründungen von *Spohnheimer* sind daher zumindest teilweise bedenklich; abzulehnen daher auch: *Rehm*, S. 57 ff. (fehlende Schiedsverein-

bb) Einfachgesetzlicher Meinungsstreit zur materiell-rechtlichen vs. prozessualen Natur der Schiedsvereinbarung

Mit dem Streit um die Einordnung der Schiedsgerichtsbarkeit als materielle Rechtsprechung und »echter« Gerichtsbarkeit hängt auch der Streit um die Qualifikation der Schiedsvereinbarung als materiell oder prozessual ab.[97] Denn aus der Ausübung materieller Rechtsprechung anstelle der staatliche Gerichte folge die prozessuale Qualifikation der Schiedsvereinbarung (§§ 1032, 1055 ZPO); aus dem justiziellen Charakter der Schiedsgerichtsbarkeit folge wiederum die Notwendigkeit zwingender Verfahrensgarantien wie z.B. die Gewährung rechtlichen Gehörs bzw. die Unabhängigkeit des Schiedsgerichts.[98] Die materiellen Theorien – der sich auch die ältere Rechtsprechung des BGH angeschlossen hatte – sehen die Schiedsvereinbarung hingegen als »bürgerlich-rechtlichen« Vertrag zwischen den Schiedsparteien an, dem aber auch prozess-rechtliche Konsequenzen (§§ 1032, 1055 ZPO) zukommen.[99]

Doch worin besteht eigentlich der grundlegende Unterschied zwischen den beiden Theorien bzw. welche Folgen hat die Qualifikation als materiell-rechtlicher Vertrag einerseits und als Prozessvertrag andererseits? Neben den einzelnen Unterschieden, die das Gesetz an beide Vertragstypen u.a. stellen kann,[100] ist der Kern der Meinungsverschiedenheiten insbesondere der folgende: Da das Prozessrecht (i.S. der ZPO) zwingendes, öffentliches Recht darstellt, erscheint es einfacher oder gar allein dadurch möglich, mittels Qualifikation der Schiedsvereinbarung als prozessualen Vertrag quasi »automatisch« zwingende (Verfahrens-) Anforderungen und Grenzen der Privatautonomie (im Schiedsverfahren) zu begründen.[101] Mit dieser Sichtweise geht wohl die Vorstellung einher, eine materielle Qualifikation der Schiedsvereinbarung würde mehr oder minder bedeuten, dass wegen des rein privatrechtlichen Charakters keinerlei zwingende Verfahrensanforderungen bestünden, die Privatautonomie insofern unbeschränkt

barung nur als Zuständigkeitsmangel, der auch aus verfassungsrechtlichen Erwägungen keine Nichtigkeit des Schiedsspruches mit sich bringt).

97 Rechtsvergleichend hierzu: *Schlosser*, RipS, Rn. 40 ff.

98 Besonders deutlich: *Wolf/Eslami* in: BeckOK-ZPO, § 1025 Rn. 3.

99 Vgl. BGH NJW 1957, 589; NJW 1964, 591; *Voit* in: Musielak/Voit, § 1029 Rn. 3.

100 Vgl. hierzu: *Voit* in: Musielak/Voit, § 1029 Rn. 4 ff.

101 Vgl. *Wagner*, S. 13 f., 58. Angemerkt sei hierbei auch, dass die einfachgesetzliche Normierung der Schiedsgerichtsbarkeit in der ZPO nicht zwingend ist und aus Gründen der besseren Abgrenzbarkeit u.a. auch eine Regelung in einem eigenständigem Gesetz außerhalb der ZPO vorgeschlagen wird, vgl. *Rehm*, S. 136 ff., 161.

sei.[102] Dies ist aber falsch. Einerseits gilt auch im Prozessrecht der Grundsatz der Privatautonomie gleichermaßen,[103] andererseits existieren auch im materiellen Privatrecht zwingende Normen, die der privatautonomen Disposition entzogen sind. Es ist daher verfehlt, allein aus der öffentlich-rechtlichen Qualifikation des Prozessrechtes Einschränkungen der Privatautonomie herzuleiten[104] und der Schiedsgerichtsbarkeit durch Qualifikation der Schiedsvereinbarung als Prozessvertrag überzustülpen. Vielmehr besteht insofern eine normative Verklammerung von materiellem und prozessualem Recht; erfordern überindividuelle Interessen die Begrenzung der Privatautonomie, muss dies gleichsam materiell und prozessual geschehen.[105] Die Grenzen der Privatautonomie sind generell autonom der Sache nach zu bestimmen, was natürlich auch auf Ebene der Schiedsgerichtsbarkeit gilt. Der Meinungsstreit um die Qualifikation der Schiedsgerichtsbarkeit als materielle oder prozessuale Institution kann daher auch auf einfachgesetzlicher Ebene dahinstehen und sollte die angemessene Lösung von Problemen nicht präjudizieren.[106] Insbesondere auf verfassungsrechtlicher Ebene darf diese Unterteilung nicht in unzulässiger Weise zur Präjudizierung verfassungsrechtlicher Fragestellungen missbraucht werden; die Unterscheidung zwischen materiellem und prozessualem Recht stellt sich in dieser Form nur auf einfachgesetzlicher Ebene, das Grundgesetzt unterscheidet maßgeblich nur zwischen privat und hoheitlich (vgl. Art. 1 Abs. 3 GG).

c) *Schiedsrichter als Beliehene und Privatisierung der Gerichtsbarkeit?*

Eine weitere Zuspitzung erfährt die Problematik der Schiedsgerichtsbarkeit als »echter« Gerichtsbarkeit insbesondere durch die folgende Überlegung: Sind

102 Vgl. etwa: *Kornblum*, S. 82, 89 (sofern das Schiedsverfahren materiellen Vergleichs- oder vergleichsähnlichen Charakter hätte, bliebe für schiedsrichterliche Unabhängigkeit kein Raum mehr, Parteien oder Vertreter dürften vielmehr in eigener Sache richten). Der Begriff des materiellen Rechts ist – was oft übersehen wird – allerdings nicht mit dem Begriff des Privatrechts identisch, sondern kann selbst in weiten Teilen dem öffentlichen Recht angehören, vgl. *Wagner*, S. 13.

103 *Wagner*, S. 58, 79 (*in dubio pro libertate*).

104 *Wagner*, S. 16.

105 *Wagner*, S. 60 f.; dies zeigt sich beispielsweise bei der Bestimmung der objektiven Schiedsfähigkeit, vgl. *Wagner*, S. 62 und ausführlich: Zweiter Teil D, S. 124 ff.

106 *Münch* in: MünchKomm-ZPO, Vor. § 1025 ff. Rn. 6; vgl. ferner: *Wagner*, S. 581 f.; *Schlosser*, RipS, Rn. 45, 50 ff., (Harmonisierung der Lehren, da beide »gleichermaßen richtig wie unvollkommen sind«); zum gleichlaufenden Argument beim Schiedsgutachten: *Kleinschmidt*, S. 410 (»begriffsjuristischer Kurzschluss«); zur Verwaltungsschiedsgerichtsbarkeit: *Stumpf*, S. 17 ff.

Schiedsrichter in ihrer Funktion als Beliehene des Staates anzusehen mit der Folge, dass von Seiten des Staates diesbezüglich eine Privatisierung der Gerichtsbarkeit erfolgt? Dass Schiedsrichter tatsächlich als Beliehene bezeichnet werden, ist in der Tat eher selten anzutreffen, wird aber vereinzelt vertreten.[107] Nach einer verwaltungsrechtlichen Definition sind

> *»Beliehene* [...] *Privatpersonen (natürliche oder juristische Personen des Privatrechts), denen die Kompetenz zur selbständigen hoheitlichen Wahrnehmung bestimmter Verwaltungsaufgaben im eigenen Namen übertragen worden ist.«*[108]

Beliehene sind daher der öffentlichen, hoheitlichen Gewalt zuzuordnen und unterliegen dadurch beispielsweise der Grundrechtsbindung nach Art. 1 Abs. 3 GG.[109] Ein staatlicher Übertragungsakt – der unmittelbar durch Gesetz selbst oder auf dessen Grundlage durch Rechtsverordnung, mitwirkungsbedürftigen Verwaltungsakt oder öffentlich-rechtlichen Beleihungsvertrag vollzogen werden kann – ist für die Beleihung dabei unentbehrlich.[110] Durch den Übertragungsakt wird zwischen Staat und Beliehenem schließlich ein öffentlich-rechtliches Auftragsverhältnis begründet.[111]

Von einem funktionellen Standpunkt aus wiederum betrachtet, könnten Schiedsrichter nun als beliehene, private Richter angesehen werden, da sie ja anstelle der staatlichen Gerichte den Streit der Schiedsparteien entscheiden. Begründet wird dieser Ansatz der Belieheneneigenschaft vor allem damit, dass die Schiedsrichter durch gesetzliche Ermächtigung nach § 1055 ZPO einen Schiedsspruch mit Wirkung eines staatlichen Urteils fällen können, was schließlich zur Ausübung hoheitlicher Befugnisse führe.[112] Dagegen spreche auch nicht, dass der Schiedsspruch noch der staatlichen Anerkennung bzw. Vollstreckbarerklärung bedürfe und die Kompetenz des Schiedsgerichts von einer Parteivereinbarung abhinge, da mitwirkungsbedürftige Hoheitsakte grundsätzlich anerkannt seien und sich der hoheitliche Charakter des Schiedsspruches u.a. an seinen verschiedenen Bindungs- und Gestaltungswirkungen zeige.[113]

107 Siehe nur: *Pfeiffer*, FS Elsing, S. 387, 388 f.
108 *Maurer/Waldhoff*, VerwR, § 23 Rn. 63; *Burgi*, FS Maurer, S. 585; zur Beleihung vgl. noch ausführlich: Dritter Teil D IV 1, S. 221 ff.
109 *Herdegen* in: Maunz/Dürig, Art. 1 Abs. 3 Rn. 101.
110 *Ronellenfitsch* in: BeckOK-VwVfG, § 1 Rn. 72 f.
111 *Maurer/Waldhoff*, VerwR, § 23 Rn. 64.
112 *Pfeiffer*, FS Elsing, S. 387, 388.
113 *Pfeiffer*, FS Elsing, S. 387, 389.

Anschaulich wird hierbei insbesondere, dass diese Ansicht noch einen Schritt weiter als die vorherige Theorie der Schiedsgerichtsbarkeit als (vermeintlich) »echter« Gerichtsbarkeit geht: Um die tatsächliche Gleichschaltung zu bewirken, wird Schiedsrichtern die Eigenschaft als Beliehene zugesprochen, deren Tätigkeit als hoheitlich qualifiziert wird; es handelt sich danach insofern um eine echte Privatisierung der Gerichtsbarkeit. Eine Diskussion um den Begriff der Gerichtsbarkeit erübrigt sich hier, da Schiedsgerichte nach dieser Theorie die Aufgabe der staatlichen Gerichtsbarkeit wahrnehmen und – konsequenterweise auch aus verfassungsrechtlicher Sicht – in deren Position treten würden.

d) Würdigung: Verfassungsrechtliche »Ungleichartigkeit« der Schiedsgerichtsbarkeit

Eine Würdigung der gerade aufgeführten Ansätze zur verfassungsrechtlichen Qualifikation der Schiedsgerichtbarkeit hat sich insbesondere mit drei Fragestellungen auseinander zu setzen: Zunächst ist zu klären, ob Schiedsgerichte generell Gerichte i.S. des Grundgesetzes sind. Ist dies zu verneinen, bleibt im Anschluss zu überlegen, ob Schiedsgerichte – etwa durch besonderen Übertragungsakt – grundsätzlich Gerichte i.S. des Grundgesetzes werden können. Sollte auch dies zu verneinen sein, bleibt noch zu überlegen, welche Bedeutung der Qualifikation der Schiedsgerichtsbarkeit als »echter« Gerichtsbarkeit mit Blick auf das Grundgesetz verbleibt. Schließlich lassen sich noch Überlegungen anstellen, ob mit dem Attribut der Gleichwertigkeit der Schiedsgerichtsbarkeit nicht eine gänzlich andere Eigenschaft gemeint ist.

Eine grundsätzliche Gleichsetzung von staatlicher Gerichtsbarkeit und privater Schiedsgerichtsbarkeit verbietet sich im Hinblick auf das Grundgesetz zunächst. Wie bereits dargestellte wurde, sind Schiedsgerichte nicht im IX. Abschnitt des Grundgesetzes geregelt. Da aus verfassungsrechtlicher Sicht nicht etwa eine funktionale, sondern eine institutionelle Betrachtungsweise allein entscheidend ist,[114] üben Schiedsgerichte keine (verfassungsrechtlich bedeutsame) Rechtsprechung aus[115] und stellen keine Gerichte (Art. 103 Abs. 1 GG),[116]

114 Vgl. B II, S. 15 ff.

115 Vgl. *Kleinschmidt*, S. 449 ff., 453 (Unbrauchbarkeit des verfassungsrechtlichen Rechtsprechungsbegriffes, Belegung mit dem Begriff »materieller« Rechtsprechung dem Grunde nach irrelevant).

116 Vgl. *Remmert* in: Maunz/Dürig, Art. 103 Abs. 1 Rn. 56; *Degenhart* in: Sachs, Art. 103 Rn. 8; *Distler*, S. 187; *Geimer*, S. 127; *Sonnauer*, S. 39.

Schiedsrichter keine Richter i.S. des Grundgesetzes dar (Art. 97 GG).[117] Ebenso können sie keinen Rechtsschutz i.S. des Art. 19 Abs. 4 GG oder der allgemeinen Justizgewährleistungspflicht leisten, da sich dieser bürgerliche Anspruch gegen den Staat und dessen staatliche Gerichte richtet.[118] Ferner können Schiedsgerichte wegen ihrer privaten Rechtsstellung zunächst auch keine Adressaten verfassungsrechtlicher Bindungen an Grundrechte nach Art. 1 Abs. 3 GG oder Gesetz und Recht nach Art. 20 Abs. 3 GG sein, da auch hierbei ausschließlich die staatliche Gewalt verpflichtet ist.[119]

Der grundrechtliche Charakter eines jeden Schiedsverfahrens macht den gesamten Vorgang gerade zum Schutzobjekt, nicht zum Adressaten verfassungsrechtlicher Bindungen. Auch die Schiedsrichter als Private bleiben in ihrer Funktion Grundrechtsträger und -berechtigte und üben keine hoheitliche Tätigkeit aus. Da zwischen Grundrechtsträgern jedoch keine unmittelbare Grundrechtswirkung besteht, können Schiedsrichter bei der Ausübung ihrer Tätigkeit auch nicht unmittelbar zum Schutze der Grundrechte der Schiedsparteien verpflichtet sein. Die Schiedsgerichtsbarkeit stellt wegen ihrer grundrechtlichen Verankerung insofern zunächst ein *aliud* zur staatlichen Gerichtsbarkeit dar, da es sich um ein wesenstypisch privates Verfahren handelt, welches keine öffentliche Gewalt oder öffentlich-rechtliche Funktion ausübt. Neben diesen institutionellen Gesichtspunkten spricht dafür auch die privatautonome Natur selbst: »*Die privatautonome Gestaltung von Rechtsverhältnissen ist nicht Rechtssetzung*«, es fehlt bei privatautonomen Akten die »*materiale Qualifikation des Rechts als der Verwirklichung des Rechtsgedankens.*«[120] Mangels Qualifikation der privatautonomen Selbstbestimmung als Rechtsetzung kann der Einzelne weder Gesetzgeber, noch Richter in eigener Sache sein.[121] Da dies der Privatautonomie wesenseigen ist, gilt es zwingend auch für den Schiedsrichter als Delegationsempfänger, der seine Funktion nur aus der Privatautonomie des Schiedsparteien ableitet und daher demselben Maßstab unterliegt. So oder so lässt sich daher keine (verfassungsrechtliche) Rechtsprechungsfunktion der Schiedsgerichte herleiten.

Schiedsgerichte sind daher per se keine Gerichte i.S. des Grundgesetzes. Zu einem anderen Ergebnis könnte man höchstens gelangen, sofern man Schieds-

117 *Distler*, S. 180; *Geimer*, S. 130; *Hesselbarth*, S. 31; *Sonnauer*, S. 39.
118 *Brach*, S. 130 ff., 148 f.; *Hesselbarth*, S. 33 ff.
119 *Herdegen* in: Maunz/Dürig, Art. 92 Rn. 87; *Hillgruber* in: BeckOK-GG, Art. 1 Rn. 72.4; *Kloepfer*, VerfR II, § 50 Rn. 4 ff.
120 *Flume*, AT II, § 1 S. 5.
121 *Flume*, AT II, § 1 S. 5, mit Verweis auf: *Savigny*, System I, S. 12.

richter als Beliehene qualifiziert, die hoheitliche Gewalt ausüben. Eine derartige tatsächliche Privatisierung der Gerichtsbarkeit muss aber aus mehreren Gründen ausscheiden. Zum einen ist schon die rechtliche Konstruktion und das dahinterstehende Bild von Schiedsrichtern als Beliehene im Ansatz verfehlt. Ein Schiedsgericht wird nicht aufgrund staatlicher Delegation, sondern aufgrund einer privaten Initiative bzw. Delegation tätig.[122] Der staatliche Übertragungsakt kann insbesondere nicht in § 1055 ZPO gesehen werden. Die Regelung des § 1055 ZPO schreibt dem Schiedsspruch diverse einfachgesetzliche Wirkungen zu, die überwiegend die Autonomie des Schiedsverfahrens bewahren und die praktische Tauglichkeit eines Schiedsverfahrens als Alternative zur staatlichen Gerichtsbarkeit herstellen soll.[123] Mit keinem Wort erwähnt die Norm auch nur die Schiedsrichter als potenziell Beliehene, geschweige denn gestaltet sie eine Beleihung in irgendeiner Weise sachlich und rechtlich näher aus oder begründet ein öffentlich-rechtliches Auftragsverhältnis. Es fehlt ein entsprechender staatlicher Verleihungsakt. I.Ü. würde die Annahme einer Beleihung und damit eines öffentlich-rechtlichen Auftragsverhältnisses zu dem eigenartigen Ergebnis führen, dass der Schiedsrichter als Beliehener gegenüber dem Staat (und nicht den Schiedsparteien) berechtigt und verpflichtet wäre und daher grundsätzlich auch etwa finanzielle Aufwendungen vom Staat ausgeglichen werden müssten.[124] Das Bild von Schiedsrichtern als Beliehenen passt daher schon vom Konzept her nicht und lässt sich auch insbesondere mit der rechtlichen Ausgestaltung des § 1055 ZPO nicht begründen.

Schwerwiegender und entscheidend ist allerdings, dass eine tatsächliche, echte Privatisierung der Gerichtsbarkeit und Übertragung der Rechtsprechung auf Beliehene angesichts Art. 92 GG verfassungswidrig wäre.[125] Die Figur der Beleihung und Privatisierung entstammt vor allem aus dem Bereich der Verwaltung. Das Grundgesetz misst der staatlichen Ausübung von rechtsprechender Gewalt jedoch eine ganz andere Bedeutung zu, was sich insbesondere auch an

122 Vgl. *Karl*, S. 30 f.; *Löhr*, S. 9; *Spohnheimer*, S. 8.

123 Vgl. *Münch* in: MünchKomm-ZPO, § 1055 Rn. 1.

124 Vgl. *Maurer/Waldhoff*, VerwR, § 23 Rn. 64; zur finanziellen Situation im Rahmen der Beleihung: *Burgi*, FS Maurer, S. 587 f.

125 *von Coelln* in: Gröpl/Windhorst/v.Coelln, Art. 92 Rn. 8; *Detterbeck* in: Sachs, Art. 92 Rn. 28; *Meyer* in: v.Münch/Kunig, Art. 92 Rn. 11; *Wilke*, HStR V^3, § 112 Rn. 90; *Stadler*, NJW 1998, 2479, 2485; *Lembcke*, NVwZ 2008, 42, 44; *Freitag*, S. 56 (grundgesetzliches Beleihungsverbot); vgl. auch: *Hufeld*, S. 14 (unmissverständliche Selbstorganschaft der dritten Gewalt); *Voit*, JZ 1997, 120.

der hervorgehobenen verfassungsrechtlichen Stellung der Richter nach Art. 97 GG, dem Verbot von Ausnahmegerichten nach Art. 101 Abs. 1 S. 1 GG und dem Verbot des Entzuges des gesetzlichen Richters nach Art. 101 Abs. 1 S. 2 GG zeigt. Eine Ausübung von staatlichen Rechtsprechungsaufgaben durch private Schiedsrichter, die den verfassungsrechtlichen Anforderungen an den gesetzlichen, staatlichen Richter nicht genügen, ist vor diesem Hintergrund ausgeschlossen. Eine Konstruktion von Schiedsrichtern als Beliehene des Staates ist daher als verfassungswidrig abzulehnen: Schiedsrichter können auch durch Übertragungsakt keine Richter und Schiedsgerichte keine Gerichte i.S. des Grundgesetzes werden.

Geklärt ist somit, dass die Schiedsgerichtsbarkeit in Hinblick auf das Grundgesetz keine »echte« Gerichtsbarkeit i.d.S. darstellen kann, dass sie vom verfassungsrechtlichen Gerichtsbegriff umfasst wäre und etwa entsprechende, allein aus dem Status der Gerichtsbarkeit heraus begründete Befugnisse innehätte. Fraglich bleibt einzig, ob eine sonstige, begriffliche Qualifikation der Schiedsgerichtsbarkeit als »echte« Gerichtsbarkeit, die aber damit nicht die staatliche Gerichtsbarkeit meint, verfassungsrechtliche Besonderheiten mit sich bringen kann. Eine weitergehende Bedeutung der Qualifikation der Schiedsgerichtsbarkeit als »echte« Gerichtsbarkeit existiert jedoch auf verfassungsrechtlicher Ebene nicht, da das Grundgesetz insofern nur zwischen der privaten Ebene (I. Abschnitt) und der staatlichen Ebene (II. Abschnitt ff.) unterscheidet. Die Qualifikation einer Tätigkeit als Rechtsprechung und einer Einrichtung als Gerichtsbarkeit mag daher Relevanz für die Abgrenzung der staatlichen Gewalten untereinander haben; für die verfassungsrechtliche Einordnung der Schiedsgerichtsbarkeit ist sie hingegen irrelevant, da diese kein staatliches, sondern ein privates, grundrechtlich basiertes Verfahren darstellt. Nur in diesem Rahmen wird man die Überlegung anstellen können, inwiefern sich die Schiedsgerichtsbarkeit einer »echten« Gerichtsbarkeit annähern lässt und wie diesbezüglich Grenzen der Privatautonomie abzustecken sind.[126] Sollte die Qualifikation der Schiedsgerichtsbarkeit als »echte« Gerichtsbarkeit jedoch dazu genutzt werden, um allein aus dieser begrifflichen Zuordnung heraus Umstände zu rechtfertigen,

126 Aus verfassungsrechtlicher Sicht erübrigt sich auch der Streit um die materielle vs. prozessuale Natur der Schiedsgerichtsbarkeit, da es eine entsprechende Unterscheidung nicht gibt bzw. materielle und prozessuale Privatautonomie gleichsam der Privatautonomie gem. Art. 2 Abs. 1 GG zuzuschreiben ist und allein die Unterscheidung zwischen der privaten Ebene in Form der Grundrechte und der staatlichen Ebene von Bedeutung ist.

die sich i.Ü. nicht mit den Grenzen der sich aus den Grundrechten ergebenden Privatautonomie vereinbaren lassen, so ist dies (als verfassungswidrig) abzulehnen.

Vor diesem Hintergrund lässt sich zum einen daher nur noch die Überlegung anstellen, ob mit der (unglücklichen) Wortwahl der »Gleichwertigkeit« meist tatsächlich eine (verfassungsrechtliche) Gleichstellung gemeint wird oder dieses Attribut lediglich i.S. eines »juristischen Qualitätsstandards« zu verstehen ist.[127] Letzterer kann abhängig von der juristischen Befähigung der Richter bzw. Schiedsrichter nämlich tatsächlich gleichwertig oder gar besser sein. Für die maßgebliche Frage des verfassungsrechtlichen Verhältnisses der Schiedsgerichtsbarkeit zur staatlichen Gerichtsbarkeit sollte daher, um Verwirrungen zu vermeiden, besser der Begriff der »(Un-)Gleichartigkeit« gewählt werden.[128] Jedenfalls sollte dieser feine, aber bedeutende Unterschied im Hinterkopf behalten werden, wenn im literarischen Gebrauch von der »Gleichwertigkeit« der Schiedsgerichtsbarkeit zum staatlichen Rechtsschutz die Rede ist. Insofern »gleichwertig« von Autoren i.S.v. »gleichartig« verwendet werden sollte, kann ihnen jedenfalls nicht gefolgt werden.

Die Schiedsgerichtsbarkeit ist daher als rein privates, grundrechtliches Verfahren ungleichartig zur staatlichen Gerichtsbarkeit, kann keine Gerichtsbarkeit i.S. des Grundgesetzes darstellen und unterliegt einer gänzlich anderen verfassungsrechtlichen, nämlich einer grundrechtlichen Perspektive.

2. *Verfassungsrechtlicher Schutz der Schiedsgerichtsbarkeit*

a) *Die Schiedsfreiheit als Abwehrgrundrecht: in dubio pro libertate*

Versteht man die Schiedsgerichtsbarkeit als Ausübung einer grundrechtlich verankerten Verhaltensweise, muss man ihr konsequenterweise auch den entsprechenden Grundrechtsschutz gewähren.[129] Dies bedeutet in erster Linie, dass von

127 Ähnlich: *Schulze*, S. 35; zu den verschiedenen Sichtweisen vgl. *Hesselbarth*, S. 26 ff.; vgl. auch *Kleinschmidt*, S. 452 f. mit Fn. 225 (Gleichwertigkeit ist höchstens Folge, nicht aber Begründung von Verfahrensstandards).

128 Diese unterschiedliche Begrifflichkeit wird ebenfalls verwendet von: *Rehm*, S. 56.

129 *Hillgruber* in: Maunz/Dürig, Art. 92 Rn. 87.

einer »Schiedsfreiheit«[130] i.S. eines Abwehrgrundrechts gegen staatliche Eingriffe gesprochen werden kann, was unabhängig von der Zuordnung zu einem konkreten Grundrecht gilt. Trotz grundrechtlicher Verankerung zumindest in Art. 2 Abs. 1 GG sehen einige Stimmen die Schiedsgerichtsbarkeit allerdings als verfassungsrechtlich nicht geschützt an.[131]

Nach dem grundlegenden Elfes-Urteil des BVerfG[132] ist nach heute ganz h.M. durch Art. 2 Abs. 1 GG die allgemeine Handlungsfreiheit jedoch im umfassenden Sinne geschützt, wodurch ein lückenloser Grundrechtsschutz durch eine umfassende Ausweitung des Schutzbereiches gewährleistet werden soll.[133] Die gilt nach mittlerweile ganz h.M. auch für die Privatautonomie, sodass sich auch die Privatrechtsetzung an den Grundrechten messen lassen muss.[134] Es ist daher nicht einleuchtend, die Schiedsgerichtsbarkeit einerseits diesem Grundrecht zuzuordnen, ihr aber andererseits den Schutz versagen zu wollen. Gleiches würde im Falle der Zuordnung zu spezielleren Grundrechten gelten. Den Auffassungen, die der Schiedsfreiheit den Schutz absprechenden kann daher nicht gefolgt werden. Die Frage der Reichweite eines solchen Grundrechtsschutzes ist vielmehr eine Frage der entsprechenden Grundrechtsschranken.[135] Ein generelles Verbot der Schiedsgerichtsbarkeit wäre vor diesem Hintergrund (wegen Unverhältnismäßigkeit) nicht gerechtfertigt.[136]

130 Im Folgenden soll die Begrifflichkeit auf die Schiedsgerichtsbarkeit bezogen verwendet, wobei dem Grunde nach auch die verwandten Institutionen vom Begriff mit abgedeckt sein können. Eine ähnlichen begriff verwendet: *Wolf*, RabelsZ 57 (1993), 643 (»Schiedsverfahrensfreiheit«).

131 *Geimer*, S. 118; *Münch* in: MünchKomm-ZPO, Vor. § 1025 ff. Rn. 5; *Distler*, S. 126 (Verbot als bloße Nichtregelung des Schiedsverfahrensrechts durch den Gesetzgeber); *Harder*, S. 33 f.

132 BVerfG NJW 1957, 297.

133 *Di Fabio* in: Maunz/Dürig, Art. 2 Abs. 1 Rn. 12 m.w.N.

134 *Di Fabio* in: Maunz/Dürig, Art. 2 Abs. 1 Rn. 106 m.w.N. auch zu älteren Auffassungen, die die Privatautonomie nur im Rahmen der einfachen Privatrechtsordnung bzw. letztere nicht durch die Grundrechte in ihrer freien Gestaltbarkeit eingeschränkt sahen. Nach dieser (überholten) Auffassung wäre eine Schiedsfreiheit wohl auch nur im Rahmen der einfachen (materiellen) Rechtsordnung möglich, da nur insoweit eine Privatautonomie gegeben wäre, was den ursprünglich zur Bestimmung der objektiven Schiedsfähigkeit herangezogenen Begriff der materiellen Vergleichsbefugnis erklären würde, vgl. hierzu: Zweiter Teil D I, S. 124 ff.

135 Vgl. *Brach*, S. 233 f.

136 Vgl. *Möller*, S. 54.

b) *Kollidierende Verfassungsgüter als verfassungsrechtliche Grenzen der Schiedsgerichtsbarkeit*

Grundrechte und deren Schutzbereiche gelten nicht grenzenlos, sondern unterliegen diversen Schranken und Vorbehalten, die deren Reichweite festlegen. Neben (einfachen oder qualifizierten) Gesetzesvorbehalten, die dem Gesetzgeber unter gewissen, von Grundrecht zu Grundrecht verschiedenen Voraussetzungen erlauben, den Schutzbereich durch beschränkende Regelungen einzuschränken, existieren für jedes Grundrecht insbesondere auch verfassungsimmanente Schranken.[137] Diese (ungeschriebenen) Schranken besagen, dass Grundrechte vor allem durch andere Grundrechte oder Verfassungsgüter beschränkt werden können, wenn die Ausübung eines Grundrechts mit einem entgegenstehenden Verfassungsgut kollidiert. Insofern eine solche Kollision eintritt, muss eine Abwägung beider Verfassungsgüter gegeneinander i.S. einer praktischen Konkordanz erfolgen, die beiden Gütern den maximal möglichen Geltungsanspruch verschafft. Die Festlegung der praktischen Konkordanz hat dabei zunächst durch den Gesetzgeber zu erfolgen, der den Interessenkonflikt in einem Gesetz regeln muss, um eine Ermächtigungsgrundlage für entsprechende Eingriffe zu schaffen.

Für die Betrachtung des verfassungsrechtlichen Rahmens der Schiedsgerichtsbarkeit sind hier zur Klarstellung ausschließlich Schranken i.S. von kollidierenden, der Verfassung immanenten Gütern von Interesse, nicht etwa außerhalb der Verfassung liegende Gründe, die über einen etwaigen (einfachen) Gesetzesvorbehalt Eingriffe rechtfertigen könnten. Verortet man die Schiedsgerichtsbarkeit mit der Privatautonomie in Art. 2 Abs. 1 GG, ergibt sich die Zulässigkeit einer solchen Beschränkung aus dem »Schrankentrias«).[138]

137 BVerfGE 111, 147 (157); 66, 116 (136); *Detterbeck*, ÖR, Rn. 296; a.A. *Bethge* in: Sachs, Art. 5 Rn. 176; *Kingreen/Poscher*, GR, Rn. 347 ff. Problematisiert wird dies von der Gegenmeinung bei vorbehaltlosen Grundrechten und solchen mit qualifiziertem Gesetzvorbehalt, da hierbei durch die Figur der verfassungsimmanenten Schranken evtl. weitere Beschränkungen des Grundrechts möglich sind, die zumindest vom Wortlaut des Grundrechts her nicht vorgesehen sind.

138 Auch wären in Art. 12 Abs. 1 S. 2 GG und Art. 14 Abs. 1 S. 2 GG entsprechende Gesetzesvorbehalte als Schranken gegeben, die eine Berücksichtigung kollidierender, verfassungsimmanenter Güter erlaubten.

3. *Kein Verzicht auf den allgemeinen Justizgewährungsanspruch*

Treffen die Parteien eine Schiedsvereinbarung und führen ein Schiedsverfahren durch, wird hierin von der h.M. ein Verzicht auf den verfassungsrechtlich verbürgten Justizgewährungsanspruch, d.h. den staatlichen Rechtsweg und den gesetzlichen Richter gesehen.[139] Dies ist im Hinblick auf die Tatsache, dass die konkrete Streitigkeit wegen des Verbotes der *révision au fond* der Sache nach grundsätzlich nicht mehr durch ein staatliches Gericht entschieden wird, zunächst auch gedanklich nur folgerichtig.

An dieser Stelle soll dabei darauf eingegangen werden, ob die Schiedsvereinbarung aus verfassungsrechtlicher Sicht tatsächlich einen Verzicht auf den staatlichen Rechtsweg bedeutet. Relevant kann die Klärung dieser Frage insbesondere deswegen werden, da in dem Verzicht auf den staatlichen Rechtsweg oftmals das Fundament für die Ableitung der an die Schiedsgerichtsbarkeit zu stellenden Anforderungen und dementsprechenden staatlichen Kontrollpflichten gesehen wird.[140] Anders ausgedrückt, geht es dabei auch um die generelle Frage, ob aus dem allgemeinen Justizgewährungsanspruch[141] Grenzen der Schiedsgerichtsbarkeit abgeleitet werden können oder dieser der Schiedsgerichtsbarkeit sogar generell im Wege steht.

Generell lässt sich festhalten, dass der allgemeine Justizgewährungsanspruch der Schiedsgerichtsbarkeit nicht *per se* im Wege steht. Ein Anspruch stellt nämlich keine Verpflichtung dar, die Parteien vor die staatlichen Gerichte zu zwingen, sodass sich hieraus kein Verbot der Schiedsgerichtsbarkeit ableiten lässt.[142]

Es stellt sich daher nur die Frage, ob sich aus dem »Verzicht« der Anspruchswahrnehmung – möglicherweise i.S. eines Grundrechtsverzichts – Anforderungen an die Schiedsgerichtsbarkeit herleiten lassen. Bei genauerer Betrachtung des Problems wird man mit einer sich im Vordringen befindenden Ansicht jedoch feststellen müssen, dass durch den Abschluss einer Schiedsvereinba-

139 BGH NJW 2000, 1713; *Münch* in: MünchKomm-ZPO, Vor. § 1025 ff. Rn. 4; *Wolf/Eslami* in: BeckOK-ZPO, § 1025 Rn. 2; vgl. auch: *Beckmann*, S. 7, 15 f., 18 f.; *Kahlert*, S. 90 (weitgehender Verzicht); *Matscher*, FS Nagel, S. 234 (kein vollkommener Verzicht).

140 Vgl. Zweiter Teil C I 1 a), S. 76 ff.

141 Gleiches gilt sinngemäß für spezielle Rechtsweggarantien, z.B. Art. 19 IV GG, vgl. Dritter Teil D I, S. 206 ff.

142 *Wagner*, S. 63 f. (Vorrang der Privatautonomie); a.A. *Dütz*, S. 155 ff. (objektiv-rechtliches Prinzip des staatlichen Rechtsschutzes ist der Parteiautonomie entzogen).

rung kein Verzicht auf die staatliche Justizgewährung einhergeht, sich der bestehende Justizgewährungsanspruch vielmehr modifiziert.[143] Zwar ist mit der Schiedsvereinbarung gerade der Ausschluss der (erneuten) Klagbarkeit vor einem staatlichen Gericht verbunden; in diesem wie auch im Falle der Anerkennung und Vollstreckung des Schiedsspruches wird das staatliche Gericht jedoch gerade entsprechend dem Parteiwillen zur Verwirklichung der Privatautonomie nicht mehr tätig und nicht deshalb, weil den Schiedsparteien kein Anspruch mehr auf staatlichen Rechtsschutz mehr zusteht. Die Abweisung einer Klage (vgl. § 1032 ZPO) durch ein staatliches Gericht ist demnach keine Verweigerung, sondern vielmehr gerade die Erfüllung der staatlichen Justizgewährungspflicht durch Anerkennung der privatautonomen Schiedsvereinbarung.[144] Gleiches gilt für die Ebene der Anerkennung und Vollstreckung: Da die Schiedsparteien keine volle inhaltliche Nachkontrolle, sondern eine autonome Entscheidung der Schiedsgerichte wollen, müssen die staatlichen Gerichte diese privatautonome Entscheidung grundsätzlich respektieren und ihren Prüfungsmaßstab entsprechend anpassen. Der angepasste Prüfungsmaßstab und die Aufhebungsgründe des § 1059 ZPO lassen sich insofern auch als materielle Voraussetzungen der Rechtsordnung begreifen, die der Schiedsspruch als privatautonomer Akt erfüllen muss, damit ein staatlicher Richter ihn als rechtmäßig und für vollstreckbar erklärt. Eine Missachtung des Verbotes der *révision au fond* wäre i.d.S. eine Fremdbestimmung durch den Staat, der sich aufgrund des Eingriffs in die Privatautonomie an den Grundrechten messen lassen müsste.

Es ist demnach gerade dieser »modifizierte« Justizgewährungsanspruch, der die Grundlage für staatliche Kontrollerfordernisse[145] gegenüber der Schiedsgerichtsbarkeit bildet. Damit ist zugleich bewiesen, dass mangels Vorliegens eines Verzichts auf den allgemeinen Justizgewährungsanspruch auch die verfassungsrechtlichen Voraussetzungen eines etwaigen »Grundrechtsverzichts« zumindest dogmatisch gesehen nicht den richtigen Anknüpfungspunkt für die Beurteilung der Zulässigkeitsgrenzen der Schiedsgerichtsbarkeit bilden können. Inwiefern

143 *Beckmann*, S. 18 f.; *Brach*, S. 168 ff.; *Sonnauer*, S. 28 f.; *Karl*, S. 29; vgl. ferner: *Papier* in: HStR VIII³, § 176 Rn. 13 (begrenzte staatliche Rechtsschutzgewähr); *Lembcke*, NVwZ 2008, 42, 44 (Rechtsstaat könnte es sich nicht erlauben, Bürger in rechtsfreien, unkontrollierten Raum zu entlassen); *Hillgruber* in: Maunz/Dürig, Art. 92 Rn. 88 (Rechtsweg muss offenstehen, Anspruch auf Justizgewährung verbietet abgeschirmten Raum privater Rechtsprechung); *Schwab/Walter*, Kap. 1 Rn. 1 (kein vollkommener Verzicht).

144 *Sonnauer*, S. 28 f.

145 Vgl. *Grzeszick* in: Maunz/Dürig, Art. 20 VII Rn. 135.

der bleibende Justizgewährungsanspruch gleichlaufende Anforderungen aufstellt, wird im zweiten Teil untersucht werden.

II. Auswirkungen im Besonderen

Allein aus der grundrechtlichen Verankerung der Schiedsgerichtsbarkeit lassen sich schon einige grundlegende verfahrensbezogene Folgerungen anstellen, die an dieser Stelle dargestellt werden sollen. Die Verankerung in den Grundrechten bedeutet wie oben bereits festgestellt zunächst, dass ein Schiedsverfahren einen privaten Charakter behält und keine hoheitliche Tätigkeit darstellen kann. Da Schiedsgerichte daher keine rechtsprechende i.S. einer öffentlichen Staatsgewalt ausüben, ergeben sich im Vergleich zu staatlichen Verfahren einige verfahrensbezogene Besonderheiten. Diese sollen in diesem Abschnitt abstrakt dargestellt werden.

1. Keine unmittelbare Anwendbarkeit der Verfahrensgrundrechte

Auch schiedsrichterliche Verfahren sollen gewissen Verfahrensstandards genügen, um als eine zulässige Form der Streitbeilegung vom Staat anerkannt werden zu können, wobei beispielsweise das Recht der Schiedsparteien auf rechtliches Gehör, einen unabhängigen Richter, ein faires Verfahren oder die Gleichheit vor dem Richter zu nennen wären.[146] Gerne werden diese schiedsverfahrensrechtlichen Verfahrensanforderungen auch mit »rechtsstaatlichen Mindeststandards« beschrieben.[147]

Da Schiedsgerichte auch keine Gerichte i.S. des Grundgesetzes darstellen, sind außerdem die verfassungsrechtlichen Verfahrensgrundrechte (z.B. Art. 97 Abs. 1, 103 Abs. 1 GG) nicht unmittelbar anwendbar, da diese ausschließlich die staatliche Gerichtsbarkeit binden.[148] Woraus sich für Schiedsverfahren die verfassungsrechtliche Notwendigkeit mehr oder weniger vergleichbarer Verfahrensstandards herleiten lässt, ist vor diesem Hintergrund daher erst einmal nicht auf Anhieb ersichtlich. Auf die konkrete Herleitung schiedsgerichtlicher Verfahrens-

146 Vgl. *Geimer*, S. 122 ff.
147 Zur Verwendung des Begriffs: *Kahlert*, S. 92 f.
148 *Geimer*, S. 127.

standards wird noch im nächsten Teil ausführlich einzugehen sein.[149] An dieser Stelle soll daher nur die Klarstellung erfolgen, dass jedenfalls die auf den Staat bezogenen rechtsstaatlichen Mindeststandards und gerichtlichen Verfahrensgrundrechte keine unmittelbare Anwendung finden.

2. *Materielle Rechtswahlfreiheit der Schiedsparteien*

Schiedsgerichte sind nicht wie staatliche Gerichte unmittelbar nach Art. 20 Abs. 3 GG an Gesetz und Recht oder Art. 1 Abs. 3 GG an die Grundrechte gebunden. Es ist daher zumindest nicht selbstverständlich, dass sie wie staatliche Gerichte (zwingendes) materielles Recht anwenden müssen. Vielmehr haben die Schiedsrichter die Rechtsvorschriften anzuwenden, die ihnen von den Parteien vorgegeben werden. Dies folgt aus der von den Schiedsparteien getroffenen Schiedsvereinbarung, die insofern Ermächtigung und Grenze der schiedsgerichtlichen Kompetenz darstellt. Einfachgesetzlich ist dies in § 1051 ZPO geregelt, wobei nach Abs. 3 der Norm auch eine Entscheidung nach Billigkeit möglich ist. Die Schiedsparteien können dabei auch eigene Rechtsvorschriften vorgeben und sind insofern nicht an die Verwendung einer bestimmten Rechtsordnung gebunden.[150]

Die Freiheit, eine Streitigkeit vor einem Schiedsgericht nach einem beliebig gewählten Recht entscheiden zu lassen, entspringt dabei der Privatautonomie der Schiedsparteien (*stat pro ratione voluntas*). Entsprechend ist auf verfassungsrechtlicher Ebene neben der Entscheidung, überhaupt ein Schiedsverfahren durchzuführen, auch die korrespondiere Rechtswahlfreiheit grundsätzlich geschützt. Dies ist auch nur folgerichtig: In dem Rahmen, in dem die Parteien in »Selbstherrlichkeit« ein Schiedsverfahren durchführen können, d.h. der Staat sich nicht für die Streitigkeit interessieren und sie deshalb vor staatliche Gerichte bringen muss, kann gleichsam auch kein staatliches Interesse an der Entscheidung der Streitigkeit auf Grundlage einer bestimmten Rechtsordnung bestehen.[151] Selbst wenn ein entsprechende Verpflichtung der Schiedsrichter bestünde, einen zwingenden Rechtssatz anzuwenden, wäre es dem staatlichen Gericht

149 Siehe: Zweiter Teil C, S. 75 ff.

150 *Voit* JZ 1997, 120, 122 f.; *Voit* in: Musielak/Voit, § 1051 Rn. 1; a.A. *Spohnheimer*, S. 66 f. (Bindung der Schiedsrichter an Rechtsordnung wegen antizipiertem Legalanerkenntnis).

151 Vgl. *Voit*, JZ 1997, 120, 124 (auf die Vergleichsbefugnis im einfachen Recht abstellen).

wegen des Verbots der *révision au fond* verwehrt, die richtige Anwendung der Normen (bis zur Grenze des *ordre public*) inhaltlich nachzukontrollieren. Eine entsprechende Verpflichtung würde im Ergebnis daher entweder mangels der Möglichkeit einer inhaltlichen Nachkontrolle »leerlaufen« oder aber eben bei stattfindender inhaltlicher Nachkontrolle gegen das Wesensmerkmal der Autonomie verstoßen.

Da wie gesehen mit der Freiheit, überhaupt ein Schiedsverfahren durchzuführen, auch eine korrespondierende Rechtswahlfreiheit einhergeht, drängt sich die Frage auf, ob die freie Rechtswahl möglicherweise sogar ein Wesensmerkmal der Schiedsgerichtsbarkeit darstellt. Dies wird sich aber nicht begründen lassen: Auch ein Schiedsgericht, welches verpflichtet wäre, zwingendes Recht anzuwenden, würde seinen Charakter als solches nicht verlieren. Erst die inhaltliche Nachkontrolle der Anwendung des zwingenden Rechts wäre mit der Autonomie der Schiedsgerichtsbarkeit nicht vereinbar. Die Anordnung zwingenden Rechts als Entscheidungsgrundlage ohne inhaltliche Nachkontrolle wäre daher vielleicht im Ergebnis nicht sinnvoll, würde der Schiedsgerichtsbarkeit aber dennoch nicht ihr Wesen absprechen.

3. *Nichtöffentlichkeit des Verfahrens*

Die private Natur der Schiedsgerichtsbarkeit hat auch zur Folge, dass das gesamte Verfahren nicht der Öffentlichkeit unterliegt. Obwohl die Vertraulichkeit von Schiedsverfahren seit jeher eines der Hauptcharakteristika darstellt und als einer der wesentlichen Vorteile der Schiedsgerichtsbarkeit angesehen wird, steht sie jüngst auch stärker in der Kritik.[152] Gefordert wurde eine entsprechende Geltung des Öffentlichkeitsgrundsatzes gem. § 169 GVG, um die Öffentlichkeitsinteressen an bedeutenden Verfahren zu wahren.[153] Auf verfassungsrechtlicher Ebene muss man sich die Frage stellen, ob ein etwaiger verfassungsrechtlicher Öffentlichkeitsgrundsatz, der für staatliche Gerichte gilt, auch für Schiedsverfahren Geltung beansprucht.[154] Da ein solcher jedoch maßgeblich die Kontrolle der

152 Vgl. *Aden*, DZWIR 2012, 360; zur staatlichen Beteiligung am Schiedsverfahren: *Wolff*, NVwZ 2012, 205.
153 *Aden*, DZWIR 2012, 360, 362; a.A. *Voit* in: Musielak/Voit, § 1042 Rn. 31 (keine Anwendbarkeit).
154 Dazu ausführlich: *Kahlert*, S. 96 ff.

staatlichen Gerichte als öffentliche Gewalt ermöglichen soll, ließe sich eine entsprechende Geltung für Schiedsverfahren als private Instanz gerade nicht rechtfertigen.[155] Im Rahmen zulässiger Schiedsgerichtsbarkeit wird man daher ein verfassungsrechtliches Öffentlichkeitserfordernis nicht begründen können.

Eine andere Frage wäre, ob eine entsprechende einfachgesetzliche Einschränkung der Schiedsfreiheit, die eine Öffentlichkeit des Verfahrens, d.h. den Ausschluss der Vertraulichkeit vorsieht, möglich bzw. gerechtfertigt wäre. Hiervon ausgenommen wären vorab Teile des Verfahrens, die spezielle, vertrauliche Information wie etwa Unternehmensgeheimnisse beinhalten,[156] welche auch im Falle staatlicher Gerichtsbarkeit vor der Öffentlichkeit geschützt wären. Eine entsprechende gesetzliche Regelung wäre ferner nur dann möglich, wenn die Vertraulichkeit kein konstitutives Wesensmerkmal der Schiedsgerichtsbarkeit darstellt. Davon wird man aber nicht ausgehen können: Auch ein unter Einbeziehung der Öffentlichkeit durchgeführtes Schiedsverfahren behält seinen Charakter als solches, sodass dieser Aspekt nicht im Wege stehen würde. Da demnach keine zwingenden generellen Überlegungen gegen eine einfachgesetzliche Öffentlichkeitsregelung von Schiedsverfahren bestehen, wäre eine Regelung zumindest nicht generell undenkbar, die unter Abwägung der widerstreitenden Interessen, d.h. der Vertraulichkeit einerseits gegen die Öffentlichkeit anderseits, in gewissen, bedeutenden Ausnahmefällen eine gesetzliche Öffentlichkeitspflicht begründet. Äußerst fraglich wäre allerdings die Herleitung eines entsprechenden Rechtfertigungsgrundes für die Einschränkung, der tatsächlich die Öffentlichkeit des Verfahrens an sich fordert.[157] Eine generelle Öffentlichkeitspflicht wäre hingegen wohl nicht gerechtfertigt, zumal die Nichtöffentlichkeit eines Schiedsverfahrens der Regelfall ist.

155 *Kahlert*, S. 100 ff.

156 Vgl. *Kahlert*, S. 85 f.

157 Vgl. dazu: *Aden*, DZWIR 2012, 360, 362 (Einhaltung der Schiedsvereinbarung soll schon während des Verfahrens kontrolliert werden).

4. *Schiedsspruch*

a) *Rechtsnatur*

Bereits dargestellt wurde, dass der Schiedsspruch keinen Hoheitsakt darstellt und wie das gesamte Schiedsverfahren als Ausübung einer privaten, grundrechtlichen Verhaltensweise anzusehen ist.[158] Denn nicht nur die Schiedsparteien, auch die Schiedsrichter agieren als Private.[159] Demnach kann auch der Schiedsspruch eigentlich nicht mehr sein als das Produkt einer privaten Meinungsbildung,[160] dessen Grundlage möglicherweise in der (weit zu verstehenden) Meinungsfreiheit des Art. 5 Abs. 1 GG zu sehen ist.[161] Gleichwohl soll der Schiedsspruch zwischen den Parteien wie ein »echtes« gerichtliches Urteil wirken (§ 1055 ZPO) und einen echten Jurisdiktionsakt darstellen.[162] Es ist dieser Widerspruch, der u.a. als »Faszinosum« des Schiedsverfahrensrechts bezeichnet wurde.[163]

Auf verfassungsrechtlicher Ebene muss man dennoch zu dem Ergebnis kommen, dass der Schiedsspruch einem gerichtlichen Urteil in keiner Weise gleichgestellt sein kann. Da der Schiedsspruch nicht staatlichen, sondern privaten Charakter aufweist und das Grundgesetz nur zwischen diesen Ebenen unterscheidet, ist die (vermeintliche) Gleichstellung mit dem staatlichen Gerichtsurteil nur auf einfachgesetzlicher Ebene von Bedeutung,[164] wobei es hierbei insbesondere um eine vergleichbare Rechtskrafterstreckung geht.[165] Die Unterschiedlichkeit von Schiedsspruch und staatlichem Gerichtsurteil zeigt sich u.a. auch darin, dass ihn die Schiedsparteien kraft Privatautonomie (nach strittiger Auffassung) nachträglich ändern oder aufheben können.[166] Trotz der einfachgesetzlichen

158 Vgl. BVerfG NVwZ-RR 1995, 232; *Spohnheimer*, S. 7 f.; siehe auch: C I 1 d), S. 27 ff.

159 Trotz dieser Tatsache knüpft der Gesetzgeber an das Amt des Schiedsrichters besondere Strafbarkeiten und stellt diese insofern staatlichen Richtern gleich, vgl. §§ 331 Abs. 2, 332 Abs. 2, 333 Abs. 2, 334 Abs. 2, 339 StGB.

160 Vgl. *Münch* in: MünchKomm-ZPO, § 1055 Rn. 1.

161 Vgl. hierzu und zum Schutz von Tatsachenbehauptungen: BVerfGE 61, 1 (9); *Jarass* in: Jarass/Pieroth, Art. 5 Rn. 5 ff. Die Form, in der eine Meinung geäußert wird, ist insofern unwichtig, vgl. *Schemmer* in: BeckOK-GG, Art. 5 Rn. 14.

162 *Geimer*, S. 148.

163 *Distler*, S. 192 f.

164 Vgl. *Rehm*, S. 36, 54.

165 Dazu sogleich: C II 4 e), S. 49 ff.

166 BGH NZBau 2007, 299, 300; *Münch* in: MünchKomm-ZPO, § 1055 ff. Rn. 28; *Rehm*, S. 63 f.; a.A. *Voit* in: Musielak/Voit, § 1025 Rn. 6; *Spohnheimer*, S. 24 f. Für eine Dispositionsbefugnis spricht, dass der Schiedsspruch trotz § 1055 ZPO nun einmal kein Hoheitsakt wird und deswe-

Gleichstellung ist der Schiedsspruch daher wegen seines privaten Charakters verfassungsrechtlich zwingend von anderer Qualität.

b) Notwendigkeit staatlicher Anerkennung und Vollstreckung

Da sich das gesamte Schiedsverfahren und damit auch der Schiedsspruch als private, grundrechtliche und damit »staatsferne« und nicht hoheitliche Tätigkeit erweist,[167] bedarf ein Schiedsspruch für seine (zwangsweise) Durchsetzung der staatlichen Anerkennung und Vollstreckung. Einfachgesetzlich ist die Anerkennung inländischer Schiedssprüche in § 1055 ZPO,[168] ausländischer Schiedssprüche in § 1061 Abs. 1 S. 1 ZPO und die Vollstreckung inländischer Schiedssprüche in § 1060 ZPO und ausländischer Schiedssprüche in § 1061 ZPO geregelt. Die Notwendigkeit ergibt sich aus dem verfassungsrechtlich abgesicherten Gewaltmonopol des Staates, welches nicht zur Disposition des Gesetzgebers steht.[169] Die Schiedsparteien dürfen demnach zwar untereinander »richten«, da es kein entsprechendes (absolutes) Rechtsprechungsmonopol des Staates gibt; verboten ist es ihnen nach wie vor jedoch, selbst zu vollstrecken, d.h. gewaltsam in die Sphäre der Gegenpartei einzugreifen, auch wenn ein entsprechender Schiedsspruch ergangen ist. Liegen keine zwingenden, gegen die Vollstreckung des Schiedsspruches sprechenden Gründe vor, besteht allerdings ein als »Kehrseite« des staatlichen Gewaltmonopols zu verstehender Anspruch der Parteien auf Vollstreckung, der sich aus dem verfassungsrechtlich verbürgten Justizgewährungsanspruch[170] i.V.m. der Schiedsfreiheit ergibt.

c) Verfassungsrelevanz durch staatliche Anknüpfungsmomente

Das Erfordernis staatlicher Anerkennung und Vollstreckung des Schiedsspruches und die sich teils daraus, teils aus anderen Umständen, wie beispielsweise der

gen der Privatautonomie der Schiedsparteien zugänglich bleibt. Dagegen spricht, dass durch § 1055 ZPO Rechtskraft eintreten soll; dies lässt sich so interpretieren, dass der einmal erlassene Schiedsspruch der nachträglichen Disposition der Parteien entzogen sein soll, was als Begrenzung der Privatautonomie seinerseits wiederum rechtfertigungsbedürftig wäre.

167 Vgl. *Spohnheimer*, S. 7 ff., 9 (»Anerkennung des Schiedsspruches als Voraussetzung seiner Integration in die Rechtsordnung«).

168 Zur derzeitigen, einfachgesetzlichen Ausgestaltung des Anerkenntnisses inländischer Schiedssprüche als automatisches, »antizipiertes Legalanerkenntnis« vgl. sogleich: C II 4 d), S. 43 ff.

169 *Geimer*, S. 194.

170 *Geimer*, S. 195; *Sonnauer*, S. 47.

wegen einer Schiedsvereinbarung abgewiesenen Klage vor einem staatlichen Gericht ergebenden staatlichen Anknüpfungsmomente sind zudem gleichzeitig Dreh- und Angelpunkt für die Bestimmung des verfassungsrechtlichen Rahmens der Schiedsgerichtsbarkeit, da die Schiedsgerichtsbarkeit erst hierdurch ihre »Verfassungsrelevanz« erhält.[171]

Für die Diskussion um den verfassungsrechtlichen Rahmen einer Schiedsgerichtsbarkeit haben die staatlichen Anknüpfungspunkte daher eine herausragende Bedeutung. Grund dafür ist, dass zwischen den Parteien selbst und auch den Schiedsrichtern und den Parteien als jeweils Private keine unmittelbare Grundrechtswirkung eintritt. Die Grundrechte entfalten ihre Wirkung nämlich unmittelbar nur im Verhältnis vom Bürger zum Staat; Private unterliegen hingegen grundsätzlich keiner Grundrechtsbindung untereinander,[172] sodass auch nicht etwa der Schiedsrichter den Grundrechten der Schiedsparteien gegenüber verpflichtet ist.[173] Sollte ein Schiedsverfahren daher niemals in irgendeiner Form mit staatlichen Stellen in Berührung kommen[174] und das Schiedsverfahren eine rein private, freiwillig befolgte Veranstaltung bleiben, bliebe es daher verfassungsrechtlich irrelevant und unterläge insofern keinerlei Beschränkungen.[175] Das Tätigwerden staatlicher Organe, welche ihrerseits nach Art. 1 Abs. 3 GG an die Grundrechte gebunden sind, stellt daher das maßgebliche Einfallstor für verfassungsrechtliche bzw. grundgesetzliche Wertungen in der Schiedsgerichtsbarkeit dar.[176]

Dies heißt jedoch nicht, dass den Grundrechten im Verhältnis der Privaten zueinander jedwede Bedeutung abzusprechen ist. Zwar gelten die Grundrechte nicht unmittelbar, anerkannt ist jedoch eine sog. »mittelbare Drittwirkung« der Grundrechte, womit gemeint ist, dass durch die in den Grundrechten ebenfalls enthaltene Wertordnung eine mittelbare, faktische Einwirkung auf Privatrechts-

171 *Distler*, S: 191 f.; *Spohnheimer*, S. 10 f.; speziell zum privatautonomen Vertrag vgl. *Kittner*, FS Dieterich, S. 282; *Canaris*, S. 48; a.A. wohl: *Kahlert*, S. 95 f.

172 *Herdegen* in: Maunz/Dürig, Art. 1 Abs. 3 Rn. 1, 99.

173 Vgl. C I 1 d), S. 27 ff.

174 Gleiches gilt beispielsweise für die Abweisung einer Klage durch das staatliche Gericht aufgrund einer Schiedsvereinbarung, vgl. § 1032 ZPO.

175 *Distler*, S. 191; *Spohnheimer*, S. 10 f.; hiervon soll zunächst der Fall ausgenommen bleiben, dass eine Partei beispielsweise gewaltsam in die Sphäre der anderen eingreift und daher staatliche Schutzpflichten ausgelöst wären.

176 Vgl. *Distler*, S. 191 f.

beziehungen entsteht.[177] Durch die Berührung mit staatlichen Organen kommt es jedenfalls zur »Verwirklichung« dieser mittelbaren Drittwirkung zwischen den Privaten, da der Staat, etwa indem der Richter durch Auslegung einer unbestimmten Rechtsnorm kollidierende Grundrechtsgüter mittelbar abwägt,[178] letztlich durch Eingriff das Rechtsverhältnis zwischen den Privaten regelt.

d) Exkurs: Antizipiertes Legalanerkenntnis nach § 1055 ZPO

Vor diesem Hintergrund soll an dieser Stelle auf die derzeitige einfachgesetzliche Ausgestaltung des Anerkenntnisses des Schiedsspruches nach § 1055 ZPO eingegangen und dessen verfassungsrechtliche Schnittstellen näher beleuchtet werden. Viele sehen in der derzeitigen Ausgestaltung des § 1055 ZPO nämlich eine Besonderheit bzw. wie bereits erwähnt den Grund dafür, die Schiedsgerichtbarkeit losgelöst von der privatautonomen Schiedsvereinbarung[179] und hinsichtlich der staatlichen Anerkennung anders als andere privatautonome Akten zu behandeln.

aa) Konstruktion

Das Anerkenntnis des Schiedsspruches ist die Voraussetzung, um diesem Rechtswirkungen zu verschaffen, wobei generell zunächst zwei Wege hierfür in Betracht kommen: Einerseits ließe sich überlegen, den Schiedsspruch durch eine gerichtliche Anerkenntnisentscheidung in die Rechtsordnung zu »integrieren«, andererseits ließe sich der Schiedsspruch – wie es durch § 1055 ZPO geschehen ist – ohne gesondertes Anerkennungsverfahren durch gesetzliche Regelung anerkennen, sodass die Rechtswirkungen »automatisch« bzw. »ungeprüft« mit Erlass des Schiedsspruches eintreten und man mit *Spohnheimer* von einem antizipierten Legalanerkenntnis sprechen könnte.[180]

Hätte der Gesetzgeber mit der ersten Variante ein gesondertes Anerkennungsverfahren vorgesehen, läge die Behandlung der Frage der »Verfassungsre-

177 *Herdegen* in: Maunz/Dürig, Art. 1 Abs. 3 Rn. 59 ff.; vgl. insgesamt auch: Zweiter Teil B, S. 59 ff.
178 *Herdegen* in: Maunz/Dürig, Art. 1 Abs. 3 Rn. 63.
179 Siehe: C I 1 b) aa) (3), S. 21 ff.
180 Vgl. *Spohnheimer*, S. 9 ff.; *Lühmann*, S. 29 f.

levanz« wohl zunächst einfacher.[181] Staatlich relevanter Berührungspunkt wäre insofern das anerkennende Gericht bzw. dessen Anerkenntnisentscheidung, welche nach Art. 1 Abs. 3 GG an die Grundrechte gebunden ist. Somit ließe sich jedenfalls sicherstellen, dass ein Schiedsspruch vor der staatlichen Anerkennung noch einmal einer Prüfung unterläge. Anders verhält es sich auf den ersten Blick mit dem derzeit gewählten Weg der zweiten Variante: Der Schiedsspruch wird durch Erlass ohne vorherige Prüfung anerkannt und kann nur nachträglich aufgehoben werden.[182] Allerdings ist auch in diesem Szenario der Gesetzgeber über Art. 1 Abs. 3 GG an die Grundrechte gebunden, sodass sich auch ohne gesondertes Anerkenntnisverfahren die Frage der Verfassungsmäßigkeit durch (ein ungeprüftes) gesetzliches Anerkenntnis stellen kann.[183]

Das antizipierte Legalanerkenntnis ist zuweilen ein wohl maßgeblicher Grund, der zur Entstehung prozessualer Theorien der Schiedsgerichtsbarkeit geführt hat, die im Gegensatz zu den materiellen (teilweise synonym: vertraglichen, privatrechtlichen) Theorien stehen. Zur Beurteilung der Verfassungsmäßigkeit einer solchen Ausgestaltung, wie sie in § 1055 ZPO erfolgt ist, sind im Wesentlichen zwei Fragen zu unterscheiden: Erstens, darf der Staat überhaupt einen Schiedsspruch ungeprüft anerkennen und als zwischen den Parteien verbindlich gelten lassen? Zweitens, falls ja, dürfen dem Schiedsspruch derartige prozessuale Rechtswirkungen zugesprochen werden, die über die (materiell) vertragliche Bindung der Parteien hinaus eine (faktische) Gleichstellung mit einem staatlichen Gerichtsurteil bewirken? Der zweiten Frage wird noch an späterer Stelle nachzugehen sein;[184] hier ist zunächst nur die erste Frage von Interesse.

bb) Privatautonome Akte und deren Anerkennung durch die Rechtsordnung

Um die Frage, ob ein Schiedsspruch als privatautonomer, nicht hoheitlicher Akt durch Gesetz ungeprüft anerkannt werden darf, beantworten zu können, muss

181 Bedenklich wäre hierbei jedoch, dass eine generelle Vorabprüfung eines privatautonomen Aktes auf »Richtigkeit« in einem Anerkennungsverfahren mit dem Grundgedanken der autonomen Selbstbestimmung wohl nicht zu vereinbaren wäre.

182 *Spohnheimer*, S. 14 f.

183 Vgl. *Spohnheimer*, S. 11: »Zum Schwur kommt es erst, wenn dem Schiedsspruch von der Rechtsordnung Rechtswirkungen beigemessen werden.«; dafür lässt sich auch der Wortlaut des § 1059 Abs. 2 Nr. 2 b) ZPO gewinnen, der einen von Amtswegen zu prüfenden Aufhebungsgrund vorsieht, wenn die Anerkennung *oder* Vollstreckung des Schiedsspruches zu einem Ergebnis führt, das der öffentlichen Ordnung (*ordre public*) widerspricht.

184 Vgl. C II 4 e), S. 49 ff.

zunächst einmal geklärt werden, wie die »Transformation« von privatautonomen Akten in die Rechtsordnung bzw. die Verknüpfung von Privatrechtsakten mit staatlich respektierten, verbindlichen Rechtsfolgen im Allgemeinen funktioniert, denn dieses Problem stellt sich nicht nur speziell für Schiedssprüche, sondern für alle privatautonomen Akte wie z.B. auch Verträge.[185]

Es geht hierbei um das generelle Verhältnis zwischen Privatautonomie und der Rechtsordnung. Von dem einzelnen Privaten können nur solche Rechtsgeschäfte privatautonom gestaltet werden, die als Rechtsfiguren von der Rechtsordnung anerkannt sind, sodass die Privatautonomie begrifflich die Rechtsordnung als Korrelat erfordert.[186] Stellt man sich die Frage nach dem Geltungsgrund der Verbindlichkeit eines Vertrags, muss man diesen Zusammenhang unbedingt beachten. *Flume* beschreibt diesen Zusammenhang deutlich wie folgt:

> *»Man kann sinnvollerweise nicht die Frage stellen, ob die privatautonome Gestaltung des Einzelnen oder die Rechtsordnung der »eigentliche« Grund für die Geltung des privatautonomen Akts ist, ob z.B. der Kaufvertrag oder die Norm des § 433 der »eigentliche« Grund dafür ist, daß der Verkäufer die Ware zu liefern und der Käufer den Kaufpreis zu zahlen verpflichtet ist. Beides, die privatautonome Gestaltung des Rechtsverhältnisses (z.B. des Kaufverhältnisses durch Bestimmung von Ware und Preis) und die Rechtsordnung (§ 433 BGB) gehören als Rechtsgrund der Geltung des privatautonomen Akts (des Kaufvertrags) untrennbar zusammen. Die privatautonome Gestaltung hat einerseits nur Rechtswirksamkeit, wenn und soweit die Rechtsordnung dies bestimmt. Die Rechtsordnung bestimmt die Rechtsfolgen andererseits aber gemäß der privatautonomen Gestaltung deshalb, weil die Anerkennung der Privatautonomie als Teil der Anerkennung der Selbstbestimmung des Menschen ein Grundprinzip der Rechtsordnung ist.«*[187]

Privatautonomie und Rechtsordnung gehören daher auch i.d.S. zwingend zusammen, als die Privatautonomie nur im Rahmen der geltenden Gesetze bestehen kann.[188] Wesentlich für das Verständnis ist hierbei allerdings der bereits im Zitat von *Flume* a.E. angeklungene Umstand, dass die Rechtsordnung die Privatauto-

185 Dies scheint *Spohnheimer* (S. 9) zu verkennen, wenn er ausführt: »Hat der Schiedsspruch ohne staatlichen Akt zwischen den Parteien nur vertragliche Wirkungen, ist er also der inländischen Rechtsordnung genauso fremd wie ein Urteil eines ausländischen staatlichen Gerichts [...].«

186 *Flume*, AT II, § 1 S. 1 f.; vgl. auch: *Singer*, S. 6 f.

187 *Flume*, AT II, § 1 S. 2.

188 Vgl. BVerfG NJW 1990, 1469, 1470; *Weller*, S. 167; *Busche*, S. 16. Damit ist jedoch nicht gemeint, dass die Privatautonomie bzw. präziser die dahinterstehende Selbstbestimmung verfassungsrechtlich nicht geschützt wäre; auch die (ausgestaltende) Privatrechtsordnung hat sich nach mittlerweile ganz h.L. an den Grundrechten zu messen, vgl. hierzu: *Di Fabio* in: Maunz/Dürig, Art. 2 Abs. 1 Rn. 106 mit Fn. 2.

nomie insofern anerkennt und ihr mit der Anordnung verbindlicher Rechtsfolgen Geltung verschafft (Anerkenntnistheorie) und die Privaten nicht etwa erst durch gesetzliche »Ermächtigung« bzw. »staatliche Delegation« privatautonom handeln dürfen (Ermächtigungstheorie), denn letztere würde dem Grundsatz der Selbstbestimmung nicht gerecht.[189]

Bezogen auf die Schiedsgerichtsbarkeit bedeutet dies nun Folgendes: Durch das 10. Buch der ZPO hat der Gesetzgeber die privatautonome Regelungsform der Schiedsgerichtsbarkeit anerkannt. Indem er durch § 1055 ZPO dem Schiedsspruch die Wirkungen eines staatlichen Urteils (materielle Rechtskraft) beimisst, erkennt er den privatautonomen Akt als für den Staat verbindlich an und verschafft ihm Geltung.[190] Bezüglich dieser Funktion ist im Grundsatz zunächst kein Unterschied zur beispielhaften Anerkennung eines einfachen, schuldrechtlichen Kaufvertrags nach § 433 BGB gegeben. Beide privatautonomen Akte sind durch die Anerkennung in der Rechtsordnung für den Staat verbindlich. Fraglich ist im Vergleich zur Anerkennung eines schuldrechtlichen Vertrags hierbei jedoch der Umfang der Verbindlichkeit eines Schiedsspruches für den Staat und die damit einhergehende Befugnis zur (inhaltlichen) Nachkontrolle.[191] Durch die Zuweisung materieller Rechtskraft ist dem Staat die inhaltliche Nachkontrolle eines Schiedsspruches grundsätzlich verboten, was aber nicht bedeutet, dass sich dies nicht auch auf schuldrechtlicher Basis begründen ließe.[192] Auch bei einem einfachen, schuldrechtlichen Vertrag ist einem staatlichen Richter die vollständige, inhaltliche Nachkontrolle verboten, da er aufgrund der Privatautonomie der Parteien deren Willen grundsätzlich zu achten hat und nicht einfach Vertragsre-

189 Zur herrschenden Anerkenntnis- und zu den abzulehnenden Ermächtigungs- und Delegationstheorien vgl. *Weller*, S. 166 ff. m.w.N.; *Busche*, S. 18 f. m.w.N.; vgl. auch: *Rehm*, S. 15 ff.

190 Vgl. *Lühmann*, S. 28, 30, der von einer im Zusammenhang mit der Schiedsgerichtsbarkeit zusätzlichen, integrierenden Funktion der materiellen Rechtskraft spricht.

191 Auf die Maßgeblichkeit allein dieses Umstands bei der Unterscheidung zwischen rein schuldrechtlichem Anerkenntnis und Anerkenntnis mit Beimessung materieller Rechtskraft weist auch *Lühmann* (S. 29 f.) hin: Auch auf schuldrechtlicher Basis ließe sich die Verpflichtung konstruieren, den Schiedsspruch nicht erneut durch ein staatliches Gerichtsverfahren in Frage zu stellen (*pactum de non petendo*); fraglich sei allein die Bindung des staatlichen Gerichts an die Feststellungen des Schiedsgerichts bei Durchsetzung des (schuldrechtlichen) Schiedsspruches.

192 Vgl. *Lühmann*, S. 30, der nur davon spricht, dass sich das Problem der Verbindlichkeit der Feststellungen eines Schiedsgerichts auf schuldrechtlicher Basis regelmäßig nur deswegen stellen würde, weil die Parteien hierüber keine ausdrückliche Vereinbarung treffen würden. Ein solcher Wille ergibt sich indes schon aus der Schiedsvereinbarung und dem Wunsch, eine Entscheidung durch ein staatliches Gericht auszuschließen.

gelungen, die er beispielsweise als ungerecht empfindet, in fremdbestimmender Weise ersetzen darf.[193] Stellt man daher das in § 1055 ZPO getroffene Anerkenntnis eines Schiedsspruches etwa dem Anerkenntnis eines Schiedsgutachtens (§ 317 BGB analog) oder gar dem Anerkenntnis eines Kaufvertrags (§ 433 BGB) gegenüber, geht es hierbei nicht um die Frage der Qualität, sondern lediglich um die der Quantität des staatlichen Anerkenntnisses i.S. der Reichweite staatlicher Kontrollbefugnisse. In jedem Falle ist die Situation gleich: Es geht um den Geltungsgrund eines privatautonomen Akts und dessen Anerkenntnis durch die Rechtsordnung mit Folgen für die Bindung der staatlichen Gerichtsbarkeit.

Vor diesem Hintergrund bleibt daher zunächst festzuhalten, dass es von der Grundannahme her falsch ist zu sagen, in § 1055 ZPO läge (i.V.m. dem Aufhebungsverfahren nach § 1059 ZPO) der Beweis dafür, dass sich die Legitimation des Schiedsspruches allein aus dem Rechtssatz und nicht aus der Parteivereinbarung als dem initiativen, privatautonomen Akt ableitet.[194] Für den Geltungsgrund eines verbindlichen Schiedsspruches gehören Schiedsvereinbarung und Schiedsspruch als privatautonomer Akt und Anerkenntnis des Schiedsspruches als Ergebnis durch die Rechtsordnung nach § 1055 ZPO vielmehr zwingend zusammen. Den alleinigen Geltungsgrund in § 1055 ZPO – d.h. im Erlass des Schiedsspruches durch die Schiedsrichter ohne Rückkopplung an die freiwillige, privatautonome Unterwerfung der Schiedsparteien – zu sehen, liefe auf die gesetzliche Anerkennung einer unzulässigen Fremdbestimmung durch Dritte, ähnlich eines Vertrags zu Lasten Dritter hinaus, die u.a. unter dem Aspekt der staatlichen Schutzpflichten vor Fremdbestimmung unzulässig wäre.[195] Das Fehlen jedweder Rückbindung des Schiedsspruches an eine freiwillige Unterwerfung der Schiedsparteien durch Schiedsvereinbarung soll hierbei als Beispiel dafür dienen, in welchen Fällen von einer Nichtigkeit[196] des Schiedsspruches auszugehen ist, d.h. ein antizipiertes Legalanerkenntnis i.S. des § 1055 ZPO verfassungswidrig wäre.

193 Vgl. zu diesem Grundsatz der »Selbstherrlichkeit« (*stat pro ratione voluntas*): *Flume*, AT II, § 1 S. 6 f. Grenzen sind beispielsweise durch die Generalklauseln der §§ 138, 242 BGB gezogen.

194 In diese Richtung aber: *Spohnheimer*, S. 67, 15 f.

195 Danach wäre § 1055 ZPO verfassungswidrig, siehe hierzu schon: C I 1 b) aa) (3), S. 21 ff. und Zweiter Teil C II 1, S. 83 ff.

196 Eine allgemeingültige Systematik der Nichtigkeit von Schiedssprüchen ist bisher noch nicht entwickelt worden, vgl. *Geimer* in: Zöller, § 1059 Rn. 15.

Ferner muss man sich aber darüber hinaus die Frage stellen, welche Bedeutung dem gesetzlichen Anerkenntnis eines privatautonomen Aktes durch die Rechtsordnung für sich allein betrachtet zukommt, solange aufgrund dessen nicht weitere staatliche Stellen tätig werden und beispielsweise eine Vollstreckung erfolgt. Befolgen die Schiedsparteien den Schiedsspruch nämlich freiwillig, selbst wenn dieser aufhebbar bzw. nichtig sein sollte, fehlt es nach wie vor an der »Verfassungsrelevanz« eines solchen Handelns. Zwar ist es dem Gesetzgeber wegen seiner eigenen Rückbindung an Art. 1 Abs. 3, 20 Abs. 3 GG versagt, eine verfassungswidrige Regelung aufzustellen. Befolgen die Betroffenen diese jedoch freiwillig, bleibt ein solcher Verstoß zunächst nahezu folgenlos. Zum wahren »Schwur« kommt es wiederum erst dann, wenn erneut staatliche Stellen, die ihrerseits an Art. 1 Abs. 3, 20 Abs. 3 GG gebunden sind, aufgrund der anerkannten Wirkungen des Schiedsspruches nach § 1055 ZPO tätig werden bzw. untätig bleiben, etwa wenn es zur Vollstreckung des Schiedsspruches kommen soll oder ein Gericht eine Klage wegen der entgegenstehenden Rechtskraft eines Schiedsspruches abweist. Über die reine Anerkenntnisfunktion hinaus entfaltet die Zuschreibung materieller Rechtskraft nach § 1055 ZPO jedoch keine besondere Wirkung, solange keine weiteren staatlichen Stellen mit dem Schiedsspruch in Berührung kommen. Der Schiedsspruch wird nun einmal auch durch das Anerkenntnis in § 1055 ZPO nicht zum (mit Rechtskraft versehenen) Hoheitsakt,[197] der unabhängig vom weiteren Tätigwerden staatlicher Organe eigenständig an Art. 1 Abs. 3 GG zu messen wäre und einen hoheitlichen Eingriff in die Sphäre der Beteiligten darstelle.

cc) Zwischenfazit

Für die Frage der Verfassungsrelevanz bleibt es daher – sieht man von der eigenen Bindung des Gesetzgebers nach Art. 1 Abs. 3, 20 Abs. 3 GG ab – bei dem Ergebnis, dass die staatlichen Berührungspunkte hierfür maßgeblich sind und es erst bei der Durchsetzung des Schiedsspruches zum »Schwur« kommt und dem antizipiertem Legalanerkenntnis nach § 1055 ZPO über die reine Anerkenntnisfunktion eines privatautonomen Aktes für sich genommen keine darüberhinausgehende Funktion zukommt. Wegen der Verfassungsbindung des Gesetzgebers kann ein solches Anerkenntnis nicht grenzenlos sein, sodass der Schiedsspruch etwa bei Fehlen einer freiwilligen Unterwerfung schon nichtig sein muss. Dass

197 Vgl. C II 4 a), S. 40 ff.

der Schiedsspruch im Gegensatz zu einem gewöhnlichen schuldrechtlichen Vertrag nur sehr eingeschränkt nach den Voraussetzungen eines Aufhebungsverfahren nach § 1059 ZPO kontrolliert werden kann, betrifft die bereits erwähnte Thematik der Modifikation des allgemeinen Justizgewährungsanspruches.[198] Da der Schiedsspruch als privatautonomer Akt grundsätzlich. der staatlichen Anerkennung und Vollstreckung bedarf und bei dieser Gelegenheit Verfassungs- bzw. Grundrechtsbindungen der staatlichen Organe maßgeblich werden, soll die »Verfassungsrelevanz« im Folgenden – unabhängig von der derzeitigen Ausgestaltung des § 1055 ZPO – nach wie vor durch die Verwendung der Begriffe der staatlichen Anerkennung und Vollstreckung des Schiedsspruches beschrieben werden.

e) Urteilsgleiche Wirkungen des Schiedsspruches

Zu klären bleibt noch, inwiefern dem privaten Schiedsspruch, welcher keinen Hoheitsakt darstellt und der staatlichen Anerkennung und Vollstreckung bedarf, urteilsgleiche Wirkungen verschafft werden können, wie es in § 1055 ZPO geschehen ist.

Hierbei geht es um solche (prozessualen) Wirkungen eines gerichtlichen Urteils, wie der (formellen und materiellen) Rechtskraft-, Präklusions- oder Gestaltungswirkung.[199] Eine Rechtskraftwirkung kann – wie es § 1055 ZPO auch regelt – nur zwischen den Schiedsparteien eintreten, da Dritte nicht an die Schiedsvereinbarung gebunden sind und ihnen aus verfassungsrechtlicher Sicht daher der Weg zu den staatlichen Gerichten nicht versperrt werden darf.[200] Gleiches gilt für etwaige Präklusionswirkungen. Haben die Schiedsparteien freiwillig die Schiedsvereinbarung getroffen, sind solche Wirkungsgleichstellungen des Schiedsspruches verfassungsrechtlich unbedenklich und sogar z.T. gefordert, um dem durch die Privatautonomie geschützten Wunsch der Parteien angemessen Rechnung zu tragen, eine abschließende und verbindliche Entscheidung durch ein Schiedsgericht herbeizuführen. Diese Wirkungen sind damit von der Privatautonomie der Schiedsparteien umfasst und bedürfen nicht etwa erst der Vollstreckbarerklärung durch ein staatliches Gericht. Hinzu tritt der Umstand, dass derartige prozessuale Wirkungen erst dann maßgeblich werden, wenn beispiels-

198 Siehe: C I 3, S. 34 ff.
199 Vgl. *Geimer* in: Zöller, § 1055 Rn. 2 ff.
200 *Spohnheimer*, S. 26 f. (Entzug des gesetzlichen Richters Art. 101 Abs. 1 S. 2 GG).

weise ein staatliches Gericht mit dem Schiedsspruch in Kontakt kommt und (z.B. durch Abweisung der Klage) die Wirkungen vollziehen soll.

Fraglich und (auf einfachgesetzlicher Ebene) umstritten[201] ist allerdings, ob dem Schiedsspruch auch unmittelbare Gestaltungswirkung zukommen kann oder ob dafür erst eine Vollstreckbarerklärung durch ein staatliches Gericht nötig ist. Um aus verfassungsrechtlicher Sicht zu dieser Problematik Stellung nehmen zu können, muss zunächst geklärt werden, welche verfassungsrechtliche Rechtsnatur der Gestaltungswirkung zukommt. Im Gegensatz zu Verurteilungs- und Feststellungsklagen, die deklaratorisch eine außerhalb des Prozesses eingetretene Rechtsfolge feststellen, führen Gestaltungsurteile konstitutiv eine Rechtsfolge herbei, die vorher nicht vorhanden war, indem sie ein Rechtsverhältnis begründen, umgestalten oder aufheben.[202]

Maßgeblich ist nun, ob diese konstitutive, rechtsändernde Wirkung auf einer ausschließlich hoheitlichen Tätigkeit i.S. des Grundgesetzes beruht, oder aber auch von Privaten herbeigeführt werden kann. Nur in letzterem Falle wäre eine unmittelbare Gestaltungswirkung von Schiedssprüchen denkbar. Im Ergebnis wird man bei der Gestaltungswirkung aber davon ausgehen können, dass diese nicht nur Folge ausschließlich hoheitlicher Tätigkeit sein und damit auch Schiedssprüchen zuerkannt werden kann. Im Gegenteil erfordert die Privatautonomie und die dahinterstehende Selbstbestimmung der Parteien gerade, dass diese ihre Rechtsverhältnisse selbst gestalten können und die staatliche Rechtsordnung dies anerkennt. Würde die Rechtsänderung durch Gestaltungsurteil eine ausschließlich hoheitliche Tätigkeit darstellen, käme dem Anspruchsinhaber letztlich allein ein subjektiv-öffentliches Recht – ähnlich dem Anspruch auf Vollstreckung als Kehrseite des Gewaltmonopols – gegen den Staat zu, die Rechtsänderung zu vollziehen.[203] Vielmehr liegen Gestaltungsklagen aber auch privatrechtliche Gestaltungsrechte zugrunde; ansonsten enthielten die bedeutendsten privatrechtlichen Kodifikationen wie das BGB und das HGB öffentlich-rechtliche Ansprüche, was fernliegend ist.[204]

201 Vgl. *Geimer* in: Zöller, § 1055 Rn. 2 (grds. keine Vollstreckbarerklärung notwendig); *Saenger* in: Saenger, § 1055 Rn. 11 (Vollstreckbarerklärung grds. notwendig); *Schwab/Walter*, Kap. 21 Rn. 12 (grds. keine Vollstreckbarerklärung notwendig); *Voit* in: Musielak/Voit, § 1055 Rn. 11, § 1060 Rn. 2 (grds. keine Vollstreckbarerklärung notwendig); *Wilske/Markert* in: BeckOK-ZPO, § 1055 Rn. 6 (Vollstreckbarerklärung grds. notwendig).

202 Rosenberg/Schwab/*Gottwald*, § 91 Rn. 1.

203 Rosenberg/Schwab/*Gottwald*, § 91 Rn. 3.

204 Vgl. Rosenberg/Schwab/*Gottwald*, § 91 Rn. 3.

Entscheidend ist außerdem, dass die rechtsändernde Kraft des Gestaltungsurteils nicht auf einer »besonderen rechtsschöpferischen Macht des Richters« beruht, sondern allein auf der Anordnung der Rechtsordnung, nach der der Richter tätig wird.[205] Diese Rechtsordnung kann aber auch ein Schiedsrichter anwenden und dementsprechend eine gestaltende Wirkung herbeiführen, da insofern kein absolutes Rechtsprechungsmonopol staatlicher Gerichte besteht. Die konstitutive Wirkung von Gestaltungsurteilen ist daher nicht als ausschließlich durch hoheitliche Tätigkeit herbeiführbar zu verstehen. Insbesondere wird durch die konstitutive Wirkung nicht automatisch hoheitliche Gewalt ausgeübt, die dem staatlichen Gewaltmonopol unterliegen würde, da auch Private grundsätzlich selbst Veränderungen in ihren Rechtsverhältnissen herbeiführen können. Es ist somit grundsätzlich verfassungsrechtlich unbedenklich, Schiedssprüchen unmittelbare Gestaltungswirkung beizumessen, sofern diese auf die Schiedsparteien beschränkt ist.

Sollte die Gestaltungswirkung jedoch im Ausnahmefall nicht von allein, sondern nur durch staatlichen Zwang herbeiführbar sein, bedarf der Schiedsspruch zwingend der staatlichen Vollstreckbarerklärung. Eine unmittelbare Gestaltungskraft des privaten Schiedsspruches scheidet insofern aus, da dies mit dem staatlichen Gewaltmonopol verfassungsrechtlich unvereinbar wäre. Zu denken ist beispielsweise an die Abgabe einer Willenserklärung nach § 894 ZPO, welche (nach umstrittener Meinung) erst mit Vollstreckbarerklärung des Schiedsspruches eintritt.[206] Zwar sind hierbei weitere Vollstreckungsmaßnahmen nicht erforderlich, da die Abgabe der Willenserklärung zusammen mit der Rechtskraft des Urteils fingiert wird; es handelt sich dennoch um eine besondere Form der Zwangsvollstreckung, da es sich hierbei um eine Ersatzvornahme i.S. von staatlichem Zwang handelt.[207] Besonderheiten ergeben sich ferner hinsichtlich der direkten Gestaltungwirkungen des Schiedsspruches, sofern im Schiedsverfahren über einen staatlichen Hoheitsakt (z.B. Verwaltungsakt) befunden werden soll, worauf noch einzugehen sein wird.[208]

Insgesamt ist daher die generelle (Wirkungs-) Gleichstellung von Schiedsspruch und staatlichem Gerichtsurteil verfassungsrechtlich unbedenklich, solan-

205 Rosenberg/Schwab/*Gottwald*, § 91 Rn. 1.

206 *Schwab/Walter*, Kap. 21 Rn. 12; *Voit* in: Musielak/Voit, § 1060 Rn. 2; a.A. *Saenger* in: Saenger, § 1055 Rn. 11.

207 *Gruber* in: MünchKomm-ZPO, § 894 Rn. 1; *Lackmann* in: Musielak/Voit, § 894 Rn. 1.

208 Vgl. zu dieser Problematik: Zweiter Teil D IV 5, S. 175 ff. und Dritter Teil D IV 1, S. 221 ff.

ge durch unmittelbare Vollstreckungswirkungen die Grenzen des staatlichen Gewaltmonopols nicht tangiert werden.

f) Objektive Rechtspflege durch Schiedssprüche und verfassungsrechtliche Veröffentlichungspflichten

Diskutiert wird derzeit, ob eine Pflicht zur Veröffentlichung von Schiedssprüchen eingeführt werden sollte.[209] Denn die zunehmende Ausweitung schiedsrichterlicher Tätigkeit bewirkt einen Rückgang staatlicher Rechtsprechung und damit auch rechtsprägender Entscheidungen staatlicher Gerichtsbarkeit.[210] Tragen die Parteien nämlich in gewissen Rechtsgebieten ihre Streitigkeiten – etwa wegen des Erfordernisses besonderer Sachkunde der Schiedsrichter oder wegen eines gesteigerten Bedürfnisses nach Vertraulichkeit[211] – nur noch vor Schiedsgerichten aus, bleibt die staatliche Rechtsprechung in diesen Gebieten in ihrer Entwicklung zurück. Dies ist ein Trend, der sich in Rechtsgebieten wie dem Unternehmenskaufrecht schon vollzogen hat und in anderen Gebieten wie dem Gesellschaftsrecht allgemein sich zu vollziehen droht.[212]

Aber nicht nur die fehlende Rechtsfortbildung durch staatliche Gerichte, sondern auch die Möglichkeit fehlender Kontrolle wirtschaftlich bedeutender Unternehmen bzw. die fehlende »Überwachung« der Gerichtsstreitigkeiten dieser wird kritisiert.[213] Die Forderung nach einer Pflicht, Schiedssprüche zu veröffentlichen knüpft damit an zwei verschiedene Kontrollobjekte an: Die »Rechtsfindung« durch das *Schiedsgericht* einerseits und die »Verurteilung«, d.h. das durch den Schiedsspruch festgelegt Verhalten der *Schiedsparteien* andererseits.

Neben diesem praktischen und vor allem rechtspolitischen Problem lässt sich natürlich insbesondere auf verfassungsrechtlicher Ebene daher die Frage aufwerfen, inwiefern sich aus dem Grundgesetz eine Aussage zur Pflicht der Veröffentlichung von privaten Schiedssprüchen treffen lässt.

209 Zur besonderen Problematik bei Schiedsverfahren mit staatlicher Beteiligung siehe: Dritter Teil D III 2, S. 219 ff.

210 *Aden*, DZWIR 2012, 360, 361; *Duve/Keller*, SchiedsVZ 2005, 169.

211 *Duve/Keller*, SchiedsVZ 2005, 169, 170.

212 *Duve/Keller*, SchiedsVZ 2005, 169, 172.

213 *Aden*, DZWIR 2012, 360, 362.

aa) Vergleich mit verfassungsrechtlichen Veröffentlichungspflichten staatlicher Gerichte

Eine entsprechende Untersuchung wurde jüngst von *Kahlert* angestellt, welcher die Übertragbarkeit der Grundsätze zur verfassungsrechtlichen Veröffentlichungspflicht staatlicher Gerichte auf Schiedsgerichte prüfte.[214] Dabei arbeitete er unter Bezugnahme auf das für verfassungsrechtliche Veröffentlichungspflichten grundlegende Urteil des BVerwG[215] die maßgeblichen, für eine Veröffentlichung von staatlichen Urteilen sprechenden Kriterien heraus. Danach diene die Veröffentlichung der Gerichtsurteile insbesondere der Kontrolle, der Ermöglichung von Kritik und ggf. der Korrektur der rechtsprechenden Gewalt durch die Legislative.[216] Daneben sei aber auch der Aspekt des Rechtsschutzes für den Bürger von großer Bedeutung; dieser müsse in Erfahrung bringen können, welche Aussichten und Möglichkeiten er bei Inanspruchnahme der staatlichen Gerichte hat.[217] Damit diene die Veröffentlichung der Gerichtsurteile, welche letztlich die Gesetze konkretisieren, auch der Information des Bürgers über seine Rechte und Pflichten.[218]

Naturgemäß lassen sich die Begründungsstränge, die sich spezifisch auf das Handeln des Gerichts als staatliche Institution beziehen, nicht auf private Schiedsgerichte und deren Schiedssprüche übertragen.[219] Daher fällt die Kontrolle des Spruchkörpers und die damit zusammenhängende Kritik- und Korrekturmöglichkeit als Begründungsstrang schon einmal weg. Durch die Veröffentlichung von Schiedssprüchen wird der Bürger ferner nicht erfahren, wie ein staatliches Gericht entscheiden mag und welche Rechtsschutzaussichten diesbezüglich bestehen; auch können Schiedsgerichte als private Institution im Vergleich zum staatlichen Gericht keine Rechte und Pflichten aus Gesetzen konkretisieren.[220] M.a.W. sprechen Schiedsgerichte in diesem Zusammenhang wegen ihrer grundrechtlichen, privatautonomen Verankerung und ihrer fehlenden Rückbin-

214 *Kahlert*, S. 107 ff.
215 BVerwG NJW 1997, 2694.
216 *Kahlert*, S. 109.
217 *Kahlert*, S. 109.
218 *Kahlert*, S. 109.
219 Vgl. *Kahlert*, S. 110 ff.
220 Dies verkennt: *Kahlert*, S. 116 f., der bezogen auf den Aspekt der »faktischen Präjudizwirkung« Schiedssprüche mit staatlichen Gerichtsurteilen gleichstellen möchte, jedoch hierbei den wesentlichen Unterschied zwischen privater und staatlicher Ebene missachtet; a.A. *Ebbing*, S. 163 (Durchsetzung der Zivilrechtsordnung kann auch durch Schiedsgerichte erfolgen).

dung an zwingendes Recht gem. Art. 20 Abs. 3 GG kein »Recht«, wie dies staatliche Gerichte tun.[221] Von ihrem Wesen her schaffen sie Einzelfallgerechtigkeit und verstehen sich als eine Form der privatautonomen Selbstbestimmung, wodurch sie sich generell nicht zu einer »objektiven Rechtspflege« i.S. einer Rechtsanwendung bzw. Förderung der Rechtssicherheit oder Rechtsfortbildung eignen.[222]

Neben den gerade erwähnten Aspekten dient die Veröffentlichung von Gerichtsurteilen jedoch auch der Rechtspflege, indem dadurch die fachwissenschaftliche Diskussion gefördert werden kann.[223] Dieser Aspekt mag auch für Schiedssprüche gelten,[224] die insofern ebenfalls sachlich überzeugend i.S. einer »*persuasive authority*« sein können.[225] Eine verfassungsrechtliche Veröffentlichungspflicht wird man allein hieraus jedoch nicht ableiten können, da dieses Kriterium wohl eher nur einen Nebenaspekt der vom BVerwG aufgestellten Begründungsstränge darstellt und man andernfalls eine solche auch für private Lehrmeinungen annehmen müsste.[226]

bb) Kontrolle der Schiedsparteien

Wird eine Streitigkeit vor ein staatliches Gericht getragen und das Gerichtsurteil anschließend veröffentlicht, bekommt die Öffentlichkeit Informationen über das Verhalten der Parteien. Anhand des Verfahrens kann sich die Öffentlichkeit daher auch eine Meinung darüber bilden, ob das Handeln bspw. von Unternehmen »korrekt« i.S.v. rechtmäßig war oder Geschäftspraktiken, die Gegenstand der Streitigkeit wahren, möglicherweise – aus welchen Gründen auch immer – zu missbilligen sind. Man kann daher sagen, die Veröffentlichung von Urteilen mache mittelbar auch die öffentliche Kontrolle der Parteien des Verfahrens möglich, was insbesondere bei wirtschaftlich bedeutenden Unternehmen von Interesse ist. Im Falle der Durchführung eines vertraulichen Schiedsverfahrens wird

221 Vgl. *Kahlert*, S. 126; zur fehlenden Funktion der Rechtsetzung bzw. Rechtsprechung im Rahmen privatautonomer Gestaltung der Rechtsverhältnisse vgl. schon: C I 1 d), S. 27 ff.

222 Vgl. *Duve/Keller*, SchiedsVZ 2005, 169, 173 m.w.N.

223 *Kahlert*, S. 109.

224 Vgl. ausführlich: *Kahlert*, S. 111 ff., der insofern eine mit staatlichen Urteilen vergleichbare »faktische Präjudizwirkung« annimmt.

225 *Duve/Keller*, SchiedsVZ 2005, 169, 171.

226 *Kahlert*, S. 112 f., 126 f.

nach einigen Stimmen in der Literatur dieser mittelbare Effekt nun verhindert, was für eine Pflicht zur Veröffentlichung der Schiedssprüche streite.[227]

Dagegen spricht jedoch, dass dieser bestenfalls mittelbare Effekt schon bei staatlichen Gerichten kaum vom Schutzgedanken umfasst ist, der für eine Veröffentlichung der Urteile streitet.[228] Selbst im Falle des Bestehens von verfassungsrechtlichen Kontrollansprüchen der Öffentlichkeit gegenüber Privaten würde dies nicht zwingend eine Veröffentlichung des Schiedsspruches erfordern. [229] Von Interesse wird nämlich meist sein, ob das entsprechende Unternehmen bspw. einer Rechtsstreitigkeit im Ergebnis unterlag und etwa Schadensersatz zu leisten hat. Solche Informationen ließen sich auch in anderer Form mitteilen, ohne den Schiedsspruch veröffentlichen zu müssen.[230] Als Beispiel seien kapitalmarktrechtliche Ad-hoc-Publizitätspflichten (§ 15 WpHG a.F[231]) genannt, die auch den Ausgang von Rechtsstreitigkeiten (als Insiderinformation) umfassen können[232] und denen über entsprechende Ad-hoc-Mitteilungen Rechnung zu tragen ist.

227 Vgl. *Aden*, DZWIR 2012, 360, 362.

228 Insofern wurde die Kontrolle der Parteien auch in keiner Weise als Begründungsstrang der für staatliche Urteile grundlegenden Entscheidung des BVerwG erwähnt, vgl. BVerwG NJW 1997, 2694.

229 Dies fordert aber: *Aden*, DZWIR 2012, 360, 362, der aus der Sozialbindung des Eigentums nach Art. 14 Abs. 2 GG einen Anspruch der Allgemeinheit auf informationelle Teilhabe an Rechtsangelegenheiten großer Unternehmen (durch Veröffentlichung von Schiedssprüchen) fordert. Dagegen spricht zunächst, dass auch wirtschaftlich bedeutsame Unternehmen Private sind und insofern keine Sonderstellung zwischen Staat und Bürger einnehmen, vgl. *Herdegen* in: Maunz/Dürig, Art. 1 Abs. 3 Rn. 99 f. Ferner lassen sich kaum konkrete Informationsansprüche, die eine Pflicht zur Veröffentlichung von Schiedssprüchen begründen würden, aus der Sozialbindung des Eigentums gem. Art. 14 Abs. 2 GG herleiten, da diese Norm allein als Richtlinie oder Direktive an den Gesetzgeber interpretiert werden kann, vgl. *Papier/Shirvani* in: Maunz/Dürig, Art. 14 Rn. 416 m.w.N.

230 A.A. *Aden*, DZWIR 2012, 360, 362 (Anspruch der Allgemeinheit auf informationelle Teilhabe gehe darüber hinaus).

231 WphG in der bis zum 1. Juli 2016 geltenden Fassung. Nunmehr ist die Ad-hoc-Publizität in der europäischen Marktmissbrauchsverordnung geregelt, Art. 17 MMVO.

232 Dazu: *Pfüller* in: Fuchs, § 15 Rn. 281 ff.

D. Zusammenfassung (Erster Teil)

Die Schiedsgerichtsbarkeit versteht sich als eine Art Delegation von Privatautonomie und ist somit Ausfluss der grundrechtlichen Selbstbestimmung, deren Schutz zumindest in Art. 2 Abs. 1 GG verankert ist. Da die Schiedsgerichtsbarkeit somit ein Ausdruck grundrechtlicher Betätigung ist, kann ihre Etablierung und Ausübung nicht gegen das Rechtsprechungsmonopol des Art. 92 GG verstoßen, welches sich allein auf die staatliche Ebene bezieht. Aus dem privaten, grundrechtlichen Charakter der Schiedsgerichtsbarkeit ergibt sich auch, dass sie auf verfassungsrechtlicher Ebene nicht mit der staatlichen Gerichtsbarkeit gleichgestellt werden kann. Daher behalten auch das Schiedsverfahren sowie der Schiedsspruch ihren rein privaten Charakter, was insbesondere bedeutet, dass die Schiedsrichter keinen unmittelbaren verfassungsrechtlichen Bindungen unterliegen, die vor staatlichen Gerichten geltenden Verfahrensgrundrechte keine unmittelbare Anwendung finden und Rechtswahlfreiheit besteht, das Verfahren bzw. der Schiedsspruch keinen Öffentlichkeitspflichten unterliegt und insgesamt zur Entfaltung von Rechtswirkungen der staatlichen Anerkennung und Vollstreckung bedarf.

Zweiter Teil: Staatliche Schutzpflichten als Grenzen der Schiedsgerichtsbarkeit

Im zweiten Teil gilt es, die verfassungsrechtlichen Grenzen und Rahmenbedingungen der Schiedsgerichtsbarkeit auszuloten. Während hinsichtlich der Grundrechte, spezieller der Privatautonomie als Grundlage der Schiedsgerichtsbarkeit noch von weitgehender Einigkeit gesprochen werden kann, wird das Meinungsbild bei dem Versuch, die verfassungsrechtlichen Grenzen der Schiedsgerichtsbarkeit zu bestimmen, um einiges bunter. Problematisch ist hierbei insbesondere, dass Grundlage und Grenze im Rahmen verschiedener Ansätze meist in einer Wechselbeziehung zu stehen scheinen und sich gegenseitig bedingen. Es entsteht daher manchmal der Eindruck, dass bspw. von einer (gewollten) Grenze her gedacht die Grundlage der Schiedsgerichtsbarkeit entsprechend angepasst wird, um diverse existierende Erscheinungen erklären zu können. Entsprechend der Zielsetzung der Arbeit soll genau dies hier aber vermieden werden; die Grundrechte in Form der Privatautonomie als Grundlage der Schiedsgerichtsbarkeit vorausgesetzt, gilt es, entsprechende Grundrechtsschranken als Grenzen aufzufinden und dafür vor allem bei den Grundrechten und daraus abgeleiteten staatlichen Schutzpflichten selbst anzusetzen.

A. Die verschiedenen Grenzen der Schiedsfreiheit: Verfahrensanforderungen und objektive Schiedsfähigkeit

Spricht man auf verfassungsrechtlicher Ebene von »Grenzen« der Schiedsgerichtsbarkeit, können damit zunächst zweierlei Arten von Einschränkungen der Schiedsfreiheit gemeint sein:[233] Einerseits geht es um die Bestimmung der Grenzen i.S. von einer generellen Zulässigkeit der Schiedsgerichtsbarkeit, m.a.W. um

233 Ähnlich unterscheidet: *Kleinschmidt*, S. 16 ff., der im Rahmen des Grundkonflikts zwischen Selbstbestimmung und Fremdbestimmung die drei Problemebenen Zulässigkeit, Verfahren und (inhaltliche) Kontrolle herausdifferenziert. Da wegen dem schiedsgerichtlichen Wesensmerkmal der Autonomie die generelle Zulässigkeit mit dem Erfordernis der inhaltlichen Kontrolle zusammenfällt – was im Ergebnis als objektive Schiedsfähigkeit zusammenzufassen ist, vgl. dazu gleich: D III 1, S. 141 ff. –, ist hier nur zwischen Verfahrensanforderungen und objektiver Schiedsfähigkeit zu unterscheiden.

M. Schenk, *Schiedsfreiheit und staatliche Schutzpflichten*,
https://doi.org/10.1007/978-3-658-29854-8_3

die objektive Schiedsfähigkeit. Andererseits sind aber auch solche Grenzen gemeint, die sich als Beschränkungen der Verfahrensfreiheit bei der Durchführung des Schiedsverfahrens darstellen, d.h. Verfahrensanforderungen. Letztere sind gegenüber einem Komplettverbot theoretisch immer das mildere Mittel, sodass man sich bei jedem Rechtsgut, welches mit der Schiedsfreiheit kollidiert, unter dem Aspekt der Verhältnismäßigkeit die Frage stellen muss, ob sich eine praktische Konkordanz nicht besser durch entsprechende Verfahrensanforderungen herstellen lässt.

Gerade schon die Möglichkeit der Abgrenzung der objektiven Schiedsfähigkeit von speziellen Verfahrensanforderungen stellt aber – wie zu sehen sein wird[234] – auf dogmatischer Ebene eines der Hauptprobleme der Schiedsgerichtsbarkeit dar. Bevor man sich daher auf die Suche nach verfassungsrechtlichen Kriterien zur Bestimmung der einen oder der anderen Grenze begeben kann, kommt man nicht darum herum, diese Grundfrage vorher zu klären. Den Aufhänger bildet dabei wohl die Frage, ob es überhaupt so etwas wie eine (verfassungsrechtliche) objektive Schiedsfähigkeit, d.h. Gründe, Schiedsgerichten gewisse Streitgegenstände generell zu entziehen, geben kann. Denn möglicherweise ließen sich entsprechende Schutzerwägungen, die zum Ausschluss der Schiedsgerichtsbarkeit führen sollen, auch durch spezielle Verfahrensanforderungen verwirklichen, sodass die objektive Schiedsunfähigkeit als eine Art *ultima ratio* nicht gerechtfertigt erscheint.

Von Interesse sind hierbei vor allem die Fragen: Gibt es generell überhaupt so etwas wie schiedsunfähige Gegenstände? Aus welchen Verfassungsnormen ließen sich etwaige Gegenstände herleiten? Lassen sich hinter der objektiven Schiedsunfähigkeit stehende Schutzgedanken auch durch besondere Verfahrenssicherungen äquivalent verwirklichen? Generell soll dieser Fragenkreis im Folgenden daher als »verfassungsrechtliche Schiedsfähigkeit« beschrieben werden, wobei es hierbei nur um die objektive Komponente der Schiedsfähigkeit gehen soll.[235] Im Rahmen der »verfassungsrechtlichen Verfahrensanforderungen« wird es insbesondere um die Herleitung etwaiger »Verfahrensgrundrechte« wie rechtliches Gehör etc. gehen, da die verfassungsrechtlichen, vor staatlichen Gerichten

234 Siehe: D III 1, S. 141 ff.

235 Verfassungsrechtliche Aspekte der subjektiven Schiedsfähigkeit sollen im privaten Bereich insgesamt ausgeklammert werden.

geltenden Verfahrensgrundrechte – wie bereits gesehen[236] – keine unmittelbare Anwendung finden.

B. Verfassungsrechtliche Begründung staatlicher Schutzpflichten

Bevor auf verfassungsrechtliche Verfahrensanforderungen und die verfassungsrechtliche Schiedsfähigkeit konkret eingegangen werden kann, ist zunächst die Herleitung und Begründung staatlicher Schutzpflichten abstrakt darzulegen, auf die es nach der hier vertretenen Auffassung maßgeblich ankommen wird. Bei der Herleitung und Begründung staatlicher Schutzpflichten spielen die Grundrechte und deren Gehalte die entscheidende Rolle, sodass deren Funktionen eingangs darzustellen sind. Im Anschluss ist das Verhältnis staatlicher Schutzpflichten zur Privatautonomie näher zu beleuchten, wobei auch schon Bezüge zur Schiedsgerichtsbarkeit abstrakt dargestellt werden sollen.

I. Funktionen der Grundrechte und Herleitung staatlicher Schutzpflichten

1. Subjektive Grundrechte

Grundrechte begründen in ihrer klassischen Funktion subjektive Rechte des Bürgers in Form von Abwehrrechten gegen den Staat.[237] Neben dieser klassischen Funktion des *status negativus* gewähren die Grundrechte auch Leistungsrechte (*status positivus*) und Teilhabe- und Mitwirkungsrechte (*status activus*).[238] In der Funktion als Abwehrrecht verbietet ein Grundrecht sämtlichen staatlichen Stellen unmittelbar, in den geschützten Grundrechtsgehalt ohne hinreichende Rechtfertigung einzugreifen (Art. 1 Abs. 3 GG).[239] Dabei geht es insbesondere um den Schutz privater Sphären der Freiheit und Selbstbestimmung.[240] In ihrer subjektiven Funktion zeichnen sich die Grundrechte also insbesondere dadurch aus, dass

236 Erster Teil C II 1, S. 36 ff.
237 BVerfG NJW 1958, 257; *Herdegen* in: Maunz/Dürig, Art. 1 Abs. 3 Rn. 13.
238 So die bekannte Lehre *Georg Jellineks*, vgl.: *Herdegen* in: Maunz/Dürig, Art. 1 Abs. 3 Rn. 15; *Starck* in: Mangoldt/Klein/Starck, Art. 1 Abs. 3 Rn. 182 ff.
239 v.Münch/*Mager*, StaatsR II, Rn. 48 f.
240 v.Münch/*Mager*, StaatsR II, Rn. 47.

sie dem einzelnen Bürger (einklagbare) verfassungsrechtliche Ansprüche auf ein Unterlassen oder sonstiges Verhalten gegen den Staat einräumen.[241]

2. *Objektiv-rechtliche Dimension, Einrichtungsgarantien und staatliche Schutzpflichten*

Neben der subjektiven Berechtigung des Einzelnen entfalten die Grundrechte auch eine objektiv-rechtliche Dimension, welche auch als objektive Grundrechtsgehalte oder objektiv-rechtliche Grundrechtswirkungen bezeichnet werden und wesentlich schwerer zu fassen sind.[242] Die objektiv-rechtliche Dimension der Grundrechte entfaltet dabei verschiedene Funktionen; ihr kommen im Vergleich zur subjektiv-rechtlichen Dimension zusätzliche rechtliche Wirkungen zu.[243] Von einer klaren und allgemein anerkannten Ableitung und systematischen Ordnung ist sie allerdings noch weit entfernt.[244] Davon ausgehend sollen im Rahmen dieser Arbeit nur die wesentlichen und anerkannten Wirkungen und Grundsätze[245] und deren Bedeutung für den verfassungsrechtlichen Rahmen der Schiedsgerichtsbarkeit untersucht und nicht etwa vollständige, tiefergreifende Klärungsversuche im gerade beschriebenen Sinne unternommen werden.

a) *Generelle, objektive Geltung einer Werteordnung und negative Kompetenznormen*

Eine wesentliche, objektiv-rechtliche Funktion der Grundrechte besteht darin, dass sie den Handlungs- und Entscheidungsspielraum staatlicher Macht begrenzen und somit negative Kompetenznormen begründen.[246] Von der subjektivrechtlichen Funktion als Abwehrrecht unterscheidet sich dieser Befund allerdings nur in seiner Perspektive: Was den privaten Bürgern einerseits als grundrechtlich geschütztes Verhalten und Freiheitssphäre aus ihrer Sicht gegeben

241 *Herdegen* in: Maunz/Dürig, Art. 1 Abs. 3 Rn. 12.
242 *Herdegen* in: Maunz/Dürig, Art. 1 Abs. 3 Rn. 12, 16; *Starck* in: Mangoldt/Klein/Starck, Art. 1 Abs. 3 Rn. 170; *Gostomzyk*, JuS 2004, 949 (objektiv-rechtliche Ordnungsidee); kritisch zur (uneinheitlichen)Terminologie: *Sachs* in: Sachs, Vor. Art. 1 Rn. 28 f., 31.
243 Vgl. *Müller-Franken* in: Schmidt-Bleibtreu/Hoffmann/Henneke, Vor. Art. 1 Rn. 20 ff.; *Kingreen/Poscher*, GR, Rn. 91 ff.
244 *Herdegen* in: Maunz/Dürig, Art. 1 Abs. 3 Rn. 12.
245 Zum Ganzen vgl. *Dolderer*.
246 *Kingreen/Poscher*, GR, Rn. 91.

wird, wird dem Staat anderseits als Handlungsspielraum aus seiner Sicht genommen.[247] Die Beschreibung dieser Aussage beschränkt sich allerdings nicht nur in der Tatsache, dass die Grundrechte objektiv geltendes Recht sind, welches die Staatsgewalt bindet;[248] der bedeutsame Aussagegehalt liegt vielmehr darin, dass dem Staat der Handlungs- und Entscheidungsspielraum objektiv und generell genommen ist, d.h. unabhängig von der Geltendmachung oder Wahrnehmung durch den einzelnen privaten Bürger.[249] Damit ist nicht etwa (die ungewollte Folge) gemeint, dass die objektiv-rechtliche Dimension sich zu einem Gefüge objektiver Normen verselbständigt und von dem eigentlichen Kern der Grundrechte löst,[250] sondern es wird der Umstand beschrieben, dass sie eine abstrakte, objektive Wertentscheidung bzw. -ordnung[251] schafft, welche im Gemeinwesen allseitig und nicht nur zweiseitig im Verhältnis zwischen Bürger und Staat gilt[252] und deswegen einen anderen Charakter als die Abwehr konkreter Eingriffe in subjektive Rechte hat.[253]

b) Einrichtungsgarantien

Neben der reinen Gewährung von subjektiven Rechten verbürgen einige Grundrechte daher auch (in Ausprägung der objektiven Werteordnung) anerkannte, objektive Gebilde – sog. Einrichtungsgarantien –, welche sich in Institutsgarantien für den privaten Bereich und institutionelle Garantien für den öffentlich-rechtlichen Bereich unterteilen lassen.[254] Im Text des Grundgesetzes fand dieser allgemeine Befund insbesondere in Art. 1 Abs. 3 GG (Bindung aller Staatsgewalt an die Grundrechte) i.V.m. Art. 19 Abs. 2 GG (Unantastbarkeit des Wesensgeh-

247 *Kingreen/Poscher*, GR, Rn. 93.
248 I.d.S. aber: *Müller-Franken* in: Schmidt-Bleibtreu/Hoffmann/Henneke, Vor. Art. 1 Rn. 20.
249 Vgl. *Kingreen/Poscher*, GR, Rn. 93; zu dieser Wirkung vgl. ferner: *Klein*, NJW 1989, 1633, 1636 (vom Anspruch unabhängiges Schutzgut); *Müller-Franken* in: Schmidt-Bleibtreu/Hoffmann/Henneke, Vor. Art. 1 Rn. 21, 27.
250 Vgl. BVerfG NJW 1979, 699, 702; *Gostomzyk*, JuS 2004, 949; *Kingreen/Poscher*, GR, Rn. 98.
251 Vgl. etwa: BVerfG GRUR 1958, 254; NJW 1969, 1161; NJW 1976, 1677; NJW 1987, 827; NJW 1991, 2411.
252 *Gostomzyk*, JuS 2004, 949; *Kingreen/Poscher*, GR, Rn. 94.
253 *Herdegen* in: Maunz/Dürig, Art. 1 Abs. 3 Rn. 23.
254 *Kingreen/Poscher*, GR, Rn. 88; *Müller-Franken* in: Schmidt-Bleibtreu/Hoffmann/Henneke, Vor. Art. 1 Rn. 27; *Sachs* in: Sachs, Vor. Art. 1 Rn. 30; wobei auch institutionelle Einrichtungen außerhalb der Grundrechte existieren, vgl.: *Müller-Franken* in: Schmidt-Bleibtreu/Hoffmann/Henneke, Vor. Art. 1 Rn. 27.

altes der Grundrechte) anklang.[255] Zweck der Einrichtungsgarantien ist es, gewisse normative Kernbereiche zu schützen und verfassungsrechtlich in ihrem Bestand zu sichern, weswegen sie auch unabhängig von einer subjektiven Verteidigung einzelner Bürger in der gerade beschriebenen Weise existieren.[256]

In einigen Grundrechtsnormen ist der objektive Gehalt der Einrichtungen bereits im Normtext selbst angelegt, bspw. bei der Gewährleistung der Ehe und Familie (Art. 6 Abs. 1 GG) oder dem Eigentum und Erbrecht (Art. 14 Abs. 1 GG).[257] Allerdings ergeben sich objektive Grundrechtsgehalte auch aus Grundrechten, bei denen sie nicht erkennbar im Normtext angelegt sind und insbesondere durch das BVerfG schöpferisch herausgearbeitet wurden.[258]

Die Einrichtungsgarantien sind zu ihrem Schutze der Dispositionsbefugnis des Gesetzgebers entzogen.[259] Dies bedeutet allerdings nicht, dass diese Bereiche frei von jeglichen staatlichen Gesetzen bestehen müssen; im Gegenteil sind manche Einrichtungsgarantien hinsichtlich ihres Bestandes gerade von einer gesetzlichen Ausgestaltung durch Reglementierung abhängig, wodurch allerdings u.a. schwierige Abgrenzungsfragen zur unzulässigen, eingreifenden Gesetzgebung aufgeworfen werden.[260]

c) *Ausstrahlungswirkung auf das einfache Recht*

Ein weiterer wesentlicher Aspekt der objektiv-rechtlichen Dimension der Grundrechte, welcher auch als »Ausstrahlungswirkung der Grundrechte« bekannt ist, besteht in ihrem Einfluss auf die gesamte Rechtsordnung, d.h. alle Rechtsbereiche des einfachen Rechts inklusive dem Privatrecht.[261] Dazu gehört einerseits, dass die staatliche Gewalt bei Auslegung und Anwendung des einfachen Rechts die Grundrechte zu beachten, d.h. eine grundrechtskonforme Auslegung und entsprechende Anwendung in einer Art zu gewährleisten hat, welche die (evtl. wi-

255 v.Münch/*Mager*, StaatsR II, Rn. 54.
256 *Müller-Franken* in: Schmidt-Bleibtreu/Hoffmann/Henneke, Vor. Art. 1 Rn. 27.
257 *Herdegen* in: Maunz/Dürig, Art. 1 Abs. 3 Rn. 18.
258 *Herdegen* in: Maunz/Dürig, Art. 1 Abs. 3 Rn. 19.
259 *Kingreen/Poscher*, GR, Rn. 90.
260 v.Münch/*Mager*, StaatsR II, Rn. 55 f.
261 *Müller-Franken* in: Schmidt-Bleibtreu/Hoffmann/Henneke, Vor. Art. 1 Rn. 21 f.; *Sachs* in: Sachs, Vor. Art. 1 Rn. 32 f.; *Dietlein*, Vor. IV f.; für eine Rechtsprechungszusammentragung des BVerfG hierzu siehe: *Leibholz/Rinck*, Vor. Art. 1-19 Rn. 11 ff.

derstreitenden) Grundrechte bestmöglich zur Geltung bringt.[262] Damit zusammen hängt die bereits erwähnte »mittelbare Drittwirkung« der Grundrechte, welche sich gerade aus der Verpflichtung zur grundrechtskonformen Auslegung und Anwendung auch des Privatrechts ergibt.[263] Die objektiven Grundrechtsgehalte binden somit und haben Auswirkungen auch auf die staatliche Verwaltung und Rechtsprechung. Andererseits ist natürlich auch die Gesetzgebung schon bei Erlass etwaiger Gesetze entsprechend durch die objektiv-rechtliche Dimension der Grundrechte gebunden.[264]

d) Wirkungen für Organisation- und Verfahren

Die Ausstrahlungswirkung der objektiven Dimension bezieht sich nicht nur auf die materielle, sondern auch auf die verfahrensrechtliche Ebene, was eine grundrechtsfreundliche Ausgestaltung von Organisation und Verfahren durch den Gesetzgeber und eine entsprechende Anwendung durch Verwaltung und Rechtsprechung erfordert.[265] Bezweckt wird damit, dass der effektive Schutz der materiellen Grundrechte gewährleistet wird und nicht die »Gefahr einer Entwertung der materiellen Grundrechtspositionen besteht«.[266] Diese zusätzliche Wirkungsschicht der Grundrechte, die bei allen Grundrechtsarten und Grundrechtsfunktionen einschlägig ist, geht über die reine Gewährung der speziellen Verfahrensgrundrechte (z.B. rechtliches Gehör, Art. 103 Abs. 1 GG) hinaus und wird deshalb auch als »querliegende« Grundrechtsfunktion bezeichnet.[267]

e) Begriff der staatlichen Schutzpflichten

Ein weiterer wesentlicher Aspekt der objektiv-rechtlichen Dimension der Grundrechte liegt in der Begründung von staatlichen Schutzpflichten. Im »klassischen« Sinne ist damit zunächst gemeint, dass der Staat die einzelnen Bürger i.S. einer

262 *Kingreen/Poscher*, GR, Rn. 101 ff.; *Müller-Franken* in: Schmidt-Bleibtreu/Hoffmann/Henneke, Vor. Art. 1 Rn. 21.

263 Vgl. *Müller-Franken* in: Schmidt-Bleibtreu/Hoffmann/Henneke, Vor. Art. 1 Rn. 22.

264 *Sachs* in: Sachs, Vor. Art. 1 Rn. 33.

265 *Müller-Franken* in: Schmidt-Bleibtreu/Hoffmann/Henneke, Vor. Art. 1 Rn. 25; *Sachs* in: Sachs, Vor. Art. 1 Rn. 34.

266 BVerfGE 63, 131, 143; *Jarass* in: Jarass/Pieroth, Vor. Art. 1 Rn. 11; *Jarass.*, HGR II, § 38 Rn. 52.

267 *Jarass* in: Jarass/Pieroth, Vor. Art. 1 Rn. 12; *Müller-Franken* in: Schmidt-Bleibtreu/Hoffmann/Henneke, Vor. Art. 1 Rn. 25.

Leistungsverpflichtung auch vor anderen Gefahren außerhalb der staatlichen Sphäre schützt, etwa vor Übergriffen anderer Privater.[268] Die staatlichen Schutzpflichten sind dabei eine Art Kompensation für das staatliche Gewaltmonopol und die daraus resultierende »Friedenspflicht« der Bürger.[269] Prägend ist dabei das »Schutzpflichtendreieck«, d.h. die dreipolige Beziehung zwischen Staat, Störer und Opfer,[270] was Parallelen bzw. Verknüpfungen zur Figur der »mittelbaren Drittwirkung« der Grundrechte aufweist.[271] Die staatlichen Schutzpflichten richten sich dabei in erster Linie an den Gesetzgeber, aber auch an die anderen Staatsgewalten, wobei diesen bei der Erfüllung der Schutzpflichten ein weiter Entscheidungsspielraum zukommt.[272]

Über dieses »klassische« Verständnis i.S. einer Leistungsverpflichtung zur Abwehr von Gefahren außerhalb der staatlichen Sphäre hinaus wurde der Begriff der Schutzpflichten allerdings in der Entwicklung der Rechtsprechung des BVerfG und im Schrifttum auch auf andere Zusammenhänge und Wirkungsweisen der Grundrechtsfunktionen erweitert.[273] So trifft bspw. den staatlichen Richter der Schutzauftrag, in den Fällen gestörter Vertragsparität, d.h. stark ungleich verteiltem Kräftegleichgewicht bei fehlender, dem Schutzauftrag entsprechender Gesetzgebung den objektiven Grundentscheidungen der Grundrechte mit den Mitteln des Zivilrechts (insbesondere den Generalklauseln) Geltung zu verschaffen und so das unterlegene Grundrecht zu schützen.[274] Dies stellt i.e.S. keine Erfüllung der »klassischen« Schutzpflicht dar, indem etwa durch polizeiliche Maßnahmen der Übergriff durch die stärkere Partei auf die schwächere Partei in Form des Vertragsabschlusses verhindert wird; vielmehr geht es darum, die privatrechtliche Streitigkeit in einer gewissen Art im Lichte der objektiv-rechtlichen

268 Vgl. *Kingreen/Poscher*, GR, Rn. 110; *Müller-Franken* in: Schmidt-Bleibtreu/Hoffmann/Henneke, Vor. Art. 1 Rn. 23.

269 *Callies*, HGR II, § 44 Rn. 2 f. ; *Ohly*, S. 86, mit rechtsphilosophischen Verweis auf *Hobbes*, Kap. 18, S. 156 ff.

270 *Müller-Franken* in: Schmidt-Bleibtreu/Hoffmann/Henneke, Vor. Art. 1 Rn. 23.

271 Vgl. *Dolderer*, S. 205 ff.; *Müller-Franken*, FS Bethge, S. 232, 242 ff.; *Ruffert*, S. 144 ff.; *Sachs* in: Sachs, Vor. Art. 1 Rn. 32 m.w.N.

272 *Callies*, HGR II, § 44 Rn. 6; *Herdegen* in: Maunz/Dürig, Art. 1 Abs. 3 Rn. 23; *Kingreen/Poscher*, GR, Rn. 113; *Müller-Franken* in: Schmidt-Bleibtreu/Hoffmann/Henneke, Vor. Art. 1 Rn. 23.

273 *Kingreen/Poscher*, GR, Rn. 100 (speziellere Abschichtungen anhand der Schutzfunktion aber immer noch sinnvoll); *Müller-Franken* in: Schmidt-Bleibtreu/Hoffmann/Henneke, Vor. Art. 1 Rn. 24.

274 BVerfGE 81, 242, 255 f.; *Müller-Franken* in: Schmidt-Bleibtreu/Hoffmann/Henneke, Vor. Art. 1 Rn. 24; hierzu auch: B II, S. 66 f.; C II d) bb), S. 94 ff.

Dimension der Grundrechte (»Ausstrahlungswirkung«) zu entscheiden, da ansonsten das richterliche Urteil als Eingriff selbst gegen das Grundgesetz verstoßen würde (Art. 1 Abs. 3 GG).

Wegen der sich überschneidenden Funktionen und der verschiedenen Verwendung des Begriffes der staatlichen Schutzpflichten werden diese u.a. auch als »Dominante unter den objektiven Grundrechtsgehalten« verstanden.[275] Der Ableitung von Schutzpflichten liegt als zentrale Funktion die Domestizierung von Macht inne, egal ob von privater oder staatlicher Seite; letztlich geht es bei den Schutzpflichten daher um die »*Verantwortung des Staates, die ihm aus der Bereitstellung von Freiheitsräumen für Private und aus der hoheitlichen Durchsetzung privater Interessen erwächst.*«[276]

Ohne an dieser Stelle eine (abschließende) Bewertung des Zusammenspiels der Konstruktion der objektiv-rechtlichen Dimension der Grundrechte und der Konstruktion der staatlichen Schutzpflichten vornehmen zu wollen oder zu können, soll der Begriff der staatlichen Schutzpflichten im Folgenden im gerade erläuterten, weiteren Sinne verstanden und zur Erfassung des verfassungsrechtlichen Rahmens der Schiedsgerichtsbarkeit verwendet werden. I.d.S. liefert der Begriff der staatlichen Schutzpflichten einen Oberbegriff für all diejenigen, gerade genannten objektiv-rechtlichen Grundrechtsfunktionen, deren Auswirkungen auf die Schiedsgerichtsbarkeit es zu untersuchen gilt.

f) Zwischenfazit

Die Grundrechte haben in ihrer objektiv-rechtlichen Dimension verschiedene und teilweise sich überschneidende objektive Funktionen, die sämtliche Staatsgewalten in unterschiedlicher Weise binden und verpflichten.[277] Maßgeblich ist hierbei, dass diese Bindung objektiv abstrakt, d.h. unabhängig von subjektiver Geltendmachung besteht, sodass durch die objektiven Grundrechtsgehalte eine Art negativer Kompetenznormen entsteht, welche den Handlungs- und Entscheidungsspielraum des Staates begrenzen. Im Folgenden sollen unter dem erweiterten Begriff der staatlichen Schutzpflichten – d.h. als abstrakte Verantwortung des Staates, die aus der Gewährung grundrechtlicher Freiheitsräume und aus der hoheitlichen Durchsetzung privater Interessen erwächst – die verschiedenen Er-

275 *Herdegen* in: Maunz/Dürig, Art. 1 Abs. 3 Rn. 20.
276 *Herdegen* in: Maunz/Dürig, Art. 1 Abs. 3 Rn. 22.
277 Zur gewaltenspezifischen Differenzierung vgl. *Dietlein*, S. 70 ff.

scheinungsformen bzw. Auswirkungen der objektiven Gehalte verstanden und (sofern nicht anders kenntlich gemacht) beschrieben werden.

II. Staatliche Schutzpflichten und Privatautonomie

Das BVerfG hat die Figur der staatlichen Schutzpflichten insbesondere auch im Zusammenhang mit grundrechtlichen Gewährleistung der Privatautonomie (Art. 2 Abs. 1 GG i.V.m. dem Sozialstaatsprinzip Art. 20 Abs. 1, 28 Abs. 1 GG) anhand von Fällen der sog. gestörten Vertragsparität entwickelt, bei denen es in einem krassen Verhältnis am Kräftegleichgewicht zwischen den Vertragsparteien fehlt.[278] Danach greifen staatliche Schutzpflichten zum Schutze der Privatautonomie ein, wenn in einem Vertragsverhältnis eine Partei ein solches Übergewicht hat, dass sie den Vertragsinhalt faktisch einseitig bestimmen kann und somit bewirkt, dass sich für die andere Vertragspartei die Selbstbestimmung in eine Fremdbestimmung verkehrt.[279] Damit geht es auch hierbei um die mittelbare Drittwirkung der Grundrechte: Der Gesetzgeber (durch Normierung der Privatrechtsordnung) oder ggf. der Richter (durch eine vertragliche Inhaltskontrolle über die zivilrechtlichen Generalklauseln, §§ 138, 242 BGB) haben i.S. eines Interessenausgleiches sicherzustellen, dass die Ausübung der Privatautonomie des einen Vertragsteils nicht zur übermäßigen Behinderung der Privatautonomie des anderen Vertragsteils führt – ein Antagonismus in Form des Schutzes der Privatautonomie im Namen und vor den Auswirkungen der Privatautonomie selbst bzw. des Schutzes des Menschen »vor sich selbst« in Ausübung seiner Privatautonomie.[280] Eine derartige Verknüpfung der Privatautonomie mit staatlichen Schutzpflichten wurde natürlich von vielen kritisiert, da insofern verfassungsrechtliche, dem Privatrecht an sich wesensfremde Wertungen in die ansonsten eigenständige Privatrechtsdogmatik einfließen, was aber angesichts der umfas-

278 BVerfG NJW 1990, 1469 (Handelsvertreter); NJW 1994, 36 (Bürgschaft); NJW 1994, 2749 (Bürgschaft); NJW 1996, 2021 (Bürgschaft); NJW 2001, 957 (Ehevertrag); NJW 2006, 596 (Künstlervertrag – Xavier Naidoo); vgl. auch: *Di Fabio* in: Maunz/Dürig, Art. 2 Abs. 1 Rn. 107 ff.; grundlegend zum Zusammenspiel mittelbarer Grundrechtswirkungen, Schutzpflichtenfunktion und Privatrechts: *Stern*, Staatsrecht III/1, § 76, S. 1560 ff.; *Höfling*, S. 52 ff.

279 St. Rspr., vgl. nur: BVerfG NJW 1990, 1469, 1470.

280 *Di Fabio* in: Maunz/Dürig, Art. 2 Abs. 1 Rn. 109 mit Fn. 4 m.w.N., 112 m.w.N.; *Kittner*, FS Dieterich, S. 282; *Niedermaier*, S. 47; *Ohly*, S. 72 ff. (Freiheitsparadoxon); zum »Schutz des Menschen vor sich selbst« vgl. kritisch: *Hillgruber*; *Ohly*, S. 73 f.

senden Grundrechtsbindung aller staatlicher Gewalt nach Art. 1 Abs. 3 GG, die auch den zivilrechtlichen Gesetzgeber und Richter umfasst, unvermeidlich ist.[281]

Die wesentliche Erkenntnis der Rspr. des BVerfG zur gestörten Vertragsparität ist jedenfalls, dass im Spannungsfeld zwischen Selbstbestimmung und Fremdbestimmung staatliche Schutzpflichten ausgelöst werden können. Allerdings dürfen derartige Vertragskorrekturen nur in Ausnahmefällen greifen, um die Vertragsfreiheit und letztlich auch die Rechtssicherheit nicht zu gefährden. Wichtig ist jedoch die Einsicht, dass die Privatautonomie nicht als losgelöstes Prinzip über verfassungsrechtlichen Wertungen stehen kann. Auf die genauen Voraussetzungen des Eingreifens der staatlichen Schutzpflichten und die einzelnen Aspekte des Schutzgegenstands der »Selbstbestimmung« wird noch an anderer Stelle einzugehen sein.[282]

III. Staatliche Schutzpflichten und Schiedsgerichtbarkeit

1. Eingliederung der privatautonomen Schiedsgerichtsbarkeit in den Rahmen staatlicher Schutzpflichten

Nachdem gerade der Zusammenhang zwischen der Privatautonomie und staatlichen Schutzpflichten dargelegt wurde, bleibt nun noch die Brücke zur Schiedsgerichtsbarkeit zu schlagen. Dies erscheint jedoch relativ einfach: Da die Schiedsgerichtsbarkeit auf der Privatautonomie beruht bzw. eine Erscheinungsform dieser ist, unterliegt sie auch denselben Grenzen wie die Privatautonomie in Form von staatlichen Schutzpflichten.[283] Zwar wurde die Rspr. des BVerfG anhand der Fälle der gestörten Vertragsparität[284] entwickelt, was aber eine Übertragung der grundlegenden Rahmenbedingungen und Wertungen nicht verbietet. Auch bei der Schiedsgerichtsbarkeit geht es dem Grunde nach um das Spannungsfeld zwischen Selbstbestimmung und Fremdbestimmung eines Privaten

281 Für eine Übersicht zur Kritik vgl. *Di Fabio* in: Maunz/Dürig, Art. 2 Abs. 1 Rn. 114 f. m.w.N. Zur Problematik des Eingreifens von Schutzpflichten im Vertragsrecht vgl. im Einzelnen noch: C II 2 d) bb), S. 94 ff.

282 Siehe: C II, S. 83 ff.

283 A.A. *Hesselbarth*, S. 48.

284 Im Falle der Schiedsvereinbarung würde eine gestörte Vertragsparität natürlich genauso zu behandeln sein, vgl. D III 3 a), S. 148 ff.

durch einen anderen Privaten, welches es aufzulösen gilt. Maßgeblich ist auch hierbei das »Schutzpflichtendreieck« und die damit verbundene mittelbare Drittwirkung der Grundrechte, die ggf. ein regulierendes Eingreifen des Staates in das Verhältnis der Privaten fordert. Besonders ist allein der Mechanismus der Schiedsgerichtsbarkeit im Vergleich zum Vertragsabschluss: Anstelle der Einigung zwischen nur zwei Vertragsparteien treten die Schiedsrichter als Dritte hinzu, die das Rechtsverhältnis der Schiedsparteien verbindlich festlegen. Dies mag die Bestimmung der staatlichen Schutzpflichten im Rahmen der Schiedsgerichtsbarkeit verkomplizieren und andere Wertungsmaßstäbe erfordern, ändert jedoch nichts an der Ausgangssituation, dass es um den Schutz der Selbstbestimmung eines Privaten durch eventuelle Fremdbestimmung eines anderen Privaten geht. Mit den staatlichen Schutzpflichten ist somit der korrekte verfassungsrechtliche Rahmen der Schiedsgerichtsbarkeit abgesteckt, worauf bei den Verfahrensanforderungen[285] und der verfassungsrechtlichen Schiedsfähigkeit[286] noch jeweils einzeln einzugehen sein wird.

2. *Wirkungsweisen und Anknüpfungspunkte staatlicher Schutzpflichten auf schiedsgerichtlicher Ebene*

Nachdem die grundsätzliche Eingliederung der Schiedsgerichtsbarkeit in den Rahmen staatlicher Schutzpflichten dargelegt wurde, sollen nun die verschiedenen Verbindungspunkte und Auswirkungen der Schutzpflichten auf die Schiedsgerichtsbarkeit und das Schiedsverfahrensrecht näher beleuchtet werden.

a) *Erfüllung durch den staatlichen Richter*

Entscheidender Verbindungspunkt zwischen staatlichen Schutzpflichten und Schiedsgerichtsbarkeit sind die staatlichen Anknüpfungspunkte, die der Schiedsgerichtsbarkeit überhaupt erst ihre »Verfassungsrelevanz« geben, insbesondere das Exequaturverfahren zur (Anerkennung und) Vollstreckung des Schiedsspruchs.[287] In diesem Stadium stellt sich für den staatlichen Richter die Frage, ob der Schiedsspruch anerkennungs- bzw. vollstreckungswürdig ist oder ob etwa

285 Siehe: C, S. 75 ff.
286 Siehe: D, S. 124 ff.
287 Siehe: Erster Teil C II 4 b), S. 41 ff.

wegen schwerer Verfahrensmängel, Unvereinbarkeit mit wesentlichen materiellen Grundsätzen des Rechts oder fehlender objektiver Schiedsfähigkeit die Voraussetzungen dafür fehlen.

In diesem Stadium kommt es daher zur oben beschriebenen »mittelbaren Drittwirkung« der Grundrechte der Schiedsparteien bzw. zum Eingreifen der staatlichen Schutzpflichten, die unter Austarierung der betroffenen Grundrechtspositionen durch den staatlichen Richter im Wege des modifizierten Justizgewährungsanspruches[288] zu erfüllen sind. Insbesondere kommt dafür die Generalklausel des *ordre public* Vorbehaltes in Betracht. Den staatlichen Richter trifft dabei die verfassungsrechtliche Verantwortung (Art. 1 Abs. 3 GG), private Interessen nicht in verfassungs- bzw. grundrechtswidriger Weise hoheitlich durchzusetzen.

Im Hinblick auf die oben dargestellten Funktionen der objektiv-rechtlichen Dimension der Grundrechte ist hierbei vor allem die Ausstrahlungswirkung auf das Privatrecht tangiert. Das BVerfG führt in seiner grundlegenden Lüth-Entscheidung dazu folgendes aus:

> *»Der Richter hat kraft Verfassungsgebots zu prüfen, ob die von ihm anzuwendenden materiellen zivilrechtlichen Vorschriften in der beschriebenen Weise grundrechtlich beeinflußt sind; trifft das zu, dann hat er bei der Auslegung und Anwendung dieser Vorschriften die sich hieraus ergebenden Modifikationen des Privatrechts zu beachten. Dies ist der Sinn der Bindung auch des Zivilrichters an die Grundrechte (Art. 1 Abs. 3). Verfehlt er diese Maßstäbe und beruht sein Urteil auf Außerachtlassung dieses verfassungsrechtlichen Einflusses auf die zivilrechtlichen Normen, so verstößt er nicht nur gegen objektives Verfassungsrecht, er verletzt auch als Träger öffentlicher Gewalt durch sein Urteil das Grundrecht, auf dessen Beachtung auch durch die rechtsprechende Gewalt der Bürger einen verfassungsrechtlichen Anspruch hat.«*[289]

In diesem Zusammenhang ließe sich natürlich erneut das Argument anbringen, dass sich die Funktion der Ausstrahlungswirkung auf das materielle Recht für die Schiedsgerichtsbarkeit im Exequaturverfahren nicht heranziehen lasse, da insofern ja zwischen materieller und prozessualer Ebene zu trennen sei und die Schiedsgerichtsbarkeit samt dem einschlägigen einfachgesetzlichen Rechts (10. Buch der ZPO) ja letzterem angehöre.[290] Diesem Einwand ließe sich aber entgegenhalten, dass die hinter der objektiv-rechtlichen Dimension stehenden Schutz-

288 Siehe: Erster Teil C I 3, S. 34 ff.
289 BVerfGE 7, 198 (206 f.).
290 Vgl. etwa: *Hesselbarth*, S: 48; ferner: Erster Teil C I 1 b) bb), S. 24 ff.

gedanken auf sämtliches einfaches Recht ausstrahlen, das Privatrecht insofern nur ein (berühmtes) Beispiel ist und außerdem – sofern man streng zwischen Privatrecht und Prozessrecht trennend denken möchten – ansonsten die Ebene der Wirkungen für (Organisation und) Verfahren fruchtbar gemacht werden könnte. Es entspricht nämlich ebenfalls der gefestigten Rechtsprechung des BVerfG, dass die Grundrechte insofern auch im jeweiligen Verfahrensrecht Geltung beanspruchen.[291] Die hinter der Rechtsprechung des BVerfG stehenden Argumentationslinien lassen sich jedenfalls somit auf die Fragestellung der Schiedsgerichtsbarkeit übertragen.

b) *Erfüllung durch den Gesetzgeber durch Erlass zwingender Normen*

aa) *Verfassungsrechtliche Gesetzgebungspflichten*

Ein weiterer wesentlicher Aspekt der staatlichen Schutzpflichten besteht in der primären Adressierung des Gesetzgebers, der zur Erfüllung dieser angehalten ist, zwingendes Recht zu erlassen, wobei ihm wie bereits erwähnt ein weiter Entscheidungsspielraum zukommt. Staatliche Schutzpflichten stehen daher in einem engen Zusammenhang zu einfachgesetzlichem, zwingendem Recht. Das BVerfG führt in seiner Lüth-Entscheidung zum Zusammenhang der Grundrechte und zwingendem Recht[292] dazu folgendes aus:

> *»Der Einfluß grundrechtlicher Wertmaßstäbe wird sich vor allem bei denjenigen Vorschriften des Privatrechts geltend machen, die zwingendes Recht enthalten und so einen Teil des ordre public – im weiten Sinne – bilden, d.h. der Prinzipien, die aus Gründen des gemeinen Wohls auch für die Gestaltung der Rechtsbeziehungen zwischen den Einzelnen verbindlich sein sollen und deshalb der Herrschaft des Parteiwillens entzogen sind. Diese Bestimmungen haben nach ihrem Zweck eine nahe Verwandtschaft mit dem öffentlichen Recht, dem sie sich ergänzend anfügen.«*[293]

Wie genau das verfassungsrechtlich geforderte einfache Recht auszugestalten ist, hängt natürlich vom Einzelfall und dem zu schützenden Rechtsgut ab. Dies kann

291 Vgl. hierzu die Übersicht bei: *Leibholz/Rinck*, Vor. Art. 1-19 Rn. 14.

292 Zum Zusammenhang zwischen zwingendem Privatrecht und öffentlichen Recht siehe auch: *Honsell* in: Staudinger, Eckpfeiler, Kap. A Rn. 44 (mit Verweis auf den römischen Juristen *Papinian*: *Ius publicum privatorum pactis mutari non potest*); kritisch hierzu: *Wagner*, S. 56, der (zu Recht) darauf hinweist, dass die Begriffspaare öffentliches Recht gleich zwingendes Recht und Privatrecht gleich nachgiebiges Recht entkoppelt sind, da es zwingendes Privatrecht und dispositives öffentliches Recht geben kann.

293 BVerfGE 7, 198 (206).

von der Entziehung des Rechtsgutes von der Dispositionsbefugnis der Parteien durch zwingendes Recht bis hin zum Erlass von Strafnormen bei besonderer Empfindlichkeit des zu schützenden Rechtsgutes reichen. Zu beachten ist hierbei allerdings, dass zwingende Gesetze, welche staatlichen Schutzpflichten entspringen, wegen des Gestaltungsspielraumes des Gesetzgebers nicht unbedingt in ihrer Gänze verfassungsrechtlich gefordert bzw. geschützt sein müssen, sondern oftmals nur einen verfassungsrechtlichen Kerngehalt aufweisen, auch wenn darüberhinausgehende zwingende Regelungen getroffen werden. Klarzustellen sei an dieser Stelle daher, dass nicht jedes einfache, zwingende Recht automatisch einen verfassungsrechtlichen Hintergrund hat und entsprechendem Schutz unterliegt.

Auf der Ebene der Schiedsgerichtsbarkeit, die von ihrem Wesen her maßgeblich vom Grundsatz der Parteidisposition bestimmt ist, ist diese vom BVerfG getroffene Feststellung von besonderer Bedeutung. Denn gerade die fehlende verfassungsrechtliche Bindung der Schiedsrichter an zwingendes Recht i.V.m. mit dem Verbot der *révision au fond* und die damit einhergehende Möglichkeit, von der staatlichen Rechtsordnung abweichende Schiedssprüche zu erlangen, ist ein viel diskutiertes Problem.[294] Nachfolgend sollen daher die Berührungspunkte und Auswirkungen zwingender Normen auf das (aktuelle) Schiedsverfahrensrecht dargestellt werden.

bb) Zwingende Normen im Bereich des Schiedsverfahrensrechts

Zwingende Normen im Bereich des (aktuellen) Schiedsverfahrensrechts sind auf materieller und prozessualer Ebene von Bedeutung. Auf prozessualer Ebene sind in diesem Zusammenhang dabei zunächst solche zwingenden Vorschriften des 10. Buches der ZPO relevant, die wesentliche Verfahrensgrundsätze sichern sollen und sie deswegen der Parteidisposition entziehen: Nach § 1042 Abs. 1 S. 1 ZPO sind die Parteien zwingend gleich zu behandeln, nach § 1042 Abs. 1 S. 2 ZPO ist ihnen zwingend rechtliches Gehör zu gewähren und nach § 1042 Abs. 2 ZPO dürfen Rechtsanwälte nicht ausgeschlossen werden. Verstößt demnach ein Schiedsgericht gegen diesen verfahrensrechtlichen *ordre public*,[295] welchem die zwingenden Normen geschuldet sind, darf der staatliche Richter den Schiedsspruch nicht anerkennen bzw. für vollstreckbar erklären. Die Schiedsrichter bzw.

294 Siehe: D I, S. 124 ff.
295 Der natürlich nicht durch diese zwingenden Normen abschließend definiert ist.

die den Schiedsrichtern ihre Befugnis durch Schiedsvereinbarung verleihenden Schiedsparteien sind daher nach dem aktuellen Schiedsverfahrensrecht zumindest aus verfahrensrechtlicher Sicht insofern durch zwingendes Recht in der Freiheit beschränkt.

Auf materieller Ebene stellt sich die Situation allerdings aufgrund der diesbezüglich weitergehenden Privatautonomie anders dar. Hier besteht im Wesentlichen eine unbegrenzte Rechtswahlfreiheit der Schiedsparteien (vgl. § 1051 ZPO).[296] Das Schiedsgericht ist demnach nicht angehalten, vom Gesetze her den Rechtsstreit nach zwingenden, staatlichen Vorschriften zu entscheiden, sofern die Schiedsparteien dies nicht vereinbaren. Selbst wenn das Schiedsgericht zur Anwendung zwingender Normen verpflichtet wäre, dürfte die richtige Rechtsanwendung wegen des Verbotes der *révision au fond* ja auch nicht (über den materiell-rechtlichen *ordre public*) nachkontrolliert werden. Vor diesem Hintergrund macht die fehlende Verpflichtung zur Anwendung zwingenden Rechts auch Sinn und ist nur folgerichtig. Durch Schiedsvereinbarung besteht somit grundsätzlich die Möglichkeit, staatliches zwingendes Recht abzubedingen. Im alten Schiedsverfahrensrecht bestand die Problematik hingegen nicht in diesem Maße, da mit der Verknüpfung der objektiven Schiedsfähigkeit mit der Vergleichsbefugnis der Parteien die Schiedsgerichtsbarkeit in Gebieten zwingenden Rechts (zumindest in der Theorie) weitgehend ausgeschlossen war.[297]

3. *Abgrenzung der staatlichen Schutzpflichten auf schiedsgerichtlicher Ebene*

Staatliche Schutzpflichten im Rahmen der Privatautonomie sollen vor unzulässiger Fremdbestimmung schützen. Eine Fremdbestimmung kann allerdings nicht nur durch einen (übermächtigen) Vertragspartner erfolgen, sondern theoretisch auch von anderer Seite ausgehen, sodass die Grenzen der Privatautonomie durch unterschiedliche Schutzgüter bedingt sein und die staatlichen Schutzpflichten somit unterschiedliche »Schutzrichtungen« aufweisen können. Es bietet sich daher zunächst ein Abgrenzungs- bzw. Kategorisierungsversuch an, der die Wirkungsweisen staatlicher Schutzpflichten auf schiedsgerichtlicher Ebene in den

296 Siehe: Erster Teil C II 2, S. 37 ff.
297 Vgl. hierzu noch: D I, S. 124 ff.

verschiedenen auftretenden Verhältnissen näher beleuchtet.[298] Eine solche Abgrenzung wird zudem später erforderlich werden, um solche staatlichen Schutzpflichten, die sich auf Verfahrensanforderungen auswirken, von denjenigen unterscheiden zu können, die die verfassungsrechtliche Schiedsfähigkeit betreffen.

a) Verhältnis der Schiedsparteien zueinander

Im Verhältnis der Schiedsparteien zueinander geht es zunächst darum, ob die eine Partei von der anderen in einer verfassungsrechtlich nicht hinnehmbaren Weise fremdbestimmt wird. Eine derartige Fremdbestimmung käme bspw. beim Abschluss der Schiedsvereinbarung in Betracht, wenn es an einem annähernden Kräftegleichgewicht fehlt, eine Partei also stark »übervorteilt« wird. Hierbei geht es um die bereits beschriebenen Fälle der gestörten Vertragsparität, die schon mehrfach Gegenstand der Rechtsprechung des BVerfG waren.[299]

Besteht zwischen den Parteien ein derart starkes Ungleichgewicht, dass staatliche Schutzpflichten ausgelöst sind, sind zwischen den Parteien geschlossene Verträge inhaltlich zu kontrollieren; die Privatautonomie ist in den Fällen gestörter Vertragsparität insofern also begrenzt. Von der Schutzrichtung her muss der Staat also die eine Partei vor der anderen vor Fremdbestimmung schützen. Auf schiedsgerichtlicher Ebene wird man dieses Erfordernis insbesondere über die erforderliche Freiwilligkeit der Schiedsvereinbarung herstellen können.[300] Ebenfalls ist eine Art Ungleichgewicht bei der Besetzung des Schiedsgerichts denkbar; dies betrifft allerdings überwiegend das Verhältnis der Schiedsparteien zum Schiedsgericht, kann allerdings auch schon mangels Kräftegleichgewichts in der Schiedsvereinbarung ungleich geregelt sein und überschneidet sich insofern.

298 Eine (der hier im Folgenden vorgenommenen) ähnliche Kategorisierung (Schutz des Betroffenen, Schutz des Gegenübers, Schutz bestimmter Dritter, Schutz gesellschaftlicher Standards und sonstiger öffentlicher Interessen) der Grenzen der Privatautonomie hinsichtlich verschiedener Schutzrichtungen auf einfachgesetzlicher Ebene findet sich bei: *Paulus/Zenker*, JuS 2001, 1 ff.

299 Siehe: B II, S. 66 f.

300 Zur Problematik insgesamt vgl. *Niedermaier*.

b) Verhältnis der Schiedsparteien zum Schiedsgericht

Insbesondere auch das Verhältnis der Schiedsparteien zum Schiedsgericht ist von dem Element der Fremdbestimmung geprägt, wodurch staatliche Schutzpflichten zur Wahrung der Grundrechte entstehen können. Durch die Unterwerfung unter eine Schiedsvereinbarung wollen die Schiedsparteien ja gerade, dass ihre Streitigkeiten und ihre Rechte und Pflichten von privaten Dritten, den Schiedsrichtern bestimmt werden. Es handelt sich insofern um eine Art »gewollter« Fremdbestimmung im Rahmen der Delegation von Privatautonomie.[301] Damit die gewollte und zulässige Fremdbestimmung allerdings nicht in eine ungewollte, unzulässige Fremdbestimmung »umkippt«, lässt sich die Frage stellen, ob staatliche Schutzpflichten diverse Verfahrensanforderungen notwendig machen, was noch ausführlich zu behandeln sein wird.[302]

c) Verhältnis der Schiedsparteien zu Dritten

Besondere Relevanz entfalten schließlich Schutzpflichten des Staates gegenüber Dritten, welche ebenfalls durch die Anerkennung eines Schiedsspruches in ihren subjektiven Grundrechten verletzt sein könnten. Zwar bindet die Schiedsvereinbarung nur die Parteien und es gilt der Schiedsspruch auch nur zwischen diesen; dies schließt eine unmittelbare Verletzung von Rechten Dritter durch eine staatliche Anerkennung und Vollstreckung jedoch grundsätzlich nicht aus. Sollte es daher zu einer Verletzung der Grundrechte Dritter durch einen Schiedsspruch kommen, gebietet es die entsprechende staatliche Schutzpflicht, dass der Richter ihn nicht vollstrecken darf.

d) Verhältnis der Schiedsparteien zur »Allgemeinheit«

Zum Schluss seien noch potenzielle staatliche Schutzpflichten im Verhältnis der Schiedsparteien zur »Allgemeinheit« aufgezeigt, was keine Selbstverständlichkeit ist und deshalb der Erläuterung bedarf. Die unter a) bis c) aufgezeigten Schutzrichtungen waren dadurch geprägt, dass es hierbei insbesondere um den Schutz konkreter Grundrechte der Beteiligten oder potenziell betroffener Privater ging. Wie bereits dargestellt wurde, können staatliche Schutzpflichten aber ins-

301 Siehe: Erster Teil B I 2, S. 9 ff.
302 Siehe: C, S. 75 ff.

besondere auch im Zusammenhang mit der allgemeineren, objektiv-rechtlichen Werteordnung der Grundrechte entstehen. Gemeint ist, dass bestimmte zu schützende Gebilde – die sog. Einrichtungsgarantien – unabhängig von subjektiver Geltendmachung und i.d.S. für die bzw. im Interesse der Allgemeinheit zu schützen sind. Denkbar wäre deswegen nun ebenfalls, dass die Anerkennung eines Schiedsspruches auch gegen diese objektiv-rechtliche Dimension der Grundrechte in Form von Einrichtungsgarantien verstoßen könnte, auch wenn keine konkreten Grundrechte etwa der Beteiligten Schiedsparteien oder Dritter verletzt sind.

C. Verfassungsrechtliche Verfahrensanforderungen

Die Schiedsgerichtsbarkeit liegt durch ihre Verankerung in der Privatautonomie in einem Spannungsfeld zwischen Selbst- und Fremdbestimmung. Schließlich entscheiden die Schiedsrichter den Rechtsstreit der Schiedsparteien abschließend und bindend.[303] Es stellt sich daher die Frage, ob dies aus verfassungsrechtlicher Sicht nur dann zulässig sein kann, wenn gewisse zwingende Verfahrensstandards eingehalten werden. In diesem Zusammenhang klingen überwiegend Begrifflichkeiten wie die erforderliche »Rechtsstaatlichkeit« aufgrund der »Rechtsprechungsfunktion« der Schiedsgerichtsbarkeit als »echter Gerichtsbarkeit« an, oder es wird auf den »Verzicht auf den allgemeinen Justizgewährungsanspruch« verwiesen.[304] Es sollen daher zunächst die verschiedenen, wesentlichen Ansätze zur Herleitung der Verfahrensanforderungen dargestellt und gewürdigt werden, um anschließend die Herleitung im Rahmen der staatlichen Schutzpflichten konkret zu begründen und zu untersuchen.

303 Vgl. § 1055 ZPO.
304 Siehe hierzu schon: Erster Teil C I 1, S. 17 ff.

I. Meinungsstand zur Herleitung und Begründung

1. Herleitung und Begründung aus der Rechtsprechungsfunktion bzw. dem Verzicht auf den allgemeinen Justizgewährungsanspruch

Zwingende Verfahrensanforderungen werden überwiegend aus der Rechtsprechungsfunktion der Schiedsgerichtsbarkeit hergeleitet, die sich u.a. daraus ergeben soll, dass mit der Schiedsvereinbarung ein Verzicht auf den allgemeinen Justizgewährungsanspruch einhergeht. Entscheidet schon wegen zulässigen Verzichts kein staatlicher Richter die Streitigkeit – so die grundlegende *ratio* –, muss jedoch wenigstens der substituierende Schiedsrichter rechtsstaatlichen Mindestanforderungen wie z.B. der Neutralität unterliegen. Im Detail gehen die Strömungen innerhalb dieser generellen Begründungslinie z.T. auseinander, was aber für die Darstellung der wesentlichen Ansätze hier nicht von Bedeutung ist. Darzustellen ist im Folgenden der Ansatz der analogen Geltung der Verfahrensgrundrechte (a), der »mittelbaren« Drittwirkung des Rechtsstaatsprinzips (b) und der Herleitung der Verfahrensgrundrechte aus dem antizipierten Legalanerkenntnis (c).

a) Analoge Geltung der Verfahrensgrundrechte vor staatlichen Gerichten

Bereits erörtert wurde, dass jedenfalls die verfassungsrechtlichen Verfahrensgrundrechte (z.B. Art. 97 Abs. 1, 103 Abs. 1 GG) nicht unmittelbar anwendbar sind, da Schiedsgerichte keine Gerichte i.S. des Grundgesetzes darstellen.[305] Da Schiedsgerichte – die den staatlichen Rechtsweg »verdrängen« – aus funktioneller Sicht gleichwertig »Rechtsprechung« ausüben und somit eine vergleichbare Interessenlage besteht, sprechen sich einige Stimmen für eine analoge Geltung der Verfahrensgrundrechte in der Schiedsgerichtsbarkeit aus.[306]

305 Siehe: Erster Teil C II 1, S. 36 ff.

306 Vgl. *Münch* in: MünchKomm-ZPO, § 1042 Rn. 2; *Saenger* in: Saenger, § 1042 Rn. 4; kritisch: *Kahlert,* S. 91 m.w.N.

b) »Mittelbare« Wirkung des Rechtsstaatsprinzips

Andere hingegen befürworten die Unanwendbarkeit der vor staatlichen Gerichten geltenden Verfahrensgrundrechte auch in analoger Form und bemühen das Rechtsstaatsprinzip für die Herleitung schiedsgerichtlicher Verfahrensanforderungen.[307] Danach kann – selbst wenn das Schiedsgericht als private Einrichtung nicht selbst an das Rechtsstaatsprinzip gebunden sein sollte – zumindest die Anerkennung und Vollstreckung eines Schiedsspruches durch den staatlichen Richter gegen das Rechtsstaatsprinzip verstoßen, sofern das Schiedsverfahren nicht gewissen Verfahrensstandards genügt hat. Demnach ist zwar nur der staatliche Richter unmittelbarer Adressat des Rechtsstaatsprinzips; zu einer »mittelbaren Drittwirkung« des Rechtsstaatsprinzips in Bezug auf das Schiedsgericht kommt es aber auch hierbei, weil dieses wegen seiner Funktion als »Rechtsprechung« wiederum selbst »rechtsstaatliche Mindestanforderungen« einzuhalten hat, die der staatliche Richter aus seiner eigenen Bindung an das Rechtsstaatsprinzip heraus kontrollieren muss.[308]

c) Antizipiertes Legalanerkenntnis als Geltungsgrund zwingender Verfahrensanforderungen

Schwieriger greifbar, aber der Sache nach wohl auch den gerade dargestellten Ansätzen entsprechend, ist die Auffassung von *Spohnheimer*, der den wahren Geltungsgrund zwingender Verfahrensanforderungen im antizipierten Legalanerkenntnis nach § 1055 ZPO begreift. Seiner Auffassung nach erfolgt eine Bindung des Schiedsgerichts am Beispiel des rechtlichen Gehörs weder unmittelbar[309] noch mittelbar[310] durch Art. 103 Abs. 1 GG, durch die Gleichwertigkeitsthese[311] oder die mittelbare Drittwirkung der Grundrechte.[312] Eine verfassungs-

307 Vgl. *Geimer* in: Zöller, § 1042 Rn. 5; *Wilske/Markert* in: BeckOK-ZPO, § 1042 Rn. 7; kritisch: *Kahlert,* S. 91 m.w.N.

308 Grundlegend zur Herleitung der Verfahrensanforderungen aus der Rechtsprechungsfunktion der Schiedsgerichte: *Kornblum*, S. 105 ff. (materielle Rechtsprechung); vgl. ferner: *Distler*, S. 191 ff., 204 ff.; *Geimer*, S. 129 f.; *Geimer* in: Zöller, § 1042 Rn. 5 (Schiedsgerichte betreiben Rechtspflege); *Karl*, S. 50 f. (echte rechtsprechende Funktion); *Sonnauer*, S. 39 (gerichtsähnliche Funktion); *Schwab/Walter*, Kap. 9 Rn. 4 (materielle Rechtsprechung).

309 *Spohnheimer*, S. 167 ff.

310 *Spohnheimer*, S. 171 ff.

311 *Spohnheimer*, S. 172 ff.

312 *Spohnheimer*, S. 173 f.

rechtliche Verpflichtung des Gesetzgebers zur Verankerung einfachgesetzlicher Verfahrensstandards ergebe sich nur aus dem antizipiertem Legalanerkenntnis des § 1055 ZPO;[313] zwingende Verfahrensanforderungen seien insofern die Rechtfertigung für das Vertrauen des Staates, Schiedssprüche ohne vorherige Kontrolle anzuerkennen.[314] Da Schiedsgerichte insofern als gleichberechtigte Organe der Rechtspflege anzusehen seien, müsse der Staat sie auch durch zwingende Verfahrensvorschriften in die Pflicht nehmen und deren Einhaltung zumindest durch die Möglichkeit des Aufhebungsverfahrens sicher stellen.[315] Ansonsten wäre die derzeitige Ausgestaltung des antizipierten Legalanerkenntnisses verfassungsrechtlich bedenklich bzw. nicht zulässig.[316]

Der Sache nach ist diese Argumentationslinie dem Grunde nach dem Ansatz des Verzichts auf den Justizgewährungsanspruches zuzuordnen: Weil der Schiedsspruch ohne Kontrolle eines staatlichen Richters gilt, sollen für die Schiedsrichter gleichwertige Verfahrensanforderungen gelten. Der Unterschied liegt lediglich darin, dass *Spohnheimer* zur Begründung schon auf das Anerkenntnis des § 1055 ZPO – und damit die Bindung des Gesetzgebers nach Art. 1 Abs. 3, 20 Abs. 3 GG – abstellt, nicht hingegen erst auf eine etwaige Bindung des staatlichen Richters (Art. 1 Abs. 3, 20 Abs. 3 GG) im Exequaturverfahren.

2. *Verfahrensanforderungen aufgrund involvierter Grundrechte und staatlicher Schutzpflichten*

Die wohl zumindest in der verfassungsrechtlichen Literatur mittlerweile überwiegende Meinung leitet hingegen zwingende Verfahrensanforderungen in der Schiedsgerichtsbarkeit aus den sich aus den Grundrechten ergebenden staatlichen Schutzpflichten her.[317] Der einzuhaltende »rechtstaatliche Mindeststandard«, wie

313 Vgl. hierzu: Erster Teil C II 4 d), S. 43 ff.

314 *Spohnheimer*, S. 66.

315 *Spohnheimer*, S. 66 f.

316 *Spohnheimer*, S. 68 (die Verfassungsmäßigkeit des § 1055 ZPO sei ansonsten »in Zweifel zu ziehen«, sofern Schiedsgerichte sich nicht an zwingende Normen des nationalen Rechts halten und somit »dauerhaft das ihnen durch eine Anerkennung des Schiedsspruches ohne eine vorgeschaltete Kontrolle des staatlichen Gerichts eingeräumte Vertrauen der Rechtsordnung enttäuschen und keinen den staatlichen Gerichten gleichwertigen Rechtsschutz bieten«, wobei jedoch unklar bleibt, worin diese verfassungsrechtlichen Zweifel konkret zu erblicken sind.

317 *Classen* in: Mangoldt/Klein/Starck, Art. 92 Rn. 44; *Hillgruber* in: Maunz/Dürig, Art. 92 Rn. 88; *Remmert* in: Maunz/Dürig, Art. 103 Abs. 1 Rn. 56; *Kahlert,* S. 89 ff.; einige stellen au-

die Unabhängigkeit und Neutralität des Richters und die Gewährung rechtlichen Gehörs, ergibt sich hierbei aus den Grundrechten der Schiedsparteien.[318] Bedeutsam ist hierbei das Verhältnis der Schiedsparteien zum Schiedsrichter: Das Schiedsverfahren stellt im Grunde eine zulässige, von der Privatautonomie gedeckte Fremdbestimmung der Schiedsparteien durch den Schiedsrichter dar, die aber u.a. darauf kontrolliert werden muss, dass die einst gewollte Fremdbestimmung nicht in eine unzulässige, grundrechtswidrige Fremdbestimmung »umschlägt«.[319] Die vom staatlichen Richter nachzukontrollierenden Mindestanforderungen ergeben sich m.a.W. spiegelbildlich aus der privatautonomen Befugnis der Schiedsparteien bzw. deren Grenzen, sich der inhaltlich unkontrollierten Fremdbestimmung durch einen privaten Dritten zu unterwerfen.

3. *Würdigung*

Die Würdigung des gerade dargestellten Meinungsbildes ergibt zusammengefasst folgendes: Eine Analogie der Verfahrensgrundrechte kommt nicht in Betracht. Gegen die (mittelbare) Aktivierung des Rechtsstaatsprinzips lässt sich dessen Unbestimmtheit vorbringen. Maßgeblich spricht jedoch gegen diese beiden Ansätze, dass sie versuchen, durch die Qualifikation der Schiedsgerichtsbarkeit als »Rechtsprechung« in unzulässiger Weise verfassungsrechtliche Schlussfolgerungen zu ziehen. Auch aus einem antizipierten Legalanerkenntnis lassen sich nicht gesondert verfassungsrechtlich gebotene, zwingende Verfahrensanforderungen herleiten. Einen möglichen Rahmen für die Herleitung verfassungsrechtlicher Verfahrensanforderungen bilden daher allein die staatlichen Schutzpflichten.

Gegen eine Art analoger Anwendung der Verfahrensgrundrechte – sofern Grundrechte überhaupt einer analogen Anwendung zugänglich sein können – spräche, dass Schiedsverfahren und staatliche Gerichtsverfahren aus verfassungs-

ßerdem auf die Grenzen der Grundrechte ohne explizite Nennung der Schutzpflichtenfunktion ab, vgl. zu den verschiedenen Ausdifferenzierungen im Rahmen der verfassungsrechtlichen Schiedsfähigkeit auch: D II 3, S. 133 ff.; ähnlich ferner: *Löhr*, S. 53 f. (mittelbare Drittwirkung der Verfahrensgrundrechte).

318 *Classen* in: Mangoldt/Klein/Starck, Art. 92 Rn. 44; *Hillgruber* in: Maunz/Dürig, Art. 92 Rn. 88; *Kahlert*, S. 89 ff.

319 *Hillgruber* in: Maunz/Dürig, Art. 92 Rn. 88; *Kahlert*, S. 90.

rechtlicher Sicht zunächst einmal ungleichartig (privat vs. staatlich) sind,[320] sodass durchaus verschiedene Maßstäbe gelten können und es daher an einer wesentlichen Voraussetzung für eine Analogie fehlen würde. Weiterhin würde es auch an einer »Regelungslücke« fehlen. Zwar existieren keine expliziten verfassungsrechtlichen Regelungen zur Schiedsgerichtsbarkeit; entsprechende Prozessgrundsätze lassen sich jedoch – wie noch zu sehen sein wird – auf anderem Wege, nämlich über die Grundrechte der Beteiligten, genauer noch über deren Schutzpflichtendimension herleiten. Außerdem erscheint es inkonsequent, dem IX. Abschnitt des Grundgesetzes alleinige Bedeutung für die staatliche Ebene zuzusprechen,[321] um dann im Wege der Analogie einzelnen Artikeln doch wieder eine Bedeutung für die Schiedsgerichtsbarkeit beizumessen.

Gegen eine (ersatzweise) Aktivierung des allgemeinen Rechtsstaatsprinzips spricht insbesondere, dass dieses ein rein objektives Verfassungsprinzip darstellt, welchem sich keinerlei Aussage zum Verhältnis der Bürger zueinander – in diesem Falle der Schiedsparteien zum Schiedsgericht – entnehmen lässt.[322] Auch wenn daher mit der Bindung des staatlichen Gerichts bei Anerkennung bzw. Vollstreckbarerklärung des Schiedsspruches ein möglicher Anknüpfungspunkt an das allgemeine Rechtsstaatsprinzip gegeben sein sollte, lassen sich konkrete, zwischen Privaten geltende schiedsverfahrensrechtliche Prozessgrundsätze dadurch kaum herleiten.

Die mittelbare Aktivierung des Rechtsstaatsprinzips zur Gewinnung von schiedsgerichtlichen Verfahrensanforderungen gelingt den Vertretern dieser Auffassung – genauso wie den Vertretern der analogen Anwendbarkeit der Verfahrensgrundrechte – auch nur deswegen, weil sie erneut an die Funktion der Schiedsgerichte als »Rechtsprechung« verfassungsrechtliche Anforderungen anknüpfen wollen. Dies ist – wie bereits gezeigt wurde[323] – aus verfassungsrechtlicher Sicht jedoch unhaltbar, da es hierbei auf eine staatliche institutionelle, nicht eine rein funktionelle Sichtweise ankommt; die Herleitung von Verfahrensanforderungen aus der Rechtsprechungsfunktion ist zudem z.T. zirkulär, da diese zwar die Folge eines zwingenden Verfahrensstandards sein könnte, nicht aber gleich-

320 Vgl. Erster Teil C I 1 d), S. 27 ff.; ablehnend ggü. einer mittelbaren Geltung der Verfahrensgrundrechte aufgrund der Gleichwertigkeitsthese auch: *Spohnheimer*, S. 172 f.

321 Vgl. hierzu: Erster Teil B II, S. 15 ff.

322 *Kahlert*, S. 92; *Distler*, S. 189 f. (keine Drittwirkung); daran ändert aus verfassungsrechtlicher Sicht auch die Qualifikation der Schiedsgerichtsbarkeit als »Rechtsprechung« (hierzu: Erster Teil C I 1 b) aa), S. 19 ff.) nichts, vgl. *Kahlert*, S. 93.

323 Erster Teil B II, S. 15 ff.

zeitig auch deren Begründung.[324] Zudem treten unter der Prämisse der generellen Gleichschaltung der Verfahrensanforderungen von staatlichen Gerichtsverfahren und Schiedsverfahren wegen der gleichartigen Tätigkeit als »Rechtsprechung« wiederum Schwierigkeiten auf, wenn es um die abweichenden Besonderheiten von Schiedsverfahren geht. Diese »Ausnahmen« vom Erfordernis der objektiven Rechtspflege werden dann erneut mit der Privatautonomie bzw. der Natur der Schiedsverfahrens begründet.[325] Dies führt erneut zu der verfassungsrechtlich eigenartigen Situation, dass sich grundrechtlich verankerte Freiheitsausübungen vor staatlichen (Rechtsstaats- bzw. Rechtspflege-) Prinzipien rechtfertigen müssen und nicht – grundrechtsdogmatisch korrekt – umgekehrt staatliche Einschränkungen vor den Grundrechten.[326]

Verfahrensanforderungen ergeben sich auch nicht aus einem antizipiertem Legalanerkenntnis. Das Anerkenntnis eines privatautonomen Aktes durch die Rechtsordnung ist in aller erster Linie der Verwirklichung der Privatautonomie geschuldet und notwendig, um diesem verbindliche Geltung zu verschaffen.[327] Allgemein und speziell vor diesem Hintergrund erscheint es daher zunächst methodisch fragwürdig, aus der einfachgesetzlich getroffenen Regelung des Anerkenntnisses (andere) verfassungsrechtliche Wertungen ableiten zu wollen. Dem antizipierten Legalanerkenntnis des § 1055 ZPO lässt sich m.a.W. nicht entnehmen, ob die Verfassung zwingende Verfahrensanforderungen für die Schiedsgerichtsbarkeit gebietet oder eben nicht, denn diese Frage gilt es ja gerade vorab zu klären, um die Verfassungsmäßigkeit des einfachgesetzlichen Anerkenntnisses überhaupt bewerten zu können. Vor diesem Hintergrund läge es sogar näher, aus § 1055 ZPO den Schluss zu ziehen, dass keine verfassungsrechtlichen Verfahrensanforderungen an die Schiedsgerichtsbarkeit bestehen können, da ein Anerkenntnis eines Schiedsspruches, der die zwingenden Verfahrensanforderungen nicht einhält, ansonsten nichtig sein müsste. Verglichen mit einem schuldrechtlichen Vertrag dürfte ein Anerkenntnis des Schiedsspruches ansonsten nur in ei-

324 Siehe: Erster Teil C I 1 d), S. 27 ff.; vgl. auch: *Kleinschmidt*, S. 449 ff. (Unbrauchbarkeit des verfassungsrechtlichen Rechtsprechungsbegriffes), 452 f. mit Fn. 225 (Zirkelschluss: Gleichwertigkeit allenfalls Folge, jedoch nicht Begründung eines Neutralitätsgebots hinsichtlich schiedsrichterlicher Unabhängigkeit).

325 Vgl. *Distler*, S. 206 ff.

326 Zu diesem Befund (*in dubio pro libertate*) im Verhältnis der Schiedsgerichtsbarkeit zu Art. 92 GG vgl. bereits: Erster Teil B II, S. 15 ff. und Erster Teil C I 2, S. 31 ff.

327 Siehe hierzu: Erster Teil C II 4 d), S. 43 ff.

nem begrenzten Rahmen (z.B. § 138 BGB) stattfinden, der die Berücksichtigung verfassungsrechtlich zwingender Wertungen gestattet.

Befolgen die Parteien den Schiedsspruch freiwillig und leiten kein Aufhebungs- bzw. Vollstreckungsverfahren ein, d.h. kommt kein weiteres staatliches Organ mit dem Schiedsspruch in Kontakt, bliebe ein Verstoß gegen ggf. verfassungsrechtlich gebotene, zwingende Verfahrensvorschriften zudem sanktionslos.[328] Dies beweist einerseits, dass es für die Frage der »Verfassungsrelevanz« auf das konkrete Tätigwerden staatlicher Organe ankommt[329], und andererseits, dass aus dem bloßen gesetzlichen Anerkenntnis allein – dessen Verfassungsmäßigkeit ja gerade im Raume steht – keine Rückschlüsse auf verfassungsrechtlich zwingende Vorgaben gezogen werden können. *Spohnheimer* tut dies indes, indem er behauptet, das antizipierte Legalanerkenntnis beruhe auf dem »Vertrauen« des Staates in die Schiedsgerichtsbarkeit, dessen verfassungsrechtliche Rechtfertigung in zwingenden Verfahrensanforderungen zu sehen sei.[330] Durch diese vage und unklar bleibende Argumentation vermischt er die klar zu trennenden Fragestellungen, ob erstens verfassungsrechtlich gebotene Verfahrensanforderung überhaupt bestehen und zweitens ein ggf. verfassungsrechtlich bestehende Verfahrensanforderungen missachtendes Anerkenntnis verfassungswidrig ist. Die Argumentation ist zirkulär: Bestehen verfassungsrechtliche Verfahrensanforderungen, ist ein Anerkenntnis eines Schiedsspruches nur dann gerechtfertigt, wenn diese eingehalten wurden; bestehen keine verfassungsrechtlichen Verfahrensanforderungen, dann bedarf ein vorbehaltloses Anerkenntnis eines Schiedsspruches auch nicht einer Rechtfertigung, indem dem Schiedsverfahren zwingende Verfahrensvorgaben gemacht werden. Es bestehen aber nicht deshalb verfassungsrechtlich gebotene, zwingende Verfahrensanforderungen, weil das (einfache) Gesetz ein bedingungsloses Anerkenntnis vorzugeben scheint.

Gegen diese Argumentationslinie spricht außerdem auch ihr Umkehrschluss: Wäre die Antizipation des Anerkenntnisses – wie sie in § 1055 ZPO erfolgt ist – der wahre Grund für das Erfordernis zwingender Verfahrensanforderungen, dann müssten diese ja, sollte stattdessen ein separates, staatliches Anerkenntnisverfahren den Regelfall darstellen, entbehrlich sein. Hier zeigt sich deutlich, dass die Frage, ob zwingende Verfahrensanforderungen verfassungsrecht-

328 *Spohnheimer*, S. 67; die Situation ist vergleichbar mit der freiwilligen Erfüllung eines sittenwidrigen Vertrags.

329 Vgl. hierzu: Erster Teil C II 4 c), S. 41 f.

330 *Spohnheimer*, S. 66 ff.

lich vorgegeben sind, vorab und unabhängig von der Ausgestaltung und Art des Anerkenntnisses zu klären ist: Bestünden diese, wäre ein separates Anerkenntnis (im Rahmen der *ordre public* Kontrolle) nämlich an Art. 1 Abs. 3 GG gebunden, sodass auch hierbei ein Schiedsspruch nicht anerkannt werden dürfte, welcher nicht den Verfahrensanforderungen entspricht. Bestünden diese hingegen nicht, dürfte ein Schiedsspruch, der im Einklang mit dem Parteiwillen z.B. rechtliches Gehör missachtet hat, problemlos anerkannt werden.

Die Argumentation von *Spohnheimer* bleibt daher unschlüssig und stellt lediglich einen Versuch dar, die Schiedsgerichtsbarkeit trotz ihrer privaten Natur und der fehlenden hoheitlichen Tätigkeit per se an zwingendes Recht und damit de facto an Art. 1 Abs. 3, 20 Abs. 3 GG zu binden, was methodisch abzulehnen ist.

Als mögliche Basis verfassungsrechtlicher Verfahrensanforderungen verbleiben daher nur die Grundrechte und die daraus entspringenden staatlichen Schutzpflichten. Dafür sprechen in erster Linie grundrechtsdogmatische Aspekte. Hierbei geht es nämlich vom Gedankenkonstrukt her wiederum um den Schutz eines privaten Bürgers (Selbstbestimmung der Schiedspartei) vor anderen Einwirkungen aus der privaten Sphäre (Fremdbestimmung durch den Schiedsrichter) und deren Durchsetzung durch den staatlichen Richter, wodurch man wieder bei der Figur der mittelbaren Drittwirkung der Grundrechte und den staatlichen Schutzpflichten angelangt.[331] Eine direkte Herleitung der Verfahrensanforderung aus den Grundrechten vermeidet außerdem unnötige, evtl. unzulässige Analogien der Verfahrensgrundrechte oder eine mittelbare Anwendung dieser über das Rechtsstaatsprinzip.

II. Verfahrensanforderungen im Rahmen staatlicher Schutzpflichten

1. Problemaufriss: Der verfassungsrechtlich gebotene Schutz privatautonomer Selbstbestimmung

Wie eingangs bereits erläutert wurde, stellt die Schiedsgerichtsbarkeit eine besondere Form der privatautonomen Selbstbestimmung dar, die unter Zuhilfenahme der Schiedsrichter als private Dritte erfolgt, sodass man auch von einer De-

331 So auch: *Kahlert*, S. 89.

legation von Privatautonomie sprechen kann.[332] Ebenfalls dargestellt wurde die st. Rspr. des BVerfG zum Eingreifen staatlicher Schutzpflichten in den Fällen gestörter Vertragsparität.[333] Aus dieser Rspr. lässt sich allgemein entnehmen, dass der Private in gewissen Fällen »vor sich selbst« geschützt werden muss; geht es in den Fällen gestörter Vertragsparität um den Schutz vor dem Abschluss eines verbindlichen Vertrags, der wegen der Verhandlungsmacht des Gegenübers faktisch eine Fremdbestimmung bewirkt, so lässt sich übertragen auf die Schiedsgerichtsbarkeit die Frage aufwerfen, ob die Grundsätze der staatlichen Schutzpflichten auch dann greifen, wenn eine gewollte Fremdbestimmung i.S. einer Delegation von Privatautonomie auf einen Dritten vorliegt.

Gemeint ist damit nicht etwa der Fall, dass einer Partei kraft Übermacht der anderen Partei eine Schiedsvereinbarung aufgezwungen wird; dieser hier nicht zu behandelnde Themenkomplex der Schiedsvereinbarung in Ungleichgewichtslagen ließe sich wohl problemlos unter die Fälle gestörter Vertragsparität subsumieren.[334] Von Interesse ist vielmehr, ob unter dem Aspekt des Schutzes des Privaten vor sich selbst eine Delegation von Privatautonomie, d.h. eine gewollte Fremdbestimmung durch einen Dritten nur dann zulässig ist, wenn diese gewissen Anforderungen unterliegt, oder ob sich ein Privater willentlich etwa bis hin zur Willkür fremdbestimmen lassen darf. Wie zu sehen sein wird, stellt sich diese Problematik nicht nur speziell – dann aber im größten Maße (!) – bei der Schiedsgerichtsbarkeit, sondern auch bei verwandten Institutionen wie dem Schiedsgutachten bzw. der Leistungsbestimmung durch ein Dritten, der Leistungsbestimmung durch eine Partei sowie auch der Stellvertretung, da es in allen Fällen um die Ausübung privatautonomer Selbstbestimmung durch einen Dritten geht.[335] Möchte man die aufgeworfene Problematik aus verfassungsrechtlicher Sicht allgemein klären, kann man diese verwandten Erscheinungsformen nicht ausklammern.

Um der Problematik Herr zu werden, soll im Folgenden zunächst der allgemeine, dogmatische Zusammenhang zwischen Zulässigkeit, Verfahren und Kontrolle einer zulässigen, privatautonomen Fremdbestimmung dargestellt werden (2.). Wie zu sehen sein wird, erlaubt es dieser zivilrechtsdogmatische Ansatz möglicherweise, den Ursprung von Verfahrensanforderungen bei Drittbestim-

332 Siehe: Erster Teil B I 2, S. 9 ff.
333 Vgl. B II, S. 66 f.
334 Vgl. hierzu ausführlich: *Niedermaier,* S. 53 ff.
335 Vgl. hierzu: Erster Teil B I 2, S. 9 ff.

mungen allein aus der Privatautonomie heraus zu begründen, ohne dafür externe Faktoren wie etwa die Rechtsprechungsfunktion heranziehen zu müssen. Ist dieser Zusammenhang dargestellt, bleibt zu klären, inwiefern sich dieser auf verfassungsrechtlicher Ebene nachzeichnen und in einen Zusammenhang mit der Rspr. des BVerfG zum Eingreifen staatlicher Schutzpflichten im Falle gestörter Vertragsparität bringen lässt. Neben dem dogmatischen Ansatz, welcher – um dies vorwegzunehmen – nicht zur vollständigen Erfassung der Problematik ausreichen wird, wird auch eine Untersuchung auf rechtsethischer Ebene erforderlich sein (3.).

2. *Zivilrechtsdogmatischer Ansatz*

a) *Zusammenhang von Zulässigkeit, Verfahren und Kontrolle gewollter Fremdbestimmung*

Der dogmatische Zusammenhang zwischen Zulässigkeit, Verfahren und Kontrolle bei Fremdbestimmungen durch einen Dritten wurde in jüngerer Zeit von *Kleinschmidt* überzeugend hergeleitet.[336] Seiner Auffassung zufolge wirkt sich der Grundkonflikt zwischen Selbst- und Fremdbestimmung auf drei Ebenen aus, nämlich den Ebenen der Zulässigkeit, des Verfahrens und der Kontrolle.[337] Dabei steht die Ebene der Zulässigkeit für den generell erlaubten Rahmen einer Fremdbestimmung durch Delegation von Privatautonomie, die Ebene des Verfahrens für die hierbei einzuhaltenden Verfahrensvorschriften und die Ebene der Kontrolle für die gerichtliche Nachprüfbarkeit der Entscheidung des Dritten, d.h. für den Schutz der Autonomie einer solchen Drittbestimmung.[338] Zwischen diesen Ebenen kann schließlich eine Wechselwirkung bestehen; so können bspw. Defizite bzw. Regelungen auf der Ebene des Verfahrens ausgeglichen werden bzw. entbehrlich sein, wenn die Drittbestimmung später einer inhaltlichen Kontrolle durch das Gericht unterliegt.[339]

336 Zum Ganzen: *Kleinschmidt*.
337 *Kleinschmidt*, S. 16.
338 *Kleinschmidt*, S. 17.
339 *Kleinschmidt*, S. 18; vgl. auch: *Lembcke*, NVwZ 2008, 42, 44 (rechtliches Gehör bei richterlicher Nachkontrolle entbehrlich).

Zur Verdeutlichung dieses Zusammenhangs lassen sich die Regelungen zur nachträglichen Leistungsbestimmung nach §§ 315 bis 319 BGB anführen.[340] Wird die vertragliche Leistung z.B. durch einen Dritten bestimmt (§ 317 BGB), sieht das Gesetz in diesem Fall vor, dass dessen getroffene Inhaltsbestimmung auf offenbare Unbilligkeit nachkontrolliert werden kann (§ 319 Abs. 1 BGB). Bestimmt hingegen eine der Parteien die Leistung nachträglich (§ 315 Abs. 1 BGB), kann deren Inhaltsbestimmung auf (einfache) Billigkeit überprüft werden (§ 315 Abs. 3 BGB). Beide Fälle der nachträglichen Leistungsbestimmung sehen daher im Regelfall eine unterschiedlich abgestufte – einfache Unbilligkeit vs. offenbare Unbilligkeit – Kontrolle des Inhalts durch ein staatliches Gericht vor. Grund hierfür ist offenbar der Umstand, dass der Inhalt des Vertrags von den Parteien nicht selbst festgelegt wurde – die Kontrolle ließe sich somit gar als Zulässigkeitsvoraussetzung einer nachträglichen Leistungsbestimmung ansehen, die dieses Defizit behebt.[341] Unter dieser Prämisse ließe sich ferner der abgestufte Kontrollmaßstab zwischen § 315 Abs. 3 BGB und § 319 Abs. 1 BGB wie folgt erklären: Erfolgt die Leistungsbestimmung durch einen (neutralen) Dritten, muss sie anders als bei einer nachträglichen Leistungsbestimmung durch eine Vertragspartei nur auf offenbare statt auf einfache Unbilligkeit nachkontrolliert werden, da der Entscheidung eines (neutralen) Dritten ein höheres Vertrauen entgegengebracht wird.[342] Die Bestimmung durch einen Dritten, der selbst nicht Partei des Vertrags ist und den Vertragsparteien gegenüber daher ein höheres Maß an Neutralität zu besitzen scheint, lässt sich daher als eine Art besondere Verfahrensanforderung begreifen, die den gelockerten Kontrollmaßstab rechtfertigt.

Unter der Hypothese dieses Zusammenhangs könnten Verfahrensanforderungen, wie z.B. die Neutralität des leistungsbestimmenden Dritten, daher als ein notwendiger Ausgleich dafür verstanden werden, dass die nachträgliche Leistungsbestimmung durch einen Dritten überhaupt als zulässig anzusehen ist und dabei nur beschränkter inhaltlicher Nachkontrolle unterworfen ist, was erneut die Wechselwirkungen verdeutlicht.

340 Vgl. zur Erfassung dieser Probleme im Gesetz auch: *Kleinschmidt*, S. 18 f.
341 Vgl. *Kleinschmidt*, S. 10 f. (Kompensationsmechanismus), 18.
342 *Rieble* in: Staudinger, § 317 Rn. 2.

b) Kontrolle, Verfahrensanforderungen und materielle Richtigkeitsgewähr des Vertrags

Im Zusammenhang mit den gerade beschriebenen Wechselwirkungen steht außerdem ein weiterer zentraler, bereits angedeuteter Punkt: Grund für die Notwendigkeit von Verfahrensanforderungen und (beschränkter) nachträglicher Inhaltskontrolle einer zulässigen Fremdbestimmung durch einen Dritten scheint der Umstand zu sein, dass die Parteien den Vertrag nicht selbst ausgehandelt haben, womit die sog. »materielle Richtigkeitsgewähr« des Vertrags angesprochen ist. Die Theorie der materiellen Richtigkeitsgewähr des Vertrags wurde von *Schmidt-Rimpler* begründet und besagt im Grundsatz, dass der Inhalt eines Vertrags deswegen als richtig anzusehen sei, weil er durch die Vertragsparteien zweiseitig durch gegenseitiges Einwirken zum Richtigen hin ausgehandelt wurde.[343] Der Vertragsschluss ist danach ein Mechanismus, der die Richtigkeit eines privatautonomen Schuldverhältnisses deswegen garantiert, weil die Parteien dem Vertrag zustimmen müssen und dies nur dann tun werden, wenn sie dessen verhandelten Inhalt und das Verhältnis von Leistung und Gegenleistung als angemessen empfinden.[344] Bestimmt nun jedoch ein Dritter oder eine der Parteien den Inhalt des Schuldverhältnisses nachträglich und einseitig, tritt dieser Verhandlungsmechanismus und damit auch die Richtigkeitsgewähr des Vertrags außer Kraft.[345]

Versteht man daher schon den Mechanismus des Vertragsschlusses selbst als eine Art Verfahrensanforderung,[346] die eine Richtigkeitsgewähr in sich trägt und fällt dieser Mechanismus durch eine einseitige, nachträgliche Leistungsbestimmung des Inhalts weg, so liegt es nahe, auch an diese nachträgliche Leistungsbestimmung kompensierende Verfahrensanforderungen zu stellen, welche wiederum die (nachträgliche) Richtigkeitsgewähr der Leistungsbestimmung sicherstellen. Bei der nachträglichen Leistungsbestimmung durch einen Dritten

343 Siehe hierzu: *Schmidt-Rimpler*, AcP 147 (1941), 130, 152 f.; *Schmidt-Rimpler*, FS Raiser, S. 3 ff. Die Theorie der materiellen Richtigkeitsgewähr ist auf breite Rezeption gestoßen, vgl. etwa: *Canaris*, FS Lerche, S. 883 (»epochemachende Theorie«); *Larenz*, Schuldrecht I, § 6 S. 78 f.; *Dauner-Lieb*, S. 52; *Kleinschmidt*, S. 7 f. m.w.N.; vgl. ferner: *Rieble* in: Staudinger, § 315 Rn. 35.

344 Vgl. *Schmidt-Rimpler*, AcP 147 (1941), 130, 156; ferner: *Kleinschmidt*, S. 7 f.

345 *Rieble* in: Staudinger, § 315 Rn. 35; *Würdinger* in: MünchKomm-BGB, § 315 Rn. 4; *J. Hager* in: Erman, § 315 Rn. 1; vorsichtiger: *Kleinschmidt*, S. 8 m.w.N.

346 Vgl. auch: BVerfG NJW 1996, 36, 38: »Im Verfahrensrecht ergibt sich der sachgerechte Interessenausgleich aus dem übereinstimmenden Willen der Vertragspartner.«

könnte dessen bereits erwähnte Neutralität eine solche die Richtigkeitsgewähr herstellende Verfahrensanforderung sein. Bei der nachträglichen Leistungsbestimmung durch eine der Vertragsparteien würde es hingegen an einer derartigen, besonderen (nachträglichen) Verfahrenssicherung fehlen, sodass hierbei allein die nachträgliche Angemessenheitskontrolle durch den staatlichen Richter als Kompensationsmechanismus für die Richtigkeitsgewähr fungiert.[347] In diesem Zusammenhang wurde daher der Kompensationsmechanismus durch die Billigkeitskontrolle des § 315 Abs. 1 BGB von *Larenz* sogar als »Bestätigung der Theorie *Schmidt-Rimplers*« bezeichnet.[348]

Die Wechselwirkungen zwischen Zulässigkeit, Verfahren und Kontrolle einer nachträglichen Leistungsbestimmung ließen sich daher auf das Erfordernis einer materiellen Richtigkeitsgewähr stützen, die einem zweiseitigen Vertrag im Grundsatz schon innewohnt und bei nachträglicher, einseitiger Leistungsbestimmung durch kompensierende Verfahrensanforderungen bzw. Angemessenheitskontrollen hergestellt werden müsste. Im Folgenden gilt es daher zu klären, inwiefern die Notwendigkeit einer materiellen Richtigkeitsgewähr zwingend ist, da sich daraus dann evtl. auch die Frage nach der Notwendigkeit zwingender Verfahrensanforderungen in Fällen der Delegation von Privatautonomie beantworten ließe.

c) Kontrolle und Schiedsgerichtsbarkeit: Der »Verzicht« auf den allgemeinen Justizgewährungsanspruch

Bevor jedoch auf die Frage, ob zwischen materieller Richtigkeitsgewähr, Verfahrensanforderungen und Kontrolle im Rahmen einer zulässigen Fremdbestimmung ein zwingender Zusammenhang besteht, eingegangen wird, soll zunächst noch einmal eine Brücke zur Schiedsgerichtsbarkeit geschlagen werden. Eines der Hauptargumente der h.M., um zwingende Verfahrensanforderungen im Schiedsverfahren begründen zu können, bestand darin, in der Schiedsvereinbarung einen Verzicht auf den staatlichen Justizgewährungsanspruch zu sehen und diesen nur dann als zulässig zu erachten, sofern im Schiedsverfahren – verglichen mit dem staatlichen Gerichtsverfahren – im Grundsatz äquivalente Verfah-

347 Vgl. *Kleinschmidt*, S. 10; *Coester-Waltjen*, AcP 190 (1990), 1, 15 f.

348 *Larenz*, Schuldrecht I, § 6 S. 81 Fn. 8; vgl. hierzu kritisch: *Rieble* in: Staudinger, § 315 Rn. 37 f.

rensanforderungen bestehen.[349] Da die Schiedsgerichtsbarkeit jedoch eine Ausübung der Privatautonomie darstellt, die nicht zu einem Verzicht auf den allgemeinen Justizgewährungsanspruch führt, überzeugt diese Argumentation nicht.[350]

Betrachtet man diese Argumentation allerdings vor dem gerade dargestellten Zusammenhang zwischen Zulässigkeit, Kontrolle und Verfahren, lässt sich diese Argumentationslinie aber auch »uminterpretieren«. Mit dem »Verzicht« auf den staatlichen Justizgewährungsanspruch ist nämlich offenbar allein der Umstand gemeint, dass ein staatlicher Richter den Schiedsspruch nicht inhaltlich nachkontrolliert und sich der Sache nach auch nicht mehr mit der Streitigkeit der Schiedsparteien befasst.[351] Mit dem »Verzicht« auf den staatlichen Justizgewährungsanspruch ist daher im Ergebnis nichts anderes als die Ebene der Kontrolle der Entscheidung eines Dritten angesprochen; eine unkontrollierte Entscheidung eines Schiedsrichters soll nur deswegen zulässig sein, weil zwingende Verfahrensanforderungen bestehen und einzuhalten sind. I.d.S. ließe sich daher auch diese weit vertretene Auffassung der Sache nach unter das Konzept der aus der Privatautonomie und deren Schutzerwägungen selbst heraus begründeten staatlichen Schutzpflichten fassen.

d) *Verfassungsrechtliche Problematik: Der zulässige Rahmen gewollter Fremdbestimmung*

Nachdem nun der zivilrechtsdogmatische Zusammenhang zwischen Verfahrensanforderung bei nachträglicher Leistungsbestimmung, inhaltlicher Nachkontrolle und der sog. Richtigkeitsgewähr des Vertrags hergestellt wurde, bleibt noch zu klären, ob dieser Zusammenhang auch auf verfassungsrechtlicher Ebene nachgezeichnet und begründet werden kann und daher ein zwingender ist. Lässt sich diese Frage beantworten, lässt sich evtl. auch eine Antwort darauf finden, ob die Verfassung im Rahmen staatlicher Schutzpflichten der Schiedsgerichtsbarkeit zwingende Verfahrensanforderungen vorschreibt.

Bevor jedoch auf die verfassungsrechtliche Ebene und insbesondere die Rspr. des BVerfG eingegangen wird, ist noch ein Exkurs auf die einfachgesetzli-

349 Siehe: C I 1, S. 76 ff.

350 Vgl. Erster Teil C I 3, S. 34 ff.

351 Vgl. zur Formulierung des »Verzichts auf den Rechtsweg« als Abbedingung der Kontrolle im Rahmen des Schiedsgutachtens: *Kleinschmidt*, S. 648.

chen Regelungen des BGB zur nachträglichen Leistungsbestimmung (§§ 315 ff. BGB), deren Aussagegehalt zum zwingenden Charakter des oben beschriebenen Zusammenhangs und diesen ablehnende Literaturauffassungen geboten. Dabei ist auch noch auf eine weitere Form privatautonomer Fremdbestimmung einzugehen, die bisher weitgehend ausgeklammert wurde, aber nicht außer Betracht gelassen werden darf; gemeint ist die Stellvertretung (§§ 164 ff. BGB).

aa) *Kein zwingender Zusammenhang zwischen Verfahren und Kontrolle im liberalen System des BGB?*

Das BGB sieht für die nachträgliche Leistungsbestimmung durch eine Partei (§ 315 BGB) und einen Dritten (§ 317 BGB) unterschiedliche Kontrollmaßstäbe vor; während die Leistungsbestimmung einer Partei auf (einfache) Billigkeit kontrolliert werden soll (§ 315 Abs. 3 BGB), unterliegt die Drittleistungsbestimmung nur der Kontrolle auf offenbare Unbilligkeit (§ 319 Abs. 1 BGB). Allerdings stellt dieser abgestufte Kontrollmaßstab kein zwingendes, wohl nicht einmal dispositives Recht, sondern vielmehr eine reine Auslegungshilfe dar;[352] der Gesetzeswortlaut spricht nur davon, dass eine entsprechende Kontrolle nur dann vorzunehmen ist, wenn die nachträgliche Leistungsbestimmung nach billigem Ermessen erfolgen *soll*.[353] Damit hängt jedoch der einzuhaltende Kontrollmaßstab von dem vereinbarten Entscheidungsmaßstab ab; den Parteien steht es insoweit frei, auch das freie Belieben (bis zur Willkürgrenze) als Entscheidungsmaßstab zu vereinbaren, wodurch auch der Kontrollmaßstab entsprechend reduziert wird.[354] Vor diesem Hintergrund vertreten insbesondere *Rieble* und *Kleinschmidt* die (liberale) Position, die Regelung zur nachträglichen Leistungsbestimmung nach den §§ 315 ff. BGB trügen unter dem liberalen System des BGB keinerlei Schutzcharakter;[355] vor allem böte die richterliche Überprüfung keine nachgelagerte Richtigkeitsgewähr.[356]

352 Vgl. *Rieble* in: Staudinger, § 315 Rn. 41; *Kleinschmidt*, S. 64 ff.

353 § 315 Abs. 3 S. 1 BGB: »Soll die Bestimmung nach billigem Ermessen erfolgen, so ist die getroffene Bestimmung für den anderen Teil nur verbindlich, wenn sie der Billigkeit entspricht.«; § 319 Abs. 1 S. 1 BGB: »Soll der Dritte die Leistung nach billigem Ermessen bestimmen, so ist die getroffene Bestimmung für die Vertragschließenden nicht verbindlich, wenn sie offenbar unbillig ist.«

354 Vgl. *Rieble* in: Staudinger, § 319 Rn. 4, 22; *Würdinger* in: MünchKomm-BGB, § 315 Rn. 33; *Kleinschmidt*, S. 645 ff. (speziell zum Schiedsgutachten).

355 *Rieble* in: Staudinger, § 315 Rn. 31 ff.; *Kleinschmidt*, S. 652 ff.

356 *Kleinschmidt*, S. 652 f.

Als Beweis dafür wird maßgeblich auch die Regelung des § 181 BGB angeführt, womit die dogmatische Verbindung zum Stellvertretungsrecht vollzogen wäre. Wirft man einen Blick ins Stellvertretungsrecht (§§ 164 ff. BGB), muss nämlich zunächst auffallen, dass es bei dieser Form der Delegation von Privatautonomie, bei der es der Sache nach auch um eine zulässige, einseitige Fremdbestimmung des Vertretenen durch den Vertreter geht, im Grundsatz zu keinerlei Kontrolle des vom Vertreter abgeschlossenen Vertrags kommt.[357] Dies ist zunächst erläuterungsbedürftig: Auf den ersten Blick scheint der Unterschied zwischen der einseitigen Fremdbestimmung der Vertretung nach §§ 164 ff. BGB und derjenigen nach § 315 BGB nur darin zu bestehen, dass die Vertretung überhaupt erst eine Verbindlichkeit begründet, die Leistungsbestimmung nach § 315 BGB hingegen den Inhalt eines bereits bestehenden Vertrags bestimmt und die Fremdbestimmung somit allein eine unterschiedliche zeitliche Komponente aufweist. Der wahre Grund für die fehlende Kontrolle einer durch Stellvertretung erfolgten Fremdbestimmung ist aber allein darin zu erblicken, dass sich der potenzielle Vertragspartner unter dem Gesichtspunkt des Verkehrsschutzes nicht das Risiko des Geschäftsherrn zurechnen lassen muss, welches die Einschaltung eines Vertreters mit sich bringt, der seine Vertretungsmacht überschreitet.[358]

Als Gestaltungsmöglichkeit wäre es den Parteien – sollten sie die Festlegung ihres Rechtsverhältnisses einem Dritten überlassen wollen – nun aber ebenfalls nicht verboten, statt einer nachträglichen Leistungsbestimmung gem. den §§ 317 ff. BGB als funktionsgleiches Äquivalent einen gemeinsamen Vertreter zu bevollmächtigen, der – z.B. im Wege eines Vergleiches nach § 779 BGB – für beide Parteien einen Vertrag abschließt und somit über den Inhalt des Rechtsverhältnisses bestimmt.[359] Thematisch wäre man damit auch beim obligationenrechtlichen Schiedsverfahren angelangt.[360] Ein solcher, von beiden Seiten bestimmter Vertreter geriete natürlich zunächst mit dem Verbot des Insichgeschäfts nach § 181 BGB in Konflikt. So gesehen ließe sich § 181 BGB auch als eine Sicherung des Vertragsmechanismus und der darin liegenden Richtigkeitsgewähr verstehen;[361] allerdings ist § 181 BGB ebenfalls dispositiv und verbietet das Insichgeschäft für den Vertreter schon vom Wortlaut her nur, »soweit ihm nicht ein

357 Vgl. *Rieble* in: Staudinger, § 315 Rn. 38; § 319 Rn. 30.
358 Vgl. *Rieble* in: Staudinger, § 315 Rn. 33.
359 Vgl. *Rieble* in: Staudinger, § 315 Rn. 35; *Kleinschmidt*, S. 652 f.
360 Siehe: Erster Teil B I 2 b) bb), S. 13 f.
361 *Kleinschmidt*, S. 653.

anderes gestattet ist«.[362] Auch ein derartiger, die Leistungsbestimmung eines Dritten nach § 317 ff. BGB bzw. auch ein Schiedsgutachten ersetzender Vergleich ließe sich daher nicht einmal auf offenbare Unbilligkeit bzw. Unrichtigkeit kontrollieren, sodass *Rieble* und *Kleinschmidt* in der Dispositivität des § 181 BGB den Beweis dafür sehen, dass eine nachträgliche Kontrolle einer Leistungsbestimmung durch einen Dritten nicht zwingend sein kann.[363] Durch die Verzichtbarkeit der nachgelagerten Kontrolle ist nach der Auffassung von *Kleinschmidt* damit ebenfalls der Beweis dafür erbracht, dass der Zusammenhang und die Wechselwirkung zwischen Zulässigkeit, Verfahren und Kontrolle und damit das Erfordernis von (kompensierenden) Verfahrensanforderungen nicht zwingend sei.[364] Denn ist schon die Kontrolle in den Fällen einer Leistungsbestimmung durch eine Partei (§ 315 BGB) oder in den Fällen der Stellvertretung durch einen vom Verbot des Insichgeschäfts (§ 181 BGB) befreiten Vertreter nicht zwingend, in denen offensichtlich ansonsten keine speziellen Verfahrenssicherungen der Leistungsbestimmung bestehen, welche die fehlende Nachkontrolle rechtfertigen würden, so kann auch keine zwingende Wechselwirkung zwischen Verfahren und Kontrolle bestehen.

Folgt man dieser liberalen Interpretation, ergeben sich demnach keinerlei zwingende Verfahrensanforderungen für die materiell-rechtlichen Institutionen des BGB, die eine Fremdbestimmung zulassen. Im Zusammenhang damit ist auch der Meinungsstreit um die materiell-rechtliche oder prozessuale Qualifikation des Schiedsgutachtens zu nennen, welches Tatsachen- oder Rechtsfragen klärt; aus der Befürchtung, eine materiell-rechtliche Qualifikation stünde automatisch für die Entbehrlichkeit jedweder Verfahrensanforderungen, und in der Annahme, eine prozessuale Qualifikation erlaube und fordere automatisch die Anwendung etwa schiedsverfahrensrechtlicher Verfahrensstandards (§ 1042 ZPO analog), folgern dann auch einige den prozessualen Charakter des Schiedsgutachtens, offenbar weil Bedenken gegenüber dem Fehlen jedweder verfahrensbezogenen Sicherungen bestehen.[365] Würde eine materiell-rechtliche

362 *Rieble* in: Staudinger, § 315 Rn. 38.

363 *Rieble* in: Staudinger, § 315 Rn. 38; § 319 Rn. 30; *Kleinschmidt*, S. 652 ff.

364 *Kleinschmidt*, S. 653 ff.

365 Zum Streit um die Rechtsnatur des Schiedsgutachtens, sofern dieses auch Tatsachen oder Rechtsfragen verbindlich feststellen soll (Prozessvertrag vs. materiell-rechtlicher Vertrag), wovon insbes. die analoge Anwendbarkeit der schiedsgerichtlichen Verfahrensstandards nach §§ 1025 ff. ZPO abhängen soll, vgl. *Rieble* in: Staudinger, § 317 Rn. 29 ff.; *Würdinger* in:

Qualifikation mit der Entbehrlichkeit von Verfahrensanforderungen gleichbedeutend sein, dürften ferner auch keine Bedenken gegen ein obligationenrechtliches Schiedsverfahren bestehen, bei dem weder die Neutralität des Schiedsgerichts gewährleistet ist noch rechtliches Gehör gewährt wird.

Da das Erfordernis von Verfahrensstandards im Rahmen zulässiger Fremdbestimmungen allerdings der Sache nach zu bestimmen ist und nicht von der begriffsjuristischen Unterscheidung zwischen materiell und prozessual abhängen darf,[366] dürften nach dieser liberalen Position der Sache nach (bzw. verfassungsrechtlich) auch für das Schiedsverfahren nach den §§ 1025 ff. ZPO keinerlei Verfahrensanforderungen zwingend vorgegeben sein und deren zwingende Anordnung in § 1042 ZPO lediglich eine freie Wertentscheidung des einfachen Gesetzgebers darstellen. Genau dieser Standpunkt wird dann auch folgerichtig von *Kleinschmidt* eingenommen: Der Schiedsspruch bleibe nicht etwa nur deswegen von einer über den *ordre public* Vorbehalt hinausgehenden Kontrolle verschont, weil das Schiedsverfahren den Verfahrenssicherungen des § 1042 ZPO unterliege; die zwingenden Verfahrensanforderungen im Schiedsverfahrens dienten hingegen in erster Linie nur dem Zweck, die Gleichwertigkeit zur staatlichen Gerichtsbarkeit, d.h. die Wertentscheidung des einfachen Gesetzgebers sicherzustellen.[367]

Gegenüber dieser liberalen Position finden sich allerdings auch kritischere Stimmen in der Literatur, die teilweise ausdrücklich auch die grundrechtliche Schutzpflichtenfunktion über die §§ 315 ff. BGB im Privatrecht verwirklichen wollen.[368] Insbesondere die Leistungsbestimmung einer Partei (§ 315 BGB) nach freiem Belieben wird dabei nach der h.M. als bedenklich eingestuft und im Falle des Bestimmungsrechts des Gläubigers als sittenwidriger Verstoß gegen §§ 138, 242 BGB gewertet,[369] teilweise gar als »*Pervertierung der Privatautonomie und*

MünchKomm-BGB, § 317 Rn. 40 ff.; *Wagner*, S. 655 ff.; *Habscheid*, FS Lehmann, S. 789 ff.; *Schlosser* in: Stein/Jonas, Vor. § 1025 Rn. 29 ff.

366 Siehe hierzu: Erster Teil C I 1 b) bb), S. 24 ff.

367 *Kleinschmidt*, S. 655 mit Fn. 157.

368 So: *J. Hager* in: Erman, § 315 Rn. 2; vgl. auch: *Würdinger* in: MünchKomm-BGB, § 315 Rn. 5 (primäre Schutzwirkung).

369 Vgl. RGZ 99, 105, 106; BAG AP HGB § 87a Nr. 5; *J. Hager* in: Erman, § 315 Rn. 21; *Würdinger* in: MünchKomm-BGB, § 315 Rn. 33; *Stadler* in: Jauernig, § 315 Rn. 6; *Gehrlein* in: BeckOK-BGB, § 315 Rn. 11; *Grüneberg* in: Palandt, § 315 Rn. 5; *Ballhaus* in: RGRK, § 315 Rn. 13; *Wolf* in: Soergel, § 315 Rn. 41; *Stauner/Medicus* in: Prütting/Wegen/Weinreich, § 315 Rn. 10; *Köndgen/König*, ZIP 1984, 129, 133 f. Auch wenn hierbei nicht immer trennscharf zwischen freiem Belieben, freiem Ermessen und Willkür unterschieden wird, ändert dies

ein Mißbrauch der Vertragsform überhaupt« bezeichnet.[370] Als zwingend erweist sich die liberale Interpretation des BGB auch nicht unter dem Verweis auf § 181 BGB. Die fehlende Kontrolle eines durch einen Stellvertreter abgeschlossenen Vertrags ergibt sich wie bereits erwähnt aus dem Gesichtspunkt des Verkehrsschutzes, welcher bei einem vom Verbot des Insichgeschäfts nach § 181 BGB befreiten, beiderseitigen Vertreter nicht eingreift. Zudem kann ein solcher Vertrag, der von einem von § 181 BGB befreiten Vertreter abgeschlossen wird, leicht durch Missbrauch der Vertretungsmacht wegen sittenwidriger Kollusion nach § 138 BGB nichtig sein, wenn er zum Nachteil eines Vertretenen getroffen wird.[371] Auch bei der Konstruktion einer Mehrfachvertretung im Rahmen eines Vergleichs nach § 779 BGB ließe sich argumentieren, dass dieser nie gänzlich zum Nachteil einer Partei ergehen könnte, da der Vergleich schon als Tatbestandsmerkmal nach § 779 Abs. 1 BGB das Beilegen einer Streitigkeit im Wege des gegenseitigen Nachgebens erfordert.[372]

bb) Die Rechtsprechung des BVerfG zur gestörten Vertragsparität: Schutz der materiellen Vertragsfreiheit und formellen Vertragsgerechtigkeit

Das BVerfG hat in seiner Handelsvertreter-Entscheidung § 315 BGB neben den §§ 138, 242 BGB zu den zivilrechtlichen Generalklauseln gezählt, über die die staatlichen Schutzpflichten als Übermaßverbot wirken und vor dem Missbrauch

an der hier interessierenden Grundaussage (keine grenzenlose Privatautonomie hinsichtlich gewollter Fremdbestimmungen) indes nichts. Auch wird teilweise die Bestimmung nach freiem Belieben zugelassen, jedoch eine gerichtliche Kontrolle auf offenbare Unbilligkeit gefordert, was im Ergebnis aber auch auf das Gleiche hinausläuft. *Kleinschmidt* (S. 196) weist (im Rahmen der Bestimmbarkeit des Rechtsverhältnisses) zwar darauf hin, dass in letzterem Falle nur die finale Bestimmung der Leistung nachprüfbar und ggf. unwirksam ist, nicht hingegen die Vereinbarung der Parteien auf freies Belieben. Bei der Durchsetzung des inhaltlich bestimmten Vertrags macht es zur Beurteilung der Grenzen der Privatautonomie jedoch keinen Unterschied, ob die Parteien einen weiteren Maßstab vereinbaren durften, der im Ergebnis jedoch einer engeren Kontrolle durch die staatlichen Gerichten unterliegt, oder ob man schon die Vereinbarungsfreiheit an sich beschränkt. In beiden Fällen ist die Privatautonomie gleichsam begrenzt. Zum Zusammenhang zwischen der Bestimmbarkeit des Vertragsinhaltes und den Grenzen einer privatautonomen Delegation siehe: C II 2 d) cc) (2), S. 105 ff.

370 *Köndgen/König*, ZIP 1984, 129, 134.

371 BGH NZG 2014, 389; *Schubert* in: MünchKomm-BGB, § 164 Rn. 211; *Schilken* in: Staudinger, § 167 Rn. 93.

372 Das Tatbestandsmerkmal des gegenseitigen Nachgebens ist nach h.M. weit auszulegen und erfordert, dass die Parteien einander irgendwelche Zugeständnisse machen; bei einem lediglich einseitigen Zugeständnis liegt allerdings kein Vergleich vor, vgl. *Habersack* in: MünchKomm-BGB, § 779 Rn. 26 f.

der Privatautonomie schützen.[373] Dies geschah allerdings bezogen auf die Fälle gestörter Vertragsparität, sodass der Aussagegehalt der Rspr. des BVerfG für die hier interessierende Problematik der Wechselwirkung zwischen Zulässigkeit, Verfahren und Kontrolle noch im Einzelnen zu untersuchen bleibt.[374] Da eine konkrete Entscheidung hinsichtlich zwingender Verfahrensanforderungen im Rahmen zulässiger Fremdbestimmungen noch nicht existiert, wird der Fokus hierbei zunächst auf dem Aussagehalt der Rspr. des BVerfG bezüglich einer wie auch immer zu verstehenden Vertragsgerechtigkeit bzw. Richtigkeitsgewähr und damit einhergehenden Schutzpflichten liegen, um im Anschluss darauf aufbauend Schlussfolgerungen bezüglich der Notwendigkeit von Verfahrensanforderung ziehen zu können.

(1) Grundproblematik: Praktische Konkordanz, Vertragsgerechtigkeit und der Grundsatz stat pro ratione voluntas

Die Rspr. des BVerfG zur gestörten Vertragsparität betrifft die Konstellation, dass eine der Vertragsparteien durch ein ihr zukommendes Übergewicht eine derartig starke Verhandlungsposition besitzt, dass sie faktisch einseitig die Vertragsbestimmungen diktieren kann und dadurch Fremdbestimmung für den anderen Vertragsteil bewirkt. Exemplarisch führt das BVerfG in der Bürgschafts-Entscheidung dazu aus:

> *»Art. 2 I GG gewährleistet die Privatautonomie als »Selbstbestimmung des Einzelnen im Rechtsleben«* [...]. *Die Privatautonomie ist notwendigerweise begrenzt und bedarf der rechtlichen Ausgestaltung.* [...] *Mit der Pflicht der Ausgestaltung der Privatrechtsordnung stellt sich dem Gesetzgeber ein Problem praktischer Konkordanz. Am Zivilrechtsverkehr nehmen gleichrangige Grundrechtsträger teil, die unterschiedliche Interessen und vielfach gegenläufige Ziele verfolgen. Da alle Beteiligten des Zivilrechtsverkehrs den Schutz des Art. 2 I GG genießen und sich gleichermaßen auf die grundrechtliche Gewährleistung ihrer Privatautonomie berufen können, darf nicht nur das Recht des Stärkeren gelten. Die kollidierenden Grundrechtspositionen sind in ihrer Wechselwirkung zu sehen und so zu begrenzen, daß sie für alle Beteiligten möglichst weitgehend wirksam werden. Im Verfahrensrecht ergibt sich der sachgerechte Interessenausgleich aus dem übereinstimmenden Willen der Vertragspartner.* [...] *Hat einer der Vertragsteile ein so starkes Übergewicht, daß er*

373 BVerfG NJW 1990, 1469, 1470; vgl. auch: *J. Hager* in: Erman, § 315 Rn. 2; *Rieble* in: Staudinger, § 315 Rn. 39 ff.

374 Auch für die Fälle der gestörten Vertragsparität wird jedoch die Heranziehung des § 315 BGB kritisiert, da der Norm eine entsprechende »vertragsexterne Schutzfunktion« fehle, vgl. *Rieble* in: Staudinger, § 315 Rn. 45.

den Vertragsinhalt faktisch einseitig bestimmen kann, bewirkt dies für den anderen Vertragsteil Fremdbestimmung.«[375]

Durch die Bindung auch des Privatrechts-Gesetzgebers an die Grundrechte gem. Art. 1 Abs. 3, 20 Abs. 3 GG wird die Herstellung praktischer Konkordanz somit Thema des Zivilrechts,[376] was z.T. heftigst kritisiert wurde.[377] Der hierbei interessierende Kern der Kritik greift dabei den Umstand auf, dass durch die vom BVerfG geforderte Herstellung der praktischen Konkordanz im Wege eines sachgerechten Interessenausgleichs im Vertragsrecht eine Art verfassungsrechtlich verbürgte Vertragsgerechtigkeit bzw. Richtigkeitsgewähr festgelegt wird.[378] Problematisch ist eine solche Herangehensweise in Hinblick auf den bereits dargestellten Grundsatz *stat pro ratione voluntas*:[379] Der Vertragsinhalt gilt, weil ihn die Vertragsparteien wollen, nicht etwa weil er objektiv richtig ist. Hauptargument hierfür ist wiederum die generelle Freiheitsvermutung der Grundrechte (*in dubio pro libertate*), welche im Rahmen der Selbstbestimmung dem Willen der Parteien, auch etwas objektiv »unrichtiges« zu wollen, schützenswerten Vorrang einräumt, an dem sich jedwede Freiheitseinschränkung unter dem Aspekt der Vertragsgerechtigkeit messen lassen muss.[380]

Da also der freie, subjektive Wille der Vertragsparteien, der sich schwerlich mit »richtig« oder »unrichtig« belegen lässt,[381] vorrangig Schutz genießt, muss eine verfassungsrechtliche Rechtfertigung dafür gefunden werden, diesen – wie es das BVerfG in seiner st. Rspr. tut – unter dem Aspekt der Vertragsgerechtigkeit bzw. Richtigkeitsgewähr einzuschränken.

375 BVerfG NJW 1994, 36, 38.

376 *Di Fabio* in: Maunz/Dürig, Art. 2 Abs. 1 Rn. 112 (unausweichliche, aber rechtsmethodisch wenig befriedigende Aufgabe).

377 Vgl. insbes.: *Adomeit,* NJW 1994, 2467.

378 *Adomeit,* NJW 1994, 2467; *Busche*, S. 28 f. (materielle Richtigkeitsgewähr).

379 Siehe: Erster Teil B I 2 a), S. 9 ff.

380 *Kittner*, FS Dieterich, S. 280, 291; *Canaris*, FS Lerche, S. 886 (Primat der Vertragsfreiheit). Andere stellen zur Herleitung dieses Ergebnisses überwiegend auf den Grundsatz des *volenti non fit iniuria* ab, vgl. *Niedermaier*, S. 45; vgl. hierzu ferner: *Canaris*, AcP 200 (2000), 273, 284. Vor diesem Hintergrund wird auch verständlich, warum *Flume* seinerzeit der Lehre einer materielle Richtigkeitsgewähr des Vertrags (AT II, § 1 S. 7 f.) und der Herleitung konkreter Folgerungen aus der Vertragsfreiheit für die Privatrechtsordnung (AT II, § 1 S. 17 ff.) kritisch gegenüberstand.

381 Vgl. *Flume*, AT II, § 1 S. 8.

(2) Vertragsgerechtigkeit als rein wirtschaftspolitisches Ordnungskonzept? Staatliche Schutzpflichten vor dem Grundsatz volenti non fit iniuria

Erkennt man den subjektiven Willen der Vertragsparteien unter dem Aspekt der grundrechtlich geschützten Selbstbestimmung als vorrangig an, stellt sich die Frage, inwiefern Raum für Wertungen einer objektiven Vertragsgerechtigkeit besteht und insbesondere, ob solche Schutzerwägungen aus dem Grundsatz der Selbstbestimmung selbst gefolgert werden können. Das »Grundproblem« am ganzen Verhältnis des Eingreifens staatlicher Schutzpflichten beim Abschluss privatrechtlicher Verträge ist nämlich, dass auch die vermeintlich in ihrer Selbstbestimmung bedrohte Vertragspartei dem Vertrag stets zustimmen muss, sodass der Sache nach ein Schutz dieser Vertragspartei »vor sich selbst« im Raume steht.[382] Unter dem Aspekt des Grundsatzes *volenti non fit iniuria* und der Selbstverantwortung der Parteien lehnen einige daher auch das Eingreifen staatlicher Schutzpflichten im Bereich der Privatautonomie und beim Abschluss privatrechtlicher Verträge generell ab, da ein Schutzpflichten auslösender »Grundrechtseingriff« durch die Zustimmung der Vertragsparteien insofern entfalle.[383] Der Schutz der Selbstbestimmung in Form der Vertragsfreiheit beschränke sich insofern auf die Abschlussfreiheit einer Partei, den Vertrag nicht einzugehen.[384]

Folgt man dieser Ansicht, so lassen sich Schutzgedanken hinsichtlich einer wie auch immer gearteten Vertragsgerechtigkeit aus der Selbstbestimmung heraus nicht begründen, sodass diese aus anderen, außerhalb der Selbstbestimmung liegenden Erwägungen begründet werden müssten. Dieser externe Faktor, welcher allein den Eingriff in die Vertragsfreiheit begründen soll, wird sodann im Sozialstaatsprinzip nach Art. 20 Abs. 1, 28 Abs. 1 S. 1 GG erblickt, welches das BVerfG z.T. zum Schutz der Selbstbestimmung gem. Art. 2 Abs. 1 GG hinzuzitierte.[385] Schutzgebote hinsichtlich einer Vertragsgerechtigkeit sollen danach allein einer objektiven Ordnungsfunktion des Privatrechts auf einer normativen,

382 Vgl. hierzu schon: B II, S. 66 f.

383 Vgl. *Müller-Franken*, FS Bethge, S. 247 m.w.N.; *Isensee*, HStR V², § 111 Rn. 131; *Hillgruber*, S. 149 ff.

384 Vgl. zur sog. negativen Vertragsfreiheit: *Limbach*, JuS 1985, 10, 12; *Limbach*, KritV 1986, 165, 180; *Niedermaier*, S. 44 Fn. 214.

385 Vgl. *Müller-Franken*, FS Bethge, S. 247 (Frage des tatsächlichen Ungleichgewichts zwischen Privatrechtssubjekten allein sozialstaatliches Thema); *Busche*, S. 28 f. (materielle Vertragsgerechtigkeit bedarf Rechtfertigung durch Gerechtigkeitsidee im Sozialstaatsprinzip); *Busche* in: MünchKomm-BGB, Vor. § 145 Rn. 3.

sozio-ökonomischen Ebene entspringen.[386] Im Konkreten wird *Schmidt-Rimplers* Konzept der materiellen Richtigkeitsgewähr des Vertragsmechanismus daher auch als von vornherein normativ geprägtes, nicht analytisches Legitimationsmuster bezeichnet.[387]

Wirft man einen Blick auf die sozio-ökonomische Ebene, erkennt man schnell, dass sich unter der Problematik der gestörten Vertragsparität eigentlich eine allgemeine rechtspolitische Grundsatzdiskussion »versteckt«, welche nicht erst speziell durch die Rspr. des BVerfG zum Eingreifen staatlicher Schutzpflichten gegenüber der Privatautonomie ausgelöst wurde. Es geht hierbei – ohne dies an dieser Stelle vertiefen zu wollen – im Kern um die grundsätzliche Frage einer »Wirtschaftsverfassung« bzw. der diesbezüglichen Neutralität des Grundgesetzes.[388] Ein enger Zusammenhang wird dabei insbesondere zwischen der Vertragsfreiheit und einem freien Wettbewerb gesehen; von echter Entscheidungsfreiheit und somit echter Vertragsparität bzw. Vertragsgerechtigkeit könne nur dann gesprochen werden, wenn dem Einzelnen im Rahmen eines offenen Wettbewerbs auch eine echte Wahlentscheidung (*volenti non fit iniuria*) hinsichtlich des Vertragsabschlusses möglich sei.[389] Auf der anderen Seite stellt ein Eingriff in die Vertragsfreiheit gleichzeitig einen von einer streng liberalen Sichtweise aus gefürchteten Eingriff in die »freien Marktkräfte« dar.[390] Es drängt sich daher insgesamt der Verdacht auf, dass sich hinter der Diskussion um staatliche Schutzpflichten in den Fällen gestörter Vertragsparität unter diesem Blickwinkel auf sozio-ökonomischer Ebene *»doch nichts anderes als verbrämte Fundamentalpositionen«* verstecken, die sich auf die Gegenpole *»Markt versus Intervention«* verkürzen lassen.[391]

386 *Limbach*, JuS 1985, 10, 12 f.; *Limbach*, KritV 1986, 165, 176 ff.; *Fastrich*, S. 49 ff. (Systemgedanken neben Selbstbestimmung), 55; *Singer*, S. 21 ff.

387 *Limbach*, KritV 1986, 165, 176. Angesichts der historischen Tatsache, dass *Schmidt-Rimpler* durch seine Theorie der materiellen Richtigkeitsgewähr seinerzeit wohl versuchte, den Vertrag vor dem nationalsozialistischen Staat zu schützen, welcher die Gewähr von Gerechtigkeit nur vom Staat und damit von der Gemeinschaft her erwartete, nicht jedoch von den individuellen Bürgern her durch Selbstbestimmung, erscheint diese Feststellung auch folgerichtig. Vgl. zu diesem historischen Umstand: *Limbach*, KritV 1986, 165, 176; *Adomeit*, NJW 1994, 2467.

388 Vgl. hierzu ausführlich: D IV 4 c) aa), S. 168 ff.

389 Vgl. *Canaris*, AcP 200 (2000), 273, 293 ff.; *Singer*, S. 15 ff.; vgl. insgesamt auch: *Canaris*, FS Lerche, S. 878 ff.; *Kittner*, FS Dieterich, S. 279 ff.

390 Vgl. *Kittner*, FS Dieterich, S. 284; vgl. hierzu aber auch das zutreffende Gegenargument (S. 296): »Staatliche Intervention zum Schutze des Schwächeren ist kein Fremdkörper, sondern konstitutiv für das Funktionieren des Markt- bzw. Vertragssystems.«

391 *Kittner*, FS Dieterich, S. 279, 285.

(3) Schutz der materiellen Vertragsfreiheit und formellen Vertragsgerechtigkeit als Ausfluss der Selbstbestimmung

Neben den überwiegend ordnungspolitischen Begründungsmustern existieren allerdings auch analytisch geprägte Interpretationsansätze. Eine in die Tiefe gehende Analyse wurde dabei maßgeblich von *Canaris* entwickelt.[392] Dieser, der Erstreckung staatlicher Schutzpflichten auf privatautonome Verträge im Allgemeinen wohlwollender gegenüberstehend als andere, betont zunächst, dass zwar im Grundsatz von einem Primat der Vertragsfreiheit auszugehen sei, sich die Idee einer Vertragsgerechtigkeit jedoch als Mindestschutz vor besonders krassen Ergebnissen verstehen ließe.[393] Auf die Selbstbestimmung bezogene Schutzpflichten seien schon auch nicht deswegen ausgeschlossen, weil die Parteien unter dem Grundsatz *volenti non fit iniuria* dem Vertrag zustimmen müssten; verfassungsdogmatisch maßgeblich seien hierbei wiederum die staatlichen Berührungspunkte, die sich ihrerseits der grundrechtlichen Relevanz auch des privatautonomen Vertrags gegenüber nicht blind stellen dürften, es insofern weniger um den »Schutz vor sich selbst« bei Abschluss des Vertrags, sondern vielmehr um den Schutz vor dem den Vertrag vollstreckenden Staatsorganes gehe.[394]

Auf dieser Erkenntnis aufbauend, lässt sich sodann fragen, welcher (materielle) Gehalt der grundrechtlich geschützten Selbstbestimmung in Ausprägung der Vertragsfreiheit zukommt, wenn sie sich nicht wie von der Gegenauffassung vertreten in der negativen (Abschluss-) Freiheit erschöpft, einen Vertrag nicht eingehen zu müssen. Hierbei muss man sich zunächst folgende Erkenntnis vergegenwärtigen: Dem grundrechtlichen Schutz nach Art. 2 Abs. 1 GG unterliegt streng genommen primär nur die Selbstbestimmung des Einzelnen, nicht hingegen die Vertragsfreiheit bzw. Privatautonomie. Privatautonomie und Vertragsfreiheit dienen vielmehr nur der Selbstbestimmung des Einzelnen und verstehen sich als Reflex, werden jedoch nicht um *»ihrer selbst willen gewährleistet«*.[395] M.a.W. ist *»der Vertrag zwar Medium der Entfaltung, aber nicht deren genuine Basis«*.[396] Daraus entspringt wiederum die Schlussfolgerung, dass Selbstbestimmung und Vertrag nicht zwingend zusammenfallen müssen, es vielmehr auch

392 *Canaris*, AcP 200 (2000), 273.

393 Vgl. *Canaris*, FS Lerche, S. 883 f. (negative Formulierung der Vertragsgerechtigkeit); *Canaris*, S. 47 ff.

394 Vgl. *Kittner*, FS Dieterich, S. 282; *Canaris*, S. 48; zur Verfassungsrelevanz durch die staatlichen Berührungspunkte allgemein vgl. Erster Teil C II 4 c), S. 41 ff.

395 *Canaris*, AcP 200 (2000), 273, 277.

396 *Schmidt*, S. 65 ff.; *Limbach*, JuS 1985, 10, 11.

Verträge geben kann, die von der Selbstbestimmung nicht gedeckt sind bzw. dieser zuwider laufen.[397]

Canaris unterteilt die Vertragsfreiheit weiterhin in eine formelle und materielle. Die formelle Vertragsfreiheit meint dabei die rechtliche Freiheit, einen Vertrag abzuschließen und inhaltlich gestalten zu können, während die materielle Vertragsfreiheit die tatsächliche Freiheit zur Bildung der zugrunde liegenden Entscheidung meint.[398] Dem Vertrag liege nun ein natürlicher Antagonismus inne, der einerseits auf die Verwirklichung der Selbstbestimmung, andererseits aber zugleich auf deren Beschränkung durch Selbstbindung ziele.[399] Dieser Antagonismus bedeute außerdem zugleich, dass ein Gegensatz zwischen formeller und materieller Vertragsfreiheit existiere, da die rechtliche Kompetenz zur Gestaltung von Rechtsverhältnissen grundsätzlich auf Verbindlichkeit, das Prinzip der Selbstbestimmung, d.h. der tatsächlichen Entscheidungsfreiheit allerdings auf die Lösbarkeit von Verträgen abziele.[400] Auch im Rahmen der praktischen Konkordanz zwischen der Vertragsfreiheit beider Vertragsparteien wirke sich diese Unterscheidung aus, da es hierbei grundrechtsdogmatisch um die Beschränkung der formellen Vertragsfreiheit des Gläubigers zugunsten der materiellen Vertragsfreiheit des Schuldners gehe.[401]

Von der Vertragsfreiheit zu unterscheiden ist die Frage nach einer Vertragsgerechtigkeit. Auch hierbei unterscheidet *Canaris* zwischen einer formellen und materiellen Vertragsgerechtigkeit.[402] Die formelle Vertragsgerechtigkeit betrifft dabei die prozedurale Ebene, d.h. das Verfahren des Vertragsmechanismus. Dabei wird die prozedural geprägte Gerechtigkeit aus der Einhaltung des Verfahrens des Vertragsschlusses hergeleitet: Da beide Vertragsparteien unter dem Aspekt des *volenti non fit iniuria* dem Vertrag zustimmen müssen, soll das Vereinbarte eine subjektive Richtigkeitsgewähr in sich tragen, ohne dass eine so verstandene prozedurale Vertragsgerechtigkeit, die auf der Freiwilligkeit beruht, hierbei konkrete materielle Angaben bezüglich einer inhaltlichen Angemessen-

397 Vgl. *Limbach*, JuS 1985, 10, 11, die in diesem Zusammenhang zutreffend herausstellt, dass sich die Vertragsfreiheit für den Verbraucher wegen seiner verhandlungsschwachen Position beispielsweise faktisch auf die Abschlussfreiheit reduzieren kann.

398 *Canaris*, AcP 200 (2000), 273, 277.

399 *Canaris*, AcP 200 (2000), 273, 279, wobei die Bindung an Verträge, deren Zustandekommen mit einer in irgendeiner Weise beeinträchtigten Willensbildung behaftet war, letztlich dem Verkehrsschutz und damit dem Prinzip der Selbstverantwortung geschuldet sei.

400 *Canaris*, AcP 200 (2000), 273, 279.

401 Zur Bürgschaftsentscheidung: *Canaris*, AcP 200 (2000), 273, 300.

402 *Canaris*, AcP 200 (2000), 273, 282 ff.

heit festlegt.[403] Im Gegensatz dazu lässt sich eine materielle Vertragsgerechtigkeit als eine solche verstehen, die die Richtigkeit eines Vertrags von einem objektiven, inhaltlich bestimmten Ergebnis i.S. von »richtig« oder »falsch« her festlegen will.[404]

Da wie bereits gezeigt aus verfassungsrechtlicher Sicht vom Grundsatz *stat pro ratione voluntas*, d.h. vom Primat der Vertragsfreiheit auszugehen ist, muss die Vertragsfreiheit immer Vorrang vor einer wie auch immer gearteten materiellen Vertragsgerechtigkeit haben.[405] Andererseits arbeitet *Canaris* aber auch heraus, dass es einen »*unlösbaren Zusammenhang*« zwischen formeller (d.h. prozeduraler) Vertragsgerechtigkeit und materieller Vertragsfreiheit gibt, da nur eine auch in tatsächlicher Hinsicht freie Entscheidung der Parteien ein vollkommen gerechtfertigtes Ergebnis (*volenti non fit iniuria*) hervorbringt und somit eine formelle Vertragsgerechtigkeit begründen kann.[406] Materielle Vertragsfreiheit und formelle Vertragsgerechtigkeit stehen insofern in einem Komplementärverhältnis.[407]

Anhand dieser Differenzierung wertet *Canaris* die Rspr. des BVerfG nun so, dass diese den Schutz der Selbstbestimmung vor Fremdbestimmung in der Weise sicherstellen wolle, dass die materielle Vertragsfreiheit, d.h. die Möglichkeit, dass eine Vertragspartei tatsächlich frei entscheiden kann, grundrechtlichen Schutz genießen soll.[408] Das BVerfG fordere nämlich, dass die Vertragsparteien über den Inhalt des Vertrags tatsächlich frei entscheiden konnten, und verwende insofern sogar den Begriff des materiellen Verständnisses der Privatautonomie.[409]

Genießt demnach die materielle Vertragsfreiheit grundrechtlichen Schutz, muss allerdings auch die formelle Vertragsgerechtigkeit denselben Schutz genießen, da diesbezüglich ja ein zwingendes Komplementärverhältnis besteht. Unter diese Prämisse lässt sich der vom BVerfG im Rahmen der praktischen Konkor-

403 *Canaris*, AcP 200 (2000), 273, 283 f.

404 Vgl. *Canaris*, AcP 200 (2000), 273, 286.

405 *Canaris*, AcP 200 (2000), 273, 286.

406 *Canaris*, AcP 200 (2000), 273, 286 f., wobei er darauf hinweist, dass der Unterschied zwischen formeller und materieller Gerechtigkeit nicht überspitzt werden sollte, da auch aus ersterer u.U. inhaltliche Kriterien zu gewinnen sind.

407 *Canaris*, AcP 200 (2000), 273, 294.

408 *Canaris*, AcP 200 (2000), 273, 296, 299 (zur Bürgschaftsentscheidung); siehe auch: *Hillgruber*, S. 154 f.; *Höfling*, S. 45 ff.

409 Dass dies in der Diskussion neben der untauglichen Formel der »strukturellen ungleichen Verhandlungsstärke« untergegangen sei, bedauert: *Canaris*, AcP 200 (2000), 273, 296.

danz geforderte sachgerechte Interessenausgleich daher als grundrechtlicher Schutz einer formellen Vertragsgerechtigkeit verstehen. Dafür spricht auch, dass das BVerfG den sachgerechten Interessenausgleich (d.h. die Vertragsgerechtigkeit) ausdrücklich aus dem »Verfahrensrecht« herrührend (d.h. formell) auffasst.[410] *Canaris* weist allerdings darauf hin, dass unter Gerechtigkeitsgesichtspunkten auch immer eine materielle, d.h. inhaltliche Wertung erforderlich sein wird, sich das Problem der Vertragsgerechtigkeit wohl nie allein mit prozeduralen Mitteln bewältigen lasse.[411] In diesem Zusammenhang stellt sich daher natürlich die Frage, ob das ggf. notwendige materielle Gerechtigkeitskriterium nicht wiederum doch spezifisch »sozial« und daher letztendlich aus dem Sozialstaatsprinzip herzuleiten sei, welches das BVerfG in der Bürgschaftsentscheidung auch neben dem Schutz der Selbstbestimmung nach Art. 2 Abs. 1 GG hilfsweise herangezogen hat.[412] *Canaris* steht dem kritisch gegenüber und sieht das notwendige Gerechtigkeitskriterium nicht als derart spezifisch »sozial« an, dass es nicht auch von einem liberalen Denken, d.h. von der freiheitlichen, privatautonomen Selbstbestimmung des Einzelnen her begründbar wäre, da die freie Entfaltung der Persönlichkeit kein Wert sei, *»auf die soziales Rechtsdenken ein Monopol hat.«*[413]

Im Ergebnis bietet *Canaris* damit einen Interpretationsansatz an, der ein materielles Verständnis der Privatautonomie bzw. der Vertragsfreiheit aufweist und bei dem der grundrechtliche Schutz der Selbstbestimmung i.S. einer tatsächlichen Entscheidungsfreiheit im Vordergrund steht.

(4) Zwischenfazit

Der verfassungsrechtlich geschützte Grundsatz der Selbstbestimmung begründet ein Primat der Vertragsfreiheit (*stat pro ratione voluntas*). Dies schließt Aspekte einer Vertragsgerechtigkeit, die sich als Grenzen der Vertragsfreiheit verstehen und verfassungsrechtlich unter dem Aspekt der praktischen Konkordanz einzuordnen sind, jedoch nicht aus. Uneinigkeit besteht jedoch darüber, ob sich die Rechtfertigung für diese Grenzen allein aus objektiven Wertungsprinzipien wie

410 BVerfG NJW 1994, 36, 38.

411 *Canaris*, AcP 200 (2000), 273, 298, 285.

412 Vgl. *Canaris*, AcP 200 (2000), 273, 297 ff.

413 *Canaris*, AcP 200 (2000), 273, 299. Vgl. dazu insgesamt auch die liberale Schrift von *Mill*, die im Kern die persönliche Entfaltungsfreiheit des Einzelnen hervorhebt.

z.B. dem Sozialstaatsprinzip oder auch (allein oder z.T.) aus dem grundrechtlichen Schutz der Selbstbestimmung selbst herleiten lässt.

cc) Bewertung und Stellungnahme

Ob sich die Rspr. des BVerfG zur gestörten Vertragsparität auch für die vorliegende Fragestellung der Grenzen einer gewollten Fremdbestimmung fruchtbar machen lässt, hängt entscheidend davon ab, ob sich die einschlägigen Schutzpflichten allein aus einem objektiven, wirtschaftspolitischen Ordnungskonzept ergeben oder sich (zumindest auch) auf den grundrechtlichen Schutz der Selbstbestimmung stützen lassen. Nur im letzteren Falle wird man auch Schlussfolgerungen für die vorliegende Problematik ziehen können (1). Ist diese Frage i.S. eines materiellen Gehaltes der Selbstbestimmung entschieden, stellt sich die Anschlussfrage, ob die Parteien durch die Aushandlung des Delegationsvertrags – d.h. für das hier einschlägige Thema speziell der Schiedsvereinbarung – dem materiellen Gehalt der Selbstbestimmung schon voll entsprechen können. Hierbei geht es um die Problematik, ob das Aushandeln der Schiedsvereinbarung schon den Anforderungen an eine formelle Vertragsgerechtigkeit genügen kann und ob sich die staatlichen Schutzpflichten auf den Aspekt der Freiwilligkeit solcher Vereinbarungen beschränken oder darüber hinaus auch die nachträglich erfolgende Drittbestimmung umfassen (2). Wie zu zeigen sein wird, muss man den materiellen Gehalt des Grundrechtsschutzes zur Beantwortung dieser Frage um das Verbot der Selbstherrlichkeit über andere ergänzen (3a).

(1) Materieller Gehalt des grundrechtlichen Schutzes der Selbstbestimmung

Um Schlussfolgerungen aus der Rspr. des BVerfG für die vorliegende Problematik der Herleitung zwingender Verfahrensanforderungen ziehen zu können, muss entschieden werden, ob sich die darin begründeten staatlichen Schutzpflichten nur mithilfe von objektiven, wirtschaftspolitischen Ordnungsmodellen erklären lassen. Wäre dem nämlich so und ließen sich die staatlichen Schutzpflichten nicht auf einen materiellen Gehalt der Selbstbestimmung zurückführen, der sich nicht allein in der negativen Freiheit erschöpft, einen Vertrag nicht abschließen zu müssen, wäre aus der Rspr. des BVerfG für die vorliegende Problematik wenig zu gewinnen.

Denn stünden die staatlichen Schutzpflichten bspw. allein oder überwiegend im Lager des Schutzes der wirtschaftlich sozial schwächeren Partei (Sozialstaatsprinzip, Art. 20 Abs. 1, 28 Abs. 1 S. 1 GG) vor Abschluss eines »aufgezwungenen« Vertrags, wäre eine Ableitung zwingender Verfahrensanforderungen in Schiedsverfahren aus dem materiellen Gehalt der Selbstbestimmungeher fernliegend. In diesem Zusammenhang ließe sich freilich überlegen, ob sich die zwingenden Verfahrensanforderungen, sollten sich diese nicht allein aus dem grundrechtlichen Schutz der Selbstbestimmung ergeben, nicht möglicherweise aus dem Schutz der Selbstbestimmung nach Art. 2 Abs. 1 GG i.V.m. dem Rechtsstaatsprinzip nach Art. 20 Abs. 3 GG herleiten ließen. Hiermit wäre man allerdings wieder bei der Konstruktion der »mittelbaren« Wirkung des Rechtsstaatsprinzips in Privatrechtsverhältnissen angelangt, welche aus den bereits oben genannten Gründen abzulehnen ist.[414]

Ein solcher Kunstgriff wird indessen nicht nötig sein. Die in der Rspr. des BVerfG entwickelten staatlichen Schutzpflichten lassen sich auf die Grundrechte stützen, ohne dabei anderweitige objektive Staatsprinzipien zwingend heranziehen zu müssen. Materielle Vertragsfreiheit und damit auch die formelle Vertragsgerechtigkeit lassen sich trotz einiger kritischer Stimmen mit *Canaris* allein auf den Gedanken der Selbstbestimmung und somit auf die Grundrechte zurückführen. Dafür spricht maßgeblich, dass das BVerfG in einigen neueren Entscheidungen zu den Fällen gestörter Vertragsparität überhaupt nicht mehr auf das Sozialstaatsprinzip zurückgegriffen, sondern den Schutz allein aus dem Grundsatz der Selbstbestimmung hergeleitet hat. So wurde der Schutz der privatautonomen Selbstbestimmung vor Fremdbestimmung vom BVerfG auch für den Bereich von Eheverträgen[415] und Künstlerverträgen[416] angenommen. Charakteristisch ist hierbei für beide Vertragsarten, dass diese bspw. im Gegensatz zu den im Geschäftsverkehr häufiger vorkommenden Bürgschaftsverträgen einen individuelleren Bezug aufweisen, der im Falle der Eheverträge gar höchstpersönlicher Natur ist. Da es hierbei auch nicht etwa um typische »Massengeschäfte« ging, wie sie zwischen Unternehmern und Verbrauchern auftreten können, erscheint es auch nicht verwunderlich, dass das BVerfG in diesen Entscheidungen ebenfalls nicht mehr auf den umstrittenen Begriff der »strukturellen Unterlegenheit« zurückgegriffen hat. Ein Rückgriff auf das Sozialstaatsprinzip hätte wegen der individuellen Prägung – insbesondere der höchstpersönlichen Prägung bei Eheverträgen – auch wenig Sinn ergeben, da sich aus dem Sozialstaatsprinzip hierfür keinerlei

414 Siehe: C I 1 b), S. 77 f. und C I 3, S. 79 ff.

415 BVerfG NJW 2001, 957; kritisch hierzu wegen der Besonderheit der Eheschließungsfreiheit nach Art. 6 GG: *Röthel*, NJW 2001, 1334.

416 BVerfG NJW 2006, 956.

Wertungen erschließen lassen, was auch schon bei den gängigeren Vertragstypen im Geschäftsverkehr im Konkreten problematisch war, aber wegen der involvierten, teils wirtschaftspolitisch gefärbten Problematiken insofern näherlag.

Dem grundrechtlichen Schutz der auf Selbstbestimmung aufgebauten Privatautonomie bzw. Vertragsfreiheit kommt daher materieller Gehalt zu, der besagt, dass die Vertragspartei auch tatsächlich frei entscheiden können muss, damit sich der eingegangene Vertrag nicht als Mittel der Fremdbestimmung entpuppt. Welchen Aussagegehalt dieser materielle Gehalt hinsichtlich zwingender Verfahrensanforderungen bei gewollten Fremdbestimmungen hat, wird im Folgenden zu untersuchen sein.

(2) Formelle Vertragsgerechtigkeit durch Aushandeln der Delegation?

Erkennt man den materiellen Gehalt der Selbstbestimmung als tatsächlich gegebene Entscheidungsfreiheit an, stellt sich die Frage, ob diesem nicht schon dadurch genüge getan ist, dass die Vertragsparteien z.B. – beim Abschluss der Schiedsvereinbarung – vollständige Entscheidungsfreiheit besaßen. Durch das Aushandeln der Delegation in freier Selbstbestimmung – so ließe sich argumentieren – sei die formelle Vertragsgerechtigkeit bzw. Richtigkeitsgewähr schon hergestellt.[417] Der Schutz der privatautonomen Selbstbestimmung würde sich demnach auf die Herstellung der Voraussetzungen einer tatsächlichen, autonomen Entscheidung bei Vertragsschluss beschränken (»weicher Paternalismus«[418]), nicht jedoch auch dann das (inhaltlich) Gewollte der Selbstbestimmung begrenzen können, wenn der Vertrag fehlerfrei zustande kam (»harter Paternalismus«[419]). Kompensierende Verfahrensanforderungen bzw. Nachkontrollen wären unter diesem Aspekt somit überflüssig, wenn sie von den Parteien nicht gewollt wären.[420] Da es ja auch nicht auf eine materielle Richtigkeitsgewähr i.S. eines konkreten, objektiv richtigen Ergebnisses ankommen könne, mache es keinen Unterschied, ob der Inhalt des Vertrags durch die Parteien selbst oder einen Dritten festgelegt wird.[421]

Anders ausgedrückt geht es hierbei um die Problematik, ob sich die staatlichen Schutzpflichten auf den Abschluss des (Delegations-) Vertrags beschränken

417 Vgl. *Kleinschmidt*, S. 117 ff.
418 Vgl. hierzu: *Ohly*, S. 75.
419 Siehe: C II 3 a), S. 111 ff.
420 *Kleinschmidt*, S. 120.
421 *Kleinschmidt*, S. 118.

oder auch die nachgelagerte Drittbestimmung i.S. einer Kontrolle dieser umfassen. Schützt der materielle Gehalt der Selbstbestimmung nämlich tatsächlich nur die freie Entscheidung bei Vertragsabschluss und ist dadurch die formelle Vertragsgerechtigkeit gewahrt, bliebe kein Raum für Schutzpflichten in Bezug auf Verfahrensanforderungen. Zur Klarstellung sei an dieser Stelle noch einmal angemerkt, dass es hierbei nicht darum geht, dass der Dritte die Grenzen der Parteivereinbarung überschreitet bzw. missachtet, z.B. indem er nach einem falschen, nicht vereinbarten Entscheidungsmaßstab entscheidet. In diesem Falle läge ganz selbstverständlich eine unzulässige Fremdbestimmung vor, welche Kontrollpflichten auslösen würde. Relevant ist allein die Grenze der Privatautonomie der Delegierenden, d.h. das Maß, in dem eine gewollte Fremdbestimmung an die Selbstbestimmung der Parteien zurückgekoppelt ist und als zulässig erachtet werden kann.

In der Literatur, die sich mit dieser Fragestellung zur Schiedsgerichtsbarkeit unter dem Aspekt staatlicher Schutzpflichten befasst hat, findet sich dazu der folgende Befund: Wegen der Besonderheit, dass das Schiedsverfahren erst nach Abschluss der Schiedsvereinbarung durchgeführt wird, dürfe sich der Staat nicht auf den Schutz der Selbstbestimmung nur bei Abschluss der Vereinbarung beschränken, sondern müsse zudem gewährleisten, dass die von der Selbstbestimmung getragene, freiwillige Unterwerfung unter die Schiedsgerichtsbarkeit nicht in eine grundrechtswidrige Fremdbestimmung umschlage.[422] Dies steht zunächst mit dem allgemeinen Grundgedanken im Einklang, dass das bloße Einverständnis der Vertragsparteien mit dem Abschluss des Vertrags nicht jeden Grundrechtsschutz entbehrlich macht.[423] Maßgeblicher Unterschied zur Beurteilung der Schutzpflichten gegenüber dem regulären Vertragsabschluss ist demnach, dass der Inhalt erst nachträglich festgelegt wird. Allerdings lässt sich den Literaturansichten nicht eindeutig entnehmen, ob der Schutz vor dem »Umschlagen« der ursprünglichen Selbstbestimmung in Fremdbestimmung lediglich die als Selbstverständlichkeit zu wertende gerichtliche Kontrolle der Einhaltung der vorgegebenen Parteiverfahrensvereinbarungen betrifft oder darüber hinaus den Schutzpflichten bei nachträglicher Leistungsbestimmung ein anderer materieller Gehalt zugeschrieben werden soll, der insgesamt die Privatautonomie diesbezüglich begrenzt. Allein aus dem Umstand, dass eine nachträgliche Leistungsbestimmung in eine Fremdbestimmung umschlagen kann, was m.a.W. zunächst nichts ande-

422 *Kahlert*, S. 90; *Hillgruber* in: Maunz/Dürig, Art. 92 Rn. 88.
423 *Canaris*, S. 50.

res bedeutet, als dass die Grenzen der Ermächtigung vom Leistungsbestimmenden überschritten wurden, lässt sich hierzu nichts Konkretes schlussfolgern. Denn sollte der Leistungsbestimmende (angenommen zulässigerweise) zur Entscheidung nach freiem Belieben oder gar Willkür ohne jedwede Verfahrensanforderung ermächtigt worden sein, ist ein »Umschlagen« der Leistungsbestimmung in eine unzulässige Fremdbestimmung jedenfalls nicht denkbar. Dass dies aber von den erwähnten Literaturansichten nicht gemeint sein kann, ergibt sich aus einem anderen Umstand. Eine insofern völlig autonome, unkontrollierbare Schiedsgerichtsbarkeit soll nämlich wiederum nicht mit dem allgemeinen Justizgewährungsanspruch vereinbar sein bzw. der Privatautonomie nicht gerecht werden;[424] um Grundrechtsverletzungen vorzubeugen, seien zwingende Verfahrensstandards aufzustellen.[425] Materielle Grenzen hinsichtlich der Verfahrensgestaltung bei der privatautonomen Unterwerfung unter eine Schiedsgerichtsbarkeit sollen demnach wohl bestehen; dass sich diese jedoch nicht mit Verweis auf den allgemeinen Justizgewährungsanspruch begründen lassen, wurde bereits an anderer Stelle gezeigt.[426]

Es bleibt dennoch zu überlegen, ob die nachträgliche, durch einen anderen vorgenommene Bestimmung des eigenen Rechtsverhältnisses nicht trotzdem der richtige Anknüpfungspunkt für die Bestimmung zwingender Verfahrensanforderungen bleibt. Wie gezeigt, hängt die formelle Vertragsgerechtigkeit eng mit dem Grundsatz *volenti non fit iniuria* zusammen. Fraglich erscheint hierbei, inwiefern dieser Grundsatz überhaupt seine volle Wirkung entfalten kann, wenn das Ergebnis des Vertrags noch gar nicht feststeht, da dieses ja erst im Nachhinein festgelegt werden soll.

Flankiert ist damit u.a. ein allgemeines Wirksamkeitserfordernis eines jeden Rechtsgeschäfts, nämlich das Bestimmtheitsgebot. Das rechtsgeschäftliche Bestimmtheitsgebot besagt im Kern, dass der Inhalt eines Vertrags hinreichend bestimmt sein muss, damit dieser wirksam und verbindlich sein kann;[427] die Parteien müssen einschätzen können, was sie erwartet.[428] Bedeutsam ist das Bestimmtheitsgebot auch für die prozessuale Durchsetzung bzw. Vollstreckung des Vertragsinhalts, da der Staat nur aufgrund eines bestimmten Vertragsverhältnis-

424 *Hillgruber* in: Maunz/Dürig, Art. 92 Rn. 88; *Kahlert*, S. 90 f.

425 *Hillgruber* in: Maunz/Dürig, Art. 92 Rn. 88.

426 Siehe: C I 3, S. 79 ff.

427 Vgl. BGH NJW 1971, 653; *Bachmann* in: MünchKomm-BGB, § 241 Rn. 12; ausführlich: *Kleinschmidt*, S. 148 ff.

428 *Kleinschmidt*, S. 148.

ses in Rechtspositionen des Schuldners zwanghaft eingreifen darf.[429] Vor diesem Hintergrund stellt sich natürlich die Frage, ob eine nachträgliche Leistungsbestimmung wie in den §§ 315 ff. BGB eine Ausnahme oder Lockerung vom Bestimmtheitsprinzip darstellt,[430] was aber von *Kleinschmidt* mit dem Argument abgelehnt wird, dass das Aushandeln der Delegation und des Leistungsbestimmungsmechanismus den Vertrag zumindest bestimmbar mache.[431] *Kleinschmidt*, der das Bestimmtheitsgebot auch als eine Art »Aufgabenverteilung« zwischen privater und staatlicher Ebene ansieht,[432] zieht nun daraus den Rückschluss, dass aus der Bestimmbarkeit einer Vereinbarung nach den §§ 315 ff. BGB – d.h. einer Leistungsbestimmung auch nach freiem Belieben[433] – folgen müsse, dass eine entsprechende Delegation auch uneingeschränkt zulässig sei, da zwischen Bestimmbarkeit und Wirksamkeit einer derartigen Vereinbarung ja insofern ein zwingender Gleichlauf bestehe.[434] Dies erweist sich jedoch als Fehlschluss. Zwar bedarf jeder Vertrag zu seiner Wirksamkeit der Bestimmbarkeit, allerdings ist nicht jeder bestimmbare Vertrag deswegen automatisch wirksam. *Kleinschmidt* begegnet diesem Einwand mit dem Argument, dass allenfalls der Spruch des Dritten im Ergebnis unwirksam und gerichtlich nachprüfbar sei, nicht hingegen jedoch die Vereinbarung der Delegation selbst.[435] Eine Leistungsbestimmung nach freiem Belieben wäre allerdings abstrakt, d.h. unabhängig vom Ergebnis betrachtet auch nicht durch gerichtliche Ersatzbestimmung einklag- bzw. vollstreckbar.[436] In beiden Konstellationen wäre demnach eine gewollte Fremdbestimmung nach freiem Belieben nicht unkontrolliert möglich, was sich insgesamt nur als diesbezügliche allgemeine Begrenzung der Privatautonomie verstehen lässt.

Allerdings hat sich gezeigt, dass sich die Grenzen einer solchen Delegation nach freiem Belieben nicht unbedingt aus dem Bestimmtheitsgebot ergeben, auch wenn dieses in ähnlicher Weise die »Unvorhersehbarkeit« des Leistungsinhaltes betrifft. Das Bestimmtheitsgebot ist von seiner Zielrichtung und seinen

429 Vgl. hierzu und zu den weiteren Funktionen des Bestimmtheitsgebots ausführlich: *Kleinschmidt*, S. 152 ff.
430 So: *Rieble* in: Staudinger, § 315 Rn. 5 ff.
431 *Kleinschmidt*, S. 181 ff.
432 *Kleinschmidt*, S. 163 ff.
433 *Kleinschmidt*, S. 194 ff., 196.
434 Vgl. *Kleinschmidt*, S. 177 ff., 187 ff.
435 *Kleinschmidt*, S. 196.
436 Vgl. *Rieble* in: Staudinger, § 315 Rn. 502.

Voraussetzungen nicht mit dem Grundsatz *volenti non fit iniuria* bzw. der formellen Vertragsgerechtigkeit gleichzusetzen. Vielmehr betrifft das Bestimmtheitsgebot allein die Fähigkeit, privatautonom verbindliche Rechtsfolgen zu setzen und damit i.E. nur die formelle Vertragsfreiheit, wovon die materielle Vertragsfreiheit i.S. von tatsächlicher Selbstbestimmung und die daraus resultierende formelle Vertragsgerechtigkeit wie gesehen zu unterscheiden sind.

Anhand dieser Fragestellung hat sich außerdem gezeigt, dass sich auch eine formelle Vertragsgerechtigkeit, wie *Canaris* dies bereits richtig erkannt hatte,[437] nie vollständig isoliert vom (materiell festzustellenden) Ergebnis des Vertrags feststellen lässt. Formelle Vertragsgerechtigkeit lässt sich i.d.S. als Richtigkeit des durch materielle, d.h. durch tatsächliche *Selbst*bestimmung gefundenen Ergebnisses verstehen. Trennt man nun das Ergebnis von der Parteivereinbarung, indem man es einer nachträglich einseitigen Bestimmung zugänglich macht, trennt man die letztlich im Ergebnis durch gewollte Fremdbestimmung bestimmte Vereinbarung auch von einer so verstandenen formellen Vertragsgerechtigkeit. Eine formelle Vertragsgerechtigkeit nur durch Aushandeln der Delegation ohne eigenständige Festlegung des Ergebnisses kann somit nicht bestehen. Damit sei hier zur Klarstellung nicht gesagt, dass eine derartige gewollte Fremdbestimmung nicht auf der Selbstbestimmung der Parteien beruhe. Es sei aber gesagt, dass die Heranziehung der formellen Vertragsgerechtigkeit zur Ermittlung von Zulässigkeitsgrenzen einer etwaigen Delegation schlichtweg ungeeignet ist, da das insofern maßgebliche konkrete Endergebnis von der eigenhändigen Bestimmung der Parteien abgetrennt wird. Auch wenn die gewollte Fremdbestimmung auf der Selbstbestimmung der Parteien beruht, so ist es letztlich vom Ergebnis her betrachtet keine tatsächliche Selbstbestimmung. Diese ist aber zwingend erforderlich, um den Gedanken der formellen Vertragsgerechtigkeit in dem von *Canaris* entwickelten Sinne maßgeblich zu stützen. Da sich aus der formellen Vertragsgerechtigkeit keine Kriterien für die Zulässigkeit einer Delegation ableiten lassen, ist der Schluss, dass schon durch das Aushandeln der Delegation eine auf die formelle Vertragsgerechtigkeit gestützte, umfassende Zulässigkeit einer solchen Delegation entsteht, somit abzulehnen. Damit verbietet es sich auch, aus diesem Umstand Rückschlüsse auf die Entbehrlichkeit von Verfahrensanforderungen oder gerichtlichen Kontrollpflichten zu ziehen.

437 Vgl. *Canaris*, AcP 200 (2000), 273, 298, 285.

Ob zwingende Verfahrensanforderungen bei einer gewollten Fremdbestimmung erforderlich sind, lässt sich daher – entgegen *Kleinschmidt* – zumindest nicht i.S. des Nichtbestehens anhand einer durch Aushandeln der Delegation entstandenen formellen Vertragsgerechtigkeit beantworten. Da die formelle Vertragsgerechtigkeit und tatsächliche Selbstbestimmung somit zwingend zusammengehören, spricht dies eher für das Bestehen zwingender Verfahrensanforderungen unter der oben zugrunde gelegten Prämisse des Zusammenhangs von Zulässigkeit, Verfahren und Kontrolle einer gewollten Fremdbestimmung. Allerdings ist der Gedanke der (formellen) Vertragsgerechtigkeit und der aus deren Fehlen gewonnene Rückschluss der Kompensation durch zwingende Verfahrensanforderungen wie sich im nächsten Abschnitt zeigen wird eher ein Teilaspekt der gesamten Problematik, inwieweit gewollte Fremdbestimmungen verfassungsrechtlich zulässig sein können. Neben dem Aspekt der Vertragsgerechtigkeit sind nämlich noch weitere materielle Wertungen zur Formung eines materiellen Gehalts für die spezifische Fragestellung von Bedeutung, auf die im Folgenden eingegangen werden soll.

e) Zwischenfazit

Die zivilrechtsdogmatische Untersuchung hat ergeben, dass ein allgemeiner Zusammenhang zwischen Zulässigkeit, Verfahren und Kontrolle gewollter Fremdbestimmungen existiert, der mit der (formellen) Richtigkeitsgewähr des Vertragsmechanismus zusammenhängt. Auf verfassungsrechtlicher Ebene lässt sich dieser Wirkungszusammenhang beim materiellen Gehalt der grundrechtlich gewährleisteten Selbstbestimmung verorten, welcher mit der formellen Vertragsgerechtigkeit gleichzusetzen ist. Da hierbei aber eine tatsächliche Selbstbestimmung erforderlich ist, die sich unter dem Aspekt der formellen Vertragsgerechtigkeit nicht gänzlich vom Ergebnis des Vertrags isolieren lässt, liegt zumindest beim Aushandeln der Delegation keine derartige formelle Vertragsgerechtigkeit vor, die kompensierende Verfahrensanforderungen von vornherein überflüssig macht. Auch wenn die zivilrechtsdogmatischen Wechselbeziehungen eher für das Bestehen von kompensierenden Verfahrensanforderungen stehen, lassen sich daraus allerdings auch im positiven Sinne keine konkreten Grenzen einer gewollten Fremdbestimmung herleiten, sodass noch weitere Überlegungen anzustellen sind.

3. *Rechtsethischer Ansatz*

Die Problematik der gewollten Fremdbestimmung und der damit zusammenhängenden Erforderlichkeit von Verfahrensanforderungen weist neben der dogmatischen auch eine rechtsethische Ebene auf, die es im Folgenden zu untersuchen gilt. Wie zu sehen sein wird, wird der rechtsethische Ansatz für die Lösung der Problematik maßgeblich sein, da diese allein mit dogmatischen Mitteln nicht bewältigt werden kann.

a) *Volenti non fit iniuria als allgemeines Gerechtigkeitsprinzip und das Verbot der Selbstherrlichkeit über andere als materieller Gehalt der Selbstbestimmung*

Das hinter der im speziellen Untersuchungsgegenstand der Notwendigkeit von Verfahrensanforderungen in der Schiedsgerichtsbarkeit stehende Grundproblem des Schutzes der Selbstbestimmung vor Fremdbestimmung ist von genereller rechtsphilosophischer bzw. rechtsethischer Bedeutung. Verfassungsrechtlich und damit für die vorliegende Untersuchung maßgeblich wird das Grundproblem dadurch, dass das Grundgesetz die Selbstbestimmung vor Fremdbestimmung grundrechtlich schützt und eine generelle Freiheitsvermutung aufstellt.[438] Den Kern der Problematik bildet das sog. Freiheitsparadoxon, welches allgemein besagt, dass Autonomie bzw. Selbstbestimmung niemals schrankenlos gewährleistet werden kann, da unbeschränkte Freiheit immer die Tendenz hat, sich selbst aufzuheben.[439] Als ein Beleg dafür soll ein Beispiel des liberalen Denkers und Philosophen *Mill* dienen: Verkauft sich ein Individuum freiwillig in die Sklaverei, wäre seine Freiheit für immer aufgehoben; das Prinzip der Freiheit kann daher nicht verlangen, dass man die Freiheit besitzt, diese gänzlich aufzugeben.[440] Auch wenn man von einem sehr liberalen Standpunkt aus mit dem Grundsatz des *stat pro ratione voluntas* den Willen über irgendwelche objektiven Vernünftigkeitserwägungen stellt, wird man dieses Paradox als freiheitszerstörend anerkennen müssen.[441]

438 Vgl. Erster Teil C I 2 a), S. 31 ff.

439 Siehe: *Ohly*, S. 72 f.; zum Ganzen aus wirtschaftlicher Perpektive: *Fikentscher*. Auf verfassungspolitischer Ebene ist das Freiheitsparadoxon durch die Ewigkeitsklausel in Art. 79 Abs. 3 GG anerkannt (»Keine Freiheit für die Feinde der Freiheit«).

440 Vgl. *Mill,* S. 147; *Ohly*, S. 74 f.

441 Vgl. *Ohly*, S. 74 f.

Es geht hierbei um die Grenzfälle, in denen die Selbstbestimmung auf ihre eigene Aufhebung abzielt und damit um die Frage der Reichweite des auch für vertragliche Bindungen geltenden Grundsatzes *volenti non fit iniuria* als allgemeines Gerechtigkeitsprinzip.[442] Problematisch ist hierbei, dass sich die freiheitsbeschränkende Maßnahme immer auch als Aktualisierung, d.h. Ausübung der Selbstbestimmung[443] versteht und die Bindung des Individuums an seinen Wunsch eigentlich auch dem Prinzip der Selbstverantwortung geschuldet ist.[444] Im Gegensatz zum »weichen Paternalismus«, der die Voraussetzungen einer autonomen Entscheidung sichert,[445] geht es vom Begriff her also um den »harten Paternalismus«, welcher den autonomen Willen trotz des Vorhandenseins einer vollständig autonomen Entscheidung um seiner selbst willen einschränken will.[446]

Ohly weist in seiner Untersuchung zur privatrechtlichen Einwilligung[447] zutreffend darauf hin, dass es sich bei der beschriebenen Problematik um Grenzfälle mit rechtsethischer Dimension handelt, die mit rechtsdogmatischen Mitteln allein nicht zu bewältigen sind.[448] Unter diese Konstellation fällt vom Ausgangspunkt her auch die hier interessierende Unterwerfung unter eine private Schiedsgerichtsbarkeit, da es hierbei ebenfalls um eine gewollte Fremdbestimmung geht und damit auch um eine »Veräußerung« der Selbstbestimmung im Spannungsfeld zu deren zeitgleicher Aktualisierung. Es sind daher neben den voranstehenden, jedoch allein nicht ausreichenden rechtsdogmatischen Überlegungen an dieser Stelle auch rechtsethische Wertungen erforderlich, wobei natürlich keine Grundsatzdiskussion bzw. Lösung der rechtphilosophischen Grundproblematik erfolgen kann bzw. soll.

Zu überlegen ist jedoch zumindest, ob der grundrechtlich geschützten Selbstbestimmung nicht auch ein materieller Gehalt dergestalt innewohnt, wel-

442 Für eine ausführliche Untersuchung dieses Grundsatzes hinsichtlich der parallel laufenden Problematik privatrechtlicher Einwilligungen, vgl. *Ohly*, S. 63 ff.

443 Zur Einwilligung vgl. *Ohly*, S. 393 ff.

444 Vgl. *Ohly*, S. 77 ff.

445 Vgl. C II 2 d) cc) (2), S. 105 ff.

446 Vgl. *Ohly*, S. 74 f.

447 *Ohly*. Aus verfassungsrechtlicher Sicht läuft die Problematik der privatrechtlichen Einwilligung zur Freiheitsbeschränkung durch vertragliche Selbstbindung mit deutlichen Parallelen, vgl. *Ohly*, S. 87, vgl. ferner: S. 48 (Parallele Vollmacht).

448 *Ohly*, S. 393 (»Eine rechtsdogmatische Arbeit stößt hier an ihr Grenzen.«). Aus diesem Grund bleibt die rechtsdogmatische Untersuchung von *Kleinschmidt* für die vorliegende verfassungsrechtliche Fragestellung auch in ihrem (zivilrechtsdogmatischen) Aussagegehalt insofern begrenzt.

cher dem Selbstbestimmungsrecht Grenzen über die Verfügung des eigenen Selbstbestimmungsrechts, d.h. die Unterwerfung unter eine gewollte Fremdbestimmung zieht. I.d.S. ließe sich die Selbstbestimmung an sich als eine Art höchstpersönliches Rechtsgut und nicht nur als Mittel zur Verfügung über andere Rechtsgüter (z.B. Eigentum) verstehen, welches unter dem Blickwinkel des Freiheitsparadoxes nur im begrenzten Rahmen »dinglich« veräußert werden kann.[449] Denn lässt man durch Vertrag die Bestimmung der eigenen Rechtsverhältnisse durch einen anderen zu, verfügt man nicht nur über sein Vermögen, sondern auch über seine eigene Selbstbestimmung, was der Sache nach eine Verfügung über einen nichtvermögensrechtlichen Gegenstand darstellt.[450]

In einem solchen Sinne lassen sich grundlegende Ausführungen zur Privatautonomie von *Flume*[451] und *Larenz*[452] deuten.[453] *Flume* führt dazu aus:

> *»Unsere Rechtsordnung kennt die Einrichtung, daß jemand für einen anderen oder für andere Rechtsverhältnisse gestalten kann (Paradigma: Vertretung, §§ 164 ff.). Dieses Handeln für einen anderen ist nach unserer Rechtsordnung niemals privatautonom in dem Sinne, daß der Handelnde in »Selbstherrlichkeit« für den anderen (im Falle der Vertretung: für den Vertretenen) zu handeln berechtigt wäre. Handeln für einen anderen bei der Gestaltung von Rechtsverhältnissen ist immer Handeln in pflichtgemäßer Bindung.* […] *Das Ermessen bei der Gestaltung von Rechtsverhältnissen für andere ist niemals freies Ermessen, sondern immer pflichtgemäßes Ermessen und steht so in scharfem Gegensatz zu dem privatautonomen Handeln als einem solchen in »Selbstherrlichkeit« mit der rechtlich anerkannten Macht zu beliebiger Gestaltung. Nur im Interesse der Sicherheit des Rechtsverkehrs wir das Handeln des Vertreters grundsätzlich, was die Gestaltung der Rechtsverhältnisse anbetrifft, in der rechtlichen Regelung so angesehen, als ob der Vertretene selbst privatautonom gehandelt hätte.«*[454]

Vom Gedanken her tangiert ist hierbei auch das Verbot, sich durch Vertrag seiner Persönlichkeit zu veräußern,[455] welches generell in das Schema passt, die

449 Vgl. auch: § 137 BGB.

450 Vgl. auch: § 1030 Abs. 1 ZPO, in dessen Rahmen hinsichtlich der objektiven Schiedsfähigkeit zwischen vermögensrechtlichen und nichtvermögensrechtlichen Gegenständen unterschieden wird, wobei es in letzterem Falle wiederrum auf die Dispositionsbefugnis (Vergleichsfähigkeit) ankommt.

451 *Flume*, AT II, § 1 S. 9.

452 *Larenz*, Schuldrecht I, § 6 S. 80 ff.

453 Diesen weitgehenden Deutungsansatz verkennt: *Kleinschmidt*, S. 196, der sich mit beiden Ansätzen nur dogmatisch innerhalb des Bestimmtheitsgebots auseinandersetzt.

454 *Flume*, AT II, § 1 S. 9.

455 Siehe hierzu: D III 3 c), S. 152 ff. Im Zusammenhang mit diesem Rechtsgedanken steht auch das in der Rechtsordnung anerkannte allgemeine Verbot, sich durch eine sog. »verdrängende

Privatautonomie in sensiblen Bereichen wie der Disposition über die körperliche Integrität etc. einzuschränken.[456]

Die Grenzen einer solchen Selbstbestimmung sind nun immer dann erreicht, wenn die privatrechtliche Disposition zu einem irreversiblen Verlust von Handlungsmöglichkeiten führt, die als essentiell für das Leben als autonome Person gelten.[457] Nach *Ohly* kann es in diesen Fällen gerechtfertigt sein, aus dem Gedanken der Freiheitsmaximierung und der Respektierung des Menschen als Person derartige Dispositionen einer objektiven Vernünftigkeitskontrolle zu unterziehen oder ihnen in Grenzfällen die Wirksamkeit zu versagen.[458] Wo das Selbstbestimmungsrecht diesbezüglich aufhört und die staatliche Schutzpflicht vor Fremdverletzung bzw. -bestimmung anfängt, ist u.a. Grundfrage der Einwilligungslehre,[459] aber auch im vorliegenden Zusammenhang relevant.

Nach dem verfassungsrechtlichen Leitbild, welches die Selbstbestimmung unter grundrechtlichen Schutz stellt, gibt es zusammenfassend keine Selbstherrlichkeit über andere i.d.S., dass es dem Einzelnen frei stünde, seine Privatautonomie gänzlich auf einen anderen zu übertragen. Selbstbestimmung und gewollte Fremdbestimmung durch Delegation von Privatautonomie existieren somit nur innerhalb gewisser Grenzen, die es für den Spezialfall der Schiedsgerichtsbarkeit im Folgenden noch auszuloten gilt.

b) Stellungnahme: Die richtig verstandene »Rechtsstaatlichkeit« des Schiedsverfahrens

Nachdem nun das generelle Gebot einer Grenzziehung gewollter Fremdbestimmungen dargelegt wurde, gilt es, hieraus konkrete Schlussfolgerungen für die Schiedsgerichtsbarkeit zu ziehen. Von maßgeblicher Bedeutung wird hierbei die Frage nach dem als äußere Grenze verstandenen irreversiblen Verlust einer Handlungsmöglichkeit sein, die für das Leben als autonome Person essentiell

Vollmacht« vollständig (mit »dinglicher« Wirkung) aus dem rechtsgeschäftlichen Verkehr bzw. im gesellschaftsrechtlichen Bereich von seiner Stimmrechtsausübung auszuschließen, vgl. BGH NJW 1987, 780; NJW 1952, 178; *Mansel* in: Jauernig, § 167 Rn. 1; *Dörner* in: Schulze, § 167 Rn. 1; *Schubert* in: MünchKomm-BGB, § 164 Rn. 95 f.; *Schilken* in: Staudinger, § 168 Rn. 15; *Hillmann* in: Henssler/Strohn, GmbHG, § 47 Rn. 42; *Römermann* in: Michalski, § 47 Rn. 436.

456 *Canaris*, S. 48; zur Einwilligung ausführlich: *Ohly*, S. 392 ff., 12 ff.

457 *Ohly*, S. 76; vgl. auch: *Eidenmüller,* S. 383 ff.

458 *Ohly*, S. 76; vgl. auch: *Eidenmüller,* S. 383 ff.

459 *Ohly*, S. 84.

sein soll. Angesprochen ist hiermit der von der h.M. zur Begründung zwingender Verfahrensanforderungen maßgeblich verwendete Ansatz, die Schiedsvereinbarung impliziere einen Verzicht auf den allgemeinen Justizgewährungsanspruch, der nur dann zu rechtfertigen sei, wenn das Schiedsverfahren rechtsstaatlichen Verfahrensgrundsätzen entspreche.[460]

Dass aus der Schiedsvereinbarung streng genommen kein Verzicht auf den allgemeinen Justizgewährungsanspruch folgt, da sich diese gerade als Aktualisierung, d.h. Ausübung der Privatautonomie versteht, die der staatliche Richter gerade im Rahmen seiner Justizgewährungspflicht zu beachten hat, wurde bereits an anderer Stelle dargestellt.[461] Zur Klarstellung sei an dieser Stelle auch noch einmal erwähnt, dass sich Verfahrensanforderungen auch nicht aus einem Allgemeininteresse an einer privaten, rechtstaatlichen »Rechtsprechung« bzw. einer so verstandenen »überparteilichen Rechtspflege«[462] herleiten lassen, da das Schiedsverfahren rein privaten Charakter hat und der »Kunstgriff« der Verknüpfung der Schiedsgerichtsbarkeit mit dem Rechtsprechungsbegriff zur Herleitung von verfassungsrechtlichen Verfahrensanforderungen unzulässig ist; das Grundgesetz trifft schlichtweg keine (expliziten) Aussagen bezüglich einer privaten Rechtsprechung.[463] Von Interesse ist allerdings der wahre Kern der Aussage der h.M., dass im Falle des Schiedsverfahrens der Umstand eintritt, dass sich ein staatlicher Richter der Sache nach nicht mehr mit der Streitigkeit beschäftigt. Dies hat auch von dem Standpunkt aus Bedeutung, dass sich die Schiedsgerichtsbarkeit insgesamt als Ausübung der Privatautonomie und nicht als Verzicht auf den allgemeinen Justizgewährungsanspruch versteht, da es auch insofern de facto um den Verlust einer Handlungsmöglichkeit durch Selbstbindung geht, die man (zumindest in unserem Rechtsstaat) als essentiell für das Leben einer autonomen Person ansehen muss.

Dass die Schiedsvereinbarung zum Verlust einer wesentlichen Handlungsmöglichkeit führt, die die Notwendigkeit der Begrenzung der Selbstbestimmung auslöst, wird auch von einigen Stimmen in der Literatur vertreten, die zwingende schiedsgerichtliche Verfahrensanforderungen über bzw. in Anlehnung an die staatlichen Schutzpflichten zu begründen versuchen. Auch im Rahmen der Schutzpflichten würde sich die Schiedspartei durch einen vorherigen Verzicht

460 Siehe: C I 1, S. 76 ff.
461 Siehe: Erster Teil C I 3, S. 34 ff.
462 Vgl. zu diesem Begriff: *Voit* in: Musielak/Voit, § 1059 Rn. 26.
463 Siehe: C I 3, S. 79 ff.

auf rechtliches Gehör der Willkür der Schiedsrichter ausliefern und sich selbst zum bloßen Objekt des Verfahrens erniedrigen, was eine unzulässige Fremdbestimmung darstellen würde;[464] diese »Objektformel« ergebe sich auch aus dem Grundrecht der Menschenwürde (Art. 1 Abs. 1 GG).[465] Problematisch an der alleinigen Anknüpfung an die Objektformel[466] ist allerdings, dass auch das entsprechende Nichtwollen von Verfahrensanforderung als Ausübung von Autonomie zu verstehen ist und daher ebenfalls einen schützenswerten und wesentlichen Bestandteile der Menschenwürde bildet.

In einer Gesamtschau sprechen die besseren Gründe aber dafür, dass durch die Schiedsvereinbarung ein derart irreversibler Verlust einer für das Leben als autonome Person maßgeblichen Handlungsmöglichkeit eintritt, welcher das Eingreifen grundrechtlich fundierter, staatlicher Schutzpflichten erfordert. Die Möglichkeit, seine Rechte vor einem staatlichen Gericht einklagen zu können, ist die Kehrseite des staatlichen Gewaltmonopols und ist daher im Rechtsstaat von besonderer Bedeutung und als wesentlich für das Leben einer autonomen Person anzusehen. Unter Wertungsgesichtspunkten soll sich hier daher im Ergebnis der h.M. angeschlossen werden, die unter dem Aspekt des Verzichts auf den allgemeinen Justizgewährungsanspruch eine »Rechtsstaatlichkeit« des Schiedsverfahrens fordert, was hier allerdings zunächst nur als generelles Erfordernis irgendwelcher Grenzen der Unterwerfung verstanden werden soll. Diese Grenzen sind allerdings nicht objektiv, etwa durch Anknüpfung an die Rechtsprechungsfunktion der Schiedsgerichte oder den Justizgewährungsanspruch zu sehen, sie ergeben sich vielmehr aus der Selbstbestimmung und den immanenten Grenzen der Autonomie selbst. Inwieweit diese immanente Grenze den objektiv gezogenen Grenzen und Verfahrensanforderungen der h.M. bzw. den Verfahrensgrundrechten vor staatlichen Gerichten entspricht, wird im nächsten Abschnitt zu behandeln sein.

464 Vgl. *Kahlert*, S. 94; vgl. ferner: *Nolte* in: Mangoldt/Klein/Starck, Art. 103 Rn. 4 (»Sicherung des allgemeinen Freiheitsrechts im Prozess«); *Distler*, S. 215; zur (gleichlaufenden) einfachgesetzlichen Lage: *Voit* in: Musielak/Voit, § 1059 Rn. 27.

465 Vgl. zur »Objektformel«: BVerfGE 144, 20 Rn. 539; 122, 248 (271); 57, 250 (275); 47, 239 (247); *Geimer* in: Zöller, § 1042 Rn. 4; *Geimer*, S. 136; *Münch* in: MünchKomm-ZPO, § 1059 Rn. 45; *Remmert* in: Maunz/Dürig, Art. 103 Abs. 1 Rn. 21, 38; *Nolte* in: Mangoldt/Klein/Starck, Art. 103 Rn. 4; *Degenhart* in: Sachs, Art. 103 Rn. 2. Einige folgern daraus auch ein »Gebot der natürlichen Gerechtigkeit«, welches auch vor privaten Schiedsgerichten gelten soll: *Remmert* in: Maunz/Dürig, Art. 103 Abs. 1 Rn. 56; *Nolte* in: Mangoldt/Klein/Starck, Art. 103 Rn. 16.

466 *Ohly*, S. 412.

c) *Reichweite verfassungsrechtlicher Verfahrensanforderungen: Das Untermaßverbot*

aa) *Der neutrale Dritte als allgemeine Verfahrenskompensation*

Nachdem die Schiedsvereinbarung im Besonderen als (im Falle der staatlichen Anerkennung) irreversibler Verlust einer wesentlichen Handlungsmöglichkeit identifiziert wurde, welche eine Begrenzung einer solchen Unterwerfung erfordert, bleibt noch die konkrete Reichweite der Grenzziehung zu untersuchen. Hierzu ist jedoch zunächst noch einmal auf das allgemeine Grundproblem, nämlich die gewollte Fremdbestimmung nur einer vertraglichen Leistung i.S. der § 315 ff. BGB einzugehen, um die Grundzüge von Verfahrensanforderungen zu entwickeln. Klarzustellen ist an dieser Stelle außerdem, dass sich die gewonnenen, allgemeinen Erkenntnisse gleichsam auf andere Formen der gewollten Fremdbestimmung[467] wie das Schiedsgutachten oder das obligationenrechtliche Schiedsverfahren beziehen können, sofern diese eine dem Schiedsverfahren vergleichbare Intensität bzw. einen vergleichbaren Verlust an Handlungsmöglichkeiten im oben beschriebenen Sinne bedeuten.[468] Angemerkt sei außerdem, dass hierbei nur die grundsätzlichen verfassungsrechtlichen Fragestellungen untersucht werden können und sollen, nicht hingegen (einfachgesetzliche) Detailfragen.

Allgemein bleibt festzuhalten, da es sich bei der Festlegung von Verfahrensanforderungen gleichzeitig um eine Begrenzung eines Freiheitsrechtes zum Schutze dieses Freiheitsrechtes handelt, dass hierbei das verfassungsrechtliche Über- sowie Untermaßverbot[469] zu beachten ist.[470] Zu strenge Verfahrensanforderungen sind daher ebenso wenig gerechtfertigt wie zu geringe Verfahrensanforderungen. An dieser Stelle sei zudem noch einmal der Zusammenhang zwischen Zulässigkeit, Verfahren und Kontrolle in Erinnerung gerufen.[471] Neben einem gänzlichen Verbot und einer Begrenzung der Autonomie durch inhaltliche Nachkontrolle sind Verfahrensanforderungen unter dem Aspekt der Verhältnismäßigkeit nämlich insbesondere dazu geeignet, als erforderliches, geeignetes und angemessenes Mittel zum Schutze der Selbstbestimmung zu fungieren.

467 Vgl. hierzu: Erster Teil B I 2 b), S. 11 ff.
468 Ähnlich: *Schlosser*, RipS, Rn. 27; *Münch* in: MünchKomm-ZPO, Vor. § 1025 ff. Rn. 63.
469 Zum Untermaßverbot vgl. *Störring; Klein*, JuS 2006, 960.
470 Zum Privatrecht vgl. *Canaris*, S. 50.
471 Siehe: C II 2 a), S. 85 ff.

Als Ausgangspunkt der konkreten Entwicklung von Verfahrensanforderungen in der Schiedsgerichtsbarkeit soll nun die Parteileistungsbestimmung nach § 315 BGB dienen, da diese den »Extremfall« der gewollten Fremdbestimmung darstellt. An früherer Stelle wurde diesbezüglich bereits festgestellt, dass die h.M. eine Leistungsbestimmung durch eine Partei nach freiem Belieben als unzulässig erachtet.[472] Grund dafür ist, dass der Gläubiger[473] einseitig die auch ihn betreffende Leistung im eigenen Interesse festlegen kann, ohne dass dabei irgendwelche kompensierenden Verfahrensanforderungen bestehen, wie etwa die Entscheidung durch einen (neutralen) Dritten (§§ 317 ff. BGB).[474] Auf verfassungsrechtlicher Ebene lässt sich diese Wertung mit dem Verbot der Selbstherrlichkeit über andere begründen, die eine gewollte Fremdbestimmung immer nur pflichtgebunden zulässt, m.a.W. tritt der Fremdbestimmende nicht verdrängend an die Stelle des Ermächtigenden und übt nicht für diesen seine eigene Selbstbestimmung aus.[475] Das Verbot der Selbstherrlichkeit über andere fordert somit eine – wie auch immer konkret zu definierende – »Billigkeit« der Entscheidung des Gläubigers, deren Einhaltung staatlicher Kontrolle unterliegt, da dieser ansonsten – über eine Sache des eigenen Interesses entscheidend – bei Möglichkeit der Entscheidung nach freiem Belieben bzw. Willkür Selbstherrlichkeit über den anderen ausüben könnte. Wie nun diese pflichtgebundene Entscheidung i.S. ei-

472 Siehe C II 2 d) aa), S. 90 ff. Anzumerken ist hierbei, dass die häufig anzutreffende Differenzierung zwischen freiem Belieben und Willkür auf verfassungsrechtliche Ebene nicht weiterhilft und aufzugeben ist. *Kleinschmidt*, S. 191 Fn. 264, will die Willkür in Gegenüberstellung zum freien Belieben beispielsweise nur als rechtsmissbräuchliches Verhalten verstehen. *Rieble* in: Staudinger, § 315 Rn. 41, versteht Willkür hingegen als »schrankenloses« Belieben, sodass bei einem festgelegten Entscheidungsrahmen (z.B. Kaufpreis zwischen 500 und 2000 Euro) keine unzulässige Willkür vorliegt. Auch dies ist wenig überzeugend, da hiernach eine Kaufpreisbestimmung zwischen 1 und 1 Mrd. Euro liegen, was man für einen geringwertigen Kaufgegenstand, z.B. einem Bleistift, trotz objektiv bestimmbaren Rahmen als willkürlich bezeichnen könnte. Auf verfassungsrechtlicher Ebene ist hingegen wegen dem Verbot der Selbstherrlichkeit über andere eine allgemeine Grenze und Pflichtbindung zu entwickeln, die jedenfalls die willkürliche Bestimmung über einen anderen ausschließt, sich aber nicht auf oben genannte, einfachgesetzliche Beispiele beschränken lässt.

473 Sollte der Schuldner zur Leistungsbestimmung nach freiem Belieben ermächtigt sein, entfällt schon die Leistungspflicht, vgl. *Würdinger* in: MünchKomm-BGB, § 315 Rn. 1a; kritisch: *Rieble* in: Staudinger, § 315 Rn. 41 ff.

474 Als Verfahrensanforderung soll hierbei nicht die materiell korrekte Anwendung eines bestimmten Entscheidungsmaßstabs verstanden werden. Dies würde auch im Schiedsverfahrensrecht zu der unhaltbaren These führen, die Falschanwendung des Entscheidungsmaßstabs sei als Verfahrensverstoß rügbar, abzulehnen deshalb: *Aden*, DZWIR 2011, 400.

475 Deswegen liegt i.d.S. auch keine »echte«, verdrängende Delegation vor, anders zur einfachgesetzlichen Lage wohl: *Rieble* in: Staudinger, § 315 Rn. 103 f.

ner »Billigkeit« verfassungsrechtlich zu definieren ist, ob evtl. auch eine Beschränkung auf offenbare Billigkeit und eine Differenzierung zwischen den verschiedenen Entscheidungsstufen möglich ist, bestimmt sich nach dem Untermaßverbot. Die Festlegung eines i.d.S. zu verstehenden, konkreten materiellen Entscheidungsmaßstabs, der abstrakt für alle Fälle gilt, ist an dieser Stelle weder möglich[476] noch notwendig, da vorliegend für die Problematik der Verfahrensanforderungen nur die Grundaussage von Interesse ist, dass eine vollkommen freie und autonome (gewollte) Fremdbestimmung des Schuldners durch den Gläubiger nicht dem verfassungsrechtlichen Leitbild entspricht. Ist eine gänzlich autonome Entscheidung des Gläubigers nämlich jedenfalls nicht möglich, ergibt sich aus dem Zusammenhang zwischen Zulässigkeit, Kontrolle und Verfahren, dass eine gänzlich autonome Entscheidung, wenn überhaupt, nur bei bestehenden Verfahrenssicherungen zulässig sein kann.

Eine kompensierende Verfahrensanforderung, die eine (weitgehende) Autonomie der gewollten Fremdbestimmung zulässt, kann nun in der Einschaltung eines Dritten als Leistungsbestimmenden liegen, wie es den §§ 317 ff. BGB zugrunde liegt. Dem Dritten wird, da er im Regelfall neutral und nicht in eigener Sache entscheidet, ein größeres Vertrauen und eine höhere Richtigkeitsgewähr zugesprochen.[477] Dies zeigt sich auch an dem einfachgesetzlichen Leitbild des § 319 Abs. 1 BGB, wonach Entscheidungen nach Billigkeit auf offenbare Unbilligkeit kontrolliert werden sollen, und insbesondere am Leitbild des § 319 Abs. 2 BGB, der die Entscheidung nach freiem Belieben explizit erwähnt. Die autonome Entscheidung des Dritten nach freiem Belieben ist aber auch dann nicht mehr zu kontrollieren, wenn dieser in eigener Sache entscheidet und somit das Neutralitätskriterium nicht mehr erfüllt.[478]

476 Ein möglicher Ansatzpunkt für die Entwicklung eines materiellen Entscheidungsmaßstabs i.S. einer »Billigkeit« könnte hierbei die Rspr. des BVerfG zur gestörten Vertragsparität darstellen. Danach kommt es in materieller Hinsicht in den Fällen gestörter Vertragsparität darauf an, ob der »Inhalt des Vertrags für eine Seite ungewöhnlich belastend und als Interessenausgleich offensichtlich unangemessen« ist, vgl. etwa: BVerfG NJW 1994, 2749, 2750; NJW 1994, 36, 38; NJW 1996, 2021. So ließe sich eine Brücke zwischen der »ungewollten« Fremdbestimmung i.S. der gestörten Vertragsparität und der »gewollten« Fremdbestimmung i.S. des § 315 BGB schlagen: In beiden Fällen läge formal eine Zustimmung zu einer materiellen Fremdbestimmung vor, die in beiden Fällen bei Unbilligkeit, verstanden als ungebundener Ausübung von Selbstherrlichkeit über den Vertragspartner, verfassungswidrig wäre.

477 *Rieble* in: Staudinger, § 317 Rn. 2 f.

478 Vgl. *Rieble* in: Staudinger, § 317 Rn. 59 ff.

bb) *Das Verbot des Richtens in eigener Sache und weitere besondere Verfahrensanforderungen einer Schiedsgerichtsbarkeit*

Damit ist dasjenige Kriterium angesprochen, dass auch in der Schiedsgerichtsbarkeit herausragende Maßgeblichkeit besitzt: Das Verbot des Richtens in eigener Sache.[479] An anderer Stelle wird auch von einem allgemeinen Grundsatz gesprochen, dass sich niemand in einer derartigen Weise seinem späteren Schiedsverfahrensgegner unterwerfen darf.[480] Das Verbot des Richtens in eigener Sache ist somit nur eine andere Beschreibung bzw. eine spezielle Ausprägung von dem allgemeinen Grundsatz des Verbotes der Selbstherrlichkeit über andere.

Genauso wie bei der verfassungsrechtlichen Bestimmung der »Billigkeit« einer gewollten Fremdbestimmung durch den Gläubiger stellt sich bei der kompensierenden Verfahrensanforderung des neutralen Dritten das Problem, das korrekte Untermaß ausfindig zu machen. Hat der entscheidende Dritte ein konkretes Interesse am Streitgegenstand bzw. ist dieser direkt betroffen davon (Beispiel: Schiedsrichterhonorar),[481] würde seine Entscheidung eine Ausübung von Selbstherrlichkeit über andere bedeuten und eine autonome Entscheidung wäre mithin nicht mit den staatlichen Schutzpflichten vereinbar.

Problematisch sind allerdings Neutralitätsbeeinträchtigungen, die zwar an der vollständigen Unabhängigkeit des Schiedsrichters zweifeln lassen (Beispiel: Verbindungen jedweder Art zu einer der Schiedsparteien),[482] jedoch streng genommen kein Richten in eigener Sache darstellen, da kein konkretes Eigeninteresse am Streitgegenstand besteht. Anders ausgedrückt, lässt sich auch die Frage stellen, ob der Schiedsrichter dem staatlichen Richter (Art. 97 GG) entsprechende Neutralitätserfordernisse erfüllen muss und welche Besonderheiten durch das private Wesen der Schiedsgerichtsbarkeit demgegenüber gerechtfertigt sind. Zu beachten ist hierbei, dass der Schiedsrichter nicht nur eine Leistung (materiell) bestimmt wie in den Fällen der §§ 317 ff. BGB, welche grundsätzlich den

479 Vgl. *Münch* in: MünchKomm-ZPO, § 1036 Rn. 9, § 1059 Rn. 45; *Raeschke-Kessler* in: Prütting/Gehrlein, § 1059 Rn. 68; *Voit* in: Musielak/Voit, § 1036 Rn. 4; *Saenger* in: Saenger, § 1059 Rn. 28; *Geimer* in: Zöller, § 1034 Rn. 3, § 1059 Rn. 42.

480 Vgl. im Zusammenhang mit dem generellen Verzicht auf das Ablehnungsrecht: *Voit* in: Musielak/Voit, § 1036 Rn. 11.

481 Vgl. hierzu: OLG München NJOZ 2017, 262; *Wolff*, SchiedsVZ 2006, 131; *Voit* in: Musielak/Voit, § 1057 Rn. 1, 5. Denkbar ist – was sich i.Ü. mit der hier vertretenen Auffassung der Billigkeitskontrolle in Fällen des Richtens in eigener Sache deckt – aber eine Streitwertbestimmung nach Billigkeit i.S. des § 315 BGB, vgl. *Wolff*, SchiedsVZ 2006, 131, 137 m.w.N.

482 Z.B. einen gemeinsamen Verwandten oder einen mit der Sache bereits erfassten Rechtsanwalt, die jeweils ein besonderes Vertrauen genießen vgl. *Geimer*, S. 141.

Rechtsweg zu staatlichen Gerichten nicht versperren, sondern auch abschließend (»prozessual«) über Tatsachen befindet, die ansonsten durch einen staatlichen Richter festgestellt worden wären. Dies stellt einen weitgehenderen irreversiblen Verlust von Handlungsmöglichkeiten dar, der generell weitgehendere staatliche Schutzpflichten erforderlich machen kann. Auch vor diesem Hintergrund muss man sich jedoch ernsthaft fragen, ob aus verfassungsrechtlicher Sicht ein Gleichlauf zwischen schiedsgerichtlichen und staatlichen Verfahrensanforderungen zwingend erforderlich ist oder ob eine solche Strenge hinsichtlich der Verfahrensanforderungen nicht sogar das Übermaßverbot verletzt.[483] Einen Gleichlauf auf verfassungsrechtlicher Ebene wird man im Rahmen staatlicher Schutzpflichten nicht fordern können, da der grundrechtliche Schutz vor Fremdbestimmung – trotz der Reichweite der Konsequenzen der Schiedsvereinbarung – keine dem Art. 97 GG gänzlich vergleichbare Wertung erfordert, da dieser auf das rechtsstaatliche Funktionieren einer staatlichen Einrichtung abzielt (Art. 1 Abs. 3, Art. 20 Abs. 3 GG). Erreicht die Verbindung eines Schiedsrichters zu einer Schiedspartei jedoch eine Qualität, die ein Richten im Interesse dieser Schiedspartei bedeutet, etwa wenn der Schiedsrichter der Sache nach als direkter Parteivertreter auftritt, stellt dies ebenfalls ein Richten in eigener Sache bzw. die Ausübung von Selbstherrlichkeit über andere dar.

Besonderheiten ergeben sich bei der Besetzung des Schiedsgerichts, welches aus mehreren Schiedsrichtern besteht (§ 1034 ZPO). Bei der Zusammensetzung des Schiedsgerichts kommt im Vergleich zum staatlichen Richter der grundlegende Unterschied zum Tragen, dass die Schiedsrichter im Schiedsverfahren im Voraus von den Schiedsparteien gewählt werden.[484] Daraus lässt sich jedenfalls allgemein folgern, dass aus der Ernennung der Schiedsrichter kein derartiges Integritätsmanko erwachsen kann, welches das Eingreifen staatlicher

483 Die Frage nach der Verfassungsmäßigkeit der einfachgesetzlichen Regelung des Schiedsverfahrensrechts soll an dieser Stelle nicht untersucht werden, da hier nur die zwingenden Mindestanforderungen interessieren. Die Verletzung der grundrechtlichen Privatautonomie bei übermäßigen Einschränkungen ist allerdings stets zu beachten. Strengere Verfahrensanforderungen, die verfassungsrechtlich nicht zwingend i.S. des Untermaßverbotes erforderlich sind, können zudem auch durch andere Zwecke, beispielsweise Allgemeininteressen an einer »gleichwertigen« Schiedsgerichtsbarkeit gerechtfertigt sein. Zudem ist ein Ausgestaltungsspielraum des Gesetzgebers zu beachten.

484 *Voit* in: Musielak/Voit, § 1034 Rn. 1; ausführlich hierzu: *Karl*, S. 2 ff. (besondere Integritätsproblematik). Nach hier vertretener Auffassung ist diese Selbstverständlichkeit schon keine Besonderheit, sondern begriffsnotwendige Voraussetzung der Schiedsgerichtsbarkeit als gewollte Fremdbestimmung.

Schutzpflichten vor unzulässiger Fremdbestimmung rechtfertigt, da die Schiedsgerichtsbarkeit in ihrer wesentlichen Form ansonsten schon gar nicht möglich wäre.[485] Umstritten ist diesbezüglich, ob die parteiernannten Schiedsrichter als abhängige Parteivertreter verstanden werden können und in einem Dreierschiedsgericht nur der Obmann neutral sein muss oder aber sämtliche Schiedsrichter.[486] Aus verfassungsrechtlicher Sicht kann wieder nur allein interessieren, ob die konkrete Ausgestaltung des Schiedsgerichts eine tatsächliche Ausübung von Selbstherrlichkeit über einen anderen zulässt.[487] Dies wird man bei einem Dreierschiedsgericht, bei dem sich die zwei parteiernannten Schiedsrichter zwar als Parteivertreter verstehen, jedoch ein neutraler Obmann existiert, nicht annehmen können. Das fungieren von Schiedsrichtern als Parteivertreter ist demnach in Bezug auf das Untermaßverbot unschädlich, solange insgesamt die Neutralität des Spruchkörpers sichergestellt ist.[488]

Gleichsam führt auch diesbezüglich ein Übergewicht einer Partei bei der Zusammensetzung des Schiedsgerichts per se noch nicht zur fehlenden Neutralität des Schiedsgerichts, sofern die Schiedsrichter nicht parteiisch als Interessenvertreter agieren. Das reine Bestellungsrecht einer Partei mag als Indikator für Zweifel an der Neutralität des bestellten Spruchkörpers angesehen werden, ist aber auf verfassungsrechtlicher Ebene für sich genommen hinsichtlich der Neutralität des Spruchkörpers unschädlich,[489] solange der Spruchkörper insgesamt nicht tatsächlich in eigener Sache richtet. Ist das Schiedsgericht natürlich überwiegend parteiisch, übt es Selbstherrlichkeit über die andere Partei aus.

485 *Geimer*, S. 138.

486 *Geimer*, S. 137 f. (reduzierte unparteiliche Rechtspflege bei parteiernannten Schiedsrichtern verfassungsrechtlich unhaltbar); a.A. *Distler*, S. 210 f. (Schiedsgericht muss aus verfassungsrechtlicher Sicht nur insgesamt unabhängig sein; parteiernannte Schiedsrichter dürfen parteilich sein, solange Obmann neutral ist); *Schlosser*, RiPS, Rn. 521.

487 Andernfalls wäre ein obligationenrechtliches Schiedsverfahren schon als gänzlich unzulässig anzusehen, da das Entscheidungsgremium hierbei einfachgesetzlich tatsächlich aus zumindest zwei Parteivertretern besteht

488 Da die tatsächliche Fremdbestimmung erst durch einen staatlichen Akt eintritt (»Verfassungsrelevanz«), kann es auch nur darauf ankommen, ob der Schiedsspruch von einem insgesamt neutralen Schiedsgericht erlassen wurde, vgl. *Distler*, S. 211.

489 A.A. *Hesselbarth*, S. 220 ff. Auf einfachgesetzlicher Ebene führt das Übergewicht einer Partei nach § 1034 Abs. 2 ZPO auch nicht zur Unwirksamkeit der Schiedsvereinbarung, sondern gewährt nur eine gerichtliche Ersatzbestellung auf Antrag der benachteiligten Partei, vgl. BGH NJW 1986, 3027; *Voit* in: Musielak/Voit, § 1034 Rn. 5; *Münch* in: MünchKomm-ZPO, § 1034 Rn. 12 ff., § 1059 Rn. 46. Auch im Falle des Schiedsgutachtens ist eine einseitige Beauftragung des Schiedsgutachters unschädlich, solange dieser Neutralität besitzt, vgl. *Rieble* in: Staudinger, § 317 Rn. 103 f.

Ferner stellt sich unter dieser Prämisse die Frage nach besonderen Verfahrensgewährleistungen wie dem rechtlichen Gehör (Art. 103 Abs. 1 GG, § 1042 Abs. 1 S. 2 ZPO), der damit z.T. zusammenhängenden Gleichbehandlung der Parteien[490] (§ 1042 Abs. 1 S. 1 ZPO) und der Zulassung von Rechtsanwälten (§ 1042 Abs. 2 ZPO). Das Erfordernis rechtlichen Gehörs wird man unter dem Aspekt der staatlichen Schutzpflichten damit rechtfertigen können, dass dieses Verfahrenserfordernis den Verlust kompensiert, dass ein staatlicher Richter nicht mehr über die Tatsachen entscheiden kann. Unterwirft sich eine Partei unter Ausschluss des rechtlichen Gehörs der Feststellung, d.h. Fremdbestimmung der Tatsachen durch einen anderen Privaten, würde auch dies die Ausübung von Selbstherrlichkeit über einen anderen bedeuten und die Schiedspartei zum Objekt des Verfahrens degradieren.[491] Ein genereller Verzicht auf das rechtliche Gehör wäre damit unzulässig.[492] Ein generelles Recht auf anwaltliche Vertretung wird man allgemein nicht als von den staatlichen Schutzpflichten umfasst ansehen können; denkbar sind möglicherweise einzelne Grenzfälle, in denen die Nichtvertretung durch einen Anwalt einer Nichtgewährung rechtlichen Gehörs gleichkäme und somit staatliche Schutzpflichten ausgelöst wären.[493] Da die Verfahrensanforderungen insgesamt aus dem Verbot der Selbstherrlichkeit über andere entstammen, sind konkrete Abgrenzungen diesbezüglich schwerlich möglich bzw. Überschneidungen in der Natur der Sache verankert.

III. Fazit

Verfassungsrechtliche Verfahrensanforderungen der Schiedsgerichtsbarkeit lassen sich nicht aus der analogen Geltung der Verfahrensgrundrechte oder allge-

490 Zum Verhältnis des Gebots der Gleichbehandlung zum bedeutenderen Gebot des rechtlichen Gehörs unter dem Aspekt der »Waffengleichheit«, vgl. *Münch* in: MünchKomm-ZPO, § 1042 Rn. 20, 2; *Remmert* in: Maunz/Dürig, Art. 103 Abs. 1 Rn. 35.

491 Vgl. *Kahlert*, S. 94; vgl. ferner: *Nolte* in: Mangoldt/Klein/Starck, Art. 103 Rn. 4 (»Sicherung des allgemeinen Freiheitsrechts im Prozess«); *Distler*, S. 215; zur (gleichlaufenden) einfachgesetzlichen Lage: *Voit* in: Musielak/Voit, § 1059 Rn. 27. Ähnliches wird man unter dem Aspekt der Gleichbehandlung annehmen müssen.

492 Einzelne Einschränkungen des rechtlichen Gehörs, wie z.B. Ausschlussfristen für Stellungnahmen, Präklusion etc., sind hingegen wohl als zulässig anzusehen, solange die Schiedsparteien im Einzelfall dadurch nicht zum Objekt des Verfahrens herabgestuft werden, vgl. *Distler*, S. 217 ff.

493 Vgl. allgemein zur umstrittenen Frage, ob das Recht auf anwaltliche Vertretung zum rechtlichen Gehör (Art. 103 Abs. 1 GG) gehört: *Remmert* in: Maunz/Dürig, Art. 103 Abs. 1 Rn. 68.

meinen Rechtsstaatsprinzipien herleiten. Maßgeblich sind allein die staatlichen Schutzpflichten bezüglich der grundrechtlichen Selbstbestimmung, d.h. dem Schutz vor Fremdbestimmung. Der (zivilrechtsdogmatische) Zusammenhang zwischen Zulässigkeit, Verfahren und Kontrolle einer gewollten Fremdbestimmung reicht dabei für sich allein genommen nicht aus, um die Frage zu beantworten, ob kompensierende Verfahrensanforderungen (verfassungsrechtlich) zwingend sind; zumindest lässt sich die Frage dadurch nicht i.d.S. negativ beantworten, dass keine Verfahrensanforderungen bestehen müssen. Zur Lösung der Problematik ist vielmehr eine rechtsethische Komponente maßgeblich: Der materielle Gehalt der grundrechtlich geschützten Selbstbestimmung verbietet es, sich gänzlich seiner Selbstbestimmung zu entledigen (Freiheitsparadoxon). Da es keine Selbstherrlichkeit über andere geben kann und im Falle der autonomen Schiedsgerichtsbarkeit der (irreversible) Handlungsverlust eintritt, seine Streitigkeit vor einem staatlichen Gericht auszutragen, erscheinen zwingende Verfahrensanforderungen geboten. Die Verfahrensanforderungen bestimmen sich verfassungsrechtlich nach dem Untermaßverbot: Das Verbot der Selbstherrlichkeit über andere entfaltet sich auf schiedsgerichtlicher Ebene als Verbot des Richtens in eigener Sache, was von der Intensität her vergleichbare Verfahrensmängel mitumfasst.

D. Verfassungsrechtliche Schiedsfähigkeit

I. Problemaufriss: Schiedsfreiheit und staatliches Rechtsprechungsmonopol

Die Bestimmung der Grenzen der objektiven Schiedsfähigkeit, d.h. der generellen Grenzen der Schiedsgerichtsbarkeit war bzw. ist schon auf einfachgesetzlicher Ebene ein bestehendes Problem. Mit dem Schiedsverfahrens-Neuregelungsgesetz vom 22.12.1997[494] wurde das bis dahin bestehende Kriterium der Vergleichsbefugnis gestrichen und durch eine umfängliche Schiedsfähigkeit aller vermögensrechtlicher Ansprüche ersetzt (§ 1030 Abs. 1 S. 1 ZPO). Nur noch nicht vermögensrechtliche Ansprüche hängen von einer bestehenden Vergleichsbefugnis ab (§ 1030 Abs. 1 S. 2 ZPO). Doch auch schon zum alten Recht war die

494 BGBl. Teil I Nr. 88, S. 3224.

Bestimmung und Reichweite des Kriteriums der Vergleichsbefugnis umstritten und unklar.[495] In der Gesetzesbegründung zum neuen Recht heißt es nunmehr, dass wegen der im Prinzip gleichwertigen Rechtsschutzmöglichkeit die Schiedsgerichtsgerichtsbarkeit nur insofern ausgeschlossen werden soll, als der Staat sich im Interesse besonders schutzwürdiger Rechtsgüter ein Entscheidungsmonopol vorbehalten hat.[496]

Diese grundsätzliche Erweiterung der Schiedsfähigkeit wurde überwiegend positiv aufgefasst, zog aber auch einiges an Kritik nach sich.[497] Insbesondere *Voit* sah die Schiedsgerichtsbarkeit durch die Streichung des Kriteriums der Vergleichsbefugnis nunmehr als eine von der Privatautonomie losgelöste, der inneren Rechtfertigung beraubte und aus sich selbst heraus legitimierte Gerichtsbarkeit an.[498] Andere sehen es wegen der grundsätzlichen Zulässigkeit der Schiedsgerichtsbarkeit als verfassungsrechtlich geboten an, die Schiedsfähigkeit nur dann zu versagen, wenn sich ausnahmsweise ein Rechtsprechungsmonopol für staatliche Gerichte ergibt.[499] Bei genauerer Betrachtung muss dabei zunächst auffallen, dass es aufgrund der offenen und weitgehend konturlosen, »floskelartigen« Formulierung des »Rechtsprechungsmonopols« kaum möglich erscheint, eine konkrete Aussage zu schiedsunfähigen Gegenständen zu treffen. Nur eines lässt sich festhalten: Offenbar muss es Bereiche geben, in der die Schiedsgerichtsbarkeit unzulässig ist. Worin diese liegen oder wie diese zu bestimmen sind, bleibt jedoch unklar. Daher lässt sich allein anhand dieser Definition ohne weitere Faktoren gar nicht entscheiden, ob die Grenze zwischen Anfang des staatlichen Rechtsprechungsmonopols und Ende der Privatautonomie gleichgesetzt ist, was wohl (verfassungsrechtlich) unbedenklich wäre, oder ob das staatliche Rechtsprechungsmonopol erst zu einem viel späteren, weit hinter den Grenzen der Privatautonomie liegenden Punkt eingreift und damit zu einer Diskrepanz zwischen objektiver Schiedsfähigkeit und Privatautonomie führt, welche (verfassungsrechtliche) Bedenken auslösen kann.

Auf einfachgesetzlicher Ebene lässt sich eine Antwort auf die gerade aufgeworfene Problematik leicht finden: Die Privatautonomie endet dort, wo zwingende Gesetze die Handlungs- und Gestaltungsfreiheit der Privaten begrenzen.

495 Vgl. *Bork*, ZZP 100 (1987), 249; *Kornmeier*, ZZP 94 (1981), 27.
496 BT-Drs. 13/5274, S. 34.
497 Vgl. *Hesselbarth*; *Schulze*; *Voit*, JZ 1997, 120.
498 *Voit*, JZ 1997, 120, 125.
499 *Distler*, S. 157.

Fehlt es also an zwingendem Recht, sind die Privaten grundsätzlich Dispositionsbefugt und können über die etwaigen Rechtsgüter frei verfügen. Daher steht es ihnen auch frei, in diesem Rahmen ein Schiedsverfahren durchzuführen. Die ursprüngliche Verknüpfung der objektiven Schiedsfähigkeit mit der Vergleichsbefugnis – die grundsätzlich bei Eingreifen zwingenden Rechts fehlt bzw. die sich nur im Rahmen zwingenden Rechts abspielen kann[500] – konnte diese Rückkopplung der einfachgesetzlichen objektiven Schiedsfähigkeit an die einfachgesetzlich geltenden Grenzen der Privatautonomie dogmatisch gewährleisten.[501] Versteht man die Vergleichsbefugnis daher in der wie gerade beschriebenen Art als Rahmen der einfachgesetzlich gewährten Privatautonomie, bedeutet deren Loslösung von der objektiven Schiedsfähigkeit zunächst daher auch die Trennung von der (einfachgesetzlichen) Privatautonomie. Durch Schiedsvereinbarung haben die Parteien nun nämlich die Möglichkeit, trotz zwingenden, möglicherweise entgegenstehenden Rechts ein Schiedsverfahren durchzuführen, bspw. einen anderen Rechtssatz als Entscheidungsgrundlage zu wählen und dadurch möglicherweise Ergebnisse herbeizuführen, die ihnen aufgrund des eigentlich anwendbaren zwingenden Rechts vor staatlichen Gerichten verwehrt geblieben wäre.[502]

Die Bestimmung entsprechender materieller Grenzen durch die Vergleichsbefugnis war allerdings auch im alten Recht schwierig, insbesondere da unklar war, welche Beschaffenheit die einschlägigen materiellen Normen aufweisen müssen, um ihnen ein Verbot bzw. eine Erlaubnis bezüglich der Vergleichsbefugnis entnehmen zu können. Dies führte u.a. dazu, dass die Vergleichsbefugnis – auch wegen des teilweise prozessualen Charakters der Schiedsvereinbarung – in prozess-rechtlicher Hinsicht verstanden wurde und bspw. fehlte, wenn gesetzlich prozessual der Untersuchungsgrundsatz für ein entsprechendes staatliches

500 In einzelnen Fällen können sich die Parteien durch Vergleich auch über zwingendes Recht hinwegsetzen, etwa bei dem Vergleich über das Bestehen eines möglicherweise nichtigen Vertrags, vgl. BGH NJW 1963, 1197, 1198; *Marburger* in: Staudinger, § 779 Rn. 78, *Voit*, JZ 1997, 120, 124 Fn. 12. Damit gemeint ist allerdings lediglich der Umstand, dass der Vergleich nach § 779 BGB über ein möglicherweise nichtiges Ausgangsgeschäft selbst nicht unbedingt nichtig sein muss, sondern u.U. wirksam sein kann. Dies hängt lediglich von eigenen Kriterien ab und ist für den Vergleich gesondert festzustellen. Jedenfalls »verlässt« der Vergleich über ein möglicherweise nichtiges Ausgangsgeschäft nicht die zwingende Rechtsordnung, da sich seine Wirksamkeit wiederrum allein nach dieser richtet. Somit kommt es nicht zur Diskrepanz zwischen einfachgesetzlich gewährter Privatautonomie und Vergleichsbefugnis bzw. einer Loslösung von der Rechtsordnung.

501 Vgl. *Voit*, JZ 1997, 120, 124.

502 Vgl. *Voit*, JZ 1997, 120, 122 f.

Verfahren vorgeschrieben war.[503] Da aber auch diese prozessuale Theorie Schwächen aufwies und teils zu unsachgemäßen Ergebnissen führte, wurde die objektive Schiedsfähigkeit von der Theorie der objektiven Verfügbarkeit wieder von materiellen Wertungen abhängig gemacht, wobei sie nur dann zu versagen war, wenn dem Gegenstand die objektive Verfügbarkeit fehlte; dieses Kriterium war weitläufiger als das ursprüngliche (strenge) Kriterium der materiellen Vergleichsbefugnis, da es auf die Wirksamkeit des Vergleichs nicht ankam.[504]

An dieser Stelle soll nun keine Bewertung der verschiedenen Theorien oder gar ein Streitentscheid erfolgen. Von dieser einfachgesetzlichen, rechtshistorisch entwickelten Problematik ausgehend sollen hier aber die auf das Verfassungsrecht überlappenden Fragestellungen interessieren. Dabei wird aber relativ schnell klar, dass die Probleme auf beiden Ebenen in dieselbe Richtung laufen. Unter verschiedenen Facetten geht es immer um die Bestimmung der Reichweite der Privatautonomie und der Rückbindung der Schiedsgerichtsbarkeit an diese. Auf einfachgesetzlicher Ebene war diese Problematik unter dem Begriff der Vergleichsbefugnis verortet, was durch die Streichung dieses Kriteriums durch das neue Schiedsverfahrensgesetz natürlich stark ins Wanken geraten ist. Auf verfassungsrechtlicher Ebene wird man die Diskussion bei der grundrechtlichen Gewährung der Privatautonomie (z.B. Art. 2 Abs. 1 GG), deren Grundrechtsschranken und den Verfassungsnormen, welche die staatliche Gerichtsbarkeit betreffen (z.B. Art. 92 GG) führen müssen.

Gerade auch die Bestimmung der generellen verfassungsrechtlichen Grenzen bereitet dabei Schwierigkeiten und darf als ungeklärte Problematik gelten.[505] Eingangs sollen daher zunächst verschiedene (wesentliche) Ansätze zur Bestimmung der generellen verfassungsrechtlichen Grenzen der Schiedsgerichtsbarkeit dargestellt und bewertet werden, um anschließend eingehend unter Erläuterung der verfassungsrechtlichen Problematik die Grundrechte und die staatlichen Schutzpflichten auf ihre Eignung zur Bestimmung des verfassungsrechtlichen Rahmens hin zu untersuchen. Dabei ist noch einmal klarstellend allein die verfassungsrechtliche Sicht maßgeblich; von parallellaufenden, einfachgesetzlichen Fragestellungen muss diesbezüglich bewusst Abstand genommen werden, um eine voreingenommene, gefärbte Sicht auf eine verfassungsrechtliche Lösung zu

503 Zur Theorie der prozessualen Vergleichsbefugnis: *Kornmeier*, ZZP 94 (1981), 27.
504 Zur Theorie der objektiven Verfügbarkeit: *Bork*, ZZP 100 (1987), 249.
505 *Lachmann*, Rn. 231.

verhindern.[506] Zur Veranschaulichung der verfassungsrechtlichen Problematiken wird sich jedoch an der einen oder anderen Stelle ein Bezug zur einfachgesetzlichen Lage anbieten bzw. nicht vermeiden lassen.

II. Meinungsstand zur verfassungsrechtlichen Schiedsfähigkeit

1. Nichtbestehen verfassungsrechtlicher Grenzen

a) Keine Notwendigkeit von Bereichsausnahmen

Die These, verfassungsrechtliche Grenzen i.S. einer objektiven Schiedsfähigkeit ließen sich nicht begründen, wurde schon früh von *Geimer* in seinem Beitrag »Schiedsgerichtsbarkeit und Verfassung«[507] aufgestellt. Seiner Ansicht nach steht bei einem liberalen Rechtsstaat die Servicefunktion im Vordergrund, nicht hingegen ein staatlicher Machtanspruch, der auf die Vermeidung privater »Rechtsprechungskonkurrenz« gerichtet ist.[508] Dem Rechtsuchenden stünde es frei, anstelle des staatlichen Rechtsweges Rechtsschutz vor ausländischen staatlichen Gerichten oder privaten Schiedsgerichten im In- und Ausland zu suchen.[509]

Eine Beschränkung dieser Möglichkeit durch das Erfordernis einer Vergleichsbefugnis bzw. durch Anknüpfung an die vertragliche Privatautonomie sei durch das Grundgesetz nicht vorgesehen.[510] Bekräftigt werde dies durch einen Vergleich zur Anerkennung ausländischer Gerichtsurteile: Da die Verfassung auch in Bezug auf ausländische Gerichtsurteile keinen exklusiven Bereich der staatlichen Rechtsprechung i.S. einer *domain reservé* postuliere, müsse dies genauso im Verhältnis zur Schiedsgerichtsbarkeit gelten.[511] Gegen eine solche Bereichsausnahme spreche außerdem, dass es schwierig sei, solche Streitgegenstände zu definieren, bei denen ein angebliches öffentliches Interesse eine Zuständigkeit der staatlichen Gerichte erfordere.[512] Die Verfassung fordere schließ-

506 *Geimer*, S. 151.
507 *Geimer*, S. 113 ff.
508 *Geimer*, S. 152.
509 *Geimer*, S. 152.
510 *Geimer*, S. 153.
511 *Geimer*, S. 154.
512 *Geimer*, S. 154.

lich nur eine repressive Kontrolle, hingegen kein präventives Verbot der Schiedsgerichtsbarkeit i.S. einer objektiven Schiedsunfähigkeit;[513] Befürchtungen einer Gesetzesumgehung durch Schiedsgerichte seien unbegründet.[514]

Stimmig ist diese (großzügige) Auffassung zumindest vor dem Hintergrund, dass *Geimer* der Schiedsgerichtsbarkeit als solcher jeglichen verfassungsrechtlichen Schutz aberkennt[515] und daher auch eine umfängliche *révision au fond* als zulässig, wenn auch systemfremd erachtet, sodass die Schiedsgerichtsbarkeit auch zu einem reinen Vorverfahren degradiert werden könnte.[516] Eine umfängliche Nachprüfung durch die staatlichen Gerichte bietet dieser Ansicht nach insofern den Ersatz für das Fehlen jeglicher Bereichsausnahmen.

b) Verzichtbarkeit der Klageerhebung und prozessuale Privatautonomie

Im engen Zusammenhang mit der gerade dargestellten Ansicht steht eine in der Literatur oft anzutreffende Auffassung, welche zur Ermittlung der Schiedsfreiheit auf die Verzichtbarkeit der Geltendmachung eines Rechts und die damit verbundene prozessuale Privatautonomie abstellt. Der Grundgedanke dabei ist folgender: Da es jedem Rechtsinhaber grundsätzlich frei steht, seine materielle Rechtsposition gerichtlich geltend zu machen oder von der Klage abzusehen, wäre es widersinnig, ihm die Durchführung eines Schiedsverfahrens anstelle zu verbieten.[517] Geschützt sei insofern auch die prozessuale Privatautonomie, welche die Verfügungsbefugnis über einen Rechtsstreit und die Nichtausübung eines Rechts als Bestandteil der Freiheitsausübung umfasse.[518] Die Durchführung eines Schiedsverfahrens ist somit eine Art »wesensgleiches Minus« gegenüber der Entscheidung, überhaupt keine Klage zu erheben und die Geltendmachung des Rechts nicht auszuüben.

Die prozessuale Privatautonomie nach Art. 2 Abs. 1 GG, zu der die Schiedsgerichtsbarkeit gehöre, sei dabei streng von der ebenfalls in Art. 2 Abs. 1 GG verankerten materiellen Privatautonomie zu unterscheiden, sodass materielle Beschränkungen, etwa der Vergleichsbefugnis, keinerlei Einfluss auf die Be-

513 *Geimer*, S. 155, 157.
514 *Geimer*, S. 155.
515 Die Schiedsgerichtsbarkeit sei nicht vom Schutzbereich der Privatautonomie gem. Art. 2 Abs. 1 GG umfasst: *Geimer*, S. 118; vgl. dazu oben: Erster Teil C I 2, S. 31 ff.
516 *Geimer*, S. 180.
517 *Möller*, S. 52; *Schulze*, S. 36; vgl. ferner: *Geimer*, S. 152; *Prütting*, FS Schlosser, S. 708.
518 *Möller*, S. 52.

stimmung der Grenzen der Schiedsgerichtsbarkeit haben können.[519] Der objektiven Schiedsfähigkeit – d.h. der generellen Zulässigkeit der Schiedsgerichtsbarkeit – sei daher aus Sicht des Grundgesetzes aufgrund der regelmäßigen Möglichkeit des *pactum de non petendo* quasi keinerlei Grenzen gesetzt.[520]

Im Gegensatz zur vorherigen Ansicht wird die Schiedsgerichtbarkeit hier also dem Schutzbereich der Privatautonomie gem. Art. 2 Abs. 1 GG zugeschrieben, wobei dieser jedoch in einen materiellen und prozessualen Bestandteil aufgespalten und aus letzterem eine (nahezu) grenzenlose Schiedsfreiheit hergeleitet wird. Damit stimmen die beiden Auffassungen zwar im Ergebnis bezüglich der generellen Grenzen der Schiedsgerichtsbarkeit überein, dürften aber bspw. in Bezug auf Fragen des grundrechtlichen Schutzes und der repressiven Nachkontrolle (Verbot der *révision au fond*) teils erhebliche Unterschiede aufweisen. Zusammenfassend sind die Grundrechte nach dieser Auffassung Grundlage, aber (mangels Anhaltspunkten) nicht generelle Grenze der Schiedsgerichtsbarkeit.

2. *Einschränkung nach Art. 92 GG*

a) *Das Primat staatlicher Gerichtsbarkeit*

Bereits erörtert wurde, dass Art. 92 GG kein absolutes staatliches Rechtsprechungsmonopol aufstellt, welches die Schiedsgerichtsbarkeit *per se* verbieten würde.[521] Eine andere Frage ist jedoch, ob sich Art. 92 GG als Grenze der Schiedsgerichtsbarkeit erweisen kann und ob die Norm Aussagen über den Rahmen der verfassungsrechtlichen Schiedsfähigkeit trifft. Eine entsprechende These wurde insbesondere von *Hesselbarth* als »Prinzip der staatlichen Gerichtsbarkeit« aufgestellt.[522] Ihrer Auffassung zufolge bildet die Privatautonomie gem. Art. 2 Abs. 1 GG zwar die Grundlage der Schiedsgerichtsbarkeit,[523] der Verweis auf die Schranken der Privatautonomie sei aber eine weit verbreitete Scheinlösung, welche sich mangels entsprechender Anhaltspunkte im Grundge-

519 *Classen* in: Mangoldt/Klein/Starck, Art. 92 Rn. 44; *Prütting*, FS Schlosser, S. 708; *Schulze*, S. 36.

520 *Schulze*, S. 36.

521 Siehe: Erster Teil B II, S. 15 ff.

522 Vgl. *Hesselbarth*, S. 79 ff.; anschließend: *Brach*, S. 202 ff.

523 *Hesselbarth*, S. 43, 46.

setz nicht wirklich begründen lasse.[524] Da eine grenzenlos zulässige Schiedsgerichtsbarkeit aber nicht der verfassungsmäßige Zustand sein könne, dürfe man wegen Alternativlosigkeit Art. 92 GG nicht jegliche Bedeutung für die Bestimmung der Grenzen der Schiedsgerichtsbarkeit absprechen.[525] Aus Art. 92 GG sei daher durch historische[526] und teleologisch-funktionale[527] Interpretation ein »Prinzip staatlicher Gerichtsbarkeit« herauszulesen, was einerseits eine Rechtfertigungsbedürftigkeit der Schiedsgerichtsbarkeit auslöse und außerdem einen gewissen Schutz der staatlichen Gerichte vor privater Rechtsprechung begründe.[528]

Da mit dem Prinzip staatlicher Gerichtsbarkeit auch eine umfassende Verwirklichung des Rechts durch die Einhaltung zwingender Vorschriften im Interesse der Allgemeinheit einhergehe bzw. daraus folge,[529] könne der Schiedsgerichtsbarkeit nur eine Komplementärfunktion[530] zukommen, die ausnahmsweise nur dann gerechtfertigt sei, wenn die Parteien kraft ihrer Privatautonomie materiell vergleichsbefugt seien.[531]

Das Besondere dieser Auffassung ist, dass sie Art. 92 GG nicht nur eine begrenzende Funktion der Schiedsfreiheit zuspricht, sondern vielmehr auf systematischer Ebene das Regel-Ausnahme-Verhältnis verkehrt: Trotz der Verankerung der Schiedsgerichtsbarkeit in den Grundrechten, deren Beschränkung durch staatlichen Eingriff eigentlich rechtfertigungsbedürftig ist, bedarf diese selbst eines Rechtfertigungsgrundes. Das Primat der staatlichen Gerichtsbarkeit wird zum Schutzgut erklärt, Art. 92 GG insofern zu einem Abwehrrecht des Staates gegenüber Eingriffen durch private Rechtsprechung erhoben.

b) Die Kernbereichsthese

Eine Abwandlung erfährt das gerade dargestellte Primat der staatlichen Gerichtsbarkeit durch die insbesondere in der verfassungsrechtlichen Kommentarliteratur vertretenen »Kernbereichsthese«.[532] Danach enthält Art. 92 GG insofern

524 *Hesselbarth*, S. 46 ff.
525 *Hesselbarth*, S. 55, 70, 76 f.
526 *Hesselbarth*, S. 79 ff.
527 *Hesselbarth*, S. 90 ff.
528 *Hesselbarth*, S. 90, 92.
529 *Hesselbarth*, S. 93 ff.
530 *Hesselbarth*, S. 94.
531 Vgl. *Hesselbarth*, S. 105 ff., 135 ff.
532 *Detterbeck* in: Sachs, Art. 92 Rn. 29; *Morgenthaler* in: BeckOK-GG, Art. 92 Rn. 32; *Schulze-Fielitz* in: Dreier, Art. 92 Rn. 51.

eine Begrenzung der Zulässigkeit der Schiedsgerichtsbarkeit, als die unantastbaren Kernbereiche materieller staatlicher Rechtsprechung und Gerichtsbarkeit betroffen sind. Diesbezüglich bestünden insofern ein Funktionsvorbehalt und Richtermonopol zu Gunsten der staatlichen Gerichtsbarkeit, die einen Rückzug des Staates aus den betroffenen Kernbereichen verböten.[533] Zu den traditionellen Kernbereichen der Rechtsprechung gehörten etwa die Entscheidungen der bürgerlichen und strafrechtlichen Gerichtsbarkeit, aber auch der Verwaltungsgerichtsbarkeit.[534] Die Entwicklung der richterlichen einzelnen Kernbereiche sei dabei auf die Rechtsprechung des BVerfG zurückzuführen, welche diese zur Abgrenzung der rechtsprechenden von den anderen staatlichen Gewalten entwickelt habe.[535]

Im Gegensatz zur vorherigen Theorie, die ein Primat der staatlichen Gerichtsbarkeit aufstellt und die Schiedsgerichtsbarkeit als rechtfertigungsbedürftige Ausnahme ansieht, stellt Art. 92 GG nach der Kernbereichstheorie nur eine Grenze der grundsätzlichen zulässigen Schiedsgerichtsbarkeit für verschiedene Bereichsausnahmen dar. Die Schiedsgerichtsbarkeit muss sich daher zwar im Grundsatz nicht vor Art. 92 GG rechtfertigen, da diese Norm nichtstaatliche Gerichte weder erlaubt noch verbietet,[536] darf jedoch andererseits nicht in die Kernbereiche staatlicher Rechtsprechungsaufgaben eingreifen.

c) *Richtervorbehalte und spezielle Rechtswegsgarantien*

Des Weiteren existieren Überlegungen, ob der Schiedsgerichtsbarkeit etwa aus speziellen verfassungsrechtlichen Richtervorbehalten und Rechtsweggarantien[537] generelle Grenzen gesetzt sind. Die verfassungsrechtlichen Richtervorbehalte und Rechtsweggarantien – als Beispiel sei hier die richterliche Anordnung zur Wohnungsdurchsuchung nach Art. 13 Abs. 2, 3 GG genannt – verstehen sich dabei als eine Art spezieller Ausprägung des allgemeinen staatlichen Rechtsprechungsmonopols nach Art. 92 GG[538] für spezielle Bereiche und liegen damit argumentativ auf einer Linie bzw. teilen denselben Ursprung. Danach soll die

533 *Detterbeck* in: Sachs, Art. 92 Rn. 29; *Morgenthaler* in: BeckOK-GG, Art. 92 Rn. 32; *Schulze-Fielitz* in: Dreier, Art. 92 Rn. 51.
534 *Schulze-Fielitz* in: Dreier, Art. 92 Rn. 33, 36.
535 Vgl. hierzu: BVerfG NJW 1969, 1619, 1621.
536 *Detterbeck* in: Sachs, Art. 92 Rn. 28.
537 Eine Aufzählung findet sich bei: *Brach*, S. 221 f.
538 *Brach*, S. 221.

Schiedsgerichtsbarkeit jedenfalls in den Bereichen untersagt sein, welche unter etwaige verfassungsrechtliche Richtervorbehalte oder Rechtsweggarantien fallen.[539]

3. *Die Grundrechte und staatlichen Schutzpflichten als generelle Grenze*

Neben den Auffassungen vom Fehlen jeglicher verfassungsrechtlicher Grenzen und der Beschränkung der Schiedsgerichtsbarkeit durch Art. 92 GG existiert noch eine weitere, bedeutende Strömung, die in den Grundrechten nicht nur die Grundlage, sondern auch die verfassungsrechtliche Grenze der Schiedsgerichtsbarkeit sieht. Überwiegend ist diese Auffassung – in verschiedenen Nuancierungen – in der verfassungsrechtlichen (Kommentar-) Literatur anzutreffen.[540] Im Besonderen wird dabei teils auf die aus den Grundrechten entspringende Schutzpflichtenfunktion abgestellt.[541]

Auch wenn hinsichtlich der Grundannahme, dass die Grundrechte neben der Grundlage auch die Grenze der Schiedsgerichtsbarkeit bilden können, wohl zumindest in begrifflicher Hinsicht Einigkeit besteht, ergeben sich bei näherem Hinsehen jedoch einige Unterschiede hinsichtlich der verschiedenen Auffassungen. Als »Grundaussage« lässt sich vor allem die Formulierung finden, dass die Schiedsgerichtsbarkeit nicht die Grenzen der Privatautonomie, auf deren Grundlage sie besteht, überschreiten darf.[542] Nähere Ausführungen zum konkreten Verlauf dieser Grenzen fehlen aber meist.

Auf der anderen Seite werden die Grundrechte – insbesondere von den Vertretern der Schutzpflichtenfunktion – wohl überwiegend bzw. ausschließlich in Bezug auf die Schiedsparteien als Grenze beschrieben, woraus spezifische Verfahrensanforderungen, wie die Freiwilligkeit der Schiedsvereinbarung oder die

539 *Brach*, S. 221 f.

540 Vgl. *Bettermann*, HStR III², § 73 Rn. 77; *Classen* in: Mangoldt/Klein/Starck, Art. 92 Rn. 44; *Detterbeck* in: Sachs, Art. 92 Rn. 28; *Hillgruber* in: Maunz/Dürig, Art. 92 Rn. 88; *Meyer* in: v.Münch/Kunig, Art. 92 Rn. 11; *Schulze-Fielitz* in: Dreier, Art. 92 Rn. 51 f.; *Wilke*, HStR V³, § 112 Rn. 90.

541 *Classen* in: Mangoldt/Klein/Starck, Art. 92 Rn. 44; *Hillgruber* in: Maunz/Dürig, Art. 92 Rn. 88.

542 Vgl. *Bettermann*, HStR III², § 73 Rn. 77; *Meyer* in: v.Münch/Kunig, Art. 92 Rn. 11; *Schulze-Fielitz* in: Dreier, Art. 92 Rn. 52.

Wahrung rechtlichen Gehörs folgen sollen.[543] Auch Überschneidungen mit anderen Begrenzungsversuchen, etwa der bereits dargestellten Kernbereichsthese, ergeben sich.[544]

Nicht immer gänzlich klar ist daher, ob von den betreffenden Vertretern mit der Umschreibung der Grundrechte als Grenze auch die generelle Grenze der Schiedsgerichtsgerichtsbarkeit i.S. einer objektiven Schiedsfähigkeit oder nur Beschränkungen in Form von Verfahrensanforderungen gemeint sind. Verwendet man die eher »pauschale« Formel, dass sich die Schiedsgerichtsbarkeit jedenfalls im Rahmen der Privatautonomie bewegen muss, spricht dies mehr für die Festlegung genereller Grenzen i.S. der objektiven Schiedsfähigkeit.[545] In Hinblick auf die Vertreter der Schutzpflichtenfunktion bzw. bei Bezugnahme auf die Grundrechte der Beteiligten ist wohl eine Tendenz in Richtung Verfahrensanforderungen anzunehmen.

Vor allem wegen der Unbestimmtheit hinsichtlich der generellen Grenzen und der damit verbundenen offenen Fragen wurde die Theorie der Grundrechte als Grundlage und Grenze der Schiedsgerichtsbarkeit teils stark kritisiert und u.a wie schon erwähnt als »Scheinlösung« bezeichnet, da kein generelles Freiheitsrecht ersichtlich sei, was durch die Schiedsgerichtsbarkeit beeinträchtigt würde.[546] Ein Versuch, die generellen Grenzen aus den Grundrechten herzuleiten, wurde aber bspw. von *Distler* unternommen.[547] Da hier jedenfalls nur die Frage nach den generellen Grenzen i.S. einer objektiven Schiedsfähigkeit interessiert, sollen für die weitere Untersuchung nur solche Formen als Theorien der Grundrechte als (Grundlage und) Grenze gelten, die eben genau diese generelle Grenze der Privatautonomie meinen.

Zusammenfassend betrachtet, beschreibt die Theorie der Grundrechte als (Grundlage und) Grenze der Schiedsgerichtsbarkeit vom Grundsatz her daher nur die vorhandene, systematische (Grundrechts-) Situation: Die Grundfreiheit der Privatautonomie kann nur soweit gehen, bis Grundrechtsschranken eingreifen, die sich auch theoretisch aus anderen Grundrechten ergeben können. Eine ge-

543 Vgl. *Classen* in: Mangoldt/Klein/Starck, Art. 92 Rn. 44; *Hillgruber* in: Maunz/Dürig, Art. 92 Rn. 88; *Schulze-Fielitz* in: Dreier, Art. 92 Rn. 51 f.

544 *Schulze-Fielitz* in: Dreier, Art. 92 Rn. 51.

545 Vgl. *Bettermann*, HStR III², § 73 Rn. 77.

546 *Hesselbarth*, S. 46 ff.

547 *Distler*, S. 158 ff. (Art. 6, 12, 14 GG), wobei eine Schiedsunfähigkeit für Ehesachen angenommen wurde.

naue Bestimmung der generellen Grenzen durch Ermittlung kollidierender, anderer Grundrechte, erfolgte bislang bis auf einzelne Versuche jedoch noch nicht.

4. *Würdigung*

Zu Beginn seien die verschiedenen Theorien noch einmal zusammengefasst: Der Ansicht *Geimers* nach lassen sich (u.a. durch einen Vergleich zu ausländischen Urteilen) Bereichsausnahmen i.S. einer objektiven Schiedsunfähigkeit verfassungsrechtlich nicht begründen; eine rein repressive Kontrolle der verfassungsrechtlich nicht geschützten Schiedsgerichtsbarkeit (*ordre public*) sei insofern ausreichend. Prozessuale Theorien verankern die Schiedsgerichtsbarkeit in der prozessualen Privatautonomie, welche deshalb quasi grenzenlos bestehe, weil die Parteien anstelle einer gänzlichen Nichtausübung ihres Klagerechts (was immer möglich sei), äquivalent auch ein Schiedsverfahren durchführen könnten. Die Theorie vom Primat staatlicher Gerichtsbarkeit geht von einem durch Art. 92 GG gegeben Prinzip staatlicher Rechtsprechung aus, wovor sich die Schiedsgerichtsbarkeit (angeknüpft an das Kriterium der Vergleichsbefugnis) rechtfertigen. Die Kernbereichsthesen sehen in den Kernbereichen der staatlichen Rechtsprechung nach Art. 92 GG die Grenzen der Schiedsgerichtsbarkeit. Die Theorie der verfassungsrechtlichen Richtervorbehalte und Rechtsweggarantien sieht in diesen als spezielle Ausprägung von Art. 92 GG die Grenzen der Schiedsgerichtsbarkeit. Die Theorie der Grundrechte als (Grundlage und) Grenze sehen die Schiedsgerichtsbarkeit auch generell durch die Privatautonomie bzw. durch andere Grundrechte begrenzt.

Die Auffassung *Geimers* ist abzulehnen. Es überzeugt schon vom Grundansatz her nicht, der Schiedsgerichtsbarkeit einerseits den verfassungsrechtlichen Schutz zu versagen, um dann über die uneingeschränkte Möglichkeit repressiver Kontrolle Bereichsausnahmen andererseits als unnötig erklären zu können. Verankert man die Schiedsgerichtsbarkeit in einem Freiheitsgrundrecht nach Art. 2 Abs. 1 GG, muss man ihr mit der ganz allgemeiner Meinung auch verfassungsrechtlichen Schutz zusprechen,[548] welcher mit der Idee einer umfänglichen repressiven Nachkontrolle kollidieren würde. M.a.W. ist es nicht begrüßenswert

548 Siehe: Erster Teil C I 2, S. 31 ff.

bzw. per Definition überhaupt möglich, der Schiedsgerichtsbarkeit das Wesensmerkmal der Autonomie abzusprechen.

Auch der Vergleich mit dem Fehlen von Bereichsausnahmen bei der Anerkennung ausländischer Urteile (§ 328 ZPO) vermag nicht zu überzeugen. Es lässt sich schon bezweifeln, inwiefern überhaupt ein Vergleich der Anerkennung (nationaler) privater »Rechtsprechung« und ausländischer staatlicher Rechtsprechung möglich ist, da es sich hierbei um sehr unterschiedliche Gegenstände (privat vs. staatlich) handelt und andere Problemlagen zu berücksichtigen sind.[549]

Entscheidender ist aber vielmehr, dass *Geimer* von der einfachgesetzlichen Lage (§ 328 ZPO) ausgehend und daher nicht verfassungsrechtlich argumentiert.[550] Inwiefern die einfach gesetzliche Lage mit der verfassungsrechtlich gebotenen Lage diesbezüglich überhaupt übereinstimmt, wird nicht dargetan, sondern einfach vorausgesetzt. Der anschließende Rückschluss von der einfach gesetzlichen Lage auf die vermeintlich vergleichbare verfassungsrechtliche Lage der Schiedsgerichtsbarkeit ist daher jedenfalls systemwidrig und abzulehnen.

Auch die Ansätze, die eine Begrenzung der Schiedsgerichtsbarkeit aus Art. 92 GG (bzw. Richtervorbehalten und Rechtsweggarantien) herleiten, können nicht überzeugen.

Zunächst sei die Theorie des Primats staatlicher Gerichtsbarkeit zu beurteilen. Dieser Ansatz ist abzulehnen, da er insbesondere aus systematischen Gründen nicht tragbar erscheint. Es erscheint schon fragwürdig, die Schiedsgerichts-

549 *Distler*, S. 163; *Hesselbarth*, S. 127. Auch der Vergleich zwischen nationaler und anationaler Schiedsgerichtsbarkeit leidet letztlich an diesem Manko. Die private, nationale Schiedsgerichtsbarkeit, die auf der Schiedsfreiheit nach Art. 2 Abs. 1 GG beruht, unterliegt dem Grundrechtsschutz. Dies ist bei einer ausländischen Schiedsgerichtsbarkeit wegen der Nichtanwendbarkeit der Grundrechte nicht der Fall (Territorialitätsprinzip, vgl. *Geimer*, S. 145; *Rüfner* in: HStR IX³, § 196 Rn. 34). Da letztere somit grundrechtlich nicht in ihrer Autonomie geschützt ist, stellt sich bei dieser streng genommen schon gar nicht die Frage nach einer verfassungsrechtlichen Schiedsfähigkeit (dazu sogleich: D III, S. 141 ff.; a.A. *Hesselbarth*, S. 144 f.), da sie zumindest aus verfassungsrechtlicher bzw. grundrechtlicher Sicht einer inhaltlichen Nachkontrolle unterliegen könnten. Vom Ausgangspunkt her sind nationale Schiedssprüche daher weder mit anationalen Schiedssprüchen und erst recht nicht mit anationalen staatlichen Gerichtsurteilen vergleichbar. Natürlich können Ausländern u.U. Anerkennungsansprüche aus einem möglicherweise zustehenden Justizgewährungsanspruch zustehen (Inlandsbezug des Streitgegenstandes, vgl. *Geimer*, S. 145), wobei die anerkennende und vollstreckende Staatsgewalt der Verfassungs- bzw. Grundrechtsbindung unterliegt (vgl. *Geimer*, S. 146; hierbei können Besonderheiten von Auslandssachverhalten berücksichtigt werden, vgl. *Hillgruber* in: BeckOK-GG, Art. 1 Rn. 77). Daraus folgt jedoch keine Gleichbehandlung der verschiedenen Institutionen.

550 *Distler*, S. 163.

barkeit zwar als grundrechtliche Verhaltensform (Art. 2 Abs. 1 GG) anzuerkennen, andererseits aber zu fordern, dass diese sich gegenüber einem staatlichen Prinzip der Rechtsprechung rechtfertigen müsse. Durch diese Umkehrung bekäme der Staat sozusagen mit Art. 92 GG ein Abwehrrecht gegenüber Privaten, die ihr Handeln plötzlich rechtfertigen müssen, was mit grundsätzlichen Prinzipien des Grundgesetzes nicht zu vereinbaren sein dürfte, da sich staatliches Handeln stets an den Grundrechten zu messen hat. Ferner erscheint es inkonsequent, Art. 92 GG wegen ausschließlicher Staatsgerichtetheit keine Aussage i.S. eines Verbots der Schiedsgerichtsbarkeit entnehmen zu wollen, anderseits jedoch durch die »Hintertür« wiederum doch Anforderungen an diese durch Art. 92 GG zu begründen. Geht man davon aus, wie es nahezu einhellige Auffassung ist,[551] dass Art. 92 GG die Schiedsgerichtsbarkeit weder erlaubt noch verbietet, muss man konsequenterweise auch schlussfolgern, dass Art. 92 GG mangels Regelungsgegenstand auch keine Grenzen oder Beschränkungen entnehmbar sind. Es entsteht außerdem leicht der Eindruck, die Begründung schiedsgerichtlicher Grenzen unter Rückgriff auf Art. 92 GG sei vom Ergebnis her (aufgrund vermeintlicher Alternativlosigkeit) doch sehr »hineingelesen«, Argumentationslücken daher vielleicht eher »hingenommen«. Mitunter sind die Thesen von *Hesselbarth* daher auch teils auf erhebliche Kritik gestoßen.[552]

Auch mit Blick auf die Kernbereichsthese muss der Befund gelten, dass die Schiedsgerichtsbarkeit hinsichtlich Art. 92 GG nicht einerseits vom Anwendungsbereich ausgenommen werden kann, anderseits aber doch wieder Aussagen in Form von Beschränkungen herausgelesen werden. Zusätzlich erscheint die Bestimmung der Kernbereiche äußerst fraglich, da zu den Kernbereichen der Schiedsgerichtsbarkeit gerade auch die Entscheidung etwa von bürgerlichen Streitigkeiten gehört, sodass die Schiedsgerichtsbarkeit in diesem Bereich streng genommen quasi untersagt sein müsste und somit kaum noch ein Anwendungsbereich für schiedsgerichtliche Streiterledigung bliebe.[553] Einer spezifischeren Eingrenzung der Kernbereiche mangelt es wiederum an Anhaltspunkten. Zudem wurde die auf das BVerfG zurückgehende Kernbereichsthese aus dem Zusammenhang gelöst,[554] da diese wiederum zur Abgrenzung des richterlichen Aufgabenbereichs von den anderen Staatsgewalten entwickelt wurde. Aspekte der Ge-

551 Siehe: Erster Teil B II, S. 15 ff.
552 Vgl. *Prütting*, FS Schlosser, S. 705, 706 f.
553 *Hesselbarth*, S. 74 f.
554 *Hesselbarth*, S. 74.

waltenteilung können allerdings nicht unbesehen auf die Abgrenzung von staatlicher zu nicht-staatlicher Sphäre genutzt werden, da hierbei nicht auf beiden Seiten gleichrangige Staatsgewalten gegenüberstehen, sondern auf einer Seite schutzbedürftige Grundrechtsträger involviert sind. Daher ist auch die Kernbereichsthese abzulehnen.

Da Art. 92 GG ausscheidet, muss selbiges für verfassungsrechtliche Richtervorbehalte und Rechtsweggarantien als spezielle Ausprägung gelten. Richtervorbehalte dienen ebenfalls der Abgrenzung zu den anderen Staatsgewalten und sollen klarstellen, dass gewisse staatliche Eingriffe – etwa Wohnungsdurchsuchungen nach Art. 13 Abs. 2 GG oder Freiheitsentziehungen nach Art. 104 Abs. 2 GG – wegen ihrer (grundrechtlichen) Sensibilität grundsätzlich nur durch Richter und nicht von anderen staatlichen Organen angeordnet werden können.[555] Da Schiedsgerichte aber schon gar keine hoheitliche Gewalt ausüben und sich die Vorbehalte wiederum nur auf die staatliche Sphäre beziehen, sind letztere zur Bestimmung genereller schiedsgerichtlicher Grenzen ebenfalls vom Ansatzpunkt her ungeeignet. Gleiches gilt für verfassungsrechtliche Rechtsweggarantien. Diese ermöglichen zunächst nur staatlichen Rechtsschutz und verpflichten nicht i.S. eines Verbotes der Schiedsgerichtsbarkeit, diesen wahrzunehmen. Auch innerhalb der staatlichen Sphäre sollen sie nur einen bestimmten Gerichtszweig als ausschließlich zuständig erklären und von einem anderen abgrenzen, was wiederum keine Rückschlüsse gegenüber der privaten Sphäre zulässt.[556] Verfassungsrechtliche Richtervorbehalte und Rechtsweggarantien sind daher zumindest vom dogmatischen Anknüpfungspunkt her ungeeignet. Zuzugeben ist aber, dass zumindest die Richtervorbehalte typischerweise derart sensible Gebiete betreffen, in denen man die Schiedsgerichtsbarkeit im Ergebnis ausschließen muss. Dieses Ergebnis wird man allerdings anders, nämlich über die dahinterstehenden (Grundrechts-)Wertungen, herleiten müssen, da die direkte, alleinige Anknüpfung an die Richtervorbehalte nicht überzeugen kann.

Übrig bleiben daher nur noch die Grundrechte als potenzielle Grenze. Anfangs bleibt hierbei festzuhalten, dass der Hinweis auf die Grenzen der Privatautonomie unter systematischen Gesichtspunkten zunächst nur die verfassungs-

555 Vgl. *Dürig* in: Maunz/Dürig, Art. 104 Rn. 23; *Papier* in: Maunz/Dürig, Art. 13 Rn. 21.

556 Dieses Ergebnisses lässt sich auch durch einen Vergleich zur einfachgesetzlichen Ebene untermauern, wo Gesetze, welche die ausschließliche Zuständigkeit bestimmter staatlicher Gerichte regeln, nicht die Schiedsfähigkeit nach § 1030 Abs. 3 ZPO ausschließen, da sie sich allein auf die staatliche Ebene beziehen, vgl. *Münch* in: MünchKomm-ZPO, § 1030 Rn. 15.

rechtlich vorgegebene Lage beschreibt und diesbezüglich daher zweifelsfrei korrekt ist: Die Schiedsfreiheit als Teil der Privatautonomie nach Art. 2 Abs. 1 GG endet dort, wo Grundrechtsschranken eingreifen und daher die Freiheit endet. Problematisch und umstritten ist hingegen nur, ob die Grundrechte selbst solche Grenzen ziehen können und, falls ja, worin diese bestehen könnten.

Zur Klärung dieser Problematik soll an dieser Stelle zunächst die prozessuale Theorie erläutert werden, die auf die Verzichtbarkeit der Klageerhebung abstellt. Denn im Grundsatz erkennt auch diese die Grundrechte als (Grundlage und) potenzielle Grenze[557] an, endet jedoch mit dem Befund, dass tatsächlich keine Grenzen bestehen, was im Ergebnis nicht überzeugen kann. Vor allem die Begründung, dass wegen der generellen Möglichkeit der Nichtausübung eines Klagerechts (aufgrund eines materiellen Rechts) es gleichbedeutend möglich sein müsse, ein Schiedsverfahren durchzuführen, trägt nicht. Der Denkfehler besteht darin, dass die Durchführung eines Schiedsverfahrens als echter Verzicht auf den staatlichen Rechtsweg qualifiziert wird. Wie gesehen,[558] führt eine Schiedsvereinbarung jedoch nicht zum gänzlichen Ausschluss, sondern nur zur Modifikation des staatlichen Justizgewährungsanspruches, sodass hierbei gerade nicht von einem Verzicht gesprochen werden kann. Das staatliche Gericht wird bei (Anerkennung und) Vollstreckung des Schiedsspruches (in eingeschränkter Weise) tätig und stellt den Schiedsparteien seinen Vollstreckungsapparat zur Durchsetzung zur Verfügung, sodass der Begründungsansatz der Verzichtbarkeit der Klageerhebung vor einem staatlichen Gericht grundsätzlich fehl geht. Auch schon gedanklich kann diese Herangehensweise nicht überzeugen. Betrachtet man einerseits die Nichtausübung eines Rechts i.S. eines Unterlassens als einen ebenfalls geschützten Teil der Privatautonomie, kann man andererseits gerade die Ausübung der Schiedsfreiheit als einer (ebenfalls geschützten) Verhaltensweise i.S. eines aktiven Tuns schon begrifflich nicht gleichsetzen oder als »Minus« auffassen. M.a.W. sind der Verzicht auf die Rechtsdurchsetzung in Form einer Klage und die Durchführung eines Schiedsverfahrens nicht eine Seite derselben Medaille. Verzichten Private auf die Durchsetzung ihres Rechts, mag diesem Vorgang insofern möglicherweise die »verfassungsrechtliche Relevanz«[559] fehlen, bei Erwirkung eines mithilfe der staatlichen Gerichte durchsetzbaren

557 Vgl. *Schulze*, S. 10.
558 Erster Teil C I 3, S. 34 ff.
559 Siehe: Erster Teil C II 4 c), S. 41 f.

Schiedsspruches fehlt sie hingegen nicht, da es hierbei bspw. zur Vollstreckung kommen kann.[560]

Die Theorie des Nichtbestehens (prozessualer) Grenzen aufgrund der generellen Möglichkeit, auf Klageerhebung vor staatlichen Gerichten zu verzichten, ist daher insgesamt abzulehnen. Die Bestimmung genereller, verfassungsrechtlicher Grenzen wird im Ergebnis auch nicht streng davon abhängen können, ob man sie einer materiellen oder prozessualen Privatautonomie zuschreibt. Diese aus dem einfachen Recht entliehene Unterscheidung ist nur allzu sehr geeignet, eine unvoreingenommene verfassungsrechtliche Betrachtungsweise zu versperren. Richtig ist insofern nämlich nur, dass sich die verfassungsrechtliche verankerte Privatautonomie in materieller sowie prozessualer Hinsicht auswirken kann. Die Trennung dieser verschiedenen Auswirkungen darf hingegen nicht zu der Annahme verleiten, dass der Schiedsfreiheit nicht etwa materielle Verfassungsgüter entgegenstehen könnten, da die Schiedsfreiheit bei der prozessualen Privatautonomie zu verankern sei. Eine strenge Trennung materieller und prozessualer Aspekte, wie dies im einfachen Recht der Fall sein mag, verbietet sich nämlich diesbezüglich auf verfassungsrechtlicher Ebene. Es ist vielmehr abstrakt danach zu fragen, welche geschützten verfassungsrechtlichen Güter generell der Durchführung eines Schiedsverfahrens entgegenstehen und damit eine generelle Grenze der Schiedsgerichtsbarkeit darstellen. Dass hierbei keine prozessualen, die staatliche Gerichtsbarkeit betreffenden Normen (Art. 92 ff. GG) einschlägig sein können, wurde dargelegt.[561] Wie im folgenden Abschnitt zu sehen sein wird, wird dabei viel mehr ein Blick auf die (materiellen) Grundrechte selbst lohnenswert sein.

Zusammenfassend lässt sich daher Folgendes festhalten: Es wurde dargelegt, dass sich aus Art. 92 GG keine Begrenzung der Schiedsfreiheit entnehmen lässt, da dieser ausschließlich die staatliche Gerichtsbarkeit zum Regelungsgegenstand hat und sich jeglicher Aussage zur Zulässigkeit einer Schiedsgerichtsbarkeit enthält. Ferner lässt sich nicht generell eine grenzenlose Schiedsfreiheit quasi aus sich selbst heraus annehmen, etwa weil prozessuale Aspekte dies gebieten würden. Richtigerweise wird man die (materiellen) Grundrechte nicht nur als Grundlage, sondern grundsätzlich auch als (potenzielle) Grenze ansehen müssen. Deren Eignung zur generellen Begrenzung i.S. einer objektiven Schiedsfähigkeit gilt es im Folgenden im Einzelnen auszuloten.

560 Vgl. *Hesselbarth*, S. 123.
561 Siehe: Erster Teil B II, S. 15 ff.

III. Eigener Ansatz: Staatliche Institutionenschutzpflichten als Grenze einer verfassungsrechtlichen Schiedsfähigkeit

Nachdem gerade die gängigen Theorien zur Bestimmbarkeit einer verfassungsrechtlichen Schiedsfähigkeit dargelegt und gewürdigt wurden, soll nun ein eigener Lösungsansatz vorgeschlagen werden. Dieser besteht, wie zu sehen sein wird, darin, die verfassungsrechtliche Schiedsfähigkeit immer dann zu versagen, wenn dem Schiedsverfahren ein Gegenstand zu Grunde liegt, der sich als (indisponible) grundrechtliche Institutsgarantie herausstellt und entsprechende staatliche Schutzpflichten auslöst. Anfangs muss dabei jedoch zunächst geklärt werden, ob sich so etwas wie eine objektive Schiedsfähigkeit – d.h. gänzlich von der Möglichkeit eines Schiedsverfahrens ausgenommene Gebiete – im Grundsatz dogmatisch überhaupt begründen lässt oder ob sich etwaige Schutz- bzw. Kontrollerwägungen nicht auch auf andere Kontrollmittel stützen lassen.

1. Bestimmbarkeit einer objektiven Schiedsfähigkeit und Abgrenzung zum ordre public Vorbehalt

Bevor die spezielle Problematik der Bestimmbarkeit einer verfassungsrechtlichen Schiedsfähigkeit behandelt werden kann, stellt sich zunächst die allgemeine Frage, ob es so etwas wie eine objektive Schiedsunfähigkeit überhaupt zwingend geben muss. Versagt man einem Gegenstand die objektive Schiedsfähigkeit, hat dies zur Konsequenz, dass diesbezüglich Schiedsverfahren und Schiedssprüche staatlich von vornherein nicht anerkannt[562] bzw. vollstreckt werden dürfen, die Streitentscheidung somit den staatlichen Gerichten vorbehalten ist. Neben diesem »Komplettverbot« der objektiven Schiedsfähigkeit, welches sich schon vor der Durchführung des Schiedsverfahrens auf dessen Zulässigkeit auswirken kann (bspw. bei Antrag auf Feststellung der Zulässigkeit, vgl. § 1032 Abs. 2 ZPO),[563] existiert allerdings auch die Möglichkeit der nachträglichen Kontrolle des

562 Auch der objektiv schiedsunfähige Schiedsspruch entfaltet einfachgesetzlich zunächst seine Wirkung nach § 1055 ZPO (antizipiertes Legalanerkenntnis) und bedarf der Aufhebung nach § 1059 Abs. 2 Nr. 2 a) ZPO. Bei offensichtlicher objektiver Schiedsunfähigkeit wird aber überwiegend die Nichtigkeit des Schiedsspruches angenommen, vgl. *Voit* in: Musielak/Voit, § 1059 Rn. 5; *Geimer* in: Zöller, § 1059 Rn. 15; a.A. *Münch* in: MünchKomm-ZPO, § 1059 Rn. 86.

563 Vgl. *Münch* in: MünchKomm-ZPO, § 1030 Rn. 2.

Schiedsspruches über den *ordre public* Vorbehalt. In diesem Zusammenhang wird daher auch von einer präventiven (objektive Schiedsfähigkeit) im Gegensatz zu einer repressiven (*ordre public* Vorbehalt) Kontrolle gesprochen, wobei die beiden Kontrollvorbehalte (allein) anhand dieser zeitlichen Einstufungen abgegrenzt werden.[564]

Zumindest im Hinblick auf die Aufhebung des Schiedsspruches kann diese rein zeitliche Unterscheidung der Kontrollvorbehalte in präventiv und repressiv jedoch nicht wirklich überzeugen, da der Schiedsspruch in beiden Fällen (objektive Schiedsunfähigkeit und *ordre public*) nachträglich beseitigt wird. Dennoch existieren beide Kontrollvorbehalte eigenständig nebeneinander. Da sich dieses eigenständige Nebeneinander der Kontrollvorbehalte zunächst scheinbar nicht erklären bzw. eindeutig abgrenzen lässt, wird diesbezüglich auch oftmals von einem »inneren Regelungszusammenhang« gesprochen: Sofern die »repressive« Nachkontrolle strenger ausgestaltet sei, könne man die objektive Schiedsfähigkeit, d.h. die »präventive« Kontrolle weiter öffnen und umgekehrt.[565]

Träfe diese Annahme zu, so wäre eine Bestimmung einer objektiven Schiedsfähigkeit und damit auch einer verfassungsrechtlichen Schiedsunfähigkeit nicht möglich. Es stellt sich daher die Frage, ob der Vorbehalt der objektiven Schiedsfähigkeit einen eigenständigen Bedeutungsgehalt neben dem *ordre public* Vorbehalt hat und sich von diesem abgrenzen lässt. Dafür muss zunächst auch die Funktion des *ordre public* Vorbehaltes betrachtet werden. Der *ordre public* Vorbehalt soll Schiedssprüchen, die der öffentlichen Ordnung widersprechen, durch Aufhebung die Anerkennung versagen und stellt dabei eine unbestimmte Generalklausel dar, in die auch verfassungsrechtliche Wertungen wie die Grundrechtswidrigkeit einfließen können.[566] Die Aufhebung kann dabei aus Gründen geschehen, die in verfahrens- sowie materiell-rechtliche kategorisiert werden, sodass man insofern auch zwischen einem verfahrensrechtlichen und materiellrechtlichen *ordre public* Vorbehalt unterscheidet.[567] Geschuldet ist der *ordre public* Vorbehalt der verfassungsrechtlich zwingenden Minimalkontrolle der Schiedsgerichtsbarkeit im Zusammenhang mit dem modifiziertem Justizgewährungsanspruch.[568] Funktion des *ordre public* Vorbehaltes ist es daher, im Rah-

564 Vgl. *Brach*, S. 207 ff.; *Hesselbarth*, S. 110 ff.; *Münch* in: MünchKomm-ZPO, § 1030 Rn. 2.
565 Vgl. *Brach*, S. 207 ff.; *Hesselbarth*, S. 110 ff.; *Schlosser*, FS Fasching, S. 405 f., *Schlosser*, RiPS, Rn. 285; *Sonnauer*, S. 94.
566 Vgl. *Münch* in: MünchKomm-ZPO, § 1059 Rn. 38; *Saenger* in: Saenger, § 1059 Rn. 23.
567 Vgl. *Voit* in: Musielak/Voit, § 1059 Rn. 25 ff.
568 Vgl. hierzu: Erster Teil C I 3, S. 34 ff.

men generell gegebener Zulässigkeit der Schiedsgerichtsbarkeit ein Mittel in der Hand zu haben, um solche Schiedssprüche einfangen zu können, die im Einzelfall trotz grundsätzlicher objektiver Schiedsfähigkeit bei (Anerkennung und) Vollstreckung mit schützenswerten Gütern kollidieren würden. Es geht daher hierbei nicht um ein generelles Verbot bzw. einen generellen Vorbehalt, sondern um den Schutz vor »atypischen Ausreißern«. Dementsprechend kommt dem Kontrollmittel des *ordre public* Vorbehaltes Ausnahmecharakter zu. Außerdem wird klar, dass es im Rahmen des *ordre public* Vorbehaltes maßgeblich nur auf das Ergebnis des Schiedsspruches ankommen kann.[569]

Das entscheidende Unterscheidungskriterium ist daher, dass der *ordre public* Vorbehalt mit den Wesensmerkmalen der Schiedsgerichtsbarkeit vereinbar bzw. sogar zur wirksamen Durchführung dieser gefordert ist. Deswegen gilt im Rahmen des *ordre public* Vorbehaltes auch das Verbot der *révision au fond*: Das staatliche Gericht darf den Schiedsspruch nicht materiell bzw. inhaltlich etwa auf richtige Rechtsanwendung – auch zwingender Normen – nachkontrollieren.[570] Dies würde nämlich nicht nur der Autonomie der Schiedsgerichtsbarkeit, sondern auch der Funktion des *ordre public* Vorbehaltes zuwiderlaufen.[571] Eine Schiedsgerichtbarkeit, deren inhaltliche Entscheidung über den *ordre public* Vorbehalt einer *révision au fond* unterläge, wäre schon per Definition keine echte Schiedsgerichtsbarkeit.[572] Somit ist auch das entscheidende Abgrenzungskriterium zur objektiven Schiedsfähigkeit gefunden: Ist eine derartige staatliche Kontrolle erforderlich, die eine *révision au fond* bedeuten würde, muss der *ordre public* Vorbehalt ausscheiden, sodass diese Fälle nur durch den Vorbehalt der objektiven Schiedsunfähigkeit einzufangen sind. Objektive Schiedsunfähigkeit bedeutet daher, dass bestimmte Gegenstände einer echten, autonomen Schiedsge-

569 Vgl. zum materiell-rechtlichen *ordre public* auf einfachgesetzlicher Ebene: *Voit* in: Musielak/Voit, § 1059 Rn. 29; auch der verfahrensrechtliche Verstoß muss sich insofern auf den Schiedsspruch »ausgewirkt« haben: *Saenger* in: Saenger, § 1059 Rn. 24; *Voit* in: Musielak/Voit, § 1059 Rn. 27.

570 *Münch* in: MünchKomm-ZPO, § 1059 Rn. 7; *Voit* in: Musielak/Voit, § 1059 Rn. 18, 29; *Geimer* in: Zöller, § 1059 Rn. 74 f.

571 Im Ergebnis sind sich daher auch die Vertreter eines »inneren Regelungszusammenhangs« weitgehend darüber einig, dass eine Tendenz in Richtung rein »repressiver« Nachkontrolle »unsachgemäß« erscheint, da diese Art von Kontrolle am ehesten mit dem autonomen Charakter der Schiedsgerichtsbarkeit und – überwiegend unter ökonomischen Aspekten – mit den schützenswerten Interessen der Schiedsparteien an einer funktionsfähigen Schiedsgerichtsbarkeit, d.h. einer abschließenden Entscheidung durch das Schiedsgericht kollidiert, vgl. *Brach*, S. 207; *Hesselbarth*, S. 115 ff.; *Sonnauer*, S. 94.

572 Ähnlich: *Ebbing*, S. 24; vgl. auch: *Rehm*, S. 79.

richtsbarkeit nicht zugänglich sind, da immer eine inhaltliche Nachkontrolle der Schiedssprüche nötig wäre. Dagegen spricht auch nicht, dass Schiedssprüche, die einer inhaltlichen Nachkontrolle über den *ordre public* Vorbehalt stand halten würden, ja theoretisch anerkannt und vollstreckt werden könnten, ein Ausschluss der objektiven Schiedsfähigkeit daher unsachgemäß erscheint. Diese Überlegung überzeugt nämlich aus dem folgenden Grund nicht: Würde ein staatlicher Richter, da er zu einer *révision au fond* verpflichtet wäre, einen Schiedsspruch immer nur dann anerkennen, falls er in derselben Sache das gleiche Urteil gefällt hätte, so würde es sich nur auf dem Papier um eine »Anerkennung« handeln; tatsächlich läge hierbei eine zweite, selbständige Entscheidung vor, der Prozess würde quasi komplett wiederholt.[573] Eine mögliche Anerkennung eines »richtigen« Schiedsspruches i.V.m. einer *révision au fond* über den *ordre public* Vorbehalt würde insofern eine »faktische objektive Schiedsunfähigkeit« bedeuten.

Besteht daher eine Verpflichtung zur *révision au fond*, ist die Anerkennung einer autonomen Entscheidung und damit die Schiedsgerichtsbarkeit ihrem Wesen nach insgesamt ausgeschlossen, was im Ergebnis die objektive Schiedsunfähigkeit bedeutet. Eine andere Auffassung ließe sich wohl nur dann begründen, wenn man die Autonomie der Schiedsgerichtsbarkeit als verfassungsrechtlich nicht geschützt anerkennt bzw. ihr den Charakter als definitorisches Wesensmerkmal abspricht, was aber aus den bereits dargestellten Gründen abzulehnen ist.[574]

Angemerkt sei an dieser Stelle noch kurz, dass sich seit der Erweiterung der objektiven Schiedsfähigkeit in § 1030 ZPO ein Trend der »Verrechtlichung« von Schiedsverfahren beobachten lässt. Gefordert wird u.a. die hier interessierende richtige Anwendung zwingenden materiellen Rechts und deren entsprechende Kontrolle.[575] Die Entstehung dieser Forderungen lässt sich wohl überwiegend als Reaktion auf die sich gegenläufig entwickelnde, zunehmende Öffnung der Schiedsgerichtsbarkeit für neue Gebiete verstehen, der gegenüber schon früh Bedenken geäußert wurden.[576] Eine solche, der inhaltlichen Nachkontrolle unterliegende »unechte« Schiedsgerichtsbarkeit löst zwar zunächst keinen verfassungsrechtlichen Bedenken aus, solange die inhaltliche Nachkontrolle selbst verfas-

573 Vgl. zu diesen Argumentationsansatz in Bezug auf die Kontrolle ausländischer Urteile im Rahmen des ordre public Vorbehaltes: *Regen*, Rn. 180 mit Fn. 44.

574 Siehe: Erster Teil C I 2 a), S. 31 f.

575 Vgl. *Aden*, DZWIR 2011, 400 (Verfahrensverstoß durch fehlerhafte Rechtsanwendung).

576 Vgl. *Voit*, JZ 1997, 120.

sungsrechtlich gerechtfertigt wäre, nur handelt es sich hierbei nun einmal um keine echte Schiedsgerichtsbarkeit. Darunter leiden würde aber insbesondere die Rechtssicherheit der Schiedsparteien: Diese können nicht mehr sicher sein, dass trotz objektiver Schiedsfähigkeit des Gegenstandes die Möglichkeit eines autonomen, verbindlichen Schiedsverfahrens besteht, welches vor staatlicher Inhaltskontrolle im Stadium der (Anerkennung und) Vollstreckung geschützt ist.[577] Da es sich hierbei sozusagen um einen eigenen Typus einer »unechten« Schiedsgerichtsbarkeit handeln würde, wäre eine deutlichere gesetzliche Abgrenzung wünschenswert.

2. *Herleitung einer verfassungsrechtlichen Schiedsfähigkeit*

Im Folgenden gilt es nun, nachdem die generelle Bestimmbarkeit einer objektiven Schiedsfähigkeit festgestellt wurde, eine verfassungsrechtliche Schiedsfähigkeit und deren Kriterien herzuleiten. Dabei ist zunächst auf den allgemeinen Zusammenhang zwischen verfassungsrechtlicher Schiedsfähigkeit, *révision au fond* und staatlichen Schutzpflichten einzugehen. Anschließend soll im Konkreten untersucht werden, auf welchen Gegenstand die staatlichen Schutzpflichten konkret bezogen und wie diese genau beschaffen sein müssen, um eine verfassungsrechtliche Schiedsunfähigkeit auszulösen, da nicht alle staatlichen Schutzpflichten das Eingreifen einer verfassungsrechtlichen Schiedsunfähigkeit nach sich ziehen.

a) *Zusammenhang von verfassungsrechtlicher Schiedsfähigkeit und staatlichen Schutzpflichten*

An früherer Stelle wurde bereits dargelegt, dass die staatlichen Schutzpflichten in verfassungsrechtlichen Gesetzgebungspflichten bestehen können.[578] Ist der Staat i.d.S. einerseits im Rahmen der staatlichen Schutzpflichten dazu verpflichtet, zwingende Gesetze zu erlassen und durchzuführen, stellt es andererseits einen Verstoß gegen genau diese Schutzpflichten dar, wenn der Staat (durch ein anderes Gesetz) ein Abweichen von diesen Gesetzen erlaubt.[579] Sollten demnach

577 So im Ergebnis unter Zweckmäßigkeitsüberlegungen auch: *Sonnauer* S. 94 f.

578 Siehe: B III 2 b) aa), S. 70 ff.

579 Vgl. *Bleckmann*, NVwZ 1990, 601, 603 (zum Verwaltungsvertrag).

solche den staatlichen Schutzpflichten geschuldete Gesetze Gegenstand eines Schiedsverfahrens sein, stellt sich die Frage der verfassungsrechtlichen Schiedsfähigkeit. Wie gesehen, existiert grundsätzlich auch die Rechtswahlfreiheit als Teil der Schiedsfreiheit.[580] Berührt das Schiedsverfahren einen Gegenstand staatlicher Schutzpflichten, ließe sich nun überlegen, ob dem Schutzauftrag nicht auch dadurch entsprochen werden könnte, dass die Rechtswahlfreiheit insofern begrenzt und das Schiedsgericht zur Anwendung der zwingenden Normen verpflichtet würde.[581] Eine solche Verpflichtung des Schiedsgerichts zur Anwendung zwingender Normen wäre aber sinnlos, wenn keine Möglichkeit bestünde, die richtige Anwendung der Normen durch einen staatlichen Richter, der seinerseits hinreichenden Verfassungsbindungen unterliegt, nachkontrollieren zu können. Denn es würde wohl kaum den staatlichen Schutzpflichten entsprechen, dem Schiedsgericht bloß die Anwendung vorzuschreiben, jedoch nicht die richtige Anwendung sicherzustellen und somit faktisch die gebotenen Normen nicht durchzuführen. Vielmehr ist es dem staatlichen Richter wegen seiner eigenen Verfassungsbindung vielmehr verboten, gegen staatliche Schutzpflichten im Ergebnis verstoßende Schiedssprüche (anzuerkennen bzw.) zu vollstrecken. Da in solchen Fällen demnach eine inhaltliche Nachkontrolle, d.h. eine *révision au fond* im Rahmen der staatlichen Schutzpflichten erforderlich wäre, läge insofern eine verfassungsrechtliche Schiedsunfähigkeit vor.

Mit dieser allgemeinen Feststellung ist allerdings noch nichts dazu gesagt, welche Beschaffenheit der schützenswerte Gegenstand, die daraus folgenden staatlichen Schutzpflichten und die zwingenden Gesetze haben müssen, um eine inhaltliche Nachkontrolle i.S. einer *révision au fond* und somit eine verfassungsrechtliche Schiedsunfähigkeit auszulösen. Denn wie gerade im vorherigen Teil gesehen,[582] können sich staatliche Schutzpflichten auch i.S.v. Verfahrensanforderungen äußern, die der Schiedsgerichtsbarkeit ihrem Wesen nach gerade nicht entgegenstehen. Das Eingreifen staatlicher Schutzpflichten bzw. von zwingendem Recht bedeutet somit nicht automatisch verfassungsrechtliche Schiedsunfähigkeit. Unter welchen konkreten Umständen staatliche Schutzpflichten zu einer

580 Siehe: Erster Teil C II 2, S. 37 ff.

581 Eine solche (gesetzliche) Verpflichtung wäre nötig, da das Schiedsgericht als rein private Instanz verfassungsrechtlich nicht unmittelbar einer entsprechenden Bindung unterläge, vgl. hierzu insgesamt: Erster Teil C I 1, S. 17 ff.

582 Zweiter Teil C, S. 75 ff.

verfassungsrechtlichen Schiedsunfähigkeit führen, soll daher im Folgenden untersucht werden.

b) Grundrechtliche Institutsgarantien

Da die staatlichen Schutzpflichten nicht allesamt die verfassungsrechtliche Schiedsunfähigkeit betreffen, gilt es, solche zur Schiedsunfähigkeit führenden Schutzpflichten herauszufiltern. Zunächst ist hierbei festzuhalten, dass eine verfassungsrechtliche Schiedsunfähigkeit dann nicht Betracht kommen kann, wenn der Gegenstand des Schiedsverfahrens klar in der Verfügungsbefugnis der Parteien liegt, wie etwa bei der Verfügung über ein subjektives (dispositionsfähiges) Grundrecht. Dreht sich das Schiedsverfahren bspw. um die Zuordnung eines Gegenstands zum Eigentum der einen oder anderen Schiedspartei, z.B. weil die Eigentumsübertragung strittig ist, verfügt eine der Parteien über ihr subjektives Grundrecht des Eigentums (Art. 14 GG). Verfassungsrechtlich schiedsunfähige Gegenstände müssen daher in der objektiv-rechtlichen Dimension und insbesondere den Institutsgarantien gesucht werden, die der Verfügungsbefugnis der Parteien entzogen sind.[583]

Das Beispiel des Eigentums zeigt hierbei, dass Art. 14 GG das Privateigentum sowohl als Rechtsinstitution als auch als subjektives Recht des einzelnen Rechtsinhabers gewährt.[584] Dadurch, dass der Eigentümer über sein Eigentum subjektiv verfügt, beeinträchtigt er objektiv gesehen nicht die Institution des Eigentums »an sich«. Es gilt daher, solche objektiv-rechtlichen Institutsgarantien, deren Bestand entweder durch die Durchführung eines Schiedsverfahrens und (Anerkennung und) Vollstreckung eines Schiedsspruches gefährdet werden könnte bzw. solche Institutsgarantien, deren besonderer Gehalt die daraus abgeleitete alleinige Verfügungsbefugnis der Parteien über ihr subjektives Recht beschränkt, zu ermitteln. Gelingt dies, ließen sich abstrakte Gegenstände finden, bei deren Berührung eine abstrakte, prinzipielle *révision au fond* notwendig und damit eine verfassungsrechtliche Schiedsunfähigkeit gegeben wäre.

Bevor jedoch entsprechende Institutsgarantien des Grundgesetzes im nächsten Teil zu untersuchen sind, soll zunächst anhand einiger Beispiele dargestellt

583 Vgl. hierzu: B I 2, S. 60 ff.
584 BVerfG NJW 1976, 1783; *Papier/Shirvani* in: Maunz/Dürig, Art. 14 Rn. 118.

werden, in welchen (prominenten) Fällen keine verfassungsrechtliche Schiedsunfähigkeit vorliegt, obwohl auch hier staatliche Schutzpflichten greifen können.

3. *Keine Fälle einer verfassungsrechtlichen Schiedsfähigkeit*

Um die nicht zur verfassungsrechtlichen Schiedsfähigkeit gehörenden Fälle zu isolieren, bietet sich die bereits oben getroffene Kategorisierung der staatlichen Schutzpflichten in verschiedene Schutzrichtungen an.[585] Danach können solche staatlichen Schutzpflichten nicht zur verfassungsrechtlichen Schiedsunfähigkeit führen, welche im Verhältnis der Schiedsparteien zueinander, der Schiedsparteien zum Schiedsgericht und der Schiedsparteien zu konkreten Dritten bestehen, da insofern eine (allgemeine) Verfügungsbefugnis besteht bzw. allein Verfahrensanforderungen betroffen sind. Die staatlichen Schutzpflichten hinsichtlich der Allgemeinheit, die eine verfassungsrechtliche Schiedsunfähigkeit bedingen können, sind sodann Untersuchungsgegenstand des nächsten Teils.

a) *Schutzpflichten im Verhältnis der Schiedsparteien zueinander am Beispiel des Arbeitsrechts und Mietrechts betreffend Wohnraumverhältnisse*

Zur Veranschaulichung der staatlichen Schutzpflichten im Verhältnis der Schiedsparteien zueinander sollen die Beispiele des Arbeitsrechts und Mietrechts betreffend Wohnraumverhältnisse über den Bestand des Mietverhältnisses herangezogen werden. Beide Gebiete sind von dem Umstand geprägt, dass einer der involvierten Vertragsparteien potenziell ein Übergewicht zukommt: Beim Arbeitsvertrag dem Arbeitgeber gegenüber dem sozial schwächeren, abhängigen Arbeitnehmer, beim Mietvertrag dem Vermieter gegenüber dem sozial schwächeren, abhängigen Mieter. Thematisch einschlägig sind daher die staatlichen Schutzpflichten bei gestörter Vertragsparität.[586] Für beide Gebiete ergibt sich nach derzeitigem einfachgesetzlichen Recht auch die objektive Schiedsunfähigkeit. Für das Mietrecht betreffend Wohnraumverhältnisse ergibt sich dies aus der gesetzlichen Anordnung nach § 1030 Abs. 2 ZPO. Für individualvertragliches Arbeitsrecht ergibt sich der Ausschluss aus § 1030 Abs. 3 ZPO i.V.m. §§ 4, 101

585 Siehe: B III 3, S. 72 ff.
586 Siehe hierzu: B II, S. 66 f. und C II 2 d) bb), S. 94 ff.

ArbGG, sodass in gewöhnlichen, individualen Arbeitsverträgen keine Schiedsvereinbarung getroffen werden kann.[587]

Lohnenswert ist daher die Untersuchung, ob sich diese Wertung – d.h. objektive Schiedsunfähigkeit bei potenziell gestörter Vertragsparität – möglicherweise verfassungsrechtlich fundieren lässt. Zweifelsfrei können die Fälle gestörter Vertragsparität verfassungsrechtliche Schutzpflichten auslösen. Diese bedingen aber nach der hier gefundenen Definition nur dann eine verfassungsrechtliche Schiedsunfähigkeit, wenn sie abstrakt mit der Autonomie der Schiedsgerichtsbarkeit deshalb unvereinbar wären, weil ein staatliches Gericht aufgrund des Gegenstands des Schiedsverfahrens in jedem Falle, d.h. prinzipiell den Schiedsspruch inhaltlich nachkontrollieren müsste. Der Schutz der potenziell schwächeren Wohnraummieter bzw. Arbeitnehmer legt einen solchen Schluss zunächst nahe, da die Potenzialität des vertraglichen Übergewichts einer Partei sich quasi als abstrakter Gegenstand des Schiedsverfahrens verstehen ließe, der eine prinzipielle inhaltliche Nachkontrolle fordere (z.B. in der Gestalt, ob eine der Schiedsparteien im Verfahren nicht ihre stärkere Position ausgenutzt hat und das Schiedsverfahren dadurch zu Lasten der schwächeren Partei ging). Hierbei zeigt sich allerdings schon, dass Schutzpflichten bei gestörter Vertragsparität weniger mit der Möglichkeit der autonomen Entscheidung einer Streitigkeit durch ein Schiedsgericht kollidieren, sondern vielmehr einen Eingangsschutz sicherstellen, d.h. eine »Drängung« der schwächeren Partei in eine Schiedsvereinbarung und damit den unfreiwilligen Entzug der staatlichen Gerichtsbarkeit verhindern will. Dieser Schutzzweck (Schutz vor »Zwangsarbitrage«) betrifft der Sache nach allerdings primär zunächst die Freiwilligkeit der Schiedsvereinbarung und die Selbstbestimmung der Schiedsparteien, welche aber von der objektiven Schiedsfähigkeit zu trennen und unabhängig von dieser sicherzustellen ist. Der staatliche Richter müsste demnach auch zunächst prüfen, ob der schwächeren Partei die Schiedsvereinbarung bzw. ein bestimmter, nachteiliger Inhalt der Schiedsvereinbarung aufgedrängt wurde (Stichwort: materielle Selbstbestim-

587 Möglich sind arbeitsrechtliche Schiedsverfahren zwischen Tarifvertragsparteien (§ 101 Abs. 1 ArbGG) oder bei speziellen tarifvertragsbestimmten Arbeitsverhältnissen (§ 101 Abs. 2 ArbGG) nach den §§ 101 bis 110 ArbGG; bei individualvertraglichen Arbeitsverhältnissen allerdings hat der Gesetzgeber i.Ü. aus Gründen des Arbeitnehmerschutzes unterstellt, dass die Vertragsparität als Voraussetzung einer auf der Privatautonomie basierenden Schiedsvereinbarung grds. nicht gewährleistet ist, vgl. LAG Düsseldorf, BeckRS 2012, 76078; *Germelmann* in: Germelmann/Matthes/Prütting, § 101 Rn. 33; *Münch* in: MünchKomm-ZPO, § 1030 Rn. 33; *Zimmerling* in: Schwab/Weth, § 4 Rn. 31, § 101 Rn. 14.

mung und formelle Vertragsgerechtigkeit). Dies würde im Ergebnis natürlich auch gegen die Möglichkeit der Durchführung eines Schiedsverfahrens sprechen, hat aber nichts mit dem eigentlichen Gegenstand des Verfahrens an sich – etwa Mietrecht oder Arbeitsrecht – zu tun und betrifft daher nicht die Frage einer verfassungsrechtlichen Schiedsfähigkeit.

Um dies zu verdeutlichen und um die Gegebenheit einer verfassungsrechtlichen Schiedsfähigkeit tatsächlich zu klären, muss man sich wiederum folgende Kontrollfrage stellen: Angenommen, trotz gestörter Vertragsparität hätte die schutzwürdige Partei, d.h. der Mieter oder der Arbeitnehmer den ehrlichen, freiwilligen Wunsch, ein Schiedsverfahren durchzuführen; sprächen weitergehende Gründe gegen die Durchführung eines autonomen Schiedsverfahrens, wenn die Freiwilligkeit in den Fällen der gestörten Vertragsparität bestünde? Dies muss nicht unbedingt der Fall sein. Bspw. wird in diesem Zusammenhang zum individualvertraglichen Arbeitsrecht vertreten, dass eine Schiedsvereinbarung bei Abschluss des Arbeitsvertrags zwar im Hinblick auf die Schutzbedürftigkeit des Arbeitnehmers unzulässig sei (Schutz vor Zwang), eine nachträgliche, also nach Entstehung des Streites getroffene Schiedsvereinbarung aber im Interesse des Arbeitnehmers liegen könne und daher zulässig sein müsse, ein Ausschluss der Schiedsgerichtsbarkeit in diesen Fällen sogar gegen die verfassungsrechtlich geschützte Privatautonomie verstoße (Art. 2 Abs. 1 GG).[588] Sind die notwendigen Rahmenbedingungen (Freiwilligkeit bzw. materielle Selbstbestimmung) hergestellt, kann sich also durchaus eine objektive Schiedsfähigkeit ergeben.

An dieser Stelle soll nun noch keine Aussage darüber getroffen werden, ob etwa das Miet- oder individualvertragliche Arbeitsrecht bei Herstellung der nötigen Rahmenbedingungen (Freiwilligkeit) vom institutionellen Gegenstand her verfassungsrechtlich schiedsfähig wären; dies wird noch im Folgenden zu untersuchen sein.[589] Festgehalten werden soll aber die maßgebliche Erkenntnis, dass objektiv-rechtliche Grundrechtsgehalte in den Fällen gestörter Vertragsparität zwischen den Schiedsparteien nur die Freiwilligkeit als notwendige Rahmenbedingung betreffen, für sich allein jedoch keinerlei Aussage über die Frage einer verfassungsrechtlichen Schiedsfähigkeit enthalten. Ob diese gegeben ist oder nicht, muss sich vielmehr an dem den Streit zugrundeliegenden abstrakten Gegenstand – etwa dem Mietrecht oder dem Arbeitsrecht an sich – ermitteln lassen. Der objektiv-rechtlichen Dimension der Grundrechte im Verhältnis der Schieds-

588 *Zimmerling* in: Schwab/Weth, § 4 Rn. 31.
589 Siehe zum Mietrecht: D IV 2, S. 160 ff.; zum Arbeitsrecht: D IV 3, S. 162 ff.

parteien zueinander lässt sich daher insgesamt keine abschließende Aussage zur Bestimmung einer verfassungsrechtlichen Schiedsfähigkeit entnehmen.

b) *Schutzpflichten im Verhältnis zu Dritten am Beispiel der Beschlussmängelstreitigkeiten im GmbH-Recht*

Zur Erläuterung der staatlichen Schutzpflichten im Verhältnis zu Dritten soll das prominente Beispiel der Beschlussmängelstreitigkeiten im GmbH-Recht herangezogen werden. Nachdem die Möglichkeit zur Klärung von Beschlussmängelstreitigkeiten durch ein Schiedsgericht längere Zeit verneint wurde bzw. umstritten war,[590] erkannte der BGH sie in seiner Entscheidung »Schiedsfähigkeit II«[591] schließlich an. In der Entscheidung »Schiedsfähigkeit I«[592] ging der BGH im Ergebnis noch davon aus, dass die Möglichkeit der Durchführung eines Schiedsverfahrens für Beschlussmängelstreitigkeiten nicht bestand. Allerdings befand der BGH schon damals, dass dies generell nicht etwa an der objektiven Schiedsunfähigkeit des Gegenstands lag, sondern vielmehr an der bestehenden Problematik der Rechtskrafterstreckung auf alle Gesellschafter, da Schiedssprüche grundsätzlich nur *inter partes* und nicht *erga omnes* (§ 248 AktG analog) wirken.[593] In der Entscheidung »Schiedsfähigkeit II« wurden dann auch diese Bedenken ausgeräumt; sofern alle Gesellschafter an der Schiedsvereinbarung beteiligt, die Rechtskrafterstreckung somit sichergestellt und ein gleichwertiger Verfahrensstandard[594] gewährleistet werden, seien Beschlussmängelstreitigkeiten im GmbH-Recht objektiv schiedsfähig.[595]

An diesen Entscheidungen erkennt man, dass potenziell betroffene Drittinteressen – hier die Interessen der nicht an der Schiedsvereinbarung beteiligten Gesellschafter – zwar der Möglichkeit der Durchführung eines Schiedsverfahrens bzw. der Vollstreckung eines Schiedsspruches entgegenstehen können, hierbei aber eher Probleme der Rechtskrafterstreckung und nicht der generellen objektiven Schiedsfähigkeit des Gegenstandes zugrunde liegen. Dementsprechend war der frühere Streit der Beschlussmängelschiedsklagen im GmbH-Recht

590 Vgl. *Münch* in: MünchKomm-ZPO, § 1030 Rn. 35.
591 BGH NJW 2009, 1962.
592 BGH NJW 1996, 1753.
593 BGH NJW 1996, 1753, 1754 ff.; vgl. ferner: *Münch* in: MünchKomm-ZPO, § 1030 Rn. 36.
594 Zu den Einzelheiten vgl. *Münch* in: MünchKomm-ZPO, § 1030 Rn. 38; *Wolff*, NJW 2009, 2021 ff.
595 BGH NJW 2009, 1962, 1963 ff.

in Wahrheit – auch wenn sie unter diesem Oberbegriff geführt wurde – keine Frage der objektiven Schiedsfähigkeit, sondern lediglich der Rechtskrafterstreckung und der Einbeziehung von Dritten.[596]

Vom Gedanken her lässt sich diese Feststellung verallgemeinern und auf die verfassungsrechtliche Ebene führen. Potenziell betroffene Grundrechte Dritter begründen daher allgemein keine verfassungsrechtliche Schiedsunfähigkeit, wenn sie keinen abstrakt objektiv schiedsunfähigen Gegenstand betreffen und sich Probleme der Rechtskrafterstreckung des Schiedsspruches durch Beteiligung der Dritten an der Schiedsvereinbarung und die Herstellung besonderer Verfahrensanforderungen beheben lassen (Stichwort: Schutz vor Fremdbestimmungen).

c) *Schutzpflichten im Verhältnis der Schiedsparteien zum Schiedsgericht am Beispiel der privatrechtlichen Vertrags- und Vereinsstrafen*

Auch dem Verhältnis der Schiedsparteien zum Schiedsgericht lässt sich unter dem Aspekt der objektiv-rechtlichen Dimension der Grundrechte keine Aussage zur Bestimmung einer verfassungsrechtlichen Schiedsfähigkeit entnehmen. In diesem Verhältnis können staatliche Schutzpflichten insbesondere im Zusammenhang mit den Rahmenbedingungen einer zulässigen Fremdbestimmung der Schiedsparteien durch die Schiedsrichter auftreten. Um diese Verfahrensanforderungen[597] kann es sich bei der Bestimmung einer verfassungsrechtlichen Schiedsfähigkeit gerade nicht drehen, da sie ja wie bereits erörtert überhaupt erst den Rahmen einer zulässigen privaten Schiedsgerichtsbarkeit bilden und ihr daher nicht i.S. einer objektiven Schiedsunfähigkeit entgegenstehen können.

Überlegenswert wäre aber daneben, ob sich eine verfassungsrechtliche Schiedsunfähigkeit etwa daraus ergeben könnte, dass gewisse Arten oder Bereiche der Fremdbestimmung der Schiedspartei durch den Schiedsrichter deswegen abstrakt kontrollbedürftig sind, weil der Schiedsspruch wegen der besonderen Sensibilität des Rechtsbereichs für die Schiedsparteien einen derart überwiegenden Rechtseingriff bedeutet, dass dieser einem staatlichen Richter vorbehalten sein muss. Dies könnte etwa bei der »Verurteilung« der Schiedspartei durch den Schiedsrichter zu einer privaten (Vertrags-) Strafe der Fall sein.

596 *Münch* in: MünchKomm-ZPO, § 1030 Rn. 36; *Wolff*, NJW 2009, 2021.
597 Siehe: C, S. 75 ff.

Als Beispiel privatrechtlicher (Vertrags-) Strafen[598] sollen hier die Vertragsstrafen nach §§ 339 ff. BGB und die sog. Vereins- und Verbandsstrafen[599] dienen. Die Problematik, inwiefern ein Privater befugt ist, gegenüber einem anderen Privaten eine Strafe zu verhängen, wird insbesondere unter dem Aspekt des staatlichen Strafmonopols[600] diskutiert. Da das staatliche Strafmonopol allerdings nur solche Strafen erfasst, welche – ohne Zustimmung des vermeintlichen Straftäters – objektives Unrecht ahnden und einen sozialethischen Schuldvorwurf enthalten (z.B. Kriminalstrafen), werden auf privatem Rechtsgeschäft begründete Vertrags- und Vereinsstrafen davon gerade nicht tangiert bzw. ausgeschlossen, weil sie nur bei freiwilliger Unterwerfung der Privaten zustande kommen können, allein Vertrags- bzw. Satzungsverstöße ahnden und gerade kein objektives, sozialethisches Werturteil i.S. einer öffentlichen (Kriminal-) Strafe aussprechen.[601] Vertrags- und Vereinsstrafen sind insofern zulässiger Ausdruck der Privat- bzw. Vereinsautonomie.[602]

Von der Frage der generellen privatrechtlichen Zulässigkeit von Vertrags- bzw. Vereinsstrafen zu unterscheiden ist allerdings die Frage der Kontrollbedürftigkeit eines Schiedsspruches, welcher die Anordnung einer solchen Strafe zum Gegenstand hat.[603] Ohne Schiedsvereinbarung (§§ 1025, 1066 ZPO) unterliegen die privatrechtlichen Strafen grundsätzlich einer inhaltlichen Kontrolle durch die staatlichen Gerichte, was auch für Entscheidungen sog. Vereins- oder Verbands-

598 Zur Zulässigkeit einer echten Privatstrafe vgl. Dritter Teil D II 3 b), S. 214 ff.

599 Grundlegend hierzu: *Meyer-Cording*; *Flume*, FS Bötticher, S. 101 ff.

600 Ausführlich hierzu: Dritter Teil D II 3 b), S. 214 ff.

601 Vgl. *Hillgruber* in: Maunz/Dürig, Art. 92 Rn. 89; *Classen* in: Mangoldt/Klein/Starck, Art. 92 Rn. 45; *Hopfauf* in: Schmidt-Bleibtreu/Hoffmann/Henneke, Vor. Art. 92 Rn. 115; *Rieble* in: Staudinger, Vor. §§ 339 ff. Rn. 146 ff.; *Häger* in: LK-StGB, Vor. §§ 38 ff. Rn. 88; Stöber/*Otto*, Rn. 981; zum Streit, ob Vereinsstrafen als Vertragsstrafen zu qualifizieren sind vgl. ferner: Stöber/*Otto*, Rn. 996 (Ordnungsstrafgewalt und keine Vertragsstrafe); *Schwab/Walter*, Kap. 32 Rn. 22 (Vereinsstrafe ist Vertragsstrafe); *Gottwald* in: MünchKomm-BGB, Vor. §§ 339 Rn. 49 (der zu Recht darauf hinweist, dass der Unterschied ohnehin relativ gering ist, da auch die Mitgliedschaft in einem Verein rechtsgeschäftlich begründet ist).

602 Privatrechtliche Beziehungen eines Vereins zu anderen Rechtssubjekten sind auf verfassungsrechtlicher Ebene nicht anders zu beurteilen als entsprechende Beziehungen unter natürlichen Personen, siehe BVerfG NJW 1996, 1203. Zum Verhältnis von Privat- und Vereinsautonomie vgl. auch: *Weick* in: Staudinger, Vor. §§ 21 ff. Rn. 42.

603 Zur gesellschaftsrechtlichen Problematik, ob eine Vereinsstrafe erstmalig durch ein Schiedsgericht verhängt werden kann, oder dieses lediglich die Verhängung einer Strafe durch ein Vereinsgericht kontrollieren darf, vgl. *Wagner* in: Reichert, Rn. 5175 ff. Für Vertragsstrafen ist die Möglichkeit der Zuweisung der Straffestsetzungskompetenz an Schiedsgerichtgerichte anerkannt, vgl. *Lindacher* in: Soergel, § 339 Rn. 5.

gerichte, welche als Gesellschaftsorgane zu qualifizieren und streng von echten Schiedsgerichten zu unterscheiden sind,[604] gilt. Im Falle der Schiedsvereinbarung wäre eine inhaltliche Nachkontrolle wegen des Verbots der *révision au fond* gerade ausgeschlossen. Die maßgebliche Fragestellung wäre nun, ob eine autonome Schiedsgerichtsbarkeit immer dann ausgeschlossen sein müsste, wenn das Verfahren eine privatrechtliche (Vertrags-) Strafe zum Gegenstand hat, da insofern wegen der beinhalteten Fremdbestimmung in Form einer »Verurteilung« staatliche Schutzpflichten eingreifen, die prinzipiell eine inhaltliche Nachkontrolle des Schiedsspruches durch den staatlichen Richter erforderlich machen.

Dies wird man allerdings nicht annehmen können. Davon abgesehen, dass der Umfang der inhaltlichen Nachkontrolle aufgrund der Privat- bzw. Vereinsautonomie schon vor staatlichen Gerichten eingeschränkt ist,[605] stellt die bloße Tatsache, dass zwischen Privaten eine vertragliche Strafe verhängt wird, keinen derartigen schutzwürdigen Gegenstand dar, der eine abstrakte inhaltliche Nachkontrolle des Schiedsspruches und damit eine verfassungsrechtliche Schiedsunfähigkeit erfordern würde. Sofern die Freiwilligkeit der Unterwerfung[606] sichergestellt ist, ist eine autonome, abschließende Entscheidung vielmehr durch die Privat- bzw. Vereinsautonomie gedeckt und damit zulässig.

Davon abzugrenzen ist wiederrum die Frage, welche Strafen überhaupt als Rechtsfolgen privatrechtlicher Verstöße verhängt werden dürfen, d.h. welche Reichweite die privatrechtliche »Strafautonomie« diesbezüglich besitzt. Als unzulässig werden insofern Sanktionen wie die öffentliche Entwürdigung, die Körperverletzung oder der Freiheitsentzug erachtet;[607] andernorts wird allgemein von einem Verbot der vertraglichen Veräußerung seiner Persönlichkeit gesprochen.[608] Diese Begrenzungen der Privatautonomie können natürlich einer privatrechtlichen Strafe bzw. einem darüber ergangenen Schiedsspruch zwar die Aner-

604 Zur Abgrenzung von Vereins- bzw. Verbandsgerichtsbarkeit und Schiedsgerichtsbarkeit, vgl. BGH NJW 2004, 2226, 2227; *Hopfauf* in: Schmidt-Bleibtreu/Hoffmann/Henneke, Vor. Art. 92 Rn. 119; *Voit* in: Musielak/Voit, § 1029 Rn. 19. Insbes. verstößt auch eine Vereinsgerichtsbarkeit nicht gegen Art. 92, 101 GG, siehe: BGH NJW 1959, 982.

605 Zum durch die Vereinsautonomie beschränkten Umfang der gerichtlichen Kontrolle, vgl. *Hopfauf* in: Schmidt-Bleibtreu/Hoffmann/Henneke, Vor. Art. 92 Rn. 119; zur Entwicklung der Literatur und Rspr. vgl. *Weick* in: Staudinger, Vor. §§ 21 ff. Rn. 23 ff.

606 Besonderheiten können diesbez. bei Monopolvereinen und Vereinen mit Aufnahmezwang auftreten, vgl. hierzu: *Voit* in: Musielak/Voit, § 1066 Rn. 8; *Bleistein/Degenhart*, NJW 2015, 1353 (speziell zur Sportschiedsgerichtsbarkeit).

607 *Ebert*, S. 278; *Otto* in: jurisPK-BGB, § 25 Rn. 50.

608 *Weick* in: Staudinger, Vor. §§ 21 ff. Rn. 39.

kennungs- bzw. Vollstreckungswürdigkeit nehmen; da etwaige Verstöße jedoch im Einzelfall festzustellen sind und nicht an einen abstrakten Gegenstand – der Verhängung der Strafe als solcher – anknüpfen, sind sie nur im Rahmen des *ordre public* Vorbehalts von Relevanz und stellen keine Beschränkung der verfassungsrechtlichen Schiedsfähigkeit dar.

Festzuhalten bleibt somit, dass – auch unter dem Aspekt der privatrechtlichen Vertrags- und Vereinsstrafen – im Verhältnis der Schiedsparteien zum Schiedsrichter keine abstrakten Gegenstände existieren, die eine verfassungsrechtliche Schiedsunfähigkeit zur Folge haben. Davon zu unterscheiden ist die Frage, ob eine Schiedsgerichtsbarkeit auf dem Gebiet des öffentlichen Strafrechts i.S. einer privaten Strafschiedsgerichtsbarkeit zulässig wäre. Dies gilt es noch an anderer Stelle zu untersuchen.[609]

4. Zwischenfazit

Die Untersuchung der staatlichen Schutzpflichten hinsichtlich der Herleitung und Bestimmbarkeit einer verfassungsrechtlichen Schiedsfähigkeit hat Folgendes ergeben: Eine objektive Schiedsfähigkeit lässt sich zunächst dogmatisch vom *ordre public* Vorbehalt abgrenzen, da beide Kontrollvorbehalte unterschiedlichen Zwecken dienen und nicht miteinander vermischt werden sollten. Die Abgrenzung geschieht anhand der abstrakten, prinzipiellen Notwendigkeit einer inhaltlichen Nachkontrolle des Schiedsspruches (*révision au fond*), die mit dem Wesensmerkmal der Autonomie der Schiedsgerichtsbarkeit nicht vereinbar ist, sich deswegen nicht über den *ordre public* Vorbehalt verwirklichen lässt und daher die objektive Schiedsunfähigkeit nach sich zieht. Auf verfassungsrechtlicher Ebene lassen sich derartige Gegenstände, deren Betroffenheit die abstrakte, prinzipielle Notwendigkeit einer *révision au fond* begründen und daher eine verfassungsrechtliche Schiedsfähigkeit nach sich ziehen, potenziell anhand von (indisponiblen) grundrechtlichen Institutsgarantien bestimmen, welche im folgenden Abschnitt noch im Einzelnen untersucht werden sollen. Die Institutsgarantien ergeben sich aus staatlichen Schutzpflichten im Verhältnis zur Allgemeinheit, nicht jedoch aus staatlichen Schutzpflichten im Verhältnis der Schiedsparteien zueinander, zum Schiedsgericht oder zu Dritten.

609 Dritter Teil D II 3 b), S. 214 ff.

IV. Institutsgarantien und verfassungsrechtliche Schiedsfähigkeit im Einzelnen

In diesem Abschnitt soll nun der Versuch unternommen werden, die oben gewonnene Herleitung einer theoretischen Definition der verfassungsrechtlichen Schiedsfähigkeit »umzusetzen« und einzelne Gebiete darauf zu untersuchen. Spezieller geht es um die Untersuchung einzelner Institutsgarantien und diesbezüglich staatlicher Schutzpflichten gegenüber der Allgemeinheit, die verfassungsrechtliche Gesetzgebungspflichten auslösen könnten, welche die abstrakte Notwendigkeit einer *révision au fond* begründen und daher keine autonome Schiedsgerichtsbarkeit auf diesen Gebieten zulassen. Angemerkt sei erneut, dass wegen der gesetzgeberischen Gestaltungsfreiheit die betroffenen Gesetze jeweils nur im Kern dem verfassungsrechtlichen Schutz unterliegen. Auch dieser – und nur dieser – soll jeweils herausgearbeitet werden. Die folgende Untersuchung soll sich außerdem nicht als eine abschließende verstehen. Im Vordergrund der Untersuchung steht vielmehr die »Erprobung« und Veranschaulichung der dogmatisch gewonnenen Definition einer verfassungsrechtlichen Schiedsfähigkeit an Beispielen. Zur Veranschaulichung ist auch jeweils die einfachgesetzliche Lage kurz darzustellen.

1. Ehe und Familie

a) Einfachgesetzliche objektive Schiedsfähigkeit

Der Bereich des Ehe- und Familienrechts wird hinsichtlich seiner objektiven Schiedsfähigkeit weitergehend differenziert und unterschiedlich behandelt. Es empfiehlt sich hierbei, zwischen denjenigen Angelegenheiten, die nur die Ehegatten betreffen, und denjenigen, die auch das Verhältnis zu den gemeinsamen Kindern miteinbeziehen, zu unterscheiden.[610]

Im Verhältnis der Ehegatten sind zunächst die Statusverfahren von großer Bedeutung, d.h. (die Eheschließung und) die Ehescheidung. Diese werden nach ganz h.M. als objektiv schiedsunfähig angesehen, da es sich um eine nichtvermögensrechtliche Streitigkeit handelt, die nicht vergleichsfähig ist (§ 1030

610 *Huber*, SchiedsVZ 2004, 280, 281.

Abs. 1 S. 2 ZPO).[611] Ferner lässt sich dieses Ergebnis auch mit der Erwägung begründen, dass neben den sich (u.U. einvernehmlich) scheiden lassenden Eheleuten auch die Allgemeinheit ein Interesse an Statussachen hat.[612] Vermögensrechtliche Folgefragen wie Unterhalts- oder Güterrechtssachen werden hingegen als überwiegend objektiv schiedsfähig angesehen, da es hierbei nicht mehr auf die Vergleichsbefugnis ankommt (§ 1030 Abs. 1 ZPO).[613]

Ähnliches gilt im Rahmen der Kindschaftssachen. Auch hier sind Statusverfahren nach ganz h.M. (z.B. Abstammungsfeststellungen) objektiv schiedsunfähig.[614] Vermögensrechtliche Folgeansprüche wie Unterhaltszahlungen sind hingegen objektiv schiedsfähig.[615] Angelegenheiten der elterlichen Sorge, welche generell nichtvermögensrechtlicher Art sind, werden hingegen als objektiv schiedsunfähig angesehen.[616] Obwohl den Eltern gesetzlich weit reichende Regelungsbefugnisse eingeräumt werden, stehe hier der (verfassungsrechtliche fundierte) Schutz des Kindes nach Art. 6 Abs. 2 S. 2 GG i.V.m. § 1666 BGB im Vordergrund, sodass ein privates Schiedsverfahren nicht mit dem staatlichen Wächteramt vereinbar sei.[617]

b) Verfassungsrechtliche Schiedsfähigkeit

Im Grundgesetz werden Ehe und Familie in Art. 6 GG geregelt. Ehe und Familie genießen einen besonderen verfassungsrechtlichen Schutz und begründen ein

611 *Geimer* in: Zöller, § 1030 Rn. 6; *Hartmann* in: Baumbach/Lauterbach/Albers/Hartmann, § 1030 Rn. 7; *Huber*, SchiedsVZ 2004, 280, 281; *Münch* in: MünchKomm-ZPO, § 1030 Rn. 17; *Saenger* in: Saenger, § 1030 Rn. 6; *Schulze*, S. 56; *Voit* in: Musielak/Voit, § 1030 Rn. 6.

612 *Huber*, SchiedsVZ 2004, 280, 282; *Wagner*, S. 585.

613 Für Einzelheiten vgl. *Ebbing*, S. 170 ff.; *Münch* in: MünchKomm-ZPO, § 1030 Rn. 18 f.; *Schulze*, S. 67 ff. Schiedsvereinbarungen über Ehewohnung und Hausratssachen können u.U. Probleme hinsichtlich der Reichweite der Bindungswirkung aufwerfen, da auch der Vermieter als Dritter betroffen sein kein; dies betrifft allerdings nicht die objektive Schiedsfähigkeit, vgl. *Huber*, SchiedsVZ 2004, 280, 282; allgemein zu dieser Problematik siehe auch: D III 3 b), S. 151 f.

614 *Geimer* in: Zöller, § 1030 Rn. 6; *Hartmann* in: Baumbach/Lauterbach/Albers/Hartmann, § 1030 Rn. 7; *Huber*, SchiedsVZ 2004, 280, 282; *Münch* in: MünchKomm-ZPO, § 1030 Rn. 17; *Saenger* in: Saenger, § 1030 Rn. 6; *Schulze*, S. 56; *Voit* in: Musielak/Voit, § 1030 Rn. 6.

615 *Münch* in: MünchKomm-ZPO, § 1030 Rn. 18; zu den sich jedoch ergebenden praktischen und rechtlichen Problemen, vgl. *Huber*, SchiedsVZ 2004, 280, 282.

616 *Huber*, SchiedsVZ 2004, 280, 282.

617 *Huber*, SchiedsVZ 2004, 280, 282.

Wächteramt des Staates.[618] Es handelt sich bei Art. 6 Abs. 1 GG um eine objektiv wertentscheidende Grundsatznorm.[619] Daraus folgt, dass Ehe und Familie im Kern als (explizit angelegte) Institutsgarantien anzusehen sind,[620] auf die sich auch objektive Schutzpflichten beziehen.[621] Insbesondere begründet Art. 6 Abs. 1 GG als wertentscheidende Grundsatznorm einen verfassungsrechtlichen Gesetzgebungsauftrag, wobei dem Gesetzgeber jedoch ein weitreichender Gestaltungsspielraum zugutekommt.[622] Der besondere staatliche Schutz von Ehe und Familie bedingt die Notwendigkeit der staatlichen Mitwirkung bei Eheschluss sowie Ehescheidung als wesentliches Ordnungselement und die grundsätzlich Unauflösbarkeit der Ehe.[623] Bei Eheschließung sowie Ehescheidung i.S. eines *actus contrarius* handelt es sich um einen Akt von öffentlicher Bedeutung.[624]

Hinsichtlich der verfassungsrechtlichen Schiedsfähigkeit stellt es nun zunächst für sich genommen kein Problem dar, dass der Staat an Eheschließung und Ehescheidung selbst beteiligt sein, d.h. eine rein privatrechtliche Vereinbarung diesbezüglich nicht ausreichend wäre. Auch im beispielhaften Falle einer Ehescheidung vor einem Schiedsgericht wäre der Staat nämlich wiederum beteiligt, da ihm insofern die Durchsetzung des Schiedsspruches obliegt.[625] Entscheidend kann daher allein sein, ob er einen entsprechenden Schiedsspruch unkontrolliert durchsetzen dürfte oder ihn eine prinzipielle Pflicht zur *révision au fond* trifft. Letzteres wird man aufgrund des besonderen verfassungsrechtlichen Schutzauftrages annehmen müssen. Zwar würde die Anerkennung eines Eheschiedsspruches etwa – genauso wenig wie die Anerkennung eines Schiedsspruches über die Eigentumsverhältnisse der Schiedsparteien die Institution des Eigentums als solches gefährden würde – per se nicht die Institution der Ehe im

618 *Badura* in: Maunz/Dürig, Art. 6 Rn. 1; *Hofmann* in: Schmidt-Bleibtreu/Hoffmann/Henneke, Art. 6 Rn. 3; *von Coelln* in: Sachs, Art. 6 Rn. 19; *Robbers* in: Mangoldt/Klein/Starck, Art. 6 Rn. 20.

619 BVerfG NJW 1957, 417, 418; *Badura* in: Maunz/Dürig, Art. 6 Rn. 1, 6; *Hofmann* in: Schmidt-Bleibtreu/Hoffmann/Henneke, Art. 6 Rn. 3.

620 BVerfG NJW 1957, 417, 418; *Badura* in: Maunz/Dürig, Art. 6 Rn. 4, 8; *Hofmann* in: Schmidt-Bleibtreu/Hoffmann/Henneke, Art. 6 Rn. 3; *von Coelln* in: Sachs, Art. 6 Rn. 31.

621 *Badura* in: Maunz/Dürig, Art. 6 Rn. 11.

622 *Badura* in: Maunz/Dürig, Art. 6 Rn. 4, 7; *von Coelln* in: Sachs, Art. 6 Rn. 35.

623 BVerfG NJW 1983, 511; *Distler*, S. 161.

624 *Distler*, S. 161.

625 Eine Ehescheidung allein durch das Schiedsgericht im Wege des antizipierten Legalanerkenntnisses (vgl. hierzu: Erster Teil C II 4 d), S. 43 ff.) wäre mangels staatlicher Beteiligung ausgeschlossen.

Allgemeinen »abschaffen« können. Aufgrund des besonderen Schutzauftrages gehört die alleinige, subjektive Verfügungsbefugnis der Eheleute auch über den Status ihrer eigenen Ehe aber gerade nicht zum Gewährleistungsgehalt der Institutsgarantie, sodass eine staatliche Kontrolle auch im Einzelfall erforderlich ist. Art. 6 Abs. 1 GG, der einen verfassungsrechtlichen Gesetzgebungsauftrag und entsprechende Schutzpflichten auslöst, würde demnach einen staatlichen Richter verpflichten, einen Schiedsspruch, welcher bspw. die Auflösung einer Ehe zum Gegenstand hat, prinzipiell auf die Einhaltung der gesetzlichen Voraussetzungen inhaltlich nachzukontrollieren.[626] In ihrem Kern sind Ehe- und Familiensachen aufgrund der staatlichen Schutzpflichten daher verfassungsrechtlich schiedsunfähig.[627]

Abzugrenzen wäre schließlich noch, welche Ehe- und Familiensachen dem verfassungsrechtlich geschützten Kern nach Art. 6 Abs. 1 GG unterfallen und welche dem gesetzgeberischen Gestaltungsspielraum, da für letztere eine verfassungsrechtliche Schiedsfähigkeit bestehen kann. Als dem Kern angehörig und verfassungsrechtlich schiedsunfähig wird man jedenfalls den Bestand der Ehe an sich, d.h. die gerade erwähnte Eheschließung und Ehescheidung ansehen müssen. Unproblematisch ist hierbei, dass die einzelnen Voraussetzungen diesbezüglich nicht im Detail verfassungsrechtlich vorgegeben sind; entscheidend ist allein die Schutzpflicht hinsichtlich der abstrakten Institution. Gleiches wird man für das elterliche Sorgerecht und den verfassungsrechtlichen Schutzauftrag nach Art. 6 Abs. 2 S. 2 GG annehmen müssen, sodass auch den Kindschaftssachen diesbezüglich abstrakt die verfassungsrechtliche Schiedsfähigkeit fehlt.

Die einfachgesetzliche Situation befindet sich somit im Einklang mit der verfassungsrechtlichen Situation. Auch aus verfassungsrechtlicher Sicht wird man vermögensrechtliche Folgesachen als nicht dem verfassungsrechtlich geschützten Kern angehörig anzusehen haben, sodass diesbezüglich eine verfassungsrechtliche Schiedsfähigkeit besteht. Die vermögensrechtlichen Folgesachen gehören nämlich nicht zur abstrakt geschützten Institution und liegen auch nicht

626 Gleiches würde natürlich erst recht bei der Schließung der Ehe gelten, z.B. in dem hypothetischen Fall einer Schiedsvereinbarung zwischen Standesbeamten und den Eheschließenden. Zu dieser Problematik der öffentlich-rechtlichen Schiedsgerichtsbarkeit vgl. Dritter Teil, S. 189 ff.

627 Im Ergebnis ebenso: *Distler*, S. 162; a.A. *Ebbing*, S. 168 f.; *Geimer*, S. 153 f. Zu einem anderen Ergebnis würde man nach der hier vertretenen Ansicht wohl nur dann kommen, wenn man die Auflösung der Ehe als nicht vom Schutzauftrag des Art. 6 Abs. 1 GG erfasst ansieht. Dies wird man wegen dem verfassungsrechtlichen Leitbild der grds. Unauflösbarkeit der Ehe jedoch wahrscheinlich nicht annehmen können, vgl. *Distler*, S. 162.

im Interesse der Öffentlichkeit, sodass diesbezüglich dem Interesse der Beteiligten an einer autonomen, privaten Entscheidung entsprechender Streitigkeiten der Vorrang einzuräumen ist.

Statusbezogenen Ehesachen sowie Kindschaftssachen fehlt somit wegen der in Art. 6 Abs. 1 GG auf die Institutsgarantie der Ehe bezogenen bzw. in Art. 6 Abs. 2 S. 2 GG bezüglich dem elterlichen Sorgerecht abstrakt festgelegten staatlichen Schutzpflichten die verfassungsrechtliche Schiedsfähigkeit.

2. *Mietrecht (betreffend Wohnraumverhältnisse)*

a) Einfachgesetzliche objektive Schiedsfähigkeit

Nach § 1030 Abs. 2 S. 1 ZPO sind Streitigkeiten über Wohnraummietverhältnisse objektiv schiedsunfähig,[628] sofern sie den Bestand betreffen. Es sind daher solche Schiedsverfahren ausgeschlossen, die die Feststellung des Bestehens oder Nicht-Bestehens des Mietverhältnisses betreffen, auch wenn diese Frage nur inzident festgestellt werden sollte.[629] Sonstige Streitigkeiten, die nicht den Bestand des Wohnraummietverhältnisses betreffen, sind hingegen objektiv schiedsfähig.[630]

b) Verfassungsrechtliche Schiedsfähigkeit

Gegenstand der Erörterung war bereits, inwiefern das Grundgesetz unter dem Aspekt der gestörten Vertragsparität eine Aussage zur verfassungsrechtlichen Schiedsfähigkeit trifft. Im Ergebnis betrafen entsprechende Schutzpflichten zwar die Wirksamkeit der Schiedsvereinbarung unter dem Aspekt der Freiwilligkeit i.S.v. materieller Selbstbestimmung, standen jedoch nicht einer verfassungsrechtlichen Schiedsfähigkeit im Wege.[631]

Da sich die Freiwilligkeit der Schiedsvereinbarung auch in Fällen ungleicher Vertragsparität theoretisch jedoch herstellen ließe, läge eine verfassungs-

628 Siehe hierzu: D III 3 a), S. 148 ff.
629 *Saenger* in: Saenger, § 1030 Rn. 12; einschränkend: *Münch* in: MünchKomm-ZPO, § 1030 Rn. 27 f.
630 *Saenger* in: Saenger, § 1030 Rn. 12.
631 Vgl. D III 3 a), S. 148 ff.

rechtliche Schiedsunfähigkeit nur dann vor, wenn der Gegenstand des Mietrechts betreffend Wohnraumverhältnisse selbst eines abstrakten Schutzes bedürfte. Zu denken wäre an die Herleitung eines entsprechenden abstrakten Schutzauftrages i.S. einer Institutsgarantie aus Art. 13 Abs. 1 GG. Art. 13 Abs. 1 GG gewährleistet jedoch im Unterschied zu manch anderen Grundrechtsartikeln nur ein subjektives Abwehrrecht, und zwar ein Abwehrrecht zum Schutz der räumlichen Privatsphäre gegen die Träger der öffentlichen Gewalt.[632] Eine Institutsgarantie – etwa in der Form, dass Wohnräume als menschliche Einrichtungen stets zu gewährleisten wären – ist in Art. 13 Abs. 1 GG hingegen nicht enthalten.[633] Daher besteht auch keine objektiv-rechtliche Verpflichtung zur Normierung eines sozialen Mietrechts i.S. eines verfassungsrechtlichen Gesetzgebungsauftrags.[634] Dennoch spricht man Art. 13 Abs. 1 GG auch eine objektive Wertentscheidung für die Achtung der Privatheit der räumlichen Sphäre zu, welche staatliche Schutzpflichten und eine mittelbare Drittwirkung des Grundrechts zu Folge hat.[635]

Mangels der Beinhaltung einer entsprechenden Institutsgarantie und daran anknüpfender Schutzpflichten begründet Art. 13 Abs. 1 GG allerdings insgesamt somit keine verfassungsrechtliche Schiedsunfähigkeit; die Normierung eines sozialen Mietrechts wird gerade nicht geschützt. Zwar enthält Art. 13 Abs. 1 GG auch staatliche Schutzpflichten vor Übergriffen aus der privaten Sphäre (z.B. Hausfriedensbruch oder jederzeitiges Betretungsrecht der Wohnung durch den Vermieter), die allerdings nur die Privatheit und nicht den Bestand bzw. das Besitzrecht des Mieters als solches schützen.[636] Da sich diese Schutzpflichten allein auf das subjektive Grundrecht der Unversehrtheit der Wohnung nach Art. 13 Abs. 1 GG beziehen, welches dieser Artikel als einziges gewährleistet, kann daraus auch keine verfassungsrechtliche Schiedsunfähigkeit folgen.

Die objektive Schiedsfähigkeit von Mietrechtsstreitigkeiten betreffend Wohnraumverhältnisse ist somit ein Beispiel dafür, dass die verfassungsrechtliche und einfachgesetzliche Lage auseinanderfallen kann. Die Entscheidung zur Versagung der objektiven Schiedsfähigkeit ist daher eine freie Entscheidung des

632 *Papier* in: Maunz/Dürig, Art. 13 Rn. 1.
633 *Papier* in: Maunz/Dürig, Art. 13 Rn. 5; a.A. wohl: *Kühne* in: Sachs, Art. 13 Rn. 13 ff.
634 *Papier* in: Maunz/Dürig, Art. 13 Rn. 5 f.
635 *Papier* in: Maunz/Dürig, Art. 13 Rn. 8.
636 Vgl. *Papier* in: Maunz/Dürig, Art. 13 Rn. 8.

einfachen Gesetzgebers,[637] die verfassungsrechtlich nicht gefordert ist und daher auch anders ausfallen könnte.[638] Damit ist natürlich zugleich auch gesagt, dass Streitigkeiten aus sonstigen Mietverhältnissen, die nicht den Wohnraum betreffen, verfassungsrechtlich bedenkenlos schiedsfähig sind.

3. Individualvertragliches Arbeitsrecht

a) Einfachgesetzliche objektive Schiedsfähigkeit

Individualvertragliches Arbeitsrecht ist nach derzeitiger, einfachgesetzlicher Lage objektiv schiedsunfähig, was sich aus § 1030 Abs. 3 ZPO i.V.m. §§ 4, 101 ArbGG ergibt.[639]

b) Verfassungsrechtliche Schiedsfähigkeit

Auch hinsichtlich des Arbeitsrechts war bereits Gegenstand der Erörterung, inwiefern das Grundgesetz unter dem Aspekt der gestörten Vertragsparität die Wirksamkeit einer Schiedsvereinbarung beeinflusst, was im Ergebnis allerdings ein Aspekt der Freiwilligkeit dieser war und nicht die verfassungsrechtliche Schiedsfähigkeit betraf.[640] Wie beim Mietrecht gilt es daher beim Arbeitsrecht zu untersuchen, ob unabhängig vom Aspekt der gestörten Vertragsparität der Gegenstand des Arbeitsrechts i.S. einer Institutsgarantie an sich geschützt sein könnte.

Dies könnte sich aus dem Grundrecht der Berufsfreiheit nach Art. 12 Abs. 1 GG ergeben. Die Berufsfreiheit gewährleistet grundsätzlich die Freiheit der Berufswahl sowie die Freiheit der Berufsausübung.[641] Sie verkörpert sowohl ein subjektives Grundrecht als auch eine objektiv-rechtliche Wertentscheidung.[642]

637 Erwägungsgrund für die Versagung der objektiven Schiedsfähigkeit war insofern, dass die zum Mieterschutz geschaffene ausschließliche Gerichtsstandsregelung des § 29a ZPO nicht durch Schiedsvereinbarung umgangen werden sollte, vgl. BT-Drs. 13/5274, S. 35.

638 Unter dem Aspekt des Mieterschutzes erscheint die Entscheidung jedenfalls (auch verfassungsrechtlich) gerechtfertigt.

639 Vgl. hierzu schon: D III 3 a), S. 148 ff.

640 Siehe: D III 3 a), S. 148 ff.

641 *Scholz* in: Maunz/Dürig, Art. 12 Rn. 1.

642 *Scholz* in: Maunz/Dürig, Art. 12 Rn. 4; *Ruffert* in: BeckOK-GG, Art. 12 Rn. 17, 19.

Aus Art. 12 Abs. 1 GG folgen schließlich auch staatliche Schutzpflichten.[643] Diese beziehen sich jedoch unter dem Aspekt der mittelbaren Drittwirkung überwiegend auf die bereits erwähnten Fälle des fehlenden Kräftegleichgewichts zwischen den Vertragsparteien.[644] Darüber hinaus enthält Art. 12 Abs. 1 GG jedoch keine institutionellen bzw. Institutsgarantien etwa i.d.S., dass bestimmte Berufe oder Berufsbilder in ihrem Bestand »institutionell« zu gewährleisten währen.[645]

Insgesamt ergeben sich aus Art. 12 Abs. 1 GG somit keine Anhaltspunkte hinsichtlich einer verfassungsrechtlichen Schiedsunfähigkeit (individualvertraglicher)[646] Streitigkeiten aus Arbeitsverhältnissen.[647] Der Gegenstand, d.h. die durch das Arbeitsrecht geregelten Arbeitsverhältnisse, stellt i.d.S. keine abstrakte Institution dar, welche generell die Notwendigkeit einer *révision au fond* auslösen würde. Die Versagung der objektiven Schiedsfähigkeit nach § 1030 Abs. 3 ZPO i.V.m. §§ 4, 101 ArbGG stellt daher lediglich eine einfachgesetzliche Entscheidung zum Schutze der tendenziell unterlegenen Arbeitnehmer dar, die aber gerechtfertigt und mit der Berufsfreiheit vereinbar ansehen ist.[648]

4. *Kartellrecht, Lauterkeitsrecht und der freie, unverfälschte Wettbewerb*

a) *Exkurs: Schutzgegenstände von und Verhältnis zwischen GWB und UWG*

Im folgenden Abschnitt soll der Frage nachgegangen werden, ob sich möglicherweise aus einem evtl. bestehenden verfassungsrechtlichen Schutz des »freien Markts« oder »unverfälschten Wettbewerbs« als Institution eine Aussage zur verfassungsrechtlichen Schiedsfähigkeit entsprechender Streitigkeiten entnehmen lässt. Auf einfachgesetzlicher Ebene erfährt der Wettbewerb insbesondere

643 *Mann* in: Sachs, Art. 12 Rn. 21; *Scholz* in: Maunz/Dürig, Art. 12 Rn. 5.

644 Vgl. *Ruffert* in: BeckOK-GG, Art. 12 Rn. 19; *Scholz* in: Maunz/Dürig, Art. 12 Rn. 5, 82, 84; ausführlich: *Wieland* in: Dreier, Art. 12 Rn. 142 ff.

645 Vgl. *Scholz* in: Maunz/Dürig, Art. 12 Rn. 76. Zum Verhältnis und zur Aussage von Art. 12 Abs. 1 GG hinsichtlich einer verfassungsrechtlichen Wirtschaftsordnung siehe: D IV 4 c) aa), S. 168 ff.

646 Gleiches gilt im Wege eines »Erst-Recht-Schlusses« natürlich für die tarifvertraglichen Streitigkeiten nach § 101 Abs. 1 und 2 ArbGG.

647 Im Ergebnis ebenso: *Geimer*, S. 156.

648 Vgl. *Distler,* S. 164 f.; *Geimer*, S. 156; kritisch demgegenüber: *Zimmerling* in: Schwab/Weth, § 4 Rn. 31.

durch die Gesetze des GWB (Kartellrecht) und des UWG (Lauterkeitsrecht) eine Regelung. Vor der Untersuchung der verfassungsrechtlichen Schiedsfähigkeit wettbewerbsrechtlicher Streitigkeiten ist daher das Verhältnis der Gesetze zueinander zu beleuchten und deren Schutzgegenstände zu identifizieren.

GWB und UWG haben als gemeinsames Schutzgut den Wettbewerb.[649] Dies zeigt sich auch an dem von beiden Gesetzen in § 1 GWB bzw. § 1 S. 2 UWG gemeinsam gewählten Begriff des »unverfälschten Wettbewerbs«.[650] Obwohl sie den Wettbewerb als gemeinsamen Zweck schützen, verfolgen GWB und UWG jedoch unterschiedliche Ziele bzw. schützen den Wettbewerb unter verschiedenen Gesichtspunkten: Das UWG schützt als Lauterkeitsrecht auf »Mikroebene« die Fairness des Wettbewerbs, d.h. den Wettbewerb gegen unlautere Wettbewerbsmethoden (Marktverhaltenskontrolle), während das Kartellrecht auf »Makroebene« die Freiheit und Funktionsfähigkeit des Wettbewerbs sichern will, d.h. diesen vor Beschränkungen schützt (Marktstrukturkontrolle).[651] Beide Gesetze schützen allerdings (u.a.) den Markt als solchen, d.h. als Institution, sodass diesbezüglich von Wechselwirkungen, Überschneidungen und Ergänzungen zwischen beiden Gesetzen auszugehen ist.[652] Im UWG ergibt sich der institutionelle Schutzgedanke auch deutlich aus § 1 S. 2 UWG, welcher zum Zweck des Gesetzes ausführt: »*Es* [das UWG] *schützt zugleich das Interesse der Allgemeinheit an einem unverfälschten Wettbewerb.*«[653] Die genaue Bedeutung des § 1 S. 2 UWG gilt allerdings als noch ungeklärt.[654]

Da also beide Gesetze den Schutz des Wettbewerbs als Institution zum Gegenstand haben, sollen sie daher diesbezüglich im Folgenden hinsichtlich der Frage der verfassungsrechtlichen Schiedsfähigkeit gemeinsam erörtert werden.

649 *Ahrens* in: Harte-Bavendamm/Henning-Bodewig, Einl. G Rn. 108; *Bunte* in: Langen/Bunte, Einl. Rn. 111; *Ohly* in: Ohly/Sosnitza, Einl. D Rn. 71; *Podszun* in: Harte-Bavendamm/Henning-Bodewig, § 1 Rn. 73; *Sosnitza* in: Ohly/Sosnitza, § 1 Rn. 8.

650 Vgl. *Podszun* in: Harte-Bavendamm/Henning-Bodewig, § 1 Rn. 73 (»UWG-Recht als Schwester des Kartellrechts«).

651 *Ohly* in: Ohly/Sosnitza, Einl. D Rn. 71; *Bunte* in: Langen/Bunte, Einl. Rn. 111; *Ahrens* in: Harte-Bavendamm/Henning-Bodewig, Einl. G Rn. 108 ff.

652 *Sosnitza* in: Ohly/Sosnitza, § 1 Rn. 8; *Ahrens* in: Harte-Bavendamm/Henning-Bodewig, Einl. G Rn. 111; zum Ganzen vgl. *Pichler*.

653 Zum institutionellen Wettbewerbsschutz durch das UWG vgl. auch: BVerfG GRUR 2002, 455; *Köhler* in: Köhler/Bornkamm/Feddersen, § 1 Rn. 42; *Podszun* in: Harte-Bavendamm/Henning-Bodewig, § 1 Rn. 3, 73; *Sosnitza* in: Ohly/Sosnitza, § 1 Rn. 36.

654 *Köhler* in: Köhler/Bornkamm/Feddersen, § 1 Rn. 40; *Pichler*, S. 143 ff., 152 ff.

b) Einfachgesetzliche objektive Schiedsfähigkeit

aa) Kartellrecht (GWB)

Nach aktueller Gesetzeslage sind kartellrechtliche Streitigkeiten gem. § 1030 Abs. 1 S. 1 ZPO objektiv schiedsfähig. Mit dem Schiedsverfahrens-Neuregelungsgesetz vom 22.12.1997 wurde § 91 GWB a.F., der einer objektiven Schiedsfähigkeit von kartellrechtlichen Streitigkeiten noch entgegenstand, ersatzlos gestrichen.[655] Trotz der eindeutigen Entscheidung des Gesetzgebers blieb die »Kartellschiedsgerichtsbarkeit« dennoch ein umstrittenes Thema. Zwar ging es dabei aufgrund der neuen Gesetzeslage primär nicht mehr um die Frage der objektiven Schiedsfähigkeit von Kartellrechtsstreitigkeiten; strittig blieb aber, inwiefern die Einhaltung zwingenden materiellen Kartellrechts sichergestellt werden soll bzw. die Schiedsgerichtsbarkeit zur Durchsetzung zwingenden materiellen Kartellrechts geeignet ist.

Die Problematik der Einhaltung zwingenden materiellen Kartellrechts hat sich von der Frage der objektiven Schiedsfähigkeit getrennt und wird nun im Rahmen eines Verstoßes gegen den materiellen *ordre public* – zu dem das Kartellrecht hinzugezählt wird – nach § 1059 Abs. 2 Nr. 2 b) ZPO diskutiert.[656] Streitigkeiten um kartellrechtliche Verstöße können generell in zwei Formen auftreten: Einmal als »offensive« Prozesse, wobei ein Marktbeteiligter auf Verbotsnormen gestützte Unterlassungs- bzw. Schadensersatzansprüche geltend macht (und Schiedsvereinbarungen eher selten anzutreffen sind), und einmal als »defensives« Verteidigungsmittel etwa gegen die Inanspruchnahme aus Verträgen, wobei die Unwirksamkeit der Verpflichtung wegen Verstoßes gegen das Kartellrecht behauptet wird.[657] Wendet ein Schiedsgericht in solchen Verfahren nun eine kartellrechtliche (Verbots-) Norm falsch an, stellt sich die Frage nach der Aufhebbarkeit des Schiedsspruches gem. § 1059 Abs. 2 Nr. 2 b) ZPO. Wegen dem generellen Verbot einer *révision au fond* ist die Reichweite einer solchen inhaltlichen Nachkontrolle jedoch umstritten.

Um das Verbot der *révision au fond* nicht zu verletzen gestehen einige Stimmen den Schiedsgerichten bei der Bewertung kartellrechtlicher Verstöße

655 Vgl. BT-Drs. 13/5274, S. 19, 36, 70 f.; *Münch* in: MünchKomm-ZPO, § 1030 Rn. 34; *Voit* in: Musielak/Voit, § 1030 Rn. 2; *Teufer*, S. 114.

656 Vgl. etwa: *Voit* in: Musielak/Voit, § 1059 Rn. 31; *Geimer* in: Zöller, § 1059 Rn. 59; *Raeschke-Kessler* in: Prütting/Gehrlein, § 1059 Rn. 72; *Ason*, WuW 2014, 1057.

657 Vgl. *K. Schmidt*, BB 2006, 1397, 1398 f.

einen Beurteilungsspielraum zu.[658] Andere fordern hingegen eine strenge Inhaltskontrolle auf rechtlich richtige Anwendung des zwingenden Kartellrechts, die einen rechtlichen Toleranzraum ausschließe.[659] Insbesondere *K. Schmidt* vertritt vehement, dass das Schiedsgericht Kartellrecht nicht irgendwie, sondern richtig anzuwenden habe, was nicht einer Inhaltskontrolle nur nahe komme, sondern Inhaltskontrolle sei und sein wolle.[660] Eine Selbstverständlichkeit sei es zudem, dass das Schiedsgericht wie die staatlichen Gerichte »von Amts wegen« zwingendes Kartellrecht zu prüfen habe (*iuria novit curia*).[661]

Bemüht man sich nun um eine Entscheidung des Streits, muss man feststellen, dass beide Ansichten für sich genommen Recht haben. Einerseits ist eine strenge inhaltliche Nachkontrolle der richtigen Anwendung zwingenden Kartellrechts nicht mit dem Wesensmerkmal der Autonomie einer echten Schiedsgerichtsbarkeit zu vereinbaren. Andererseits kann einem Schiedsgericht kein Beurteilungsspielraum zugestanden werden, welcher in gewissen Grenzen rechtlich falsche Entscheidungen zuließe, wenn das zwingende materielle Kartellrecht zum *ordre public* gehört. Insofern kommt es nämlich (wie generell) nicht darauf an, ob der Schiedsspruch gegen den *ordre public* verstößt, sondern allein darauf, ob die Anerkennung bzw. Vollstreckung durch das staatliche Gericht dies tut.[662] Da es sich bei dem Schiedsspruch zunächst nur um eine nicht hoheitliche, private Meinungsäußerung handelt, kann nämlich allein die staatliche Anerkennungs- und Vollstreckungshandlung einen solchen Verstoß begehen. Dies zeigt jedoch, dass die schiedsgerichtliche Prüfung etwaiger Kartellverstöße und die staatliche (Nach-) Prüfung dieser im Rahmen des *ordre public* Vorbehaltes klar zu trennen sind.[663] M.a.W. darf ein staatliches Gericht einen gegen zwingendes Kartellrecht verstoßenden Schiedsspruch in keinem Fall, d.h. auch dann nicht anerkennen,

658 Vgl. *Voit* in: Musielak/Voit, § 1059 Rn. 31; *Heukamp*, S. 166 ff. (zu europäischem Kartellrecht); *Wolf*, RabelsZ 57 (1993), 643, 655 ff.; *Schlosser* in: Stein/Jonas, Anh. 1061 Rn. 141; *Teufer*, S. 126 ff.; noch weiter wohl: *Maritzen* in: KK-KartR, § 1 GWB Rn. 364 f. (nur bezweckte Wettbewerbsbeschränkungen).

659 *K. Schmidt* in: Immenga/Mestmäcker, § 88 Rn. 75; *K. Schmidt*, BB 2006, 1397, 1399 ff.; *Schwab/Walter*, Kap. 24 Rn. 44; *Säcker* in: MünchKomm-GWB, § 1 Rn. 46 ff.; zur europäischen Ebene vgl. ferner: *Eilmansberger*, SchiedsVZ 2006, 5, 15; *Eilmansberger*, S. 27 ff.

660 *K. Schmidt*, BB 2006, 1397, 1399. Dass es in der Praxis wegen der unscharf bestimmten Gesetzesmaterie bei Annäherungsregeln bleibe, wodurch ein gewisser Plausibilitätsspielraum entstehe, ändere an dieser Rechtsregel nichts, vgl. hierzu auch: *K. Schmidt* in: Immenga/Mestmäcker, § 88 Rn. 75.

661 *K. Schmidt*, BB 2006, 1397, 1399.

662 BGH NJW 1969, 978, 979; *K. Schmidt* in: Immenga/Mestmäcker, § 88 Rn. 75.

663 Vgl. BGH NJW 1969, 978, 979; *K. Schmidt* in: Immenga/Mestmäcker, § 88 Rn. 75.

wenn die schiedsgerichtliche Entscheidung im Rahmen eines zugestandenen Beurteilungsspielraums läge.[664] Eine strenge inhaltliche Nachkontrolle ist somit jedenfalls zwingend erforderlich.

Folgt man jedoch der Ansicht, die eine echte inhaltliche Nachkontrolle für zwingend erforderlich hält, landet man nach der hier gefundenen Definition allerdings wieder bei der Frage der objektiven Schiedsfähigkeit. Denn eine echte Schiedsgerichtsbarkeit, die in jedem Falle prinzipiell inhaltlich nachkontrolliert werden müsste, da sie zwingendes Kartellrecht zum Gegenstand des Verfahrens hat, ist wegen des unauflösbaren Konflikts mit dem Wesensmerkmal der Autonomie in Wahrheit eigentlich keine Schiedsgerichtsbarkeit. Die Anerkennung von Schiedssprüchen, welche das zwingende Kartellrecht richtig angewendet haben, wäre wiederrum nur eine Anerkennung »auf dem Papier«, da in Wahrheit de facto der Prozess wiederholt würde. Die wahre Problematik der Kartellschiedsgerichtsbarkeit liegt daher (immer noch) bei der Frage der objektiven Schiedsfähigkeit; eine entsprechende Diskussion fand aber – wegen der Streichung des § 91 GWB a.F. – nicht statt.[665] So gesehen ließe sich auch behaupten, die objektive Schiedsfähigkeit kartellrechtlicher Streitigkeiten sei derzeit immer noch umstritten, nur eben unter »falschem Namen«.

bb) Wettbewerbsrecht (UWG)

Lauterkeitsrechtliche Streitigkeiten nach dem UWG sind nach § 1030 Abs. 1 S. 1 ZPO als objektiv schiedsfähig anzusehen, da sie generell den vermögensrechtlichen Ansprüchen zuzuordnen sind. In der zivilprozessualen Kommentarliteratur wird die objektive Schiedsfähigkeit von Streitigkeiten nach dem UWG soweit ersichtlich nicht bestritten bzw. überhaupt gar nicht erst angesprochen. In der Kommentarliteratur zum UWG fehlt es auch an einer entsprechenden Diskussion. Die Zulässigkeit von Schiedsvereinbarungen in lauterkeitsrechtlichen Streitigkeiten wird vielmehr – soweit die Möglichkeit eines Schiedsverfahrens über-

664 A.A. *Wolf*, RabelsZ 57 (1993), 643, 655 ff.

665 Vgl. *Hesselbarth*, S. 117 m.w.N.; zu einem anderen Ergebnis gelangt man natürlich, wenn man den *ordre public* »als eine immanente Grenze möglicher Schiedsfähigkeit« anerkennt, vgl. *Münch* in: MünchKomm-ZPO, § 1059 Rn. 47.

haupt Beachtung findet – als ein den ordentlichen Rechtsweg ausschließender Faktor angenommen.[666]

c) *Verfassungsrechtliche Schiedsfähigkeit*

Aus verfassungsrechtlicher Sicht ist wiederum allein entscheidend, ob sich der Schutzgegenstand des Wettbewerbsrechts (§ 1 S. 2 UWG) bzw. die zwingenden kartellrechtlichen Verbotsnormen (§§ 1, 19 ff. GWB) auf einen verfassungsrechtlichen Gesetzgebungsauftrag zurückführen lassen, der den unverfälschten Wettbewerb bzw. den »freien Markt« als Institution an sich schützt. In diesem Falle läge nach den oben genannten Kriterien eine verfassungsrechtliche Schiedsunfähigkeit vor, an welcher sich auch die derzeitige einfachgesetzliche Ausgestaltung (und die kartellrechtliche Kontrolle anhand des *ordre public* Vorbehaltes) zu messen hätte.

aa) *Wirtschaftsverfassung und Schutz des freien Wettbewerbs als Institution*

Der Aussagegehalt des Grundgesetzes hinsichtlich einer bestimmten »Wirtschaftsverfassung« ist ein seit langem diskutiertes Thema.[667] Das BVerfG und die h.L. gehen davon aus, dass das Grundgesetz »wirtschaftspolitisch neutral« und hinsichtlich eines bestimmten Wirtschaftssystems offen ist (Neutralitätsthese): *»der Gesetzgeber darf jede ihm sachgemäß erscheinende Wirtschaftspolitik verfolgen, sofern er dabei das Grundgesetz, insbesondere die Grundrechte beachtet.«*[668]

Das Grundgesetz soll demnach jedenfalls nicht durch irgendeine wirtschaftsökonomische Lehrmeinung hinsichtlich einer bestimmten Wirtschaftsform als statisches Ordnungsmodell festgelegt sein, sondern die Entscheidung dem Gesetzgeber überlassen, wirtschaftspolitisch auf die dynamischen und dem

666 Vgl. etwa: *Köhler* in: Köhler/Bornkamm/Feddersen, § 12 Rn. 2.10; *Sosnitza* in: Ohly/Sosnitza, § 12 Rn. 53; *Schlinghoff* in: MünchKomm-UWG, § 12 Rn. 381; *Ehricke* in: MünchKomm-UWG, Vor. Verfahrensrecht, Rn. 18.

667 Zum Ganzen vgl. etwa: *Leisner*; *Rupp*; *Krölls*; *Nipperdey*.

668 BVerfG NJW 1979, 699, 702; *Scholz* in: Maunz/Dürig, Art. 12 Rn. 85; *Di Fabio* in: Maunz/Dürig, Art. 2 Abs. 1 Rn. 76; kritisch zur Neutralitätsthese: *Brenner*, HGR V, § 115 Rn. 1 (gebetsmühlenartige Wiederholung); *Mann* in: Sachs, Art. 12 Rn. 22 (verfehlte Akzentuierung); *Hofmann* in: Schmidt-Bleibtreu/Hofmann/Henneke, Art. 14 Rn. 6.

Wandel unterliegenden wirtschaftlichen Prozesse reagieren zu können.[669] Die Grenze des gesetzgeberischen Gestaltungsspielraumes bilden aber insofern u.a. die Grundrechte und deren konkret-wirtschaftsordnenden Aussagegehalte, sodass der Gesetzgeber nur in diesem Rahmen freie, wirtschaftspolitisch Entscheidungen treffen kann.[670] M.a.W. ist das Grundgesetz insofern zwar wirtschaftspolitisch, jedoch nicht wirtschaftsrechtlich gänzlich neutral oder offen.[671]

Welche konkreten wirtschaftlichen Aussagegehalte den Grundrechten zu entnehmen sind, wird im Einzelnen jedoch uneinheitlich beurteilt. Für die verfassungsrechtliche Wirtschaftsdebatte von Bedeutung sind insbesondere Art. 14 GG (Eigentumsfreiheit), Art. 12 GG (Berufsfreiheit) und Art. 2 Abs. 1 GG (allgemeine Handlungsfreiheit).[672] Aus dem Zusammenspiel der freiheitlichen, grundrechtlichen Normen lässt sich nach überwiegender Meinung jedenfalls entnehmen, dass im Grundsatz von einer freiheitlichen, wettbewerblichen und zumindest dem Grunde nach nicht (durch übermäßige staatliche Regulierung) gesteuerten Wirtschaft auszugehen ist, da sich die einzelnen Grundrechtsgehalte wie Berufs- oder Eigentumsfreiheit wohl kaum – etwa in einer strengen Zentralplanwirtschaft[673] – verwirklichen ließen.[674] Inwiefern der Staat jedoch konkret den freiheitlichen, liberalen Wettbewerb herzustellen und zu schützen hat, ist allerdings umstritten.

Vorsichtigere Meinungen sehen wettbewerbliche Freiheitsbetätigungen nur als grundrechtstypische »Breitenwirkungen« von Art. 12, 14 GG, die jedoch keineswegs den Wettbewerb als objektive Institution schützen (was erst recht nicht für Art. 2 Abs. 1 GG gilt).[675] Einfache Gesetze, wie das GWB, die den Wettbe-

669 *Scholz* in: Maunz/Dürig, Art. 12 Rn. 85; *Bunte* in: Langen/Bunte, Einl. Rn. 105; *Papier* in: Maunz/Dürig, Art. 14 Rn. 30 (a.F.).

670 *Scholz* in: Maunz/Dürig, Art. 12 Rn. 85.

671 *Papier* in: Maunz/Dürig, Art. 14 Rn. 34 (a.F.).

672 Ferner werden Art. 9 GG (Vereinigungsfreiheit), Art. 11 GG (Freizügigkeit) und Art. 3 GG (Allgemeines Gleichbehandlungsgebot) und weitere genannt, vgl. *Bunte* in: Langen/Bunte, Einl. Rn. 105; *Scholz* in: Maunz/Dürig, Art. 12 Rn. 86.

673 Vgl. aber: Art. 15 GG.

674 *Di Fabio* in: Maunz/Dürig, Art. 2 Abs. 1 Rn. 76, 87 ff.; *Bunte* in: Langen/Bunte, Einl. Rn. 105; *Brenner*, HGR V, § 115 Rn. 2; *Depenheuer/Froese* in: Mangoldt/Klein/Starck, Art. 14 Rn. 9; *Mann* in: Sachs, Art. 12 Rn. 22; *Wendt* in: Sachs, Art. 14 Rn. 8; vgl. auch: *Scholz* in: Maunz/Dürig, Art. 12 Abs. 1 Rn. 86 (freiheitlicher Wettbewerb realisiert die freiheitlichen Grundrechtsziele in besonders optimaler Form, was allerdings nicht i.S. eines wettbewerbspolitisch geschlossenen Ordnungskonzepts zu verstehen ist); kritisch ferner: *Berkemann* in: Umbach/Clemens, Art. 14 Rn. 37 (Hinweis auf Art. 15 GG).

675 *Scholz* in: Maunz/Dürig, Art. 12 Abs. 1 Rn. 88.

werb objektiv und institutionell zu schützen suchen, seien als wirtschaftspolitisch freie Entscheidung des einfachen Gesetzgebers jedoch verfassungsrechtlich legitim.[676]

Insbesondere *Di Fabio* sieht den Wettbewerb und den freien Markt hingegen als Institution durch Art. 2 Abs. 1 GG geschützt.[677] Insgesamt versteht er Art. 2 Abs. 1 GG auch als Grundrecht der wirtschaftlichen Freiheit.[678] Der institutionelle Schutzgedanke sei in der Vergangenheit durch die These der wirtschaftspolitischen Neutralität des Grundgesetzes zu sehr in den Hintergrund gedrängt worden.[679] Dieser sei aber maßgeblich, da ein freier Markt nicht nur den Teilnehmern – die sich bei Beeinträchtigungen im Einzelfall auf ihre subjektiven Grundrechte wie z.B. Art. 12 GG berufen könnten – nutzt, sondern auch Dritten wie Verbrauchern, sodass diese sich u.U. bei Beeinträchtigungen des freien Marktes als Institution auch auf eine Verletzung von Art. 2 Abs. 1 GG berufen können.[680] Da die Beeinträchtigung des freien Wettbewerbs auch von privaten Marktteilnehmern ausgehen könne, träfen den Staat (aus objektiv-rechtlichen Grundrechtsgehalten abgeleitete) Schutzpflichten zur Wettbewerbssicherung gegen Bedrohungen durch überlegene Marktmächte und Wettbewerbsbeschränkungen,[681] die auch verfassungsrechtliche Gesetzgebungspflichten mit sich bringen können:

> *»Einfachgesetzliche Kartellverbote, etwa im Sinne des § 1 GWB, sind insofern nicht nur gerechtfertigt, sondern können als institutioneller Schutz verfassungsrechtlich geboten sein, obwohl sie sich gleichwohl als Einschränkungen der Vertragsfreiheit an Art. 2 Abs. 1 GG messen lassen müssen.«*[682]

676 *Scholz* in: Maunz/Dürig, Art. 12 Abs. 1 Rn. 88.

677 *Di Fabio* in: Maunz/Dürig, Art. 2 Abs. 1 Rn. 116; zustimmend: *Brenner*, HGR V, § 115 Rn. 22. Andere sprechen zumindest davon, dass der freie Wettbewerb durch die grundrechtlichen Gewährleistungen konstituiert und garantiert sei, vgl. *Depenheuer/Froese* in: Mangoldt/Klein/Starck, Art. 14 Rn. 9; in diese Richtung auch: *Mann* in: Sachs, Art. 12 Rn. 22.

678 Vgl. *Di Fabio* in: Maunz/Dürig, Art. 2 Abs. 1 Rn. 76 ff.; kritisch hierzu: *Dreier* in: Dreier, Art. 2 I Rn. 36. Durch Art. 12 Abs. 1 GG sei die Wettbewerbsfreiheit überwiegend dann geschützt, wenn eine Beschränkung dieser »berufsregelnde Tendenz« habe, vgl. *Di Fabio* in: Maunz/Dürig, Art. 2 Abs. 1 Rn. 116.

679 *Di Fabio* in: Maunz/Dürig, Art. 2 Abs. 1 Rn. 116.

680 *Di Fabio* in: Maunz/Dürig, Art. 2 Abs. 1 Rn. 116.

681 *Di Fabio* in: Maunz/Dürig, Art. 2 Abs. 1 Rn. 124 f.; *Brenner*, HGR V, § 115 Rn. 21.

682 *Di Fabio* in: Maunz/Dürig, Art. 2 Abs. 1 Rn. 117 (der diese Feststellung allerdings – vom Schwerpunkt verfehlt – unter der aufgeworfenen Frage behandelt, ob auch Kartellabreden i.S. einer negativen Wettbewerbsfreiheit von Art. 2 Abs. 1 GG geschützt sind); ferner: *Brenner*, HGR V, § 115 Rn. 21.

Versagt man dem Wettbewerb jeglichen verfassungsrechtlichen Schutz, bestehen zwangsläufig natürlich auch keine Bedenken gegen eine verfassungsrechtliche Schiedsfähigkeit.[683] Ohne an dieser Stelle die Problematik der Bestimmung einer »Wirtschaftsverfassung« abschließend klären zu wollen oder zu können, soll hier der verfassungsrechtliche Schutz des Wettbewerbs als Institution für die folgende Untersuchung allerdings angenommen werden. Nicht nur sind die Ausführungen von *Di Fabio* diesbezüglich zum einen überzeugend; die Annahme des institutionellen Schutzes des Wettbewerbs erlaubt es auch, der Frage der verfassungsrechtlichen Schiedsfähigkeit von kartellrechtlichen und lauterkeitsrechtlichen Streitigkeiten näher nachzugehen. Der folgende Abschnitt steht daher unter der Prämisse des verfassungsrechtlichen Schutzes des Wettbewerbs als Institution nach Art. 2 Abs. 1 GG.

bb) Schutzbereich: Marktstrukturkontrolle vs. Marktverhaltenskontrolle

Bejaht man den verfassungsrechtlichen Schutz des freien oder »unverfälschten« Marktes bzw. Wettbewerbs als Institution, stellt sich weiterhin die Frage, ob nun alle Streitigkeiten mit wettbewerblichem Bezug verfassungsrechtlich schiedsunfähig sind. Zu beachten ist schließlich, dass der verfassungsrechtliche Schutz immer nur den Kern der Gesetze betrifft, die den verfassungsrechtlichen Schutzpflichten geschuldet sind.

Jedenfalls wird man solche Streitigkeiten als von den staatlichen Schutzpflichten umfasst ansehen können, die ein Verhalten zum Gegenstand haben, welches den Bestand des Wettbewerbs als Institution an sich gefährdet. Der Schutzbereich umfasst insofern die Wahrnehmung von Wettbewerbschancen und die Teilnahme am Wettbewerb.[684] Diesbezüglich wären inhaltliche Kontrollpflichten ausgelöst, die eine verfassungsrechtliche Schiedsunfähigkeit bedingen. Konkret gemeint sind damit die Marktstrukturkontrollen, d.h. der Schutz des Wettbewerbs gegen Beschränkungen, wie sie vom Schutzzweck her für das Kartellrecht typisch sind. Die gesetzlichen Verbote von Wettbewerbsbeschränkungen zielen gerade darauf ab, das Bestehen eines Marktes als Institution sicherzustellen und sind deswegen auch verfassungsrechtlich geboten.[685]

683 So im Ergebnis: *Distler*, S. 166 ff.; (verfassungsrechtliche) Bedenken äußern allerdings: *Vollmer*, WuW 1969, 421; *Altenmüller*, S. 300 ff.

684 Vgl. *Brenner*, HGR V, § 115 Rn. 18.

685 Vgl. *Di Fabio* in: Maunz/Dürig, Art. 2 Abs. 1 Rn. 117; *Brenner*, HGR V, § 115 Rn. 21.

Fraglich ist daneben allerdings, ob auch die Marktverhaltensregeln, wie sie das Lauterkeitsrecht insbesondere zum Schutzgegenstand hat, einen gleichwertigen verfassungsrechtlichen Schutz genießen, welcher insgesamt eine verfassungsrechtliche Schiedsunfähigkeit zur Folge hätte. Eine verfassungsrechtliche Schiedsunfähigkeit wird man nach dem oben Gesagten jedenfalls dort annehmen müssen, wo das UWG von der Schutzrichtung her mit dem GWB gleichläuft, also den Bestand des Wettbewerbs an sich vor Beschränkungen schützt. Dies betrifft insbesondere die im UWG viel diskutierte Fallgruppe der »allgemeinen Marktbehinderung«.[686] Die Fallgruppe der allgemeinen Marktbehinderung zeichnet sich dadurch aus, dass sie für sich genommen keine Interessen individueller Mitbewerber beeinträchtigt, allerdings durch spezielle Verhaltensweisen den Wettbewerb als solchen beschränken kann, sodass durch diese Fallgruppe letztlich eine Beeinträchtigung der Markstruktur erfolgt, deren Kontrolle eigentlich die Aufgabe des GWB ist.[687] Da insofern die beiden Gesetze »dieselbe Sache« schützen, sind auch die Fragen des verfassungsrechtlichen Schutzgegenstands und der verfassungsrechtlichen Schiedsfähigkeit diesbezüglich gleich zu beantworten.

Ob neben dieser »versteckten« Markstrukturkontrolle allerdings auch die übrigen Marktverhaltensregeln des UWG einer verfassungsrechtlichen Schiedsunfähigkeit unterliegen, hängt davon ab, ob auch die davon erfassten Verhaltensweisen die verfassungsrechtlich geschützte Institution des Wettbewerbs an sich gefährden können. Dafür spräche, dass auch das UWG den Wettbewerb als Institution vor unlauteren Verhaltensweisen schützt, nicht nur die konkret betroffenen Mitbewerber (vgl. die einfachgesetzliche Wertentscheidung des § 1 S. 2 UWG). Für eine Beeinträchtigung der Institution auch aus verfassungsrechtlicher Sicht ließe sich anführen, dass eine Verfälschung des Wettbewerbs nicht erst bei Beschränkung und Beseitigung des Wettbewerbs insgesamt eintritt, sondern schon dann, wenn dieser durch unlautere Verhaltensweisen gestört wird, sodass sich der Schutz des unverfälschten Wettbewerbs im Ergebnis als Schutz des freien Wettbewerbs verstehen lässt.[688]

686 Zum Ganzen vgl. *Lux*.

687 *Ohly* in: Ohly/Sosnitza, Einf. D Rn. 75; *Omsels* in: Harte-Bavendamm/Henning-Bodewig, § 4 Nr. 4 Rn. 251. Wegen dem fraglichen Konkurrenzverhältnis und der mangelnden praktischen Relevanz wird von Teilen der Literatur die Abschaffung dieser Fallgruppe gefordert, vgl. *Ohly* in: Ohly/Sosnitza, Einf. D Rn. 75; Gloy/Loschelder/Erdmann/*Holtorf*, § 16 Rn. 11; *Heermann* in: MünchKomm-UWG, Anh. §§ 1-7 B Rn. 2; *Lux*, S. 427 ff.

688 Vgl. *Sosnitza* in: MünchKomm-UWG, § 1 Rn. 36.

Ausgenommen sind jedenfalls solche Verhaltensverbote, die andere Interessen zum Schutzgegenstand haben und keine »wettbewerbsfunktionale Zielrichtung« aufweisen, wie z.B. das Belästigungsverbot nach § 7 UWG, welches persönlichkeitsrechtlichen Schutzinteressen dient und somit keinen (primären) wettbewerbsrechtlichen Schutzcharakter hat.[689]

Dass jedoch die übrige Verfälschung des Marktes durch unlautere Verhaltensweisen vom verfassungsrechtlichen Schutzbereich des freien Wettbewerbs als Institution umfasst ist, ist abzulehnen. Zu beachten ist einerseits, dass beim UWG (anders als beim GWB)

> *»eine (unmittelbare) wirtschafts- und wettbewerbspolitische Zweckbezogenheit fehlt und dass es deshalb bei einer Beurteilung im Rahmen des UWG immer nur um eine lauterkeitsrechtliche Wertung und Abwägung nach Anlass, Zweck, Begleitumständen und Auswirkungen gehen kann, nicht um eine wirtschafts- und wettbewerbspolitische Zielsetzung und Zweckverfolgung* [...].*«*[690]

Verglichen mit dem Sport wären die Verhaltensregeln des UWG die

> *»Spielregeln, die vom Schiedsrichter überwacht werden, während das Kartellrecht denjenigen Regeln entspricht, die sicherstellen, dass das Ergebnis vom Ausgang des Wettkampfs und nicht von einer vorherigen Absprache abhängt.«*[691]

Würde man generell den Schutz gegen unlautere Verhaltensweisen auch dem verfassungsrechtlichen Institutionenschutz unterstellen, hätte dies einerseits zur Folge, dass wegen des damit verbundenen Eingreifens staatlicher Schutzpflichten die wettbewerblichen Verhaltensregeln und sämtliche Bestimmung dessen, was marktbezogen unlauter ist und was nicht, verfassungsrechtlich »in Stein gemeißelt« wären. Eine unmittelbare verfassungsrechtliche inhaltliche Determinierung aller Marktverhaltensregeln – die auch dem (gesellschaftlichen) Wandel unterliegen können – ist deshalb abzulehnen. Dementsprechend hat das BVerfG zu Art. 12 Abs. 1 GG vielmehr entschieden, die Wettbewerbsfreiheit sichere

> *»die Teilhabe am Wettbewerb nach Maßgabe seiner Funktionsbedingungen. Die grundrechtliche Gewährleistung umfasst dementsprechend nicht einen Schutz vor Einflüssen auf die wettbewerbsbestimmenden Faktoren. Insbesondere umfasst das Grundrecht keinen Anspruch auf Erfolg im Wettbewerb und auf Sicherung künftiger Erwerbsmöglichkeiten.«*[692]

689 *Beater*, WRP 2012, 6, 10.
690 *Sosnitza* in: Ohly/Sosnitza, § 1 Rn. 8.
691 *Ohly* in: Ohly/Sosnitza, Einf. D Rn. 71.
692 BVerfG NJW 2002, 2621, 2622.

Unter den Funktionsbedingungen des Wettbewerbs lassen sich die »Spielregeln« des Wettbewerbs verstehen.[693] Um beim Beispiel des Sports zu bleiben, besteht hier nur der Schutz, das ein Spiel besteht, dass sich abstrakt nach bestimmten Spielregeln richten muss, die festlegen, wer gewinnt und wer verliert, da es ansonsten kein echtes Spiel wäre. Welche Spielregeln aber genau bestehen und das Spiel inhaltlich ausmachen, ist dafür ohne Belang. Ein Verstoß gegen die Spielregeln kann dabei zwar vom (Sport-) Schiedsrichter geahndet werden und Konsequenzen für den Spielausgang mit sich bringen, er ändert aber nichts daran, dass grundsätzlich gespielt wird. Zudem wird ein Spielergebnis auch nicht deswegen ungültig, weil der (Sport-) Schiedsrichter einen Verstoß übersehen oder falsch entschieden hat; dieses »Fehlerrisiko« gehört vielmehr zu dem Spiel selbst dazu. Genauso wenig wie man ein Recht darauf hat, gegen einen gleichstarken Gegner zu spielen (wettbewerbsbestimmender Faktor) oder zu gewinnen, gehört demnach die Einhaltung aller Spielregeln zur konstitutiven Voraussetzung dafür, dass überhaupt ein Spiel stattfindet.

Die staatliche Schutzpflicht zur Sicherung des Wettbewerbs als Institution kann sich also nur darauf beziehen, den Wettbewerb vor Funktionsstörungen zu sichern,[694] m.a.W. muss (wie im Sport) sichergestellt werden, dass überhaupt noch ein Spiel stattfindet ist und nicht etwa vorherige Absprachen den Ausgang schon festgelegt haben. Unlautere Verhaltensweisen stören zwar auch den reibungsfreien Ablauf des Wettbewerbs an sich, sodass entsprechende Verbote auch im Interesse des Wettbewerbs selbst sind, können aber im Grundsatz die Institution an sich nicht abschaffen – auch ein unter Regelverstößen falsch entschiedenes Spiel bleibt ein Spiel. Entsprechende staatliche Schutzpflichten zur Marktverhaltenskontrolle bestehen daher im Verhältnis der Mitbewerber zueinander, nicht aber bezüglich des Wettbewerbs als Institution an sich.[695] Das UWG lässt sich daher zwar als ein mit dem Grundgesetz im Einklang stehendes Instrument der Freiheitssicherung einzelner Markteilnehmer qualifizieren, mit dem Ziel zu verhindern, dass sich einzelne durch unzulässige Praktiken Wettbewerbsvorteile

693 Im konkreten Fall des BVerfG ging es um markterhebliche Informationen als wettbewerbsbestimmende Faktoren bzw. Funktionsbedingungen, deren Schutz durch die Rechtsordnung, insbes. durch das UWG gewährleistet wird, vgl. BVerfG NJW 2002, 2621, 2622.

694 Vgl. *Brenner*, HGR V, § 115 Rn. 21.

695 Insofern stimmt die verfassungsrechtliche Lage nicht mit der – in ihrer Bedeutung ohnehin nicht geklärten – einfachgesetzlichen überein, die den Wettbewerb auch als Institution durch das UWG geschützt sieht, vgl. insbes.: *Pichler*, S. 155 (Schutz der Allgemeininteressen an einem unverfälschten Wettbewerb hat keinen eigenständigen Schutzzweck im UWG).

verschaffen;[696] dieser Schutz der Markteilnehmer voreinander ist allerdings streng vom Schutz des Wettbewerbs als Institution zu unterscheiden, wobei letzterer den Erlass entsprechender Normen zwingend gebietet. Es gibt somit aus verfassungsrechtlicher Sicht keinen Schutz eines gänzlich lauteren Wettbewerbs, solange es überhaupt einen Wettbewerb gibt. Ansonsten erschienen die Befürchtungen der Anhänger der Neutralitätsthese angebracht, dass das Grundgesetz doch konkrete Aussagen hinsichtlich eines bestimmten wirtschaftspolitischen Ordnungsmodells enthalte. Der institutionelle Schutz des Wettbewerbs wird hinsichtlich der Marktverhaltenskontrolle erst dann einschlägig sein, wenn das entsprechende Verhalten einer Marktbeschränkung i.S. des GWB entspricht (und aus diesem Grunde unlauter ist).

Der Schutzbereich des Wettbewerbs als Institution bezieht sich daher insgesamt nur auf solche Maßnahmen, die geeignet sind, den Wettbewerb als solchen zu beschränken oder abzuschaffen (Marktstruktur). Darüberhinausgehende unlautere Verhaltensweisen (Marktverhalten), die zwar einzelnen Teilnehmern möglicherweise unlautere Vorteile verschaffen können, den Bestand des Marktes aber als solchen nicht gefährden, sind hingegen nicht vom Schutzbereich erfasst, sofern sie sich nicht gleichzeitig auf die Marktstruktur auswirken. Sofern man den Wettbewerb daher als ein (von Art. 12 Abs. 1 GG oder Art. 2 Abs. 1 GG) verfassungsrechtlich geschützte Institution ansieht, sind daher nur Streitigkeiten mit marktstrukturellem Einschlag – wie sie im Grunde dem Kartellrecht (GWB) eigen sind – verfassungsrechtlich schiedsunfähig.

5. *Gewerbliche Schutzrechte und geistiges Eigentum*

a) *Einfachgesetzliche objektive Schiedsfähigkeit*

Die objektive Schiedsfähigkeit von Streitigkeiten über gewerbliche Schutzrechte – z.B. Patente, Marken oder Designs – wird unterschiedlich beurteilt.[697] Dabei ist zwischen Nichtigkeits- bzw. Löschungsverfahren, die den Bestand des Schutzgutes betreffen, und reinen Verletzungsverfahren zu unterscheiden.

696 Vgl. *Di Fabio* in: Maunz/Dürig, Art. 2 Abs. 1 Rn. 125.
697 Zum Ganzen: *Holzner*.

Insbesondere Patentnichtigkeitsklagen werden von der wohl noch h.M. als objektiv schiedsunfähig angesehen.[698] Die objektive Schiedsfähigkeit dieser Streitigkeiten erweist sich dabei aus zweierlei Gründen als problematisch: Einerseits ist für solche Streitigkeiten nach § 65 PatG ausschließlich das BPatG zuständig, worin man eine Bereichsausnahme i.S. des § 1030 Abs. 3 ZPO erblicken könnte, andererseits erscheint die »technische« Möglichkeit nicht gegeben, dass ein Schiedsgericht ein Patent durch einen Schiedsspruch mit erforderlicher *erga omnes* Wirkung als nicht bestehend erklären kann.[699] Schließlich wurde das Patent durch einen hoheitlichen Verwaltungsakt erteilt, sodass eine private Dispositionsbefugnis über das hoheitlich erteilte Recht nicht ohne weiteres gegeben zu sein scheint.[700]

Der ausschließlichen Zuständigkeit des BPatG lässt sich einerseits begegnen, dass sich solche Zuständigkeitszuweisungen generell immer nur auf die Zuständigkeiten der Gerichte innerhalb des staatlichen Rechtsweges beziehen und demnach kein Verbot einer objektiven Schiedsfähigkeit aussprechen.[701] Das Problem der »technischen Umsetzung« – welches in ähnlicher Weiser für alle Immaterialgüter gilt, die zur Schutzerlangung grundsätzlich einer konstitutiven Erteilung eines Verwaltungsaktes bzw. einer Registereintragung bedürfen[702] – ergibt sich daraus, dass der Schutz des Immaterialguts für die Dauer des Bestehens des Verwaltungsaktes bzw. seiner Eintragung im Register des Deutschen Patent- und Markenamts (DPMA) grundsätzlich wirksam ist[703] und daher zwar durch staatliches Urteil, nicht jedoch ohne weiteres durch privaten Schiedsspruch »kassiert« werden kann. Das Schiedsgericht kann m.a.W. nicht das Patent als

698 Vgl. *Münch* in: MünchKomm-ZPO, § 1030 Rn. 33 (da insofern eine öffentlich-rechtliche Streitigkeit vorliegt); *Voit* in: Musielak/Voit, § 1030 Rn. 2; *Hartmann* in: Baumbach/Lauterbach/Albers/Hartmann, § 1030 Rn. 12; siehe auch: BT-Drs. 13/5274, S. 35.

699 Vgl. zu diesen Bedenken: *Ruess*, SchiedsVZ 2010, 23, 24; *Geimer* in: Zöller, § 1030 Rn. 14 f.; *Saenger* in: Saenger, § 1030 Rn. 3.

700 Vgl. *Holzner*, S. 68, 88 ff.; *Ruess*, SchiedsVZ 2010, 23, 24.

701 Vgl. allgemein zu dieser Frage: BT-Drs. 13/5274, S. 35; BGH ZIP 1996, 830, 831; *Geimer* in: Zöller, § 1030 Rn. 4; *Schwab/Walter*, Kap. 4 Rn. 11, 6; *Münch* in: MünchKomm-ZPO, § 1030 Rn. 33, 15; speziell zum BPatG: *Holzner*, S. 99 ff. (kein Sondergericht).

702 Dazu gehören Patente (Erteilung durch VA), Gebrauchsmuster und Marken (Wirksamkeit durch Eintragung), bei Designs wirkt die Eintragung nur deklaratorisch (wobei es auch bei letzterem generell um die Frage geht, inwiefern ein Schiedsspruch einen Hoheitsakt beseitigen kann) vgl. hierzu: *Holzner*, S. 70 ff.; 86.

703 Dies gilt unabhängig davon, ob in Wahrheit Eintragungshindernisse vorliegen, da diese nur einen Löschungsanspruch begründen; anders ist dies bei Gebrauchsmustern, wo bei Fehlerhaftigkeit nur eine »Scheineintragung« vorliegt, vgl. *Holzner*, S. 72.

solches für nichtig erklären.[704] Dieses Problem lässt sich aber dadurch beheben, dass der unterliegende Patentinhaber vom Schiedsgericht dazu verurteilt wird, beim DPMA die Löschung seines Patents zu beantragen und der Schiedsspruch nach Vollstreckbarerklärung gem. § 894 ZPO vollstreckt wird.[705] Da sich das eher technische Problem der Umsetzung somit beheben lässt, wird auch die objektive Schiedsfähigkeit von Bestandstreitigkeiten über Patente (und den übrigen Immaterialgütern) von einer sich im Vordringen befindenden Auffassung bejaht.[706] Keine Probleme ergeben sich außerdem für die Verletzungsklagen, sodass diese unbestritten objektiv schiedsfähig sind.[707]

b) Verfassungsrechtliche Schiedsfähigkeit

Beseitigt man die Probleme der »technischen Umsetzung«,[708] so ist aus verfassungsrechtlicher Sicht wiederum allein entscheidend, ob die in Frage stehenden Schutzrechte als Gegenstand einem derartigen verfassungsrechtlichen Institutionenschutz unterstehen, der eine autonome Schiedsgerichtsbarkeit aufgrund der daraus entstehenden staatlichen Schutzpflichten verbietet. Auch geistige Eigentumsrechte sind von Art. 14 GG erfasst.[709] Bezüglich ihrer verfassungsrechtlichen Behandlung sind sie daher dem Grunde nach dem materiellen Eigentum gleichgestellt, sodass sich unter diesem Aspekt zunächst keine Anhaltspunkte für

704 *Geimer* in: Zöller, § 1030 Rn. 15.

705 *Geimer* in: Zöller, § 1030 Rn. 15; *Ruess*, SchiedsVZ 2010, 23, 24; *Saenger* in: Saenger, § 1030 Rn. 3; anders: *Holzner*, S. 89, 104 ff. (dem staatlichen Urteil gleichartige Gestaltungswirkung bei Vollstreckbarerklärung des Schiedsspruches).

706 *Geimer* in: Zöller, § 1030 Rn. 15; *Saenger* in: Saenger, § 1030 Rn. 3; *Schwab/Walter*, Kap. 4 Rn. 11; *Prütting* in: Prütting/Gehrlein, § 1030 Rn. 3; *Holzner*, S. 95 ff. (mit Ausnahme gewisser Markenlöschungsverfahren, für die ein »ausschließliches« behördliches Löschungsverfahren vorgesehen ist [vgl. S. 116 f.]; dies überzeugt nicht, da der Markeninhaber auch insofern auf seine Rechtsposition verzichten und sich vom Schiedsgericht zur Löschungseinwilligung verurteilen lassen, ein Behördenverfahren schon begrifflich kein »Rechtsprechungsmonopol« begründen und gegen die behördliche Entscheidung nach § 66 Abs. 1 S. 1 MarkenG durch Beschwerde wiederrum ein Verfahren vor dem BPatG eingeleitet werden kann.); zur objektiven Schiedsfähigkeit urheberrechtlicher Streitigkeiten vgl. ferner: *Geimer* in: Zöller, § 1030 Rn. 15.

707 *Holzner*, S. 121 ff.; *Geimer* in: Zöller, § 1030 Rn. 15.

708 Zur Problematik der Rechtskrafterstreckung und Gestaltungswirkung von Schiedssprüchen siehe: Erster Teil C II 4 e), S. 49 ff. Zu Möglichkeiten der Schiedsgerichtsbarkeit im öffentlichrechtlichen Bereich und der Entscheidung über Hoheitsakte ausführlich: Dritter Teil, S. 189 ff.

709 *Papier/Shirvani* in: Maunz/Dürig, Art. 14 Rn. 314 ff.; *Axer* in: BeckOK-GG, Art. 14 Rn. 50; *Fechner*, S. 186 ff.

eine verfassungsrechtliche Schiedsunfähigkeit ergeben.[710] Der institutionelle Schutz des Eigentums gebietet es gerade, dem Eigentümer die Verfügungsmacht darüber einzuräumen.

Allerdings sind bei Streitigkeiten um den Bestand von Immaterialgütern (stärker als bei materiellem Eigentum) auch Allgemeininteressen involviert,[711] die mit dem Interesse des jeweiligen Inhabers des Immaterialguts kollidieren können. Zur Veranschaulichung besteht bspw. im Markenrecht ein Allgemeininteresse (sog. »Freihaltungsbedürfnis«) daran, dass beschreibende Zeichen oder solche ohne jedwede Unterscheidungskraft nicht als schutzfähig ins Markenregister eingetragen werden dürfen (absolute Schutzhindernisse, vgl. § 8 Abs. 2 MarkenG).[712] Das Interesse der Allgemeinheit ergibt sich daraus, dass die Monopolisierung von allgemein gebräuchlichen Begriffen durch markenrechtlichen Schutz mit dem generellen Bedürfnis an einer ungehinderten Verwendbarkeit (»Wettbewerbsfreiheit«) kollidiert.[713] Dieser Grundgedanke lässt sich sinngemäß auch auf die übrigen Immaterialgüter übertragen, da auch hierbei stets das Allgemeininteresse an freier Verwendung mit dem Ausschließlichkeitsrecht des Inhabers in Konflikt geraten kann.[714] Somit besteht auch bei den Immaterialgütern ein Spannungsfeld zwischen allgemeiner und freier Verwendung und »Monopolisierung« durch den Rechtsinhaber, welches von *Holzner* mit dem entsprechenden Interessenkonflikt im Kartellrecht verglichen wurde.[715]

In ihrer Gänze stellt sich die Problematik allerdings nur im Rahmen der Rechtsbegründung durch konstitutiven Verwaltungsakt bzw. Registereintragung, da erst durch Entstehung des absoluten Schutzrechts der »gemeinfreie Raum« geschmälert wird.[716] Geht es hingegen um die Vernichtung des Schutzes eines

710 Zur verfassungsrechtlichen Institution des Eigentums vgl. D III 2 b), S. 147 ff.

711 Eine ausführliche Analyse über die beteiligten Interessen bei Immaterialgüterstreitigkeiten findet sich bei: *Holzner*, S. 68 ff.

712 Zum Freihaltebedürfnis und Allgemeininteresse im Markenrecht vgl. *Ströbele* in: Ströbele/Hacker/Thiering, § 8 Rn. 362 ff.; *Ströbele*, FS Ullmann, S. 425 ff.; allgemein zum geistigen Eigentum: *Fechner*, S. 8 ff. Zur einfachgesetzlichen objektiven Schiedsunfähigkeit wegen ausschließlicher behördlicher Prüfung dieser Voraussetzungen vgl. *Holzner*, S. 116 f.

713 Vgl. *Ströbele*, FS Ullmann, S. 425, 430 f.; *Ahrens* in: Harte-Bavendamm/Henning-Bodewig, Einl. G Rn. 192 (punktuelle Wettbewerbsbeschränkung).

714 Vgl. *Holzner*, S. 76, 78 ff. (öffentliches Interesse an gemeinfreiem Raum bzw. Wettbewerbsfreiheit Dritter zentrales Problem der objektiven Schiedsfähigkeit).

715 *Holzner*, S. 84 ff.

716 Eine andere Frage wäre, ob die entsprechende Behörde – hypothetisch – eine Schiedsvereinbarung mit dem rechtsschutzsuchenden Antragsteller über die Eintragungsfähigkeit des Immaterialguts treffen dürfte. Dies wäre – wie sogleich zu zeigen sein wird – zumindest nicht deshalb

Immaterialguts, ist zum einen die Verfügung des Inhabers über sein Eigentum zweifelsfrei durch Art. 14 GG gedeckt, zum anderen tritt der Konflikt mit den Allgemeininteressen nicht dergestalt auf, da es im Falle der Vernichtung des Immaterialguts ja nur um einen Zugewinn an allgemeiner Freiheit gehen kann.[717] Allein in der Situation, in der das Schiedsgericht das tatsächlich löschungsreife Immaterialgut als weiterhin bestehend anerkennt, kann der Schiedsspruch mit Allgemeininteressen kollidieren.[718]

Entscheidend ist hierbei wiederum, ob sich das Allgemeininteresse am Freihaltebedürfnis bzw. »gemeinfreien Raum« auf eine verfassungsrechtliche Institutsgarantie zurückführen lässt. Festhalten lässt sich jedenfalls, dass das Freihaltebedürfnis deutliche Parallelen zur Wettbewerbsfreiheit aufweist, da die freie Verwendbarkeit der Zeichen grundsätzlich vor Monopolisierung durch die Anerkennung von Schutzrechten geschützt werden muss.[719] Man könnte daher zu einem institutionellen Schutz gelangen, wenn man das Freihaltebedürfnis als Teil einer verfassungsrechtlich geschützten Institution des freien Wettbewerbs ansieht oder den »gemeinfreien Raum« selbst als verfassungsrechtlich geschützte Institution begreift. Dies wird man allerdings nicht annehmen können. Ähnlich dem UWG beziehen sich die immaterialgüterbezogenen Schutzrechte eher auf die »Mikroebene« des freien Wettbewerbs. Als absolute Schutzrechte, die dem Inhaber Ausschließlichkeitsrechte gegen die Verwendung durch andere vermitteln, stehen in erster Linie Individualinteressen im Vordergrund, nämlich die des Inhabers an der ausschließlichen Verwendung und die der Mitbewerber, das Immaterialgut ebenfalls (wirtschaftlich) nutzen zu dürfen.[720] Die Immaterialgüter betreffen daher (wie das UWG) primär weniger die Frage, ob per se ein Wettbewerb als Institution besteht, da die Mitbewerber auf geschützte Patente oder Marken bspw. mit eigenen Erfindungen oder Marken reagieren und in den Wettbewerb steigen können, dieser also als Institution nicht abgeschafft wird. Durch das geistige Eigentum sollen daher im Grundsatz die schöpferische Leistung des Inhabers und die damit verbundenen wirtschaftlichen Interessen geschützt wer-

ausgeschlossen, weil der »gemeinfreie Raum« verfassungsrechtlichen Schutz als Institutsgarantie genießt. Zur Problematik der Schiedsgerichtsbarkeit mit staatlicher Beteiligung vgl. insgesamt: Dritter Teil, S. 189 ff.

717 Vgl. *Holzner*, S. 76.

718 Vgl. *Holzner*, S. 76.

719 Vgl. *Ströbele*, FS Ullmann, S. 425, 430 (Balance zwischen Monopol und Wettbewerbsfreiheit).

720 Vgl. *Holzner*, S. 80.

den.[721] Natürlich kann hierbei der Schutz der Leistung des einen die Verwertungsmöglichkeit des anderen beeinträchtigen. Hierbei geht es aber – wenn man erneut eine Parallele zum UWG ziehen möchte – wiederum allein um die »Spielregeln« des Wettbewerbs: Die Immaterialgüter bestimmen dabei, wer mit welchen »Spielern«, welcher Technik und mit welcher Ausrüstung aufgestellt ist.

Ein darüberhinausgehender institutioneller Schutz des »gemeinfreien Raums« unabhängig von der konkreten Beeinträchtigung eines Mitbewerbers besteht nicht. Vielmehr wird sich bei *»bloß theoretischer Beschränkung der Handlungs- und Wettbewerbsfreiheit* [...] *dagegen in aller Regel niemand zur Wahrnehmung finden, selbst wenn die Nichtigkeit* [des Patents] *evident sein sollte.«*[722]

Mangels verfassungsrechtlichen Schutzes des immateriellen »gemeinfreien Raumes« als Institution bestehen daher im Bereich der Immaterialgüter keinerlei Bedenken gegen eine verfassungsrechtliche Schiedsfähigkeit.

6. *Sonstige Materien*

Sonstige Materien, deren objektive Schiedsfähigkeit in der zivilprozessualen Literatur diskutiert werden, sind als verfassungsrechtlich schiedsfähig anzusehen, da es insofern an einem verfassungsrechtlichen Institutionenschutz fehlt. Vielmehr ergibt sich der Diskussionsbedarf oftmals allein aus der Rechtskrafterstreckung des Schiedsspruches auf Dritte bzw. aus der »technischen Umsetzung« des Schiedsspruchs. Zu nennen wären bspw. aktienrechtliche Beschlussmängelstreitigkeiten,[723] Insolvenzstreitigkeiten,[724] wertpapierrechtliche Streitigkeiten (Börsengeschäfte)[725] oder vollstreckungsrechtliche Streitigkeiten.[726]

721 *Holzner*, S. 92.

722 *Holzner*, S. 80.

723 Die objektive Schiedsfähigkeit bejahend: *Geimer* in: Zöller, § 1030 Rn. 9; *Münch* in: Münch-Komm-ZPO, § 1030 Rn. 35; zur Problematik der Zulässigkeit vor dem Hintergrund der aktienrechtlichen Satzungsstrenge gem. § 23 Abs. 5 AktG; *Voit* in: Musielak/Voit, § 1066 Rn. 8 m.w.N.

724 Vgl. *Geimer* in: Zöller, § 1030 Rn. 11; *Voit* in: Musielak/Voit, § 1030 Rn. 2.

725 § 37h WpHG a.F. beschränkt die Schiedsfähigkeit für künftige Streitigkeiten auf Kaufleute und juristische Personen des öffentlichen Rechts, was allerdings als eine Beschränkung der subjektiven Schiedsfähigkeit zu sehen ist, vgl. *Lehmann*, SchiedsVZ 2003, 219, 220 f.; *Voit* in: Musielak/Voit, § 1030 Rn. 3.

V. Exkurs: Verfassungsrechtliches Gebot der Widerspruchsfreiheit der Rechtsordnung? – Die schiedsgerichtliche Dispositionsbefugnis über verfassungsrechtlich nicht gebotenes zwingendes Recht

An früherer Stelle[727] wurde bereits erläutert, dass staatliche Schutzpflichten zwar den Erlass zwingenden Rechts verfassungsrechtlich gebieten können, dieses wegen der Gestaltungsfreiheit des Gesetzgebers aber oftmals nur im wesentlichen Kern verfassungsrechtlichen Schutz genießt. Zwingendes Recht genießt daher nicht im Allgemeinen verfassungsrechtlichen Schutz bzw. bedeutet das Eingreifen zwingenden Rechts nicht automatisch, dass verfassungsrechtlich geschützte Positionen involviert sind. Vielmehr kann es einfach eine freie Entscheidung des Gesetzgebers gewesen sein, einen bestimmten Bereich zwingend zu regeln.

Auf der Ebene der Schiedsgerichtsbarkeit ist es daher möglich, dass ein Streitgegenstand nicht der verfassungsrechtlichen Schiedsunfähigkeit unterliegt, jedoch vor staatlichen Gerichten zwingendes Recht anzuwenden wäre. Wegen der Rechtswahlfreiheit der Schiedsparteien und der fehlenden Bindung des Schiedsgerichts an zwingendes Recht können die Parteien durch Schiedsvereinbarung daher eigentlich geltendes zwingendes Recht sozusagen »abwählen«.[728] Dies birgt nun natürlich einen (dogmatischen) Widerspruch in sich, denn wie kann es sein, dass die Privaten sich dem eigentlich zwingenden Recht nur dadurch entziehen können, dass sie den Streit vor ein Schiedsgericht bringen? Schließlich könnte es zu der Situation kommen, dass das Schiedsgericht den Parteien ein »mehr« zuspricht, als dies bei Anwendung des zwingenden Rechts vor staatlichen Gerichten möglich wäre; dem Schiedsgericht käme dann eine Art höhere »Rechtsprechungsmacht« im Vergleich zu den staatlichen Gerichten zu.[729]

Aus verfassungsrechtlicher Sicht interessiert nun, ob diese Widersprüchlichkeit der Rechtsordnung mit dem Grundgesetz vereinbar ist.[730] Zur Klarstellung: Sollte verfassungsrechtlich gebotenes zwingendes Recht eingreifen, ist oh-

726 *Voit* in: Musielak/Voit, § 1030 Rn. 7; *Münch* in: MünchKomm-ZPO, § 1029 Rn. 80 (zusätzliche Vollstreckbarerklärung notwendig, Vollstreckbarkeit jenseits Kompetenz von Schiedsgerichten).

727 B III 2 b) aa), S. 70 ff.

728 Vgl. hierzu: D I, S. 124 ff.

729 Vgl. *Voit,* JZ 1991, 120, 125.

730 A.A. *Lachmann*, Rn. 233, wonach die Frage, ob die Schiedsgerichtsbarkeit in den Bereichen, wo der Gesetzgeber Verzichtsverbote auferlegt hat, zulässig ist, allein einfaches Bundesrecht, jedoch nicht Verfassungsrecht tangiert, da letzteres sich bez. zivilrechtlicher Anspruchsverzichte enthält.

nehin von einer verfassungsrechtlichen Schiedsunfähigkeit auszugehen; im Folgenden geht es nur um das übrige, verfassungsrechtlich nicht gebotene zwingende Recht. In der verfassungsrechtlichen Literatur wird eine entsprechende generelle Debatte unter dem Topos der »Widerspruchsfreiheit der Rechtsordnung« bzw. »Einheit der Rechtsordnung« diskutiert.

1. Widerspruchsfreiheit der Rechtsordnung und verfassungsrechtliche Einkleidung

Das aufgeworfene Frage der Widerspruchsfreiheit der Rechtsordnung betrifft eine sehr kontrovers diskutierte Thematik, welche im Rahmen dieser Arbeit nur in Grundzügen angerissen werden kann.[731] Diskutiert wird die Problematik insbesondere unter dem Aspekt der Rechtssicherheit und Rechtsklarheit als Ausprägung der allgemeinen Rechtsstaatlichkeit[732] und unter dem Aspekt der Systemkonformität und Systemgerechtigkeit im Zusammenhang mit Art. 3 Abs. 1 GG.[733] Zunächst bedeutet das Gebot der Widerspruchsfreiheit unter dem Aspekt der Rechtsklarheit, dass Rechtsnormen nicht in sich selbst widersprüchlich sein dürfen.[734] Ferner verlangt das Gebot der Widerspruchsfreiheit der Rechtsordnung auch insgesamt, dass verschiedene Normen für denselben Sachverhalt keine sich widersprechenden Verhaltensbefehle bzw. Rechtsfolgen enthalten dürfen (echter Normenwiderspruch).[735]

Von Interesse ist hier allerdings die ebenfalls unter dieser Problematik diskutierte, allgemeinere Frage, ob ein Gebot der Widerspruchsfreiheit der gesamten Rechtsordnung i.S. einer allgemeinen Systemgerechtigkeit und Einheit der gesamten Rechtsordnung besteht, welches auch Wertungswidersprüche zwischen verschiedenen Gesetzen verbietet. Die Existenz eines solchen Gebotes wird aber ganz überwiegend zu Recht abgelehnt, da es sich als präskriptiver Grundsatz nicht aus der Verfassung ableiten lässt.[736] Die bloße Systemgerechtigkeit eines

731 Ausführlich zum Ganzen: *Baldus*; *Degenhart*; *Felix; Peine*; *K. Schmidt.*
732 *Grzeszick* in: Maunz/Dürig, Art. 20 VII Rn. 51, 56.
733 *Sendler*, NJW 1998, 2875, 2876.
734 Vgl. BVerfG NJW 1964, 1219, 1220 f.; *Grzeszick* in: Maunz/Dürig, Art. 20 VII Rn. 51, 56.
735 *Grzeszick* in: Maunz/Dürig, Art. 20 VII Rn. 56.
736 Vgl. nur: *Brüning*, NVwZ 2002, 33, 35 f.; *Grzeszick* in: Maunz/Dürig, Art. 20 VII Rn. 56 f.; *Sendler*, NJW 1998, 2875, 2876. Anlass zur Kritik der Rechtsfigur waren insbes. zwei Urteile des BVerfG, in denen das Postulat der Widerspruchsfreiheit der Rechtsordnung zur tragenden

Gesetzes liegt vielmehr in den Händen des einfachen Gesetzgebers und bildet für sich genommen keinen Verfassungsmaßstab; eine Regelung kann daher nur nach dem (übrigen) Maßstab der Verfassung, nicht aber allein unter dem Gesichtspunkt der Systemwidrigkeit für verfassungswidrig erklärt werden.[737] M.a.W. führt die Systemwidrigkeit eines Gesetzes (i.Ü.) nur dann zur Verfassungswidrigkeit, wenn es durch den Widerspruch zu willkürlichen Rechtsfolgeunterschieden kommt, die ihrerseits verfassungsrechtlich sachlich nicht zu rechtfertigen sind.[738] Ein Verfassungsverstoß eines systemwidrigen Gesetzes ist daher in »herkömmlicher Weise« insbesondere unter dem Aspekt des allgemeinen Gleichheitsgebotes nach Art. 3 Abs. 1 GG festzustellen.[739]

2. *Gleichheitsverstoß durch Entkopplung der objektiven Schiedsfähigkeit von der Vergleichsbefugnis?*

Die schiedsgerichtliche Dispositionsbefugnis über einfaches (verfassungsrechtlich nicht gefordertes) zwingendes Recht ist daher insbesondere dann mit dem Grundgesetz unvereinbar, wenn dies einen Verstoß gegen Art. 3 Abs. 1 GG darstellt. Dies entspricht der Frage, ob die Entkopplung der objektiven Schiedsfähigkeit von der Vergleichsbefugnis – wodurch ein zumindest theoretischer Gleichlauf zwischen objektiver Schiedsfähigkeit und zwingendem Recht gewährleistet war – zumindest unter dem Aspekt der allgemeinen Gleichbehandlung nach Art. 3 Abs. 1 GG einen Verfassungsverstoß darstellt.

Zu klären ist zu Beginn, ob durch die schiedsgerichtliche Dispositionsbefugnis über einfaches zwingendes Recht nicht ein echter Normenwiderspruch vorliegt, da für den denselben Sachverhalt verschiedene Verhaltensbefehle bzw. Rechtsfolgen vorgeschrieben werden. Dafür spräche, dass gegenüber den Parteien durch ein Schiedsverfahren mangels Anwendung des zwingenden Rechts eine bestimmte Rechtsfolge ausgesprochen werden könnte, die vor staatlichen Gerichten aufgrund der Anwendung des zwingenden Rechts anders ausgefallen wäre. Bei genauerem Hinsehen ist hierin allerdings kein echter Normenwiderspruch

Erwägung hinsichtlich der Kompetenzabgrenzung zwischen der Gesetzgebungsbefugnis von Bund und Ländern wurde, vgl. BVerfG NJW 1998, 2341; NJW 1998, 2346.

737 BVerfG NJW 1982, 1273, 1274; *Brüning*, NVwZ 2002, 33, 35 f.

738 *Brüning*, NVwZ 2002, 33, 36; *Kischel* in: BeckOK-GG, Art. 3 Rn. 96.

739 *Kischel* in: BeckOK-GG, Art. 3 Rn. 97.

zu sehen, da keine unterschiedlichen Verhaltensbefehle für ein und denselben Sachverhalt vorgeschrieben werden. Vielmehr sind schon die Sachverhalte unterschiedlich zu bewerten: Zwar geht es letztlich darum, welche Rechtsfolgen an das Verhalten der (Schieds-) Parteien geknüpft werden. Maßgeblich kann hingegen allein die direkte Gegenüberstellung der vermeintlich widersprüchlichen Normen sein. Diese knüpfen jedoch an verschiedene Regelungsgegenstände an. Einerseits existiert der direkte Verhaltensbefehl, deren Rechtsfolge vor staatlichen Gerichten zwingend vorgesehen ist. Gegenüberzustellen ist andererseits allein die abstrakte Möglichkeit, über den etwaigen Sachverhalt ein Schiedsverfahren durchführen zu können. Der unmittelbare Regelungsgegenstand der Normen – objektive Schiedsfähigkeit vs. konkreter Verhaltensbefehl hinsichtlich eines konkreten Lebenssachverhaltes – ist daher schon ein anderer, weswegen ein unmittelbarer, echter Normenwiderspruch ausscheidet. Mit der Durchführung eines Schiedsverfahrens wird quasi gerade ein anderer Sachverhalt begründet, da die Streitigkeit nun einmal nicht vor ein staatliches Gericht gelangt, sodass zumindest von staatlicher Seite aus für dieselbe Situation miteinander unvereinbare Rechtsfolgen durch verschiedene Rechtsnormen nicht angeordnet werden.

Vom direkten Normenwiderspruch schließlich zu unterscheiden ist die Frage, warum der Gesetzgeber einerseits einen Sachverhalt als für zwingend regelungsbedürftig erachtet, andererseits diesen jedoch durch die Zulassung der Schiedsgerichtsbarkeit auf diesem Gebiet wiederum i.S. eines »globalen Gesetzesrücktritts« allein durch das Treffen einer Schiedsvereinbarung freigibt. Denn sobald eine Schiedsvereinbarung getroffen wird, die eine Entscheidung des Sachverhaltes nach Maßgabe eines beliebigen Rechtsmaßstabes zum Gegenstand hat, greifen ansonsten auf den Sachverhalt anwendbare zwingende Normen gerade nicht mehr, sodass es auch gar nicht zu einem echten Normenwiderspruch kommen kann. Dieser Widerspruch, der klar einen Wertungswiderspruch[740] darstellt, ist der Problematik der Widerspruchsfreiheit der Rechtsordnung unter dem Aspekt der Systemgerechtigkeit zuzuordnen. Ein Verfassungsverstoß ist daher nur dann gegeben, wenn diese Möglichkeit des »globalen Gesetzesrücktritts« eine verfassungsrechtlich nicht gerechtfertigte Ungleichbehandlung darstellt. Vorweg sei hierbei hervorzuheben, dass der Gesetzgeber durchaus in einem einzelnen Gesetz generell für andere Gesetze festlegen darf, dass deren Inhalt hinter

740 Vgl. *Voit*, JZ 1997, 120, 124 f., der den Wertungswiderspruch im derzeitigen Schiedsverfahrensrecht nur dadurch als erklärbar versteht, dass der Gesetzgeber die Schiedsgerichtsbarkeit als eine von den Parteien unabhängige, eigenständige Gerichtsbarkeit ansieht.

der Regelung einer konkreten Vereinbarung – hier der Schiedsvereinbarung – zurücktritt, sofern nicht staatliche Schutzpflichten greifen.[741]

Fraglich ist nun allerdings, ob dieser »globale Gesetzesrücktritt« eine verfassungsrechtlich nicht gerechtfertigte Ungleichbehandlung zwischen Parteien von Schiedsverfahren und Parteien von staatlichen Gerichtsverfahren bedingt. Bedenken gegen eine Loslösung der objektiven Schiedsfähigkeit vom materiellen Recht unter dem Aspekt des allgemeinen Gleichbehandlungsgebots nach Art. 3 Abs. 1 GG werden u.a. von *Hesselbarth* geäußert, wonach den Parteien aus der Beschreitung des Rechtsweges keine Nachteile erwachsen dürfen.[742] Unerheblich ist diesbezüglich ihrer Ansicht zufolge, dass es grundsätzlich ja allen Parteien freistehe, das Schiedsverfahren dem staatlichen Rechtsweg vorzuziehen.[743] Da aber von der Rechtsordnung abweichende Schiedssprüche eher nur zufällig als »Nebenfolge« zustande kämen, könne man keine diskriminierende Wirkung und damit keine verfassungsverstoßende Ungleichbehandlung annehmen.[744] Dies mag zwar im Ergebnis zutreffen, allerdings nicht mit der gewählten Begründung.

Um die Frage einer ungerechtfertigten Ungleichbehandlung zwischen Schiedsparteien und den Parteien eines staatlichen Gerichtsverfahrens prüfen zu können, sind vielmehr die folgenden Überlegungen maßgeblich: Durch die Möglichkeit des »globalen Gesetzesrücktritts« im Wege einer Schiedsvereinbarung behandelt der Staat nicht in verschiedenen gesetzlichen Regelungen zwei vergleichbare Sachverhalte unterschiedlich, vielmehr lässt er generell nur ein Abweichen von der Rechtsordnung zu. Insofern spielt es entgegen *Hesselbarth* doch eine Rolle, dass es allen Parteien zusteht, durch Schiedsvereinbarung die Entscheidung durch ein staatliches Gericht und damit auch die Anwendung des vor staatlichen Gerichten geltenden zwingenden Rechts auszuschließen. Denn dadurch, dass der Staat die Abweichung von der Rechtsordnung durch Schiedsvereinbarung zulässt, nimmt er seinen (vermeintlich) zwingenden Regelungen letztlich wieder den zwingenden Charakter und stellt sie zur Parteidisposition. Die Schiedsvereinbarung ist nur ein bestimmtes, vom Gesetzgeber gewähltes Mittel zur Abwahl der vorgegeben Rechtsordnung; hätte der Gesetzgeber, statt

741 Vgl. hierzu: *Bleckmann*, NVwZ 1990, 601, 602 (zur vergleichbaren Problematik des Rücktritts von Gesetzen hinter konkreten Verwaltungsverträgen).

742 *Hesselbarth*, S. 126.

743 *Hesselbarth*, S. 126.

744 *Hesselbarth*, S. 126.

den Umweg über die Schiedsvereinbarung zu wählen, ein Abweichen von der vorgegebenen Gesetzeslage durch materiellen, privatrechtlichen Vertrag vorgesehen, läge hierbei ganz klar dispositives Recht vor. Da die Schiedsvereinbarung nur ein anderes privatrechtliches Mittel zur Dispensation von der staatlichen Rechtsordnung darstellt, kann die Sachlage hierbei nicht anders bewertet werden. Somit muss man zu der Erkenntnis gelangen, dass es sich bei vor staatlichen Gerichten anwendbarem (vermeintlich) zwingendem Recht in Wahrheit um dispositives Recht handelt. Ob der Gesetzgeber eine solche Abweichung zulassen darf, hängt davon ab, ob die betroffenen Regelungen verfassungsrechtlich zwingend gefordert sind oder nicht, ist jedoch keine Frage einer ungerechtfertigten Ungleichbehandlung nach Art. 3 Abs. 1 GG. Ansonsten wäre bei jeglichem dispositiven Recht, das eine Abweichungsmöglichkeit durch Vertrag vorsieht, eine Ungleichbehandlung zwischen demjenigen, der durch Vertrag von der Abweichungsmöglichkeit Gebrauch macht, und demjenigen, für den mangels abweichenden Vertrags die staatlich vorgesehenen Regelungen gelten, eine Ungleichbehandlung gegeben.

Im Ergebnis ist damit festzuhalten, dass durch die Abwahlmöglichkeit von (vermeintlich) zwingendem Recht im Wege der Schiedsvereinbarung keine ungerechtfertigte Ungleichbehandlung der etwaigen Prozessparteien nach Art. 3 Abs. 1 GG vorliegt, da durch diese Abwahlmöglichkeit letztlich lediglich dispositives Recht vorliegt. Ob ein solcher »globaler Gesetzesrücktritt« systemgerecht oder frei von Wertungswidersprüchen ist, sei an dieser Stelle dahingestellt. Jedenfalls greifen unter dem Aspekt der Widerspruchsfreiheit der Rechtsordnung keine verfassungsrelevanten Bedenken. Ob der »globale Gesetzesrücktritt« im Einzelfall verfassungskonform ist, hängt allein davon ab, ob das in Frage stehende (zwingende) Recht einem verfassungsrechtlichen Gesetzgebungsauftrag geschuldet ist und somit auf der Kehrseite ein verfassungsrechtliches Verbot besteht, eine Disposition über die einfachgesetzlichen Regelungen zuzulassen.

VI. Fazit

Eine verfassungsrechtliche Schiedsfähigkeit lässt sich nicht aus Art. 92 GG herleiten. Genauso wenig überzeugt jedoch die Annahme, dass das Grundgesetz keine Aussage zu einer verfassungsrechtlichen Schiedsfähigkeit getroffen habe. Bestimmbar ist eine verfassungsrechtliche Schiedsfähigkeit vielmehr im Rahmen staatlicher Schutzpflichten hinsichtlich grundrechtlicher Institutsgarantien außerhalb der Verfügungsbefugnis der Schiedsparteien, da diese Bereiche darstellen, deren Betroffenheit die abstrakte, prinzipielle Notwendigkeit einer *révision au fond* auslösen würde, welche nicht mit dem Wesen der Schiedsgerichtsbarkeit vereinbar ist. Derartige Institutsgarantien ergeben sich bspw. in Bezug auf Ehe und Familie und den freien Wettbewerb, nicht jedoch in Bezug auf das Mietrecht, Arbeitsrecht oder in Bezug auf Gewerbliche Schutzrechte bzw. geistiges Eigentum. Dass über die Schiedsgerichtsbarkeit einfachgesetzliches zwingendes Recht abbedungen werden kann, welches jedoch nicht einem verfassungsrechtlichen Gesetzgebungsauftrag geschuldet ist, stellt für sich genommen (unter dem Aspekt der Widerspruchsfreiheit der Rechtsordnung) keinen Verfassungsverstoß dar.

E. Zusammenfassung (Zweiter Teil)

Die verfassungsrechtlichen Grenzen einer Schiedsgerichtsbarkeit, d.h. verfassungsrechtliche Verfahrensanforderungen und Schiedsfähigkeit, lassen sich aus den Grundrechten und den daraus entspringenden staatlichen Schutzpflichten herleiten. Eine Begrenzung der Schiedsgerichtsbarkeit aus Art. 92 GG, allgemeinen Rechtsstaatsprinzipien oder etwa der analogen Geltung von Verfahrensgrundrechten ist hingegen abzulehnen. Zwingende Verfahrensanforderungen ergeben sich insbesondere in der Form des Verbotes des Richtens in eigener Sache aus dem materiellen Gehalt der Selbstbestimmung, welcher auch einer gewollten Fremdbestimmung Grenzen setzt. Die verfassungsrechtliche Schiedsunfähigkeit bestimmt sich anhand von Institutsgarantien, wie z.B. der Ehe und dem freien Wettbewerb, deren Betroffenheit die abstrakte, mit dem Wesen der Schiedsgerichtsbarkeit unvereinbare prinzipielle Notwendigkeit einer *révision au fond* auslösen würde.

Dritter Teil: Schiedsgerichtsbarkeit mit staatlicher Beteiligung

Nach der Ausleuchtung des verfassungsrechtlichen Rahmens der Schiedsgerichtsbarkeit im privaten Bereich soll in diesem Teil die besondere Problematik einer Schiedsgerichtsbarkeit mit staatlicher Beteiligung als Schiedspartei dargestellt werden. Dabei wird zu zeigen sein, dass sich diese weniger aus der allgemeinen Schutzpflichtenthematik, sondern aus besonderen verfassungsrechtlichen Bindungen der Exekutive ergeben, die auch bei der Beteiligung in einem Schiedsverfahren als Schiedspartei bestehen. Die Schiedsgerichtsbarkeit mit staatlicher Beteiligung als Schiedspartei stellt eine eigenständige und umfängliche Thematik dar, bei der sich aus öffentlich-rechtlicher Perspektive diverse Problembereiche stellen, die in der verfassungsrechtlichen Auseinandersetzung als noch nicht abschließend geklärt gelten können,[745] aber auch im Folgenden nur angerissen werden sollen. Im Vordergrund der nachfolgenden Untersuchung steht überwiegend die Frage, inwiefern sich die zur privaten Schiedsgerichtsbarkeit gefunden Ergebnisse des vorherigen Teils abstrahieren und auf eine Schiedsgerichtsbarkeit mit staatlicher Beteiligung als Schiedspartei übertragen lassen. Die maßgebliche Grundproblematik wird dabei sein, ob der private, grundrechtliche Charakter der Schiedsgerichtsbarkeit im privaten Bereich einer Schiedsgerichtsbarkeit mit staatlicher Beteiligung als Schiedspartei entgegensteht oder ob sich der Staat in Form der Exekutive – wie es für den Abschluss eines (privatrechtlichen) Vertrags längst anerkannt ist – auch dieses privatrechtlichen Instrumentariums bedienen kann. Die parallele Problematik wird hierbei darin bestehen, inwiefern sich der Staat einer Fremdbestimmung durch private Schiedsrichter unterwerfen darf.

Nach einer Einleitung und Begriffsbestimmung (A.) soll zunächst der Meinungsstand zur verfassungsrechtlichen Zulässigkeit einer Schiedsgerichtsbarkeit mit staatlicher Beteiligung als Schiedspartei nachgezeichnet werden (B.). Im Anschluss ist auf den Vertrag mit der Verwaltung einzugehen, der allgemein als Grundlage einer Schiedsgerichtsbarkeit mit staatlicher Beteiligung als Schieds-

745 *Möller*, S. 49. Da schon die verfassungsrechtlichen Rahmenbedingungen der privaten Schiedsgerichtsbarkeit nicht vollständig geklärt sind, verwundert dies nicht.

M. Schenk, *Schiedsfreiheit und staatliche Schutzpflichten*,
https://doi.org/10.1007/978-3-658-29854-8_4

partei gilt (C.), um im darauffolgenden Abschnitt die besonderen, sich aus speziellen verfassungsrechtlichen Bindungen ergebenden Problempunkte ansprechen zu können (D.).

A. Einleitung und Begriffsbestimmung

Die Beteiligung des Staates an Schiedsverfahren als Schiedspartei – insbesondere in der Form der Investitionsschiedsgerichtsbarkeit – hat in jüngerer Zeit einige »Schlagzeilen« gemacht und so manche Kritik hervorgerufen.[746] Da es hierbei durchaus um verschiedene Phänomene und Erscheinungsformen geht, soll für die vorliegende Untersuchung die Begrifflichkeit präzisiert werden. Anzutreffen sind im Rahmen der staatlichen Beteiligung als Schiedspartei insbesondere die Begriffe der öffentlich-rechtlichen Schiedsgerichtsbarkeit (vgl. § 168 Abs. 1 Nr. 5 VwGO), der verwaltungsrechtlichen bzw. Verwaltungsschiedsgerichtsbarkeit[747] und der Investitionsschiedsgerichtsbarkeit.[748] Als maßgeblicher Faktor für die Begriffsbestimmung wird dabei u.a. die öffentlich-rechtliche Natur des zugrunde liegenden Gegenstands der Streitigkeit angesehen.[749] Die Investitionsschiedsgerichtsbarkeit zeichnet sich durch die Besonderheit aus, dass deren Errichtung durch besondere Schiedsklauseln in Investitionsschutzabkommen (z.B. TTIP) gewährleistet ist.[750]

Für die nachfolgende Untersuchung ist allein von Interesse, inwiefern sich der Staat im Allgemeinen einer Schiedsgerichtsbarkeit als Schiedspartei unter-

746 Siehe z.B.: *Flessner*, VerfBlog, 2014/5/13; *von Bernstorff*, VerfBlog, 2014/5/15; *Classen*, EuZW 2014, 611; *Stendel*, JuS 2016, 822 (Examensklausur); *Wolff*, NVwZ 2012, 205. Die Erheblichkeit der teils auch in der Öffentlichkeit stattfindenden Kritik hat sogar zur »Gegenwehr« veranlasst, vgl. *Risse*, SchiedsVZ 2014, 265 (»Wehrt Euch endlich! Wider das Arbitration-Bashing«, m.w.N. auf diverse Zeitungsartikel). Für einen Überblick vgl. auch die Dokumente der Wissenschaftlichen Dienste des Bundestages: Deutscher Bundestag, Dokumentation WD 3 3000 189/4 vom 29.8.2014, Diskussionsstand zur verfassungsrechtlichen Bewertung von Investitionsschutzabkommen mit Schiedsgerichtsklauseln – Unter besonderer Berücksichtigung der geplanten Regelungen im TTIP; Deutscher Bundestag, Ausarbeitung WD 3 3000 380/11 vom 31.1.2012, Internationale Schiedsgerichtsbarkeit und deutsches Verfassungsrecht, Anforderungen hinsichtlich Rechtsstaatlichkeit, Demokratie und Transparenz. Eine Übersicht zum Anstieg öffentlich-rechtlicher Schiedsgerichte findet sich bei *Schill*, S. 266 ff.

747 Vgl. *Woltereck*, DöV 1966, 323.

748 Vgl. *Risse*, SchiedsVZ 2014, 265.

749 Vgl. *Schill*, S. 266.

750 Vgl. hierzu: *Classen*, EuZW 2014, 611; *Schill*, S. 270 f.

werfen darf, ohne dabei den Untersuchungsgegenstand schon im Vorfeld von einem besonderen Streitgegenstand oder einer besonderen Art der Errichtung abhängig zu machen. Um solche, sich im Besonderen ergebende Problemfelder zunächst auszuklammern, wird im Folgenden sehr generalisierend der Begriff der »Schiedsgerichtsbarkeit mit staatlicher Beteiligung«[751] gewählt, wobei natürlich, auch wenn dies nicht mehr explizit erwähnt wird, (zunächst) nur die Beteiligung des Staates als Schiedspartei gemeint ist. Da die maßgebliche Besonderheit in der Beteiligung des Staates als Schiedspartei liegt, lässt sich die gesamte Problematik insofern als ein Aspekt der subjektiven Schiedsfähigkeit verstehen. Die Definition der Schiedsgerichtsbarkeit entspricht dabei (zunächst) derjenigen der grundtypischen privaten bzw. zivilprozessualen Schiedsgerichtsbarkeit:[752] Es geht um die abschließende Entscheidung einer Streitigkeit durch ein mittels Parteivereinbarung freiwillig installiertes und nichtstaatliches Schiedsgericht, die einer inhaltlichen Nachkontrolle durch ein staatliches Gericht unzugänglich ist (Verbot der *révision au fond*).[753]

Eine weiterführende begriffliche Unterscheidung sei an dieser Stelle zur Klarstellung trotzdem erwähnt: Üblicherweise wird zwischen »unechten« und »echten« Schiedsgerichten im Verwaltungsrecht unterschieden,[754] wobei nur die echten Schiedsgerichte die definitorischen Wesensmerkmale der abschließenden Streitentscheidung eines durch Parteivereinbarung installierten Schiedsgerichts widerspiegeln,[755] die unechten Schiedsgerichte hingegen solche sind, die nicht aufgrund von freiwilliger Parteivereinbarung, sondern einseitig von Gesetzes wegen (z.B. §§ 75 Abs. 3c, 89, 114 SGB V) installiert werden und sich aus funktioneller Sicht als Behörde oder gar als echtes staatliches Gericht einordnen lassen.[756] Da solche unechten Schiedsgerichte per Definition also schon gar keine Schiedsgerichte im hier interessierenden Sinne darstellen, sind sie auch von der Untersuchung im Folgenden ausgenommen. Auf einfachgesetzlicher Ebene fin-

751 Ähnlich im Hinblick auf die Schiedsvereinbarung: *Wolff*, NVwZ 2012, 205.
752 Dafür spricht auch die generelle Verweisung des § 173 VwGO auf die ZPO, wodurch auch das 10. Buch zur Schiedsgerichtsbarkeit umfasst wird, ausführlich zur Übertragbarkeit: *Möller*, S. 24 ff.
753 Erster Teil A, S. 5 ff.
754 Vgl. *Woltereck*, DöV 1966, 323; *Stelkens/Panzer* in: Schoch/Schneider/Bier, § 1 Rn. 21 f.; *Pietzner/Möller* in: Schoch/Schneider/Bier, § 168 Rn. 32 f.; *Möller*, S. 30 ff.
755 Vgl. *Stumpf*, S. 4 ff., 9 ff.
756 *Stumpf*, S. 19 f.

den Schiedsgerichte im Verwaltungsrecht in den §§ 168 Abs. 1 Nr. 5, 187 VwGO Erwähnung.[757]

Anzumerken sei außerdem, dass die besonderen (materiellen) Probleme einer Investitionsschiedsgerichtsbarkeit, die sich über die allgemeine Problematik der staatlichen Beteiligung an Schiedsverfahren hinaus ergeben, im Folgenden nicht speziell untersucht werden. Solche Sonderprobleme ergeben sich u.a. aus der Tatsache, dass sich die entsprechenden Schiedsklauseln in Investitionsschutzabkommen befinden, in denen der Entscheidungsmaßstab hinsichtlich des Investitionsschutzes zu offen und unwägbar ist, und dadurch verfassungsrechtlich schwierig zu behandelnde Enteignungs- und Staatshaftungsproblematiken aufgeworfen werden, die letztlich auch die Haushaltshoheit des Parlaments betreffen.[758] Ein Exkurs auf das jüngst gefällte *Achmea*-Urteil des EuGH erscheint dennoch angebracht.[759]

B. Meinungsstand zur verfassungsrechtlichen Problematik einer Schiedsgerichtsbarkeit mit staatlicher Beteiligung

Der Meinungsstand zur Zulässigkeit einer Schiedsgerichtsbarkeit mit staatlicher Beteiligung fällt ambivalent aus, lässt sich aber dem Grunde nach in drei Lager einteilen. Neben den (unkritischen) Befürwortern auf der einen und den gänzlich ablehnenden Stimmen auf der anderen Seite gibt es auch solche Stimmen, die sich zwar grundsätzlich für eine Zulässigkeit einer solchen Schiedsgerichtsbarkeit aussprechen, die dann aber diversen zwingenden (öffentlich-rechtlichen) Anforderungen zu genügen habe.

757 § 187 VwGO betrifft allerdings nur unechte Schiedsgerichte, *Stelkens* in: Schoch/Schneider/Bier, § 187 Rn. 6. Bei § 168 Abs. 1 Nr. 5 VwGO wird zumindest angemerkt, dass sich der Wortlaut streng genommen nur auf »öffentlich-rechtliche« Schiedsgerichte bezieht, vgl. *Stumpf*, S. 55.

758 Vgl. hierzu: *Flessner*, VerfBlog, 2014/5/13; *von Bernstorff*, VerfBlog, 2014/5/15; ferner: *Classen*, EuZW 2014, 611.

759 Siehe: E, S. 230 ff.

I. Befürworter

Die Auffassung einer generellen Zulässigkeit einer Schiedsgerichtsbarkeit mit staatlicher Beteiligung, die mittlerweile wohl als herrschend gelten kann, verweist auf die einfachgesetzliche Regelung der VwGO. Die Zulässigkeit ergebe sich dabei generell aus der Anerkennung der Schiedsgerichtsbarkeit in § 168 Abs. 1 Nr. 5 VwGO und der Generalverweisung des § 173 VwGO auf die ZPO, welche auch das 10. Buch über die Schiedsgerichtsbarkeit umfasst.[760] Danach sei eine Schiedsgerichtsbarkeit in dem Rahmen möglich, in dem die Verwaltung einen Verwaltungsvertrag nach den §§ 54 ff. VwVfG abschließen dürfe, d.h. eine »Vergleichsbefugnis« (vgl. § 55 VwVfG) besitze und über den Streitgegenstand in diesem Rahmen disponieren dürfe.[761]

In der verfassungsrechtlichen Literatur wird die Schiedsgerichtsbarkeit von den Befürwortern insbesondere unter dem Gesichtspunkt des verfassungsrechtlich garantierten Rechtsschutzes gegen Akte der öffentlichen Gewalt nach Art. 19 Abs. 4 GG thematisiert: Da die Inanspruchnahme des Rechtsschutzes nach Art. 19 Abs. 4 GG jedoch (im Rahmen gewisser Voraussetzungen) verzichtbar sei, müsse insofern auch Schiedsgerichtsbarkeit mit dem Staat als Schiedsgegner möglich sein.[762] Das Klagerecht des Bürgers münde nicht in eine Klagepflicht, wobei im Hinblick auf das Rechtsstaatsprinzip jedoch rechtstaatliche Verfahrenssicherungen zu fordern seien.[763]

Auch in eingehenderen Untersuchungen werden keine durchschlagenden Argumente gegen eine generelle verfassungsrechtliche Unzulässigkeit einer Schiedsgerichtsbarkeit mit staatlicher Beteiligung formuliert.[764] Mit *Schill* geht man bspw. heute davon aus, dass die Überprüfung von Hoheitsakten Gegenstand einer Schiedsvereinbarung sein kann.[765] Mögliche Bedenken, die in der Verein-

760 Vgl. *Redeker/v.Oertzen*, § 40 Rn. 79; *Meissner/Steinbeiß-Winkelmann* in: Schoch/Schneider/Bier, § 173 Rn. 316; *Schlosser* in: Stein/Jonas, Vor. § 1025 Rn. 38; *Classen*, EuZW 2014, 611, 612.

761 Vgl. *Heckmann* in: Sodan/Ziekow, § 168 Rn. 55; *Voit* in: Musielak/Voit, § 1025 Rn. 1, § 1030 Rn. 9; *Schlosser* in: Stein/Jonas, Vor. § 1025 Rn. 38; *Schlosser*, FS Bülow, S. 189 ff.; *Geimer* in: Zöller, § 1030 Rn. 23; *Saenger* in: Saenger, § 1030 Rn. 4.

762 *Schmidt-Aßmann* in: Maunz/Dürig, Art. 19 Abs. 4 Rn. 177; *Schenke* in: BK, Art. 19 Abs. 4 Rn. 97.

763 *Stumpf*, S. 41 ff.

764 Vgl. etwa: *Stumpf*, S. 28 ff.; *Möller*, S. 48 ff.; *Schill*, S. 265 ff.; *Schill*, DÖV 2010, 1013; *Classen*, EuZW 2014, 611, 616; offengelassen bei: *Wolff*, NVwZ 2012, 205, 206.

765 *Schill*, S. 272.

barkeit einer Schiedsgerichtsbarkeit mit staatlicher Beteiligung mit der Rechtsschutzgarantie gem. Art. 19 Abs. 4 GG, der Gesetzesmäßigkeit der Verwaltung gem. Art. 20 Abs. 3 GG, dem Rechtsprechungsmonopol gem. Art. 92 GG, dem Prinzip des gesetzlichen Richters gem. Art. 101 Abs. 1 S. 2 GG oder dem Demokratieprinzip gem. Art. 20 Abs. 2 GG gesehen werden könnten, seien im Ergebnis unbegründet.[766] Der »Kern des Unbehagens« gegenüber einer Schiedsgerichtsbarkeit mit staatlicher Beteiligung sei die Vermengung von privater und öffentlicher Ebene, weil das private Schiedsgericht die Rechtmäßigkeit des Handelns der Verwaltung kontrolliere.[767] Solange aber kein in der Tat bedenklicher Komplettverzicht auf die Kontrolle durch ein staatliches Gericht, sondern nur ein Zurückfahren des Prüfungsmaßstabs des nach einem Schiedsverfahrens anrufbaren Verwaltungsgerichts vorliege, sei der verfassungsrechtliche Rahmen weiter.[768] Verfassungsrechtlich seien Schiedsgerichte mit staatlicher Beteiligung in diesem Rahmen daher zwar möglich. Um die erforderliche Kontrolle der Gesetzesmäßigkeit der Verwaltung sicherzustellen, müssten diese aber demokratischen Transparenz- und Öffentlichkeitsanforderungen genügen.[769]

Nach *Möller*, der die generelle verfassungsrechtliche Zulässigkeit ebenfalls bejaht,[770] bestehen die Bedenken gegenüber einer Schiedsgerichtsbarkeit mit staatlicher Beteiligung insbesondere darin, dass eine nichtstaatliche Institution verbindlich über eine staatliche Institution entscheiden, sich die Exekutive der Kontrolle durch staatliche Gerichte entziehen könne (Gewaltenteilung) und möglicherweise kein vergleichbares Rechtsschutzniveau sichergestellt sei, welches rechtsstaatliche Mindeststandards und Gemeinwohlbelange ausreichend berücksichtige.[771] Diese Problematiken ließen sich in drei grundgesetzliche Themenkomplexe einteilen: staatliche Souveränität und staatliches Rechtsprechungsmonopol, Gesetzesmäßigkeit der Verwaltung und deren Kontrolle durch staatliche Gerichte sowie Rechtsschutz nach Art. 19 Abs. 4 GG und Grundrechtsschutz des Individuums.[772] Die Untersuchung kommt zunächst zum Ergebnis , dass sich

766 *Schill*, S. 277; *Schill*, DÖV 2010, 1013, 1016.
767 *Schill*, S. 278; *Schill*, DÖV 2010, 1013, 1016.
768 *Schill*, S. 278; *Schill*, DÖV 2010, 1013, 1016.
769 *Schill*, S. 278; *Schill*, DÖV 2010, 1013, 1016.
770 *Möller*, S. 48 ff.
771 *Möller*, S. 49.
772 *Möller*, S. 49 f. Als vierten Themenkomplex untersucht *Möller* unionsrechtliche Vorgaben; diese sollen hier außen vor bleiben.

kein Konflikt mit dem staatlichen Rechtsprechungsmonopol nach Art. 92 GG[773] stellt. Auch der staatliche Souveränitätsverlust bestehe nur scheinbar, da das Schiedsverfahren durch die Schiedsvereinbarung mit der Exekutive und der gesetzlichen Ermächtigung dazu sowie der gesetzlichen Anerkennung des Schiedsspruches doppelt staatsabgeleitet sei und sich der moderne Staat kooperativ in ein Gleichordnungsverhältnis begeben dürfe.[774] Zwar würde keine objektive Rechtsdurchsetzung durch externe Kontrolle der Verwaltung durch ein staatliches Gericht mehr stattfinden; da der Rechtsschutz aber ohnehin primär individualrechtsschützend konzipiert sei und auch vor staatlichen Verwaltungsgerichten nicht jedwede objektive Rechtsverletzung streng geahndet werde (Beispiele: Erfordernis einer subjektiven Klagebefugnis gem. § 42 Abs. 2 VwGO, Folgenlosigkeit der Rechtswidrigkeit im Vergleich zur Nichtigkeit gem. § 59 VwVfG bei verwaltungsrechtlichen Verträgen, potenzielle Gesetzesinkongruenz bei Vergleichsverträgen gem. § 55 VwVfG[775]), finde keine verfassungsrechtlich unzulässige »vertiefte Lockerung« der Gesetzesbindung der Verwaltung durch die Zulassung einer Schiedsgerichtsbarkeit statt.[776] Es obläge allein dem Gesetzgeber, die Reichweite der Bindung der Verwaltung an den Gesetzesvorrang z.B. durch entsprechende Fehlerfolgenregelung festzulegen.[777] Zwingend sei vor dem Hintergrund des Art. 20 Abs. 3 GG jedoch die Entscheidung des Schiedsgerichts anhand des einschlägigen Verwaltungsrechts; der Verwaltung stehe insofern keine Rechtswahlfreiheit zu (§ 1051 ZPO).[778] Da ferner der Rechtsweg nach Art. 19 Abs. 4 GG dispositiv sei und auch i.Ü. der Grundsatz des *volenti non fit iniuria* im öffentlichen Recht gelte, bestünden auch keine Probleme mit der Rechtsschutzgarantie und dem Grundrechtsschutz des Bürgers.[779]

773 *Möller*, S. 65 ff.
774 *Möller*, S. 62 ff.
775 Siehe: D II 1, S. 208 ff.
776 *Möller*, S. 100 ff.
777 *Möller*, S. 102. Zum Zusammenhang des verfassungsrechtlichen Grundsatzes des Vorrangs des Gesetzes nach Art. 20 Abs. 3 GG und dem verfassungsrechtlichen Gestaltungsspielraums des Gesetzgebers diesbez., vgl. D II 1, S. 208 ff.
778 *Möller*, S. 104 f.
779 *Möller*, S. 106 ff., 109; zu sich dennoch aus Art. 19 Abs. 4 GG ergebenden Anforderungen (Mindestkontrolle) vgl. D I, S. 206 f.

II. Kritische und ablehnende Stimmen

Die kritischen und z.T. gänzlich ablehnenden Stimmen zur Schiedsgerichtsbarkeit mit staatlicher Beteiligung entstammen überwiegend aus dem verfassungsrechtlichen Schrifttum. Eine prägnante Formulierung eines gänzlich ablehnenden Standpunkts stammt bspw. von *Hillgruber*:

> *»Wegen ihrer grundrechtlichen Basis kommt private Gerichtsbarkeit von vornherein nur im zivilrechtlichen Bereich zwischen Privatpersonen in Betracht. Private »Verwaltungsgerichtsbarkeit« scheidet dagegen aus, weil Private keine Rechts- und Entscheidungsmacht gegenüber der öffentlichen Verwaltung ausüben können, ebenso private Strafgerichtsbarkeit, weil es hier um die Durchsetzung des seinem Wesen nach ausschließlich staatlichen Strafanspruchs der Allgemeinheit gegenüber dem Straftäter geht.«*[780]

Demzufolge sei der grundrechtliche, private Charakter der Schiedsgerichtsbarkeit mit einer Beteiligung der bzw. einer Entscheidung über die staatliche Verwaltung unvereinbar. Auch im älteren Schrifttum hielt man eine Schiedsgerichtsbarkeit in Verwaltungssachen wegen entgegenstehender öffentlicher Interessen für unzulässig.[781] Private Schiedsgerichte seien den öffentlichen Interessen nicht verpflichtet: *»Wollte man sie so ausgestalten, daß sie dieser Anforderung genügten, so müßte man sie ihrer privaten Natur entkleiden und sie zu echten Staatsgerichten machen.«*[782]

Andere sehen eine Schiedsgerichtsbarkeit mit staatlicher Beteiligung dadurch ausgeschlossen, dass alle den Bürger möglicherweise in seinen Rechten verletzenden Handlungen der öffentlichen Gewalt zum zwingenden Kernbereich der Verwaltungsgerichtsbarkeit gehörten bzw. der Rechtsweg bei derartigen Verletzungen gem. Art. 19 Abs. 4 GG zwingend eröffnet sein müsse.[783] Auch in der zivilprozessualen Literatur wird zumindest kritisch angemerkt, dass die bloße Rückverweisung auf die Regelungen des 10. Buches der ZPO (wie nach § 173 VwGO) für sich allein nicht ausreiche, um eine Zulässigkeit des konkreten Verfahrens zu bejahen, sondern jeweils eigenständig geprüft werden müsse, ob die schiedsrichterliche Streitentscheidung der Sache nach überhaupt möglich sei.[784]

780 *Hillgruber* in: Maunz/Dürig, Art. 92 Rn. 89.

781 *Weidemann*, S. 117 ff.

782 *Weidemann*, S. 118.

783 *Schulze-Fielitz* in: Dreier, Art. 92 Rn. 36, 51; *Achterberg* in: BK, Art. 92 Rn. 178.

784 Vgl. *Münch* in: MünchKomm-ZPO, § 1029 Rn. 79, § 1030 Rn. 33; vgl. auch: *Weidemann*, S. 96 ff.

Classen fordert für die Zulässigkeit einer Schiedsgerichtsbarkeit mit staatlicher Beteiligung – trotz privat bleibenden Charakters – eine demokratische Legitimation des Schiedsgerichts, da jedwedes staatliche Handeln und damit inbegriffen auch die eine Verpflichtung gegenüber dem Staat aussprechende Stelle demokratisch legitimiert sein müsse.[785] Nur dann sei die erforderliche demokratische Verantwortung für die konkrete, auf den Schiedsspruch folgende staatliche Handlung hergestellt.[786] Weitere Probleme lägen in der institutionellen Eigenheit der Schiedsgerichtsbarkeit (nur eine Instanz), der fehlenden Transparenz[787] und der Rechtsbindung der Schiedsrichter.[788] Ähnlich fordern *Flessner* und *von Bernstorff* die Freiheit des Staates vor Fremdbestimmung aufgrund des Demokratieprinzips und der erforderlichen Souveränität des Staates; die Unterwerfung des Staates unter höhere Instanzen erlaube sich nur nach Maßgabe des GG (z.B. Art. 24 GG für zwischenstaatliche Angelegenheiten).[789] Durch eine Schiedsgerichtsbarkeit mit staatlicher Beteiligung entstünde ein Problem der demokratischen Selbstbestimmung.[790]

C. Der Vertrag mit der Verwaltung als Grundlage einer Schiedsgerichtsbarkeit mit staatlicher Beteiligung

Der Vertrag mit der Verwaltung ist von zentraler Bedeutung für die Zulässigkeit einer Schiedsgerichtsbarkeit mit staatlicher Beteiligung. Erst durch die grundlegende Möglichkeit der Verwaltung, überhaupt Verträge abschließen zu können, kann auch eine Schiedsvereinbarung abgeschlossen und darauf basierend ein Schiedsverfahren durchgeführt werden. Da jedes Schiedsverfahren mit staatlicher Beteiligung auf einem von der Verwaltung geschlossenem Vertrag beruht, sollen hier zunächst die Grundzüge und verfassungsrechtlichen Problematiken solcher Verträge im Allgemeinen aufgezeigt werden, die sich auch auf die Schiedsvereinbarung im Besonderen auswirken.

785 *Classen,* EuZW 2014, 611, 615.
786 *Classen,* EuZW 2014, 611, 615.
787 *Classen,* EuZW 2014, 611, 614.
788 *Classen,* EuZW 2014, 611, 616.
789 *Flessner*, VerfBlog, 2014/5/13.
790 *von Bernstorff,* VerfBlog, 2014/5/15.

I. Allgemeines zu Verträgen mit der Verwaltung

Die Zulässigkeit von Verträgen mit der Verwaltung unterlag einem erheblichen geschichtlichen Wandel: Galten früher nach der Lehre von *Mayer* wahre Verträge zwischen Bürger und Staat aufgrund des fehlenden Gleichordnungsverhältnisses noch als undenkbar,[791] so ist die Möglichkeit solcher Verträge mittlerweile in den §§ 54 ff VwVfG gesetzlich anerkannt. Zurückführen mag man dies auf ein gewandeltes Verständnis des Verhältnisses zwischen Staat und Bürger.[792]

Notwendig ist an dieser Stelle zunächst eine konkrete terminologische Bestimmung. Überwiegend ist im Zusammenhang mit Verträgen zwischen Privaten und der Verwaltung von »Verwaltungsverträgen« die Rede. Der Begriff des Verwaltungsvertrags wird z.T. in einem weiten Sinn verwendet.[793] Hierunter versteht man – in Abgrenzung zu sonstigen öffentlich-rechtlichen Verträgen – zum einen verwaltungsrechtliche Verträge i.S. der §§ 54 ff. VwVfG, deren Gegenstand auf dem Gebiet des Verwaltungsrechts beruht.[794] Zum anderen werden unter diesem Begriff aber auch teils Verträge der Verwaltung auf dem Gebiet des Privatrechts bezeichnet, die nicht unter die §§ 54 ff. VwVfG fallen.[795] Wegen der – wie noch zu zeigen sein wird – gleichsam geltenden verfassungsrechtlichen Bindungen sollten die (verfassungsrechtlichen) Unterschiede zwischen öffentlich-rechtlichem und privatrechtlichem (Verwaltungs-)Vertrag nicht überbetont werden.[796] Da vorliegend nur die grundsätzliche Möglichkeit des Abschlusses eines Vertrags zwischen einer Privatperson und der Verwaltung und die sich daraus ergebenden verfassungsrechtlichen Komplikationen von Interesse sind, wird im Übrigen – soweit nicht erforderlich – nicht näher differenziert und allgemein vom »Vertrag mit der Verwaltung« gesprochen. Da der Verwaltungsvertrag i.S. der §§ 54 ff. VwVfG jedoch insofern als gesetzlich geregelter »Grundtypus« verstanden werden kann, sollen die hier angestellten Überlegungen darauf aufbauend entwickelt und entsprechend auf andere (privatrechtliche) Vertragstypen gedanklich übertragen werden.

791 *Mayer*, AöR 3 (1888), 3, 42.
792 *Bonk/Neumann/Siegel* in: Stelkens/Bonk/Sachs, § 54 Rn. 2.
793 Zur terminologischen Problematik der Bezeichnungen »öffentlich-rechtlicher Vertrag«, »verwaltungsrechtlicher Vertrag« oder »Verwaltungsvertrag« vgl. *Schlette*, S. 18 ff. Zur Abgrenzung sonstiger öffentlich-rechtlicher Verträge vgl. auch: *Detterbeck*, VerwR, Rn. 775 ff.
794 Vgl. *Detterbeck*, VerwR, Rn. 783.
795 Vgl. *Bonk/Neumann/Siegel* in: Stelkens/Bonk/Sachs, § 54 Rn. 13.
796 Vgl. *Maurer/Waldhoff*, VerwR, § 14 Rn. 12.

1. Verwaltungsrechtliche Verträge der Verwaltung

Verwaltungsrechtliche Verträge nach den §§ 54 ff. VwVfG besitzen eine Doppelnatur: Sie sind zugleich Bestandteil und Ergebnis eines Verwaltungsverfahrens gem. § 9 VwVfG und zugleich materiell-rechtliches Rechtsgeschäft.[797] Überwiegend werden solche verwaltungsrechtlichen Verträge terminologisch als »Verwaltungsverträge« bezeichnet.[798] Ihre Grenzen finden diese Verwaltungsverträge in entgegenstehenden Rechtsvorschriften, was sich verfassungsrechtlich aus dem Gebot der Gesetzesmäßigkeit der Verwaltung gem. Art. 20 Abs. 3 GG ergibt.[799] Danach ist auch Vertragshandeln an Recht und Gesetz gebunden, wodurch eine »Flucht ins Vertragsrecht« vermieden werden soll.[800] Ferner wird zwischen subordinationsrechtlichen Verträgen zumeist zwischen Bürger und Verwaltung und koordinationsrechtlichen Verträgen zwischen zwei Verwaltungsträgern unterschieden,[801] wobei vorliegend nur der subordinationsrechtliche Vertrag von Interesse sein soll.

2. Privatrechtliche Verträge der Verwaltung

Die Verwaltung ist nicht auf die Verträge nach den §§ 54 ff. VwVfG beschränkt, sondern besitzt auch in diversen Fällen das Wahlrecht, sich zur Erledigung ihrer Aufgaben der Handlungsformen des Privatrechts zu bedienen.[802] Allgemein unterschieden wird dabei meist zwischen drei Formen privatrechtlichen Handelns der Verwaltung, nämlich dem Verwaltungsprivatrecht, bei dem die Verwaltung unmittelbar Verwaltungsaufgaben in der Form des Privatrechts erfüllt, den fiskalischen Hilfsgeschäften, bei denen es klassischerweise um Bedarfsdeckung (z.B. durch Ankauf von Büromaterial) geht und der erwerbswirtschaftlichen Tätigkeit des Staates, bei der sich der Staat primär nach wirtschaftlichen Grundsätzen und

797 *Fehling* in: Fehling/Kastner/Störmer, VwVfG, § 54 Rn. 7 f.; *Bonk/Neumann/Siegel* in: Stelkens/Bonk/Sachs, § 54 Rn. 3.

798 *Bonk/Neumann* in: Stelkens/Bonk/Sachs, § 54 Rn. 13 m.w.N.

799 *Bonk/Neumann* in: Stelkens/Bonk/Sachs, § 54 Rn. 11 f. (a.F.); *Ramsauer* in: Kopp/Ramsauer, § 54 Rn. 2b.

800 *Bonk/Neumann* in: Stelkens/Bonk/Sachs, § 54 Rn. 11 f (a.F.).

801 Vgl. *Bonk/Neumann* in: Stelkens/Bonk/Sachs, § 54 Rn. 5 (a.F.).

802 Vgl. *Schmitz* in: Stelkens/Bonk/Sachs, § 1 Rn. 116.

mit Gewinnerzielungsabsicht betätigt.[803] Schließt die Verwaltung einen Vertrag auf privatrechtlichem Gebiet ab, richtet sich dieser nach den Vorschriften des BGB, d.h. es handelt sich um Privatrecht, welches aber um zwingende öffentlich-rechtliche Bindungen ergänzt wird.[804] Für die Frage der Zulässigkeit und des Rahmens einer Schiedsgerichtsbarkeit mit staatlicher Beteiligung besteht diesbezüglich eine deutliche Parallele, da es von der Ausgangssituation auch hierbei um die Verwendung einer privaten Handlungsform durch die Verwaltung geht.

Auf privatrechtliches Handeln der Verwaltung (insbesondere auf fiskalische Hilfsgeschäfte), welches i.w.S. zur Verwaltungstätigkeit gehört, ist das VwVfG nicht anwendbar.[805] Da aber auch jedwede private Handlungsform der Verwaltung Ausübung von Staatsgewalt bleibt, gibt es (nach nicht gänzlich unumstrittener Meinung) jedoch keinen Unterschied zwischen rechtlichen (i.S.v. verfassungsrechtlichen) Anforderungen an fiskalisches, verwaltungsprivatrechtliches oder erwerbswirtschaftliches Handeln, da die verfassungsrechtlichen (Grundrechts-) Bindungen[806] rechtsformunabhängig und lückenlos gelten müssen (keine »Flucht ins Privatrecht«).[807]

II. Verfassungsrechtliche Aspekte

Aus verfassungsrechtlicher Perspektive sollen – auch wenn hierbei im Rahmen einer umfänglichen Analyse freilich noch weitere Aspekte zu berücksichtigen wären[808] – im Folgenden das Verhältnis zwischen Privatautonomie und einem Vertrag mit der Verwaltung sowie die sich aus der Verfassung ergebenden Grenzen eines solchen näher beleuchtet werden, da insbesondere diese beiden Punkte von Relevanz für die Zulässigkeit einer Schiedsgerichtsbarkeit mit staatlicher Beteiligung sein können.

803 Vgl. hierzu: *Detterbeck*, VerwR, Rn. 903 ff.
804 *Bonk/Neumann/Siegel* in: Stelkens/Bonk/Sachs, § 54 Rn. 11.
805 *Fehling* in: Fehling/Kastner/Störmer, VwVfG, § 9 Rn. 26; *Schmitz* in: Stelkens/Bonk/Sachs, § 1 Rn. 112, 116.
806 Hierzu sogleich: C II 2, S. 202 f.
807 Vgl. hierzu: BVerfGE 128, 226 (244 ff.); BVerfG NVwZ 2018, 51 Rn. 243; NJW 2016, 3153 Rn. 26, 30; *Detterbeck*, VerwR, Rn. 903 ff. m.w.N.; a.A. die überholte Rspr. des BGH hinsichtlich Fiskalgeschäften, die nicht der Wahrnehmung unmittelbarer Verwaltungsaufgaben dienen, vgl. BGH NJW 2004, 1031; NJW 1962, 196.
808 Zum Ganzen: *Schlette*, S. 65 ff.; *Bleckmann*, NVwZ 1990, 601; speziell zur verfassungsrechtlichen Rechtsschutzgarantie vgl. *Knauff*, NVwZ 2007, 546.

1. Vertrag mit der Verwaltung und Privatautonomie

Der privatrechtliche Vertrag zwischen Privaten findet seine grundrechtliche Grundlage in der Vertragsfreiheit bzw. Privatautonomie der Vertragsparteien.[809] Es stellt sich daher die Frage, wie sich ein Vertrag mit der Verwaltung zur (grundrechtlichen) Privatautonomie verhält.

Nach einhelliger Ansicht steht dabei dem Staat – auch wenn er sich grundsätzlich der Formen des Privatrechts bedienen darf – keine (grundrechtliche) Privatautonomie zu.[810] Der Vertrag mit der Verwaltung bedeutet immer noch Ausübung öffentlicher Gewalt, welche mit den entsprechenden Verfassungsbindungen (Art. 20 Abs. 3 GG, Art. 1 Abs. 3 GG) einhergeht,[811] was auch für privatrechtliche Verträge gilt.[812] Der Vertragsschluss der Verwaltung stellt sich stets als gesetzesgesteuerte Verwaltungstätigkeit dar.[813] Während für Private das staatliche Recht meist eine Grenze der Handlungsfreiheit in der Form der Privatautonomie darstellt, liefert es für den Staat überhaupt erst die Grundlage der Handlungsbefugnisse.[814]

Etwas diffiziler erweist sich das Verhältnis zwischen Privatautonomie und Vertrag mit der Verwaltung hingegen für die private Vertragspartei. Dass sich der Staat durch die Wahl des Vertrags als spezielle Handlungsform nicht plötzlich auf grundrechtliche Freiheiten berufen kann, ist unmittelbar einsichtig; aus dem Blickwinkel des Bürgers stellt sich jedoch die Frage, ob dieser beim Abschluss eines Vertrags mit der Verwaltung von seiner grundrechtlich geschützten Privatautonomie Gebrauch macht oder nicht. Nach wohl herrschender Auffassung stellt auch der Abschluss eines (öffentlich-rechtlichen oder privatrechtlichen) Vertrags mit der Verwaltung für den Bürger eine Form der Ausübung der

809 Siehe: Erster Teil B I, S. 7 ff.

810 *Schmitz* in: Stelkens/Bonk/Sachs, § 1 Rn. 116 m.w.N.; *Thiele* in: Pautsch/Hoffmann, § 54 Rn. 12; Hoffmann-Riem/Schmidt-Aßmann/Voßkuhle/*Bauer*, VerwR II, § 36 Rn. 86; *Bleckmann*, NVwZ 1990, 601, 606; *Ernst*, S. 242 f.; *Gurlit*, S. 245; *Möller*, S. 55; *Schlette*, S. 71 ff.

811 *Bonk/Neumann/Siegel* in: Stelkens/Bonk/Sachs, § 54 Rn. 4; *Thiele* in: Pautsch/Hoffmann, § 54 Rn. 11.

812 Hoffmann-Riem/Schmidt-Aßmann/Voßkuhle/*Bauer*, VerwR II, § 36 Rn. 86; *Ernst*, S. 242 f.; *Schlette*, S. 73.

813 *Möller*, S. 55.

814 *Classen,* EuZW 2014, 611, 614.

grundrechtlichen Privatautonomie dar,[815] denn auch im Verwaltungsrecht ist für Selbstbestimmung, d.h. eine eigenständige, selbstverantwortete Daseinsgestaltung des Bürgers ein gewisser Raum.[816] Manche sprechen insofern daher auch von einer »verwaltungsrechtlichen Vertragsfreiheit«.[817]

Auch wenn der Vertrag mit der Verwaltung für den Privaten somit Teil der Ausübung seiner grundrechtlichen Privatautonomie ist, ergibt sich folgende Besonderheit gegenüber einem rein privatrechtlichen Vertrag zwischen Privaten: Trotz der etwaigen Ausübung grundrechtlicher Privatautonomie des Bürgers besitzt der Vertrag mit der Verwaltung mangels äquivalenter Privatautonomie auf der Seite der Verwaltung für sich genommen keinen grundrechtlichen »Bestandsschutz«, d.h. kann z.T. einfachgesetzlich gänzlich verboten werden (z.B. durch Vertragsformverbote im Verwaltungsrecht),[818] da man insofern den Wesensgehalt der Privatautonomie (Art. 19 Abs. 2 GG) als nicht tangiert ansehen kann.[819]

2. *Grenzen des Vertrags mit der Verwaltung: Verfassungsrechtliche Bindungen der Exekutive*

Die einfachgesetzliche Zulassung des verwaltungsrechtlichen Vertrags gem. den §§ 54 ff. VwVfG, aber auch der Abschluss eines privatrechtlichen Vertrags mit der Verwaltung müssen ihre Grenzen zwangsläufig in den verfassungsrechtlichen Bindungen der Exekutive finden. Verfassungsrechtliche Grenzen entstehen insofern durch allgemeine Rechtsprinzipien des Verfassungsrechts, z.B. Grundsätze des Vorrangs und des Vorbehalts des Gesetzes,[820] das Gleichbehandlungsgebot und Verhältnismäßigkeitsprinzip[821] sowie das Willkürverbot und allgemein die Grundrechte.[822] Die generelle frühere Debatte über den Umfang der Zulässigkeit verwaltungsrechtlicher Verträge vor dem Hintergrund des Vorbehalts

815 *Schliesky* in: Knack/Henneke, § 54 Rn. 11; *Scherzberg*, JuS 1992, 205, 211; *Schlette*, S. 67 f.; *Möller*, S. 57 ff.; vgl. auch: *Bleckmann*, NVwZ 1990, 601, 603; *Stumpf*, S. 49 ff. (bez. Verwaltungsschiedsgerichtsbarkeit); a.A *Hillgruber*, S. 157 (Figur des Grundrechtsverzichts).

816 *Schlette*, S. 67 f.

817 *Schlette*, S. 68 f.; *Möller*, S. 57.

818 *Schlette*, S. 69 f.

819 *Schlette*, S. 71.

820 *Thiele* in: Pautsch/Hoffmann, § 54 Rn. 11 ff.

821 *Bonk/Neumann* in: Stelkens/Bonk/Sachs, § 54 Rn. 12 (a.F.).

822 *Schmitz* in: Stelkens/Bonk/Sachs, § 1 Rn. 116.

und Vorrang des Gesetzes gilt heute als weitgehend geklärt.[823] Wegen der bestehenden verfassungsrechtlichen Bindungen wird die Flexibilität des Vertrags mit der Verwaltung z.T. gar als eingeengt bezeichnet.[824] Die konkreten Bedeutungen der einzelnen verfassungsrechtlichen Bindungen sollen im Folgenden noch genauer speziell in Bezug auf die Schiedsgerichtsbarkeit mit staatlicher Beteiligung untersucht werden.[825]

III. Die Schiedsvereinbarung als Vertrag mit der Verwaltung

Die Schiedsvereinbarung stellt einen Vertrag dar, an dem die Verwaltung als Vertragspartei beteiligt ist. Diesbezüglich lässt sich natürlich die Frage stellen, welcher Rechtsnatur die Schiedsvereinbarung im Genauen ist. Da aus verfassungsrechtlicher Sicht nur entscheidend ist, dass der Staat als eine der Schiedsparteien auftritt, ist die Unterscheidung zwischen der öffentlich-rechtlichen oder privatrechtlichen Natur zwar unerheblich;[826] dennoch sollen an dieser Stelle – ohne die Problematik abschließend klären zu wollen – einige Problempunkte aufgezeigt werden.

Um die Rechtsnatur der Schiedsvereinbarung mit staatlicher Beteiligung beurteilen zu können, muss an erster Stelle deren Verhältnis zu einem etwaigen Hauptvertrag geklärt sein. Ausgangspunkt muss hierbei sein, dass die Schiedsvereinbarung wie auch bei der privaten Schiedsgerichtsbarkeit zunächst eine vom Hauptvertrag zu trennende, unabhängige Vereinbarung darstellt, die nicht automatisch das rechtliche Schicksal des Hauptvertrags teilt.[827] Weiterer Ausgangspunkt muss zudem sein, dass das Schiedsverfahren eine privatrechtliche Handlungsform darstellt, von der der Staat Gebrauch macht. Schließt der Staat daher bezüglich eines privatrechtlichen Hauptvertrags eine Schiedsvereinbarung, liegt es nicht fern, letztere auch als privatrechtlichen Vertrag mit der Verwaltung

823 *Kämmerer* in: BeckOK-VwVfG, § 54 Rn. 3; vgl. auch: *Bleckmann*, NVwZ 1990, 601; *Thiele* in: Pautsch/Hoffmann, § 54 Rn. 19 ff. Zum Vorbehalt und Vorrang des Gesetzes noch vgl. noch ausführlich: D I, S. 206 f. und D II, S. 207 ff.

824 Vgl. *Thiele* in: Pautsch/Hoffmann, § 54 Rn. 8 f.

825 Siehe: D, S. 206 ff.

826 Vgl. *Wolff*, NVwZ 2012, 205. Zur verfassungsrechtlichen Irrelevanz der einfachgesetzlichen Rechtsnatur auch der privaten Schiedsgerichtsbarkeit vgl. schon: Erter Teil C I 1 b) bb), S. 24 ff.

827 *Möller*, S. 142 f.; *Schlosser* in: Stein/Jonas, Vor. § 1025 Rn. 40.

zu qualifizieren. Dasselbe muss dem Grunde nach auch dann gelten, wenn eine Schiedsvereinbarung bezüglich einer nichtvertraglichen Streitigkeit abgeschlossen wird, die kein Verwaltungsverfahren i.S. des § 9 VwVfG betrifft (dazu sogleich).

Als problematischer erweist sich allerdings die Bestimmung der Rechtsnatur der Schiedsvereinbarung, sofern der Hauptvertrag einen Verwaltungsvertrag nach den §§ 54 VwVfG darstellt. Da der Abschluss eines solchen Verwaltungsvertrags ein Verwaltungsverfahren gem. § 9 VwVfG bedeutet, stellt sich nämlich die Frage, ob die Schiedsvereinbarung bzw. das Schiedsverfahren auch diesem Verwaltungsverfahren zuzuordnen und daher öffentlich-rechtlich ist[828] oder aber seine privatrechtliche Natur behält. *Möller* stellt bei Einordnung der rechtlichen Natur der Schiedsvereinbarung insofern auf deren prozessuale Wirkung ab: Weil mit der auf einen öffentlich-rechtlichen Vertrag nach den §§ 54 VwVfG bezogenen Schiedsvereinbarung ein Verzicht des Bürgers auf das Grundrecht auf den Rechtsweg zu einem staatlichen Gericht nach Art. 19 Abs. 4 GG stattfände, sei die Schiedsvereinbarung ebenfalls ein öffentlich-rechtlicher Vertrag, da insofern ein öffentlich-rechtlicher Gegenstand einschlägig sei.[829] Auch *Stumpf* qualifiziert die Schiedsvereinbarung in Bezug auf einen öffentlich-rechtlichen Hauptvertrag als öffentlich-rechtlich, stellt dabei aber auf den materiellen (Vergleichs-) Charakter ab.[830] Folgerichtig weist die Schiedsvereinbarung seiner Meinung nach danach am ehesten eine Verwandtschaft zum öffentlich-rechtlichen Vergleich gem. § 55 VwVfG auf.[831] Dass der Vergleich im Gegensatz zur Schiedsgerichtsbarkeit (Entscheidung durch Dritten) durch gegenseitiges Nachgeben geprägt sei, stelle kein Problem dar; denkbar sei nämlich, dass – durch Rückgriff auf die entsprechenden Bestimmungen im Privatrecht – ein Dritter nach den §§ 315 ff. BGB die feststellende Tätigkeit verübe.[832]

828 Dafür könnte eine Parallele zum Vergleich nach § 55 VwVfG sprechen, welcher ebenfalls das Verwaltungsverfahren beendet, vgl. *Spieth* in: BeckOK-VwVfG, § 55 Rn. 29.

829 *Möller*, S. 142 f. Dagegen spricht folgende Überlegung: Auch im Bereich der privaten Schiedsgerichtsbarkeit würde i.d.S. auf den ebenfalls verfassungsrechtlich gewährleisteten allgemeinen Justizgewährungsanspruch und das entsprechende damit einhergehende subjektiv-öffentliche Recht »verzichtet« (vgl. hierzu: Erster Teil C I 3, S. 34 ff.), sodass nach dieser Argumentation eigentlich jedwede Schiedsvereinbarung einen öffentlich-rechtlichen Gegenstand aufweisen müsste.

830 *Stumpf*, S. 112 ff.

831 *Stumpf*, S. 112.

832 *Stumpf*, S. 113.

Ohne die Rechtsnatur der Schiedsvereinbarung mit staatlicher Beteiligung hier einer Klärung zuzuführen, soll jedoch der letzterwähnte Gesichtspunkt von *Stumpf* aufgegriffen werden: Richtigerweise erkennt dieser die dogmatische Verbindung der Schiedsgerichtsbarkeit zum Vergleichsvertrag und der Leistungsbestimmung durch einen Dritten nach den §§ 315 ff. BGB.[833] Die Frage nach der Rechtsnatur der Schiedsvereinbarung weist damit auf das Hauptproblem einer Schiedsgerichtsbarkeit mit staatlicher Beteiligung hin: Inwiefern darf sich der Staat einer Fremdbestimmung durch einen Privaten unterwerfen, der als Schiedsrichter aus dogmatischer Sicht den Hauptvertrag konkretisierend feststellt und ggf. ein Verwaltungsverfahren beendet? Hierauf wird im Folgenden noch ausführlich zurückzukommen sein.[834]

IV. Fazit

Der Vertrag mit der Verwaltung ist durch die verfassungsrechtlichen Bindungen der Verwaltung in seinem Anwendungsbereich begrenzt, da sich der Staat nicht auf die grundrechtliche Privatautonomie berufen darf, wohingegen der Private auch bei Verträgen mit der Verwaltung seine Privatautonomie behält. Verträge mit der Verwaltung unterliegen insofern trotzdem keinem (grundrechtlichen) Bestandsschutz. Für die Schiedsgerichtsbarkeit mit staatlicher Beteiligung sei hier daher schon festzuhalten, dass auch diese aus denselben Gründen keinen (grundrechtlichen) Bestandsschutz genießen kann.[835] Da die Schiedsgerichtsbarkeit mit staatlicher Beteiligung somit nicht verfassungsrechtlich geschützt ist, gilt es im Folgenden noch zu untersuchen, ob sich aus der Verfassung evtl. ein Verbot einer solchen Schiedsgerichtsbarkeit ableiten lässt.

833 Vgl. Erster Teil B I 2, S. 9 ff.

834 Siehe: D IV, S. 221 ff.

835 *Möller*, S. 59; a.A. *Stumpf*, S. 51 ff., der einen Schutz einer Schiedsgerichtsbarkeit mit staatlicher Beteiligung aus dem Kernbereich der Selbstkontrolle der Exekutive herleiten möchte, wobei er aber umfangreiche Nachkontrollen für möglich hält, die wohl kaum noch mit den Wesensmerkmalen der Schiedsgerichtsbarkeit in Einklang zu bringen wären. Für die Annahme eine Selbstkontrolle durch eine Schiedsgerichtsbarkeit müsste diese zudem einen Teil der Verwaltungsorganisation darstellen, vgl. hierzu: D IV 1, S. 221 ff.

D. Verfassungsrechtliche Problematiken einer Schiedsgerichtsbarkeit mit staatlicher Beteiligung

Die verfassungsrechtlichen Problematiken einer Schiedsgerichtsbarkeit mit staatlicher Beteiligung ergeben sich z.T. aus den allgemeinen verfassungsrechtlichen Problematiken, die das vertragliche Handeln des Staates betreffen, weisen darüber hinaus aber auch eine eigenständige Dimension auf. Hierzu gehören insbesondere die Rückbindung des Schiedsgerichts an zwingendes Verwaltungsrecht, besondere Verfahrensanforderung, die aus der staatlichen Beteiligung erwachsen, und maßgeblich die generelle Möglichkeit der Fremdbestimmung des Staates durch ein privates Schiedsgericht. Entsprechende Problematiken sollen im Folgenden daher teils allgemein und sofern es sich anbietet schon anhand spezieller Gesichtspunkte der Schiedsgerichtsbarkeit untersucht werden.

I. Vorbehalt des Gesetzes und Rechtsschutzgarantie nach Art. 19 Abs. 4 GG

Der Vorbehalt des Gesetzes besagt, dass die Exekutive insbesondere bei Eingriffen in die Grundrechte einer gesetzlichen Ermächtigungsgrundlage bedarf (Art. 20 Abs. 3 GG).[836] Beim Vertrag mit der Verwaltung ergibt sich nun die besondere Situation, dass sich Bürger und Staat auf bestimmte, im Vertrag festgehaltene Maßnahmen einigen. Die belastende Wirkung ist daher von dem Einverständnis bzw. dem Bindungswillen des Privaten umfasst, sodass die Verwaltung keiner besonderen Ermächtigungsgrundlage bedarf.[837] Dies entspricht dem bereits oben festgestellten Ergebnis, dass der Private auch bei Verträgen mit der Verwaltung von seiner Privatautonomie Gebrauch macht und insofern seine Rechte und Pflichten selbst bestimmt.[838] Dies bedeutet aber auf der anderen Seite

836 *Grzeszick* in: Maunz/Dürig, Art. 20 VI Rn. 75, 81, 98; *Thiele* in: Pautsch/Hoffmann, § 54 Rn. 12.

837 Vgl. *Bleckmann*, NVwZ 1990, 601, 603; *Scherzberg*, JuS 1992, 205, 208, 211; *Schliesky* in: Knack/Henneke, § 54 Rn. 10; *Thiele* in: Pautsch/Hoffmann, § 54 Rn. 12, 14; *Schlette*, S. 72 ff., 100 f.; *Möller*, S. 56 Fn. 37; kritischer: *Bosse*, S. 51 ff. (keine Geltung des Grundsatzes *volenti non iniuria*).

838 Vgl. *Bleckmann*, NVwZ 1990, 601, 603.

nicht, dass diese Einwilligung in die vertraglichen Belastungen die Verwaltung i.Ü. von ihren verfassungsrechtlichen Bindungen freistellen kann.[839]

Für die Schiedsvereinbarung mit staatlicher Beteiligung ergeben sich vor diesem Hintergrund vom Ausgangspunkt her keine Besonderheiten. Auch hierbei macht der Private von seiner ihm insofern zustehenden Privatautonomie Gebrauch und willigt insofern in die Belastung ein, die hier darin besteht, Streitigkeiten mit der Verwaltung nicht mehr vor ein staatliches Gericht bringen zu können.

Dies leitet auch zur Problematik über, inwiefern eine Schiedsgerichtsbarkeit mit staatlicher Beteiligung mit Art. 19 Abs. 4 GG vereinbar ist, m.a.W. inwieweit auf den Rechtsweg zu den staatlichen Gerichten verzichtet werden kann. Die Verzichtbarkeit der Ausübung des Grundrechts aus Art. 19 Abs. 4 GG entspricht dabei der herrschenden Meinung.[840] Sieht man die Schiedsvereinbarung zudem aus der Perspektive des Privaten als Teil der Ausübung seiner Privatautonomie an, folgt hieraus sogar, parallel zur Situation bei der privaten Schiedsgerichtsbarkeit,[841] dass das staatliche Gericht in Anerkennung dieses Willens die Streitentscheidung durch den Staat zu verweigern hat. Der in dieser Form verbleibende Rechtsschutzanspruch wird vielmehr einschränkend modifiziert (Mindestkontrolle der Schiedsgerichtsbarkeit).[842]

Einer Schiedsgerichtsbarkeit stünden daher im Allgemeinen weder der Vorbehalt des Gesetzes[843] noch die Rechtsschutzgarantie nach Art. 19 Abs. 4 GG entgegen.

II. Verfassungsrechtliche Schiedsfähigkeit öffentlich-rechtlicher Streitigkeiten

Einige der verfassungsrechtlichen Bindungen, der auch der Vertrag mit der Verwaltung unterliegt, betreffen die Schiedsgerichtsbarkeit im Besonderen, da sie

839 *Schlette*, S. 65.

840 Vgl. *Schmidt-Aßmann* in: Maunz/Dürig, Art. 19 Abs. 4 Rn. 247 m.w.N.; *Stumpf*, S. 37 ff.; *Möller*, S. 106 ff. Zu den Voraussetzungen eines wirksamen Verzichts: *Möller*, S. 109 ff. Irrelevant ist an dieser Stelle, ob Verwaltungsprivatrecht unter Art. 19 Abs. 4 GG fällt, vgl. hierzu: *Schmidt-Aßmann* in: Maunz/Dürig, Art. 19 Abs. 4 Rn. 60 ff.

841 Siehe: Erster Teil C I 3, S. 34 ff.

842 Ähnlich: *Schill*, S. 278; *Schill*, DÖV 2010, 1013, 1016; *Möller*, S. 117.

843 Zur besonderen Problematik des institutionellen Gesetzesvorbehalts bei der Fremdbestimmung der Verwaltung vgl. D IV 1, S. 221 ff.

sich speziell auf die objektive Schiedsfähigkeit auswirken können, die hier – um der bisherigen Begrifflichkeit zur privaten Schiedsgerichtsbarkeit treu zu bleiben – als verfassungsrechtliche Schiedsfähigkeit bezeichnet werden soll. Namentlich handelt es sich hierbei um den Vorrang des Gesetzes und das rechtsstaatliche Koppelungsverbot. Deren Auswirkung auf die verfassungsrechtliche Schiedsfähigkeit soll im Folgenden untersucht werden, wobei im Anschluss auch die Bestimmung einzelner schiedsunfähiger Gebiete exkursartig angedeutet werden soll.

1. Vorrang des Gesetzes

Aus Art. 20 Abs. 3 GG ergibt sich, dass die vollziehende Gewalt an Gesetz und Recht gebunden ist, was auch als das Gebot der Gesetzesmäßigkeit der Verwaltung bzw. der Vorrang des Gesetzes bezeichnet wird. Da dieses Gebot handlungsformunabhängig gilt, unterliegt auch der Vertrag mit der Verwaltung als gesetzesdirigierte Verwaltung, die sich selbst nicht auf eine Privatautonomie berufen kann, dem Vorrang des Gesetzes.[844] Eine Abweichung vom Gesetz wird auch nicht durch die Einwilligung der privaten Vertragspartei gedeckt, da die Geltung von (im Interesse der Allgemeinheit liegenden) Gesetzen für die Verwaltung nicht innerhalb deren Verfügungsbefugnis liegt.[845] Zu beachten ist hierbei jedoch, dass einfachgesetzliche Regelungen, bspw. die konkrete Ausgestaltung der Verfahrensregeln des VwVfG, nicht als die verfassungsrechtlich zwingend vorgegebene Regel gelten müssen, d.h. dass nicht jede Verwaltungsentscheidung zwangsläufig eine verfassungsrechtlich so vorgegebene Entscheidung darstellen muss.[846]

In Bezug auf die Schiedsgerichtsbarkeit mit staatlicher Beteiligung fragt sich, ob eine solche Schiedsgerichtsbarkeit mit der Gesetzesmäßigkeit der Verwaltung vereinbar ist. Vom privatrechtlichen Grundtypus her ist diese nämlich gerade davon geprägt, dass keine strenge Gesetzesbindung besteht, den Schiedsparteien vielmehr eine vollständige Rechtswahlfreiheit (vgl. § 1051 ZPO) zu-

844 *Schlette*, S. 81 f.; *Thiele* in: Pautsch/Hoffmann, § 54 Rn. 12; *Bonk/Neumann/Siegel* in: Stelkens/Bonk/Sachs, § 54 Rn. 92 ff.; *Möller*, S. 55; ausführlich: *Gurlit*, S. 251 ff.

845 *Schlette*, S. 81 ff.; *Thiele* in: Pautsch/Hoffmann, § 54 Rn. 12.

846 *Schmitz* in: Stelkens/Bonk/Sachs, § 1 Rn. 41, 120; *Schlette*, S. 65. Dies gilt im Verwaltungsprivatrecht in noch höherem Maße.

gutekommt.[847] Da das Schiedsgericht im Falle eines Schiedsverfahren letzten Endes anhand des gewählten Entscheidungsmaßstabs durch Schiedsspruch abschließend die Rechte und Pflichten aus dem Vertragsverhältnis festlegt, stellt sich hierbei somit vielmehr die Frage nach der Gesetzesmäßigkeit des Schiedsgerichts. *Möller* schlägt hinsichtlich der Schiedsgerichtsbarkeit im Verwaltungsrecht folgenden Weg zur Lösung der Problematik vor: Da sich die Verwaltung unter keinen Umständen der verfassungsrechtlich gebotenen Gesetzesbindung nach Art. 20 Abs. 3 GG entledigen dürfe, müsse dies auch im Rahmen der Betreuung Dritter gelten, sodass die Verwaltung von der Rechtswahlfreiheit gem. § 1051 ZPO keinen Gebrauch machen und das Schiedsgericht nur zur Entscheidung nach zwingendem Verwaltungsrecht ermächtigen dürfe.[848] Da die Verpflichtung des Schiedsgericht für sich allein genommen noch keine Sicherstellung der Gesetzesmäßigkeit der Verwaltung bedeute, da bspw. auch Falschentscheidungen möglich seien, müsse die Einhaltung bzw. richtige Anwendung des objektiven Verwaltungsrechts bei der Kontrolle durch die staatlichen Gerichte im Rahmen im Rahmen der *ordre public* Kontrolle berücksichtigt werden.[849]

Dass diese Konstruktion der Verpflichtung des Schiedsgerichts zur Anwendung zwingenden Rechts i.V.m. einer inhaltlichen Nachkontrolle über den *ordre public* Vorbehalt keinen dogmatisch gangbaren Weg darstellt, da dies gegen das Wesensmerkmal der Autonomie der Schiedsgerichtsbarkeit und das Verbot der *révision au fond* verstößt und somit in Wahrheit einen Fall der verfassungsrechtliche Schiedsunfähigkeit bedeutet, wurde bereits im Rahmen der Untersuchung der privaten Schiedsgerichtsbarkeit dargelegt.[850] Da die Schiedsgerichtsbarkeit mit staatlicher Beteiligung ebenfalls durch das Merkmal der Autonomie zu definieren ist, ergibt sich insofern keine abweichende Beurteilung. Der von *Möller* gewählte Weg zur Sicherstellung der Gesetzesmäßigkeit der Verwaltung stellt sich daher als nicht vertretbar bzw. als mit den Wesensmerkmalen einer echten Schiedsgerichtsbarkeit unvereinbar dar. Wollte man eine echte Gesetzesmäßigkeit sicherstellen, müsste man das Schiedsgericht selbst an den Vorrang des Gesetzes nach Art. 20 Abs. 3 GG binden.[851]

847 Vgl. Erster Teil C II 2, S. 37 ff.

848 *Möller*, S. 104 f.; vgl. auch: *Stumpf*, S. 139, 156. Trotzdem erachtet es *Stumpf* für zulässig, dass das Schiedsgericht u.U. nach Billigkeit entscheiden darf, vgl. *Stumpf*, S. 48 f., 156 ff.

849 *Möller*, S. 196; a.A. zu Recht: *Schill*, S. 272 f.

850 Vgl. Zweiter Teil D III 1, S. 141 ff.

851 Vgl. hierzu: D IV 1, S. 221 ff.

In Wahrheit bedingt der Vorrang des Gesetzes jedoch auch gar nicht, dass das Schiedsgericht zwingend das einfachgesetzliche Verwaltungsrecht richtig anwenden muss und dies auch zwingend inhaltlich nachzukontrollieren wäre. Dafür lässt sich einerseits die parallele Situation beim Vergleichsvertrag nach § 55 VwVfG anführen. Auch hierbei werden potenzielle Gesetzesinkongruenzen trotz des Spannungsverhältnisses zu Art. 20 Abs. 3 GG hingenommen und von einem »Privileg gesteigerter Unempfindlichkeit gegenüber Gesetzesverletzungen« gesprochen,[852] auch wenn dies nicht zu einer faktischen Gesetzesumgehung im Zusammenspiel mit dem Bürger führen darf.[853] Rechtfertigung findet diese Lockerung durch die Aspekte der Verfahrensökonomie und der Herstellung von Rechtsfrieden, welche ebenfalls rechtsstaatlich fundiert sind.[854] Unter diesem Gesichtspunkt ließen sich – sofern man die Verwandtschaft von Vergleich und Schiedsverfahren anerkennt – leichte Gesetzesverstöße durch falsche Rechtsanwendung des Schiedsgerichts hinnehmen.

Maßgeblich spricht für die Vereinbarkeit einer Schiedsgerichtsbarkeit mit staatlicher Beteiligung und dem Vorrang des Gesetzes allerdings das folgende Argument von *Bleckmann* zum Verwaltungsvertrag: Der Gesetzgeber darf, auch

> *»wenn er letztlich die verfassungsrechtlichen Grundsätze des Vorbehalts und des Vorrangs des Gesetzes nicht aufheben, ändern oder durchbrechen kann, durchaus in einem einzelnen Gesetz und deshalb auch im Verwaltungsverfahrensgesetz global für alle Gesetze festlegen* […], *daß der Inhalt dieser Gesetze hinter die Regelungen eines konkreten Verwaltungsvertrages zurücktritt. Der Gesetzgeber hebt damit also die Geltung des Gesetzes beim Abschluß eines Verwaltungsvertrages weitgehend auf.«*[855]

Zwingend zu beachten sei dabei nur, ob die Gesetze nicht verfassungsrechtlich zum Schutze öffentlicher Interessen geboten waren.[856] Damit stellt sich die Situation bei der Schiedsgerichtsbarkeit mit staatlicher Beteiligung unter dem Aspekt des Vorranges des Gesetzes parallel zur Situation bei der privaten Schieds-

852 BVerwG NJW 1976, 686; *Schliesky* in: Knack/Henneke, § 55 Rn. 6; *Brüning/Bosesky* in: Mann/Sennekamp/Uechtritz, § 55 Rn. 10; *Schlette*, S. 86.

853 *Thiele* in: Pautsch/Hoffmann, § 55 Rn. 3; *Spieth* in: BeckOK-VwVfG, § 55 Rn. 2 ff.; *Möller*, S. 102.

854 *Spieth* in: BeckOK-VwVfG, § 55 Rn. 5; *Brüning/Bosesky* in: Mann/Sennekamp/Uechtritz, § 55 Rn. 12; *Ramsauer* in: Kopp/Ramsauer, § 55 Rn. 3.

855 *Bleckmann*, NVwZ 1990, 601, 602; ähnlich zu § 55 VwVfG: *Schlette*, S. 86.

856 *Bleckmann*, NVwZ 1990, 601, 602; ähnlich zur objektiven Schiedsfähigkeit: *Möller*, S. 104 (Gegenstände die aus Gemeinwohlgründen vertragsfest ausgestaltet sind).

gerichtsbarkeit dar.[857] Der Gesetzgeber kann selbst bestimmen, welche Gesetze er als zwingend erachtet und welche er der Disposition der Parteien durch ein Schiedsverfahren überlässt, solange die Gesetze nicht einem verfassungsrechtlichen Gesetzgebungsauftrag geschuldet sind. In letzterem Falle handelt es sich u.U. um einen Fall der verfassungsrechtlichen Schiedsunfähigkeit. Ist daher eine Gesetzesabweichung von übrigen Gesetzen durch eine einzelne Norm außerhalb des Rahmens verfassungsrechtlich zwingender Gesetze positiv erlaubt, so liegt kein Verstoß gegen das Prinzip des Vorrang des Gesetzes vor, da die Verwaltung ja gerade aufgrund der Abweichungen erlaubenden Norm und somit im Einklang mit dem Gesetz handelt.[858]

Der Vorrang des Gesetzes steht einer Schiedsgerichtsbarkeit mit staatlicher Beteiligung somit nicht entgegen.

2. *Rechtsstaatliches Koppelungsverbot*

Eine weitere Besonderheit der verfassungsrechtliche Schiedsfähigkeit bei staatlicher Beteiligung ergibt sich aus dem sog. rechtsstaatlichen Koppelungsverbot. Einfachgesetzlich wurde dies für verwaltungsrechtliche Verträge in § 56 Abs. 1 S. 2 VwVfG normiert. Dieses verfassungsrechtlich fundierte Gebot, welches auch als Übermaß- und Willkürverbot verstanden werden kann und im öffentlichen Interesse vor dem »Ausverkauf von Hoheitsrechten« bzw. Übervorteilung schützen soll, besagt, dass in einem verwaltungsrechtlichen Austauschvertrag nichts, was nicht ohnehin schon einen inneren Zusammenhang aufweist, miteinander verknüpft werden darf und andererseits hoheitliche Entscheidungen ohne bestehende gesetzliche Ermächtigungsgrundlage nicht von wirtschaftlichen Gegenleistungen abhängig gemacht werden dürfen, sofern diese nicht dem Zweck der Beseitigung eines rechtlichen Hindernisses dienen.[859] Da das rechtsstaatliche Koppelungsverbot dem Verfassungsrecht entspringt, ist es als allgemeiner

857 Vgl. hierzu: Zweiter Teil D III 2, S. 145 ff.

858 Vgl. die entsprechende Argumentation zu § 55 VwVfG: *Schlette*, S. 86.

859 BVerwG NVwZ 2000, 1285, 1287; *Spieth* in: BeckOK-VwVfG, § 56 Rn. 8 ff.; *Bonk/Neumann/Siegel* in: Stelkens/Bonk/Sachs, § 56 Rn. 3; *Schliesky* in: Knack/Henneke, § 56 Rn. 2.

Rechtsgrundsatz auch für privatrechtliche Verträge mit der Verwaltung entsprechend anwendbar.[860]

Bei näherer Betrachtung des rechtsstaatlichen Koppelungsverbotes bei Verträgen mit der Verwaltung drängt sich die Parallele zur materiellen Richtigkeitsgewähr[861] bei privatrechtlichen Verträgen zwischen zwei Grundrechtsträgern auf. Wegen der fehlenden Privatautonomie der Verwaltung kommt es bei Verträgen mit der Verwaltung nicht wie im Privatrecht auf die (richtig verstandene) subjektive bzw. formelle Richtigkeitsgewähr (*stat pro ratione voluntas*) an, sondern tatsächlich auf eine materielle i.S. einer objektiven Richtigkeitsgewähr.[862] Daher muss sich eine materielle Richtigkeitsgewähr im Gegensatz zur privaten Schiedsgerichtsbarkeit in Form des rechtsstaatlichen Koppelungsverbotes auch auf die verfassungsrechtliche Schiedsfähigkeit auswirken und nicht nur in Bezug auf die Verfahrensanforderungen.[863] Die Auswirkung des rechtsstaatlichen Koppelungsverbotes auf die verfassungsrechtliche Schiedsfähigkeit stellt sich dabei wie folgt dar: Ein Austauschverwaltungsvertrag bedarf der objektiven Richtigkeit. Wird über diesen Austauschvertrag bspw. ein Vergleichsvertrag geschlossen, ist auch dieser ein Austauschvertrag[864] und muss – auch wenn man die Möglichkeit »kleinerer« Gesetzesabweichungen des Vergleichsvertrags als mit dem Gebot des Vorrangs des Gesetzes vereinbar anerkennt – dem verfassungsrechtlich fundierten rechtsstaatlichen Koppelungsverbot genügen.

Gleiches gilt nun im Falle einer Schiedsgerichtsbarkeit mit staatlicher Beteiligung. Ist der der Schiedsvereinbarung zugrundeliegende Vertrag mit der Verwaltung ein Austauschvertrag, darf auch der Schiedsspruch nicht zu einer unangemessenen Leistung verurteilen und unterliegt der objektiven Richtigkeitsgewähr des rechtsstaatlichen Koppelungsverbotes. Da diese objektive Richtigkeit des Schiedsspruches in jedem Falle durch staatliche Gerichte nachzukontrollieren wäre, was mit dem Wesensmerkmal der Autonomie der Schiedsgerichtsbar-

860 *Bonk/Neumann/Siegel* in: Stelkens/Bonk/Sachs, § 56 Rn. 8; *Spieth* in: BeckOK-VwVfG, § 56 Rn. 22; *Ziekow*, § 56 Rn. 1 f.; *Schliesky* in: Knack/Henneke, § 56 Rn. 4; *Ramsauer* in Kopp/Ramsauer, § 56 Rn. 3; vgl. auch: *Stelkens*, S. 703; a.A. *Brüning/Bosesky* in: Mann/Sennekamp/Uechtritz, § 56 Rn. 18.

861 Vgl. hierzu: Zweiter Teil C II 2 b), S. 87 ff.

862 *Ziekow*, § 62 Rn. 10; *Schlette*, S. 107 f.

863 Zur privaten Schiedsgerichtsbarkeit vgl. hierzu: Zweiter Teil C II 2, S. 85 ff.

864 *Spieth* in: BeckOK-VwVfG, § 55 Rn. 28; vgl. *Ramsauer* in: Kopp/Ramsauer, § 54 Rn. 51.

keit unvereinbar ist, ergibt sich für Austauschverträge durch das rechtsstaatliche Koppelungsverbot die verfassungsrechtliche Schiedsunfähigkeit.[865]

3. *Öffentlich-rechtliche Gebiete*

a) Allgemeine Bestimmungskriterien

Die einfachgesetzliche objektive Schiedsfähigkeit verwaltungsrechtlicher Streitigkeiten soll wegen des Vorrangs des Gesetzes von der Vergleichsbefugnis der Verwaltung abhängen, sodass entgegenstehende Rechtsvorschriften, d.h. insbesondere Vertragsformverbote als echte Grenze der Schiedsgerichtsbarkeit, aber auch besondere materielle Voraussetzungen wie die §§ 55, 56 VwVfG oder Vertragsinhaltsverbote – entgegen der zivilprozessualen Dogmatik – zur objektiven Schiedsunfähigkeit führen.[866]

Aus verfassungsrechtlicher Sicht kann zur Bestimmung der verfassungsrechtlichen Schiedsunfähigkeit allerdings – wie beim Vorrang des Gesetzes bereits festgestellt wurde[867] – allein ein verfassungsrechtlicher Gesetzgebungsauftrag maßgeblich sein, der eine abstrakte, prinzipielle inhaltliche Nachkontrolle des Schiedsspruchs erfordern würde.[868] Allein diese verfassungsrechtlichen Gesetzgebungspflichten begrenzen den Gestaltungsspielraum des Gesetzesgebers, die Verbindlichkeit von Gesetzen für die Verwaltung aufzuheben und sind somit sozusagen zugleich verfassungsrechtlich zwingender Mindestinhalt des Vorrangs des Gesetzes. Solche verfassungsrechtlichen Gesetzgebungspflichten ergeben sich aus verfassungsrechtlichen Schutzpflichten hinsichtlich der Allgemeinheit (Institutionenschutz).[869] Dass solche Gesetze bei einer Schiedsgerichtsbarkeit mit staatlicher Beteiligung im Vergleich zum rein privaten Bereich vermehrt tangiert werden, ist offensichtlich. Primär gemeint sind hierbei allerdings die im Falle von verwaltungsrechtlichen Verträgen der Verwaltung einschlägigen öffentlich-rechtlichen Gebiete; hinsichtlich den bei privatrechtlichem Handeln der Verwaltung einschlägigen Gebieten des (modifizierten) Privatrechts ist auf die Ausfüh-

865 Vgl. *Möller*, S. 151.
866 Vgl. *Möller*, S. 145 ff., für Beispiele vgl. S. 150 f.
867 D I, S. 206 ff.
868 Zur genauen Herleitung einer verfassungsrechtlichen Schiedsfähigkeit vgl. Zweiter Teil D III, S. 141 ff.
869 Siehe: Zweiter Teil D III 2 b), S. 147 f.; D IV, S. 156 ff.

rungen zur (rein) privaten Schiedsgerichtsbarkeit zu verweisen.[870] An dieser Stelle würde es jedoch den intendierten Rahmen dieser Darstellung sprengen, sämtliche Gebiete des bei staatlicher Betätigung anwendbaren öffentlichen Rechts und deren konkretes Verhältnis zur verfassungsrechtlichen Schiedsunfähigkeit zu untersuchen. Daher seien die möglichen Gebiete an dieser Stelle nur angedeutet. Sie können sich aufgrund öffentlicher Interessen in den Bereichen des Bau-, Wasser-, Atom- und Umweltschutzrechts ergeben, da der Staat diese aufgrund seiner aus den Grundrechten erwachsenden Schutzpflicht (im Kern) erlassen und durchführen muss, wobei auch hier wiederum ein gesetzgeberischer Spielraum zu beachten ist.[871]

b) Im Besonderen: Strafrecht

Im Rahmen eines Exkurses soll dennoch das öffentlich-rechtliche Gebiet des Strafrechts im Besonderen näher betrachtet werden. Dieses wird nämlich einhellig als objektiv schiedsunfähig bezeichnet, ohne dass meist eine nähere Begründung erfolgt. Als Strafrecht wird umfassend die Summe derjenigen Normen verstanden, die bestimmte Verhaltensweisen verbieten und als Rechtsfolge unter Strafe stellen.[872] Gerade das Strafrecht als staatliches Recht, welches mit Zwangsreaktionen ausgestattet ist, erfährt eine verfassungsrechtliche Fundierung (und Limitierung), sodass das Grundgesetz auch als verfassungsrechtliches Fundament des Strafrechts bezeichnet werden kann.[873] An anderer Stelle wurde bereits die Zulässigkeit privatrechtlicher Vertrags- und Vereinsstrafen erläutert.[874] Diese Strafen sind allerdings von der öffentlichen (Kriminal-) Strafe zu unterscheiden, welche (ohne Einverständnis des Betroffenen) objektiv einen Verstoß gegen die Rechtsordnung ahndet, einen sozialethischen Schuldvorwurf enthält und dem staatlichen Strafmonopol unterfällt.[875]

Ein nennenswerter Ansatz verneint die objektive Schiedsfähigkeit des öffentlichen Strafrechtes bzw. die Zulässigkeit einer privaten Strafgerichtsbarkeit

870 Zweiter Teil: D IV, S. 156 ff.

871 Vgl. *Bleckmann*, NVwZ 1990, 601, 603; a.A. wohl: *Möller*, S. 151 (grds. Beschränkung gilt nicht für generelle Vertragsinhalte).

872 *Hecker* in: Schönke/Schröder, Vor. § 1 Rn. 1; *Joecks* in: MünchKomm-StGB, Einleitung Rn. 1 ff.

873 So: *Hecker* in: Schönke/Schröder, Vor. § 1 Rn. 30; zum Ganzen vgl.: *Appel*; *Lagodny*.

874 Zweiter Teil D III 3 c), S. 152 ff.

875 *Hopfauf* in: Schmidt-Bleibtreu/Hoffmann/Henneke, Vor. Art. 92 Rn. 115.

»weil es hier um die Durchsetzung des seinem Wesen nach ausschließlich staatlichen Strafanspruchs der Allgemeinheit gegenüber dem Straftäter geht.«[876] Andere stellen primär auf den einschneidenden Eingriff in die Persönlichkeit und Rechtssphäre des Bürgers ab.[877] In der Tat wird in diesem Zusammenhang eine echte Privatstrafe,[878] die mit schuldbezogener Sühnefunktion objektives Unrecht ohne Zustimmung des vermeintlichen Straftäters ahndet, als unzulässig erachtet.[879] Selbst bei vertraglicher Unterwerfung wäre ein derartiges, privat getroffenes objektives Unwerturteil, welches nicht lediglich Vertragsverstöße ahndet, unzulässig.[880] Grund dafür ist der verfassungsrechtliche Konflikt mit dem staatlichen Strafmonopol.[881]

Das (rechts-) staatliche Strafmonopol konstituiert insofern einen echten Staatsvorbehalt hinsichtlich objektivierter Strafen bei Verstößen gegen die Rechtsordnung.[882] Auch hierbei ist allerdings die Frage der generellen privatrechtlichen Zulässigkeit einer Strafe von der Frage der Zulässigkeit einer diesbezüglich autonomen Schiedsgerichtsbarkeit zumindest gedanklich zu trennen: Dürfte eine Schiedsgericht über die Anordnung einer objektivierten, öffentlichen Strafe autonom entscheiden, oder steht das staatliche Strafmonopol auch einer privaten Verfahrensdurchführung entgegen? Betrachtet man allein den Aspekt der Durchsetzung der Strafe, muss man nämlich feststellen, dass die letztendliche Durchsetzung beim staatlichen Richter verbleibt, da dieser die Strafe vollstrecken, d.h. den Schiedsspruch für vollstreckbar erklären müsste. Da die eigentliche Durchsetzung also auf jeden Fall in staatlichen Händen liegt, kann allein die Frage nach der Zulässigkeit einer privaten Verfahrensdurchführung entscheidend sein. Auch die reine tatbestandliche Feststellung eines Verstoßes gegen eine öffentliche Strafnorm durch ein Schiedsgericht wirft aber für sich genommen zunächst keine Bedenken auf. Im Rahmen der Vereinsgerichtsbarkeit ist die Feststellung eines solchen Verstoßes bspw. vielmehr zulässig, solange

876 *Hillgruber* in: Maunz/Dürig, Art. 92 Rn. 89.
877 *Weidemann*, S. 100.
878 Zum Ganzen: *Großfeld*; *Klumpp*.
879 *Rieble* in: Staudinger, Vor. §§ 339 Rn. 146; vgl. ferner BGH NJW 1959, 982, 983; NJW 1992, 3096, 3104; *Ebert*, S. 259.
880 *Rieble* in: Staudinger, Vor. §§ 339 Rn. 147.
881 *Rieble* in: Staudinger, Vor. §§ 339 Rn. 148.
882 Vgl. *Karpen*, S. 212 ff.; *Micklitz* in: MünchKomm-UWG, § 10 Rn. 40; *Wimmer-Leonhardt*, GRUR 2004, 12, 17; a.A. wohl: *Brockmeier*, S. 105 hinsichtlich Geldstrafen, der aber dabei den grundlegenden Unterschied zwischen staatlichen (Kriminal-) Strafen und privaten (Vertrags-) Strafen verkennt.

sich die Rechtsfolge des Verstoßes aus und in den Grenzen einer privatrechtlichen Vereinsstrafe ergibt.[883] Das staatliche Strafmonopol umfasst hinsichtlich der öffentlichen (Kriminal-) Strafe jedoch streng genommen beide Aspekte: Einerseits die Frage, wer strafen darf, und andererseits das Verfahren, in welchem bestraft werden kann,[884] sodass eine private Verfahrensdurchführung damit unvereinbar ist.[885]

Selbst wenn man den Aspekt der privaten Verfahrensdurchführung als nicht vom staatlichen Strafmonopol umfasst ansehen würde, müsste eine autonome, private Straf(schieds)gerichtsbarkeit ausscheiden. Grund dafür wäre der verfassungsrechtliche Grundsatz *nullum crimen, nulla poena sine lege* nach Art. 103 Abs. 2 GG.[886] Zur Erklärung soll folgendes Beispiel dienen: Angenommen es bestünde die Möglichkeit, dass ein Staatsanwalt mit dem Straftäter eine Schiedsvereinbarung abschließt[887] und eine Art öffentlich-rechtliches Strafschiedsverfahren durchführt, welches von den Verfahrensanforderungen her einem staatlichen Verfahren äquivalent ist; dürfte ein staatlicher Richter einen etwaigen Schiedsspruch unkontrolliert anerkennen? Dies wäre wegen Art. 103 Abs. 2 GG zu verneinen. Art. 103 Abs. 2 GG begründet den Grundsatz der Gesetzesgebundenheit allen staatlichen Strafens[888] und enthält einen strengen Gesetzesvorbehalt

883 BGH NJW 1956, 1793; Stöber/*Otto*, Rn. 980.

884 Vgl. *Völker*, S. 142 f., zur Problematik der Anerkennung US-amerikanischer »punitive damages« mit Hinweis darauf, dass es keinen Unterschied mache, »ob es sich bei der zur Anerkennung stehenden Entscheidung um die eines ausländischen staatlichen Gerichts oder die eines privaten Schiedsgerichts handelt«. Zur Problematik der US-amerikanischen »punitive damages« vor dem Hintergrund des staatlichen Strafmonopols siehe auch: BVerfG NJW 1995, 649, 650; BGH NJW 1992, 3096, 3104.

885 Dies wird man ebenso für Privatklageverfahren nach § 374 StPO annehmen müssen. Zwar obliegt es hierbei dem Privaten, eine Klage (ohne Einschaltung der Staatsanwaltschaft) bei »minderschweren« Straftaten (bez. disponibler Rechtsgüter) zu erheben; auch besteht die Möglichkeit, auf die Klage gänzlich zu verzichten oder das Verfahren durch Vergleich zu beenden, sodass das Legalitätsprinzip diesbez. durchbrochen und die Strafverfolgung teils in die »Dispositionbefugnis« der Rechtsgutsinhaber gestellt wird, vgl. *Senge* in: KK-StPO, Vor. § 374 Rn. 1 ff. Da es sich aber nach wie vor um ein Strafverfahren handelt, bei dem im Ergebnis eine staatliche Strafe verhängt wird, unterfällt auch dieses Verfahren dem staatlichen Strafmonopol. Damit ist zugleich jedoch nicht gesagt, dass deliktische Ansprüche aus der Verletzung (disponibler) Rechtsgüter privatrechtlich unzulässig und einer Schiedsgerichtsbarkeit unzugänglich wären.

886 Zum Ganzen: *Schünemann*.

887 Diese Möglichkeit wäre wohl deswegen ausgeschlossen, weil die Exekutive von der Mitwirkung bei der Bestrafung gänzlich ausgeschlossen ist, vgl. *Dannecker* in: LK-StGB, § 1 Rn. 55.

888 BVerfG NJW 1962, 1339; *Dannecker* in: LK-StGB, § 1 Rn. 3.

für das Strafrecht.[889] Aus rechtsstaatlichen Gründen muss die Legitimation zur Festlegung der Voraussetzungen einer Bestrafung beim Parlament liegen, da diese (unter subjektiv- sowie objektiv-rechtlichen Aspekten) einen einschneidenden Eingriff in die Freiheit des Bürgers bedeutet.[890] Der Gesetzesvorbehalt des Art. 103 Abs. 2 GG wirkt somit als verfassungsrechtliche Gesetzgebungspflicht, die den Richter in jedem Falle zu einer prinzipiellen Inhaltskontrolle dies Schiedsspruches verpflichten würde.[891]

Der Materie des Strafrechts fehlt es somit insgesamt – mit welcher Begründung auch immer – an einer verfassungsrechtlichen Schiedsfähigkeit, sobald es um die Anordnung einer staatlichen, ein objektives Unwerturteil aussprechenden Strafe geht.

III. Öffentlich-rechtliche Verfahrensgrundsätze und Öffentlichkeit des Schiedsverfahrens

1. Grundlage und gewollte Intensivierung von Verfahrensanforderungen

Ein weiterer vieldiskutierter Aspekt, der im Rahmen dieser Untersuchung aufgegriffen werden soll, betrifft die Intensivierung der schiedsgerichtlichen Verfahrensanforderungen. Wie bei der Darstellung des Meinungsspektrums zur Zulässigkeit einer Schiedsgerichtsbarkeit mit staatlicher Beteiligung bereits gezeigt wurde, fordern auch viele der Befürworter gesteigerte Verfahrensanforderung; manche wollen eine solche Schiedsgerichtsbarkeit überhaupt nur im Falle der Sicherstellung zwingender Verfahrensanforderungen zulassen.[892] Als besondere öffentlich-rechtliche Verfahrensanforderungen kommt bspw. der Amtsermittlungsgrundsatz in Betracht,[893] ferner die – bereits diskutierte und im Ergebnis

889 *Dannecker* in: LK-StGB, § 1 Rn. 3.
890 *Dannecker* in: LK-StGB, § 1 Rn. 54 f.
891 Die strenge Gesetzesbindung des Richters zeigt sich u.a. auch am in staatlichen Strafverfahren herrschenden Analogieverbot, vgl. hierzu: *Schmidt-Aßmann* in: Maunz/Dürig, Art. 103 Rn. 224 ff.
892 Vgl. B, S. 192 ff.
893 Dafür: *Möller*, S. 172; vorsichtig: *Schill*, S. 282; *Schill*, DÖV 2010, 1013, 1018; anders wohl: *Stumpf*, S. 138 f.

abzulehnende[894] – Beschränkung der Rechtswahlfreiheit, aber auch eine demokratische Legitimation des Schiedsgerichts und eine stärkere Institutionalisierung[895] bzw. die Aufstellung besonderer Voraussetzung für die Ausübung des Schiedsrichteramtes.[896] Insgesamt sollen die öffentlich-rechtlichen Verfahrensgrundsätze gestärkt und die Schiedsgerichtsbarkeit somit einem strenger regulierten staatlichen Verfahren angepasst werden.[897]

Ausgangspunkt der Herleitung solch besonderer Verfahrensanforderungen muss zunächst wieder die private Schiedsgerichtsbarkeit sein. Hierbei hat sich gezeigt, dass sich Verfahrensanforderungen im Rahmen der grundrechtlichen Schutzpflichten vor Fremdbestimmung überwiegend aus rechtsethischen Gesichtspunkten herleiten lassen.[898] Darauf aufbauend muss sodann gefragt werden, ob die staatliche Beteiligung als Schiedspartei die für die private Schiedsgerichtsbarkeit gewonnenen Anforderungen verschärft oder gar von Grund auf eine völlig andere Herangehensweise erfordert. Gegen letzteres spricht, dass sich der Staat einer privatrechtlichen Handlungsform bedienen will, sodass vom Ausgangspunkt die privatrechtlichen Grundsätze heranzuziehen sind, die durch öffentlich-rechtliche Bindungen überlagt werden können. Betrachtet man daher die Schiedsgerichtsbarkeit mit staatlicher Beteiligung aus der Sicht der privaten Schiedspartei, ändert sich zunächst nicht viel. Bereits gezeigt wurde, dass der Bürger auch bei Verträgen mit der Verwaltung von seiner Privatautonomie Gebrauch macht, was sich insofern auf die Schiedsgerichtsbarkeit übertragen lässt.[899] Da das Schiedsgericht auch bei Schiedsverfahren mit staatlicher Beteiligung seinen privaten Charakter behalten soll, besteht insoweit für die private Schiedspartei zunächst kein Unterschied zur rein privaten Schiedsgerichtsbarkeit: Das Grundproblem, nämlich der Schutz der Selbstbestimmung der privaten Schiedspartei vor Fremdbestimmung durch den privaten Schiedsrichter, bleibt identisch.[900] Verfahrensbesonderheiten ließen sich – nach der hier gewählten Vorgehensweise, ohne insofern sachwidrig verfassungsrechtliche Verfahrensanforderungen aus der »Rechtsprechungsfunktion« der Schiedsgerichtsbarkeit oder

894 Siehe: D I, S. 206 f.

895 Vgl. *Classen*, EuZW 2014, 611, 615.

896 *Schill*, S. 282; *Schill*, DÖV 2010, 1013, 1018.

897 Vgl. insgesamt: *Schill*, S. 266 ff.; *Schill*, DÖV 2010, 1013.

898 Siehe: Zweiter Teil C II 3, S. 111 ff.

899 Siehe: C II 1, S. 201 ff.

900 Genauso würde es kein Problem darstellen, wenn sich der Bürger beim Abschluss eines Vertrags mit der Verwaltung auf seiner Seite nach §§ 164 ff. BGB vertreten lassen würde.

deren Qualifikation als »echte Gerichtsbarkeit« herzuleiten – daher nur aus dem Blickwinkel des Staates als Schiedspartei bestimmen. Auch im Verhältnis der staatlichen Schiedspartei zum privaten Schiedsgericht stellt sich nämlich insofern dieselbe Problematik des »Schutzes« vor Fremdbestimmung durch den privaten Schiedsrichter; nur ergibt sich eben hierbei die außergewöhnliche Problematik, dass die Fremdbestimmung des Staates durch einen Privaten im Raume steht. Ob oder unter welchen Voraussetzungen eine derartige Fremdbestimmung des Staates durch einen Privaten jedoch überhaupt zulässig ist, soll noch im Anschluss geklärt werden.[901]

2. *Öffentlichkeit des Schiedsverfahrens und Veröffentlichung des Schiedsspruches*

Im Mittelpunkt der Modifizierung der schiedsgerichtlichen Verfahrensstandards steht allerdings die Debatte um die verfassungsrechtlich gebotene Öffentlichkeit des Schiedsverfahrens und eine verfassungsrechtliche Veröffentlichungspflicht des Schiedsspruches. *Schill* fordert entsprechende Pflichten, um die »Erodierung« des öffentlichen Rechts durch die Abnahme staatlicher Gerichtsentscheidungen zu verhindern.[902] *Wolff* sieht in einer nichtöffentlichen Schiedsgerichtsbarkeit hingegen ein Problem mit der parlamentarischen Kontrollmöglichkeit.[903]

An erster Stelle muss bei dieser Debatte jedenfalls festgehalten werden, dass jedwede Öffentlichkeitspflicht hinsichtlich des Schiedsverfahrens nicht, wie es im staatlichen Gerichtsverfahren einfachgesetzlich durch § 169 GVG festgelegt ist, der Kontrolle des Schiedsgerichts als Spruchkörper selbst dienen kann, da dieses privat bleiben soll und sich etwaige verfassungsrechtliche Öffentlichkeitspflichten allein auf staatliche Spruchkörper beziehen würden.[904] Davon unabhängig bleibt jedoch die Frage der verfassungsrechtlichen gebotenen Kontrolle der Exekutive bestehen,[905] worunter auch die aufgeworfene Problematik der parlamentarischen Kontrolle zu fassen ist. Diese kann jedoch durch eigenständige

901 Siehe: D IV, S. 221 ff.
902 *Schill*, S. 279.
903 *Wolff*, NVwZ 2012, 205.
904 Vgl. *Voit* in: Musielak/Voit, § 1030 Rn. 9; *Möller*, S. 87 ff.; in diese Richtung aber wohl: *Schill*, S. 278 f.; *Schill*, DÖV 2010, 1013, 1016.
905 *Voit* in: Musielak/Voit, § 1030 Rn. 9. Nicht behandelt werden sollen hier auch einfachgesetzliche Ansprüche aus dem Informationsfreiheitsgesetz, vgl. hierzu: *Möller*, S. 197 ff.

Kontrollmittel wahrgenommen werden (z.B. Art. 44 GG), die Gerichtsöffentlichkeit stellt insofern kein Mittel parlamentarischer Kontrolle dar.[906] Im Falle allgemeiner Veröffentlichungspflichten für Schiedssprüche würde die Gefahr drohen, dass sich eine normative Ordnung außerhalb des staatlichen Rechts etablieren könnte, da nunmehr auch die Entscheidungen privater Schiedsrichter über das Verhalten der Exekutive bekannt wären.[907]

In Bezug auf die Exekutive lassen sich »demokratische Öffentlichkeitspflichten« aus dem Rechtsstaatsprinzip herleiten, wobei konkrete Publizitätspflichten im Einzelnen jedoch umstritten sind,[908] insbesondere bezüglich der Frage, ob diese nur Gubernative oder auch Administrative betreffen.[909] Diese können jedenfalls nur dann bestehen, wenn der konkret zu veröffentlichende Gegenstand für die demokratische Willensbildung von Relevanz ist, was bei der Beteiligung des Staates an Schiedsverfahren, bei denen hohe Entschädigungszahlungen des Staates im Raum stehen, jedoch durchaus der Fall sein kann.[910] Dies soll hier allerdings nicht näher thematisiert werden. Von wesentlicher und bedeutender Erkenntnis ist hier nur, dass sich etwaige Öffentlichkeits- bzw. Veröffentlichungsforderungen Einzelner oder der Allgemeinheit, die z.B. die Existenz, den Gegenstand oder den Ausgang des Schiedsverfahrens betreffen, immer nur im Einzelfall gegen die Exekutive richten können, nicht hingegen gegen das private Schiedsgericht.[911]

Da sich solche verfassungsrechtlichen Pflichten also einerseits gegen die Exekutive als Schiedspartei und nicht das Schiedsgerichts selbst richten und andererseits einzelfallabhängig sind, lassen sich daraus i.e.S. keine allgemeinen schiedsgerichtlichen Verfahrensanforderungen ableiten. Etwaige Öffentlichkeitspflichten sind der Schiedsgerichtsbarkeit mit staatlicher Beteiligung nicht »immanent«, sondern ergeben sich aus anderen Aspekten. Da sie also insoweit »externe« Problematiken betreffen, sind sie auch insofern ungeeignet, »immanente« Probleme einer Schiedsgerichtsbarkeit zu lösen, die sich aus der staatlichen Beteiligung ergeben. Allein letztere Problematiken sind hier jedoch von Interesse, weswegen auf verfassungsrechtliche Öffentlichkeitspflichten der Exeku-

906 *Möller*, S. 90 ff.
907 So: *Schill*, DÖV 2010, 1013, 1017.
908 Vgl. *Grzeszick* in: Maunz/Dürig, Art. 20 II Rn. 22 ff.
909 Vgl. *Kahlert*, S. 132 ff.
910 Ähnlich: *Kahlert*, S. 136.
911 Vgl. *Kahlert*, S. 135 ff., 173 f.

tive bei der Beteiligung an einem Schiedsverfahren hier nicht näher eingegangen werden soll.

IV. Fremdbestimmung der Exekutive

Nachdem im Bisherigen bestehen keine insgesamt gegen eine Schiedsgerichtsbarkeit mit staatlicher Beteiligung durchgreifenden Bedenken. Es bleibt jedoch noch die bereits angedeutete Problematik der Fremdbestimmung der Exekutive zu untersuchen. Bei genauerer Betrachtung stellt dies, d.h. die letztendliche Fremdbestimmung des Staates durch Private, die einer Schiedsgerichtsbarkeit mit staatlicher Beteiligung immanente Kernproblematik dar. Vom Ausgangspunkt her stellen sich somit dieselben Problemfelder der zulässigen Fremdbestimmung wie im Falle privater Schiedsgerichtsbarkeit, nur dass sich der Staat eben nicht diesbezüglich auf eine grundrechtliche Privatautonomie berufen kann und eine Fremdbestimmung unter staatlichen Souveränitätsgesichtspunkten bedenklich erscheinen muss.

1. Vertretung der Verwaltung und Verwaltungsorganisationsrecht

Bei der privaten Schiedsgerichtsbarkeit wurde aufgezeigt, dass sich die Schiedsgerichtsbarkeit als eine Art »Delegation« von Privatautonomie darstellt: Der Private kann auf Grundlage seiner Selbstbestimmung eine gewollte Fremdbestimmung vereinbaren.[912] Da der Staat keine Privatautonomie besitzt, die er delegieren könnte, muss man sich vor diesem Hintergrund jedoch fragen, inwiefern er überhaupt eine Fremdbestimmung »wollen« darf. Die Zulässigkeit einer Schiedsgerichtsbarkeit mit staatlicher Beteiligung wurde wie gesehen überwiegend auf die Möglichkeit des Staates zurückgeführt, Verträge abzuschließen. Da der Staat sich des privatrechtlichen Instruments des Vertrags bedienen dürfe, so müsse dies auch für das privatrechtliche Instrument der Schiedsgerichtsbarkeit gelten.[913] Während der Staat aber beim normalen Vertragsschluss diesen selbst bestimmt, wird der Schiedsspruch – und damit die letztlich feststellende Konkretisierung des Vertrags – aber von den Schiedsrichtern als private Dritte festge-

912 Siehe: Erster Teil B I 2, S. 9 ff.
913 Siehe: B, S. 192 ff.

legt. Stellt man wie hier nicht in unrichtiger Weise auf eine »Rechtsprechungsfunktion« der Schiedsgerichtsbarkeit ab und qualifiziert man diese nicht als »echte Gerichtsbarkeit«, muss man sich daher fragen, inwiefern sich der Staat nach der hier favorisierten schiedsgerichtlichen Dogmatik bei der konkretisierenden Feststellung des Vertrags durch private Schiedsrichter »vertreten« lassen darf.[914] Zur Lösung der Problematik der Schiedsgerichtsbarkeit mit staatlicher Beteiligung ist daher zu untersuchen, ob sich die Verwaltung bei einem gewöhnlichen Vertragsschluss durch eine (private) Stellvertretung zulässigerweise fremdbestimmen lassen darf.

Die Möglichkeit der wirksamen Fremdbestimmung der Behörde durch Vertretung richtet sich nach allgemeiner Meinung dabei nach den allgemeinen Grundsätzen des Verwaltungsorganisationsrechts, wobei (bei Verwaltungsverträgen über § 62 VwVfG) die §§ 164 ff. BGB ergänzend heranzuziehen sind.[915] Die dogmatischen Grundlagen der rechtsgeschäftlichen Vertretung sind insbesondere hinsichtlich Zurechnungsfragen trotz ihrer Bedeutung allerdings wenig geklärt.[916] Wichtig ist jedoch, hierbei streng zwischen der Vertretungsbefugnis i.S. einer generellen, statusbezogenen Zuständigkeit für die Willensbildung seitens des Staates und bloßen Vertretungsfehlern bzw. Zurechnungsfehlern auf Basis einer solchen Statusbefugnis zu unterscheiden: Für die Zuständigkeit kann allein – da der Staat nicht, wie es bei Privaten im Privatrecht der Fall ist, durch jedermann vertreten werden darf, sodass es allein auf die Zurechnung von Erklärungen ankäme – das statusbezogene Verwaltungsorganisationsrecht entscheidend sein, womit die Grundgedanken der §§ 164 ff. BGB allein für Vertretungsfehler und Zurechnungsprobleme von Erklärungen auf Grundlage dieser zur Vertretung berechtigenden Statusbefugnis ergänzend herangezogen werden dürfen.[917] Einen gemeinsamen Nenner finden zivilrechtliche Stellvertretung und öffentlich-rechtliche Behördenvertretung damit zwar im Moment der Zurechnung,

914 Zu dieser dogmatischen Konstruktion bei der privaten Schiedsgerichtsbarkeit vgl. Erster Teil B I 2, S. 9 ff.

915 *Bonk/Neumann/Siegel* in: Stelkens/Bonk/Sachs, § 54 Rn. 31; *Schmitz* in: Stelkens/Bonk/Sachs, § 1 Rn. 116; *Brüning/Bosesky* in: Mann/Sennekamp/Uechtritz, § 54 Rn. 137; a.A. wohl: *Schlette*, S. 440 f., der im Einzelfall (unzulässigerweise) eine Vertretung bei Bestehen eines sachlichen Grundes nach den §§ 164 ff. BGB wohl für zulässig hält. Zur Vertretung der Behörde vgl. insgesamt: *Hufeld*.

916 Vgl. *Stelkens*, S. 195.

917 Vgl. *Hufeld*, S. 291; *Brüning/Bosesky* in: Mann/Sennekamp/Uechtritz, § 54 Rn. 137; *Mann* in: Mann/Sennekamp/Uechtritz, § 62 Rn. 31; *Ramsauer* in: Kopp/Ramsauer, § 62 Rn. 8a.

ansonsten folgen sie jedoch eigenen Gesetzen.[918] Dies gilt ebenso für privatrechtliches Handeln der Verwaltung.[919] Vertretungsprobleme bei Verträgen mit der Verwaltung sind daher nicht nur rein formeller Art, sondern weisen auch eine erhebliche materiell-rechtliche Bedeutung auf.[920]

Da das Schiedsgericht vergleichbar mit einem Vertreter die Rechte und Pflichten aus dem Vertrag mit der Verwaltung abschließend festlegt und es sich somit nicht allein um Zurechnungsfragen im gerade genannten Sinne handelt, ist daher zu fragen, inwiefern die Einschaltung eines Schiedsgerichts durch Schiedsvereinbarung mit den allgemeinen Grundsätzen der Verwaltungsorganisationsrechts (verfassungsrechtlich) vereinbar wäre. Das (gesetzliche ungeregelte) Verwaltungsorganisationsrecht erlaubt grundsätzlich die Einschaltung von Privaten zur Aufgabenerledigung. Klassischerweise wird bei der Verwaltungsorganisation zwischen der Beleihung und funktionellen Privatisierung bzw. Verwaltungshilfe unterschieden, wobei es zunehmend schwieriger wird, die vielfältigen realen Privatisierungsformen abstrakt der einen oder anderen Kategorie zuzuordnen.[921]

Die Beleihung zeichnet sich nach der Befugnis- bzw. Rechtsstellungstheorie der h.M. dadurch aus, dass dem Privaten die Befugnis zur Ausübung des öffentlich-rechtlichen Instrumentariums, d.h. hoheitliche Befugnisse übertragen werden, die eigentlich dem Staat vorbehalten sind.[922] Verfassungsrechtlich unterliegt eine solch weitreichende Übertragung hoheitlicher Letztentscheidungsbefugnis, da sie in das demokratisch legitimierte Kompetenzgefüge des Staates eingreift, dem institutionellen Gesetzesvorbehalt, nach dem neben dem »Ob« auch das »Wie« i.S.v. Art und Umfang der übertragenen Befugnisse per Gesetz geregelt

918 *Hufeld*, S. 291.

919 Vgl. *Stelkens*, S. 160, 195, 199 ff., 203, 223.

920 Vgl. *Stelkens*, S. 189.

921 Vgl. *Sellmann*, NVwZ 2008, 817, 818. Nicht behandelt werden soll hier die sog. Aufgabenprivatisierung, bei der die Erfüllungsverantwortung des Staates endet und Private die Aufgabe in einem lediglich regulierten Raum erfüllen. Im Gegensatz zur Verwaltungshilfe ist sie nicht funktional auf eine Staatsaufgabe bezogen, vgl. Erichsen/Ehlers/*Burg*, VerwR AT, § 10 Rn. 36 ff. Da diese Privatisierungsform ganze Bereiche auslagert, hat sie nichts mit der konkreten Fragestellung der Vertretung einer Behörde zu tun. Einen Zusammenhang zwischen Schiedsgerichtsbarkeit und Regulierungsbegriff herzustellen versucht aber: *Möller*, S. 41 ff.

922 *Ehlers/Schneider* in: Schoch/Schneider/Bier, § 40 Rn. 275 m.w.N.; Erichsen/Ehlers/*Burg*, VerwR AT, § 10 Rn. 24; *Burgi*, FS Maurer, S. 585; zu den verschiedenen Beleihungstheorien ausführlich: *Weisel*, S. 55 ff.; *Freitag*, S. 21 ff., 30 ff.

sein muss.[923] Hinsichtlich der inhaltlichen Bestimmtheit des aufgrund des institutionellen Gesetzesvorbehalts erforderlichen Gesetzes wird dabei gefordert, dass deutlich abzulesen sein muss, dass eine Beleihung und keine andere Form der Beteiligung Privater (z.B. funktionale Privatisierung) stattfindet, was z.B. durch ausdrückliche Formulierung der Beleihung, aber auch Anknüpfungen an die Begriffsmerkmale der Beleihung geschehen kann.[924] Eine bloß vertragliche Beleihung ist daneben nicht ausreichend.[925] Der Beliehene bleibt, da er hoheitliche Befugnisse ausüben darf, den verfassungsrechtlichen Bindungen und auch der demokratischen Legitimation unterworfen, was auch regelmäßig eine Unterwerfung des Beliehenen unter die Rechts- und Fachaufsicht erfordert.[926] Solange es an einer entsprechenden gesetzlichen Grundlage fehlt, handelt es sich um eine sog. faktische, rechtswidrige Beleihung.[927]

Bei der Verwaltungshilfe hingegen werden nicht ganze Organisationsstrukturen verändert, sondern einzelne Schritte innerhalb eines Verwaltungsverfahrens auf Private ausgelagert, wobei die abschließenden Entscheidungen aber unverändert stets durch staatliche Stellen getroffen werden.[928] Dem Verwaltungshelfer fehlt es somit an der Befugnis zum selbständigen Einsatz öffentlich-rechtlicher Instrumentarien, seine Aktionen sind nicht Teil der Staatsaufgabe und er selbst ist nicht Teil der Verwaltungsorganisation.[929] Dem Staat verbleibt dabei eine Gewährleistungsverantwortung i.S.v. Kontrollbefugnissen bzw. Weisungsbefugnissen.[930] Auch wenn der Verwaltungshelfer nach wohl h.M. durch seine unselbstständige Stellung definiert wird,[931] können nach einem weiterem Verständnis auch selbstständig Handelnde mit eigener Entscheidungsgewalt Verwal-

923 Vgl. hierzu: BVerwG NVwZ 2011, 368, 370; *Kiefer*, NVwZ 2011, 1300; *Ehlers/Schneider* in: Schoch/Schneider/Bier, § 40 Rn. 276; *Ramsauer* in: Kopp/Ramsauer, § 1 Rn. 59; *Schmitz* in: Stelkens/Bonk/Sachs, § 1 Rn. 247; Erichsen/Ehlers/*Burg*, VerwR AT, § 10 Rn. 27; Hoffmann-Riem/Schmidt-Aßmann/Voßkuhle/*Trute*, VerwR I, § 6 Rn. 92; *Freitag*, S. 71, 77; *Burgi*, FS Maurer, S. 588.

924 *Freitag*, S. 77; vgl. auch: *Sellmann*, NVwZ 2008, 817 (institutionelles Regelungsminimums).

925 *Ramsauer* in: Kopp/Ramsauer, § 1 Rn. 59.

926 *Burgi*, FS Maurer, S. 592; Erichsen/Ehlers/*Burg*, VerwR AT, § 10 Rn. 27; Hoffmann-Riem/Schmidt-Aßmann/Voßkuhle/*Groß*, VerwR I, § 13 Rn. 90; *Ehlers/Schneider* in: Schoch/Schneider/Bier, § 40 Rn. 276.

927 Erichsen/Ehlers/*Burg*, VerwR AT, § 10 Rn. 27; *Burgi*, FS Maurer, S. 586. Tritt beispielsweise ein fehlerhaft Beliehener wie ein rechtmäßiger beliehener Behördenvertreter nach außen auf, kann daraus ein dem Staat nicht zurechenbarer »Nichtakt« entstehen, vgl. *Hufeld*, S. 295.

928 Erichsen/Ehlers/*Burg*, VerwR AT, § 10 Rn. 31.

929 Erichsen/Ehlers/*Burg*, VerwR AT, § 10 Rn. 32.

930 Erichsen/Ehlers/*Burg*, VerwR AT, § 10 Rn. 35.

931 *Ehlers/Schneider* in: Schoch/Schneider/Bier, § 40 Rn. 281 m.w.N.

tungshelfer sein, z.B. Private, die eine Entscheidung »faktisch« selbst treffen, da diese von der Verwaltung unter Ersetzung einer eigenständigen Entscheidung »verdrängend« übernommen wird.[932] Dagegen spricht jedoch, dass das Prinzip der Selbstorganschaft als Grundsatz gewahrt bleiben muss und die Grenzen zur Beleihung, insbesondere zur rechtswidrigen, faktischen Beleihung, zu verschwimmen drohen; jedenfalls bedürfte nach der Lehre des institutionellen Gesetzesvorbehalts ein Verwaltungshelfer, der mit derart weitgehenden und mit der Beleihung vergleichbaren Befugnissen ausgestattet wäre, ebenfalls einer der Beleihung vergleichbaren gesetzlichen Grundlage.[933]

Das entscheidende Abgrenzungskriterium zwischen einer Übertragungsform wie der Beleihung, die aus verfassungsrechtlicher Sicht eine hinreichende Gesetzesgrundlage erfordert, und der Verwaltungshilfe, die wegen ihrer eher unselbstständigen und rein zuarbeitenden Tätigkeit keiner speziellen Gesetzesgrundlage bedarf, ist somit das tatsächliche Letztentscheidungsrecht und die Letztverantwortlichkeit der Behörde.[934] Es darf somit zutreffenderweise nicht allein von der Übertragung konkreter hoheitlicher Befugnisse abhängig gemacht werden, ob der verfassungsrechtliche Gesetzesvorbehalt greift, sondern es muss auf die konkrete Verfahrensübertragung auf den Privaten und deren Ausmaß im Einzelfall geachtet werden.[935]

Konkret für die Frage der Vertretung der Verwaltung ergibt sich daraus folgendes: Soll eine echte Bevollmächtigung eines Privaten (etwa zum Abschluss öffentlich-rechtlicher Verträge) i.d.S. stattfinden, dass dieser wie ein echter Vertreter die Willensbildung der Verwaltung übernimmt, sodass er letztverbindlich über die Verpflichtung der Verwaltung entscheiden kann und nicht etwa lediglich eine Botenschaft übernimmt, bedarf diese Vertretung einer hinreichenden gesetzlichen Grundlage.[936]

Da eine echte Vertretung i.S. einer Fremdbestimmung der Verwaltung somit nach den verfassungsrechtlichen und verwaltungsorganisatorischen Grunds-

932 Vgl. *Ehlers/Schneider* in: Schoch/Schneider/Bier, § 40 Rn. 282.

933 Vgl. *Ehlers/Schneider* in: Schoch/Schneider/Bier, § 40 Rn. 282; *Stelkens* in: Stelkens/Bonk/Sachs, § 35 Rn. 60; *Schmitz* in: Stelkens/Bonk/Sachs, § 1 Rn. 134; *Sellmann*, NVwZ 2008, 817, 819 ff.; *Stelkens*, S. 166, 170; zum Grundsatz der Selbstorganschaft vgl. auch: *Hufeld*, S. 21 ff.

934 Vgl. *Sellmann*, NVwZ 2008, 817, 821 f.; *Schmitz* in: Stelkens/Bonk/Sachs, § 1 Rn. 41, 134; *Maurer/Waldhoff*, VerwR, § 23 Rn. 66.

935 *Sellmann*, NVwZ 2008, 817, 818.

936 Vgl. *Schmitz* in: Stelkens/Bonk/Sachs, § 1 Rn. 247, 249; *Hufeld*, S. 22.

ätzen einer hinreichend bestimmten formellen gesetzlichen Ermächtigungsgrundlage bedarf, stellt sich nun die Frage, was diese Feststellung für die Schiedsgerichtsbarkeit mit staatlicher Beteiligung bedeutet. Das Schiedsgericht wird auf vertraglicher Basis, nämlich der Schiedsvereinbarung installiert und entscheidet abschließend über die Rechte und Pflichten aus einem verwaltungsrechtlichen Vertrag. Daraus ergibt sich folgendes: Es ließe sich zwar argumentieren, dass das Schiedsgericht nicht wirklich etwa die Willensbildung der Verwaltung vollziehe, sondern nur Pflichten aus einem bereits bestehenden Vertrag mit der Verwaltung feststelle und die Rechtslage kläre. Wie bei der privaten Schiedsgerichtsbarkeit aber bereits dargelegt wurde, sind solche Feststellungen allerdings mit vertraglichen, »willentlichen« Vereinbarungen verwandt bzw. lassen sie sich in diese überführen, sodass hierbei – was auch die Verwandtschaft der Schiedsgerichtsbarkeit mit dem Vergleich (im Verwaltungsrecht § 55 VwVfG) zeigt – kein wesentlicher Unterschied besteht, der eine andere Behandlung rechtfertigen würde. Wesentlicher Aspekt der Schiedsgerichtsbarkeit ist hingegen die verbindliche Letztentscheidung der Rechte und Pflichten im Rechtsverhältnis der Verwaltung zum Privaten. Deswegen lässt sich der Schiedsrichter auch nicht als bloßer Verwaltungshelfer einstufen.[937] Dafür spricht auch, dass der Schiedsspruch, der auf Grundlage eines öffentlich-rechtlichen Vertrags erging, wie der Vergleichsvertrag nach § 55 VwVfG, das Verwaltungsverfahren nach § 9 VwVfG beenden würde.

Erforderlich wäre daher, um wirksam ein Letztentscheidungsrecht über die Verwaltung und insofern auch eine letztwirksame Vertretung der Behörde gegenüber dem Privaten i.S.v. einer verbindlichen Festlegung des Rechtsverhältnisses durch Schiedsspruch annehmen zu können, dass die Tätigkeit des Schiedsgerichts ähnlich wie im Falle der Beleihung auf Grundlage eines hinreichend bestimmten formellen Gesetzes stattfände. Da dieses allerdings lediglich aufgrund der Schiedsvereinbarung tätig wird und eine entsprechende Gesetzesgrundlage *de lege lata* nicht existiert,[938] ist die derzeitige Praxis und gesetzliche Gestaltung einer Schiedsgerichtsbarkeit mit staatlicher Beteiligung in letzter Konsequenz unzulässig.

937 Ähnlich: *Stumpf*, S. 96.

938 Vgl. im Rahmen des Schiedsrichtervertrags: *Stumpf*, S. 96 f. Zur nicht hinreichenden Ausgestaltung des privaten Schiedsverfahrensrechts bez. einer Beleihung der Schiedsrichter vgl. schon: Erster Teil C I 1 d), S. 27 ff.

Zu überlegen wäre dann aber noch, ob eine derartige gesetzliche Ausgestaltung, in der eine Art Beleihung der Schiedsrichter stattfände, mit der Verfassung im Einklang stünde. Der Vorteil einer solchen Beleihung bestände darin, dass die Schiedsrichter unmittelbar den verfassungsrechtlichen Bindungen wie z.B. Art. 1 Abs. 3, 20 Abs. 3 GG unterlägen und auch über demokratische Legitimation verfügten. Klar wird an dieser Stelle, dass die Beleihung somit diejenigen Voraussetzungen wie die Bindung des Schiedsgerichts an das Gesetz, die demokratische Legitimation des Spruchkörpers, Rechtsaufsichtspflichten oder etwaige Öffentlichkeitspflichten sicherstellen würde, die von vielen Befürwortern ohnehin schon gefordert werden.[939] So gesehen sprechen sich Befürworter derartiger Verfahrensintensivierungen faktisch gesehen für eine beleihungsähnliche Verrechtlichung der Schiedsgerichtsbarkeit mit staatlicher Beteiligung aus. Anderseits würden dann natürlich alle Umstände, wie z.B. die strenge Nichtöffentlichkeit, die sich allein auf den privaten Charakter der Schiedsgerichtsbarkeit stützen, entkräftet werden bzw. wegfallen. Klargestellt werden soll hier noch einmal, dass es sich hierbei nicht um eine mit Art. 92 GG unvereinbare Beleihung der Schiedsrichter als private Richter i.S. des GG handeln soll,[940] sondern um eine Beleihung aus der Warte der Verwaltung i.S. einer Art Verwaltungsvertretung im Rahmen des Verwaltungsorganisationsrechts. Auch hierbei stellt sich jedoch die Frage, ob eine solche Konstellation mit Art. 92 GG vereinbar wäre, was im Folgenden zu behandeln ist.

2. *Vereinbarkeit mit dem relativen Rechtsprechungsmonopol gem. Art. 92 GG*

Erfordert die Fremdbestimmung der Verwaltung und somit die Schiedsgerichtsbarkeit mit staatlicher Beteiligung als Schiedspartei daher eine der Beleihung ähnliche Ausgestaltung und i.d.S. eine »staatliche Beteiligung« auch auf Ebene der Schiedsrichter, stellt sich schließlich die Frage, ob eine solche Ausgestaltung mit dem Rechtsprechungsmonopol nach Art. 92 GG zu vereinbaren wäre. Wie bisher gezeigt wurde, enthält Art. 92 GG zwar kein absolutes Rechtsprechungsmonopol, welches selbst eine rein private Schiedsgerichtsbarkeit, die in materiel-

939 Vgl. B, S. 192 ff. und D III, S. 217 ff. Eine genau Untersuchung der Verfahrensanforderungen an eine Schiedsgerichtsbarkeit mit staatlicher Beteiligung, die sich aus einem solchen Beleihungsverhältnis ergeben würden, muss an dieser Stelle jedoch offen gelassen werden.

940 Vgl. hierzu: Erster Teil C I 1 d), S. 27 ff.

ler bzw. funktioneller Betrachtungsweise »Rechtsprechung« ausüben würde, verbietet, wohl aber ein relatives Rechtsprechungsmonopol i.S. der Gewaltenteilung, wodurch die rechtsprechende Gewalt den Richtern anvertraut ist.[941] Möchte man daher die Schiedsgerichtsbarkeit mit staatlicher Beteiligung als Schiedspartei im oben genannten Sinne durch Beleihung auch auf Ebene der Schiedsrichter »verstaatlichen«, wird an dieser Stelle relevant, was bei der rein privaten Schiedsgerichtsbarkeit aus verfassungsrechtlicher Sicht offen gelassen werden konnte: Die Frage nach der Rechtsprechungsqualität der Tätigkeit des Schiedsgerichts i.S. des Art. 92 GG. Auch wenn die beliehenen Schiedsrichter grundsätzlich Private bleiben und diesbezüglich somit nicht selbst unmittelbar gegen Art. 92 GG verstoßen können, muss sich die Ausgestaltung der Beleihung hingegen an den Grenzen Art. 92 GG messen lassen: Die Verwaltung kann insofern nicht Aufgaben an Private delegieren, die sie selbst aufgrund von Art. 92 GG nicht wahrnehmen darf.

Zwar erweist sich der Rechtsprechungsbegriff des Art. 92 GG im Einzelnen als umstritten;[942] die Tätigkeit eines Schiedsgerichts wird aber – stellt man allein auf die Erscheinungsform der Tätigkeit ab – nach h.M. als materielle (bzw. funktionelle), »echte« Rechtsprechung qualifiziert, die eben nur deshalb nicht mit Art. 92 GG in Konflikt gerät, weil sie privat und nicht staatlich ist.[943] Da das Schiedsgericht – auch nicht über die Beleihungskonstruktion als Teil der Verwaltungsorganisation – jedoch in keinem Falle den verfassungsrechtlichen Anforderungen an die rechtsprechende Gewalt genügen kann, d.h. Schiedsrichter keine Richter und Schiedsgerichte keine staatlichen Gerichte i.S. des Grundgesetzes darstellen können,[944] bestünde insofern eine Diskrepanz. Daraus allein lässt sich jedoch noch keine Unzulässigkeit einer Schiedsgerichtsbarkeit mit quasi staatlicher Beteiligung auch auf Ebene des Schiedsgerichts durch Beleihung der Schiedsrichter herleiten, was sich auch mit einem Vergleich zur Situation bei nicht verfassungskonformen unechten Schiedsgerichten belegen lässt. Genügen unechte Schiedsgerichte, d.h. solche besonderen Gerichte i.S. des Art. 101 Abs. 2 GG, die durch Gesetz vorgesehen sind und daher nicht durch Schiedsver-

941 Vgl. Erster Teil B II, S. 15 ff.

942 Vgl. *Möller*, S. 69; *Stumpf*, S. 29 ff.; ausführlich: *Hillgruber* in: Maunz/Dürig, Art. 92 Rn. 31 ff.

943 Vgl. *Möller*, S. 74; *Distler*, S. 43 ff.; *Hesselbarth*, S. 61; siehe auch: Erster Teil C I 1 b), S. 19 ff. m.w.N. Dieser Qualifizierung bei der rein privaten Schiedsgerichtsbarkeit soll hier nach wie vor zur Klarstellung nicht gefolgt werden.

944 Vgl. hierzu: Erster C I 1 d), S. 27 ff.

einbarung freiwillig etabliert wurden, nicht den verfassungsrechtlichen Anforderungen an ein staatliches Gericht, so lässt sich das unechte Schiedsgericht evtl. in eine Verwaltungsbehörde umdeuten[945] bzw. bleibt es jedenfalls zunächst bei der Eröffnung des Rechtsweges.[946] Gegen die Akte eines solch fehlerhaften unechten Schiedsgerichts in Form einer Verwaltungsbehörde ließe sich jedoch grundsätzlich ein (ggf. vorheriger) Rechtsschutzverzicht vereinbaren.[947] Dies zeigt zumindest, dass es einer Verwaltungsbehörde im Falle einer entsprechenden Vereinbarung mit einem Privaten in Hinblick auf Art. 92 GG nicht verwehrt sein kann, eine von der Funktion her streitentscheidende, letztverbindliche, aber im Ergebnis nicht als Rechtsprechung zu qualifizierende Tätigkeit auszuüben, die ohne die entsprechende Vereinbarung jedoch durch staatliche Gerichte als Rechtsprechung ausgeführt worden wäre. Diese Problematik hängt letztlich mit der an dieser Stelle nicht auflösbaren generellen Problematik der Bestimmung des Begriffes der »Rechtsprechung« zusammen. Die Art. 92 ff. GG gewähren im hier verstandenen Sinne insofern nur Mindestanforderungen für die staatliche Gerichtsbarkeit, die gesetzlich zur Entscheidung der Rechtsstreitigkeit und zur Gewährung von Rechtsschutz gegen Akte der Verwaltung zuständig wäre, wenn (z.B. wie im Falle der »unechten«, zwingend gesetzlich angeordneten Schiedsgerichte) keine anderweitige spezielle Vereinbarung zwischen dem Privaten und der Verwaltung getroffen wurde. Dadurch werden keine streitentscheidenden, letztverbindlichen Tätigkeiten der Verwaltung,[948] die aber auf freiwilliger Vereinbarung beruhen und denen dadurch letztlich nur eine Komplementärfunktion zukommt, verboten.

Ordnet man daher wie vorliegend die Schiedsgerichtsbarkeit mit staatlicher Beteiligung dogmatisch über die Vertretungsbefugnis der Verwaltungsorganisation zu, ergäbe sich auch bei entsprechender Beleihung der Schiedsrichter kein Verstoß gegen Art. 92 GG. Eine solche Schiedsgerichtsbarkeit ließe sich somit weniger als eine Art Rechtsprechungsinstanz, sondern vielmehr i.S. einer Art Selbstkontrolle der Verwaltung im Einvernehmen mit dem Bürger verstehen, die sich möglicherweise sogar dem Kernbereich der Exekutive zuordnen ließe.[949]

945 Vgl. *Weidemann*, S. 85 f.; *Woltereck*, DöV 1966, 323, 324.
946 *Ehlers/Schneider* in: Schoch/Schneider/Bier, § 40 Rn. 723 f.
947 Zum Rechtsschutzverzicht vgl. D I, S. 206 f.
948 Vgl. hierzu auch: *Hillgruber* in: Maunz/Dürig, Art. 92 Rn. 43, 48.
949 So: *Stumpf*, S. 53, der aus der Zuordnung zum Kernbereich der Exekutive sogar einen verfassungsrechtlichen Schutz der Schiedsgerichtsbarkeit mit staatlicher Beteiligung herleiten will.

E. Exkurs: Investitionsschiedsgerichtsbarkeit auf europäischer Ebene – Das Achmea-Urteil des EuGH

Am 6.3.2018 entschied die Große Kammer des EuGH über die Vereinbarkeit einer Investitionsschiedsschiedsgerichtsbarkeit mit dem Unionsrecht im Rahmen von Intra-EU-BITs, d.h. bilateralen Investitionsschutzverträgen zwischen EU-Mitgliedstaaten.[950] Im Ergebnis befand der EuGH die Investitionsschiedsgerichtsbarkeit als unzulässig.[951] In dem schiedsgerichtlichen Verfahren, welches von dem niederländischen Versicherungskonzern *Achmea* gegen die Slowakei wegen eines nachträglich eingeführten Gewinnausschüttungsverbotes in Frankfurt a.M. eingeleitet wurde, verurteilte das Schiedsgericht die Slowakei zur Schadensersatzzahlung in zweistelliger Millionenhöhe.[952] Der über die Rechtsbeschwerde der Slowakei ersuchte BGH legte dem EuGH im Wege des Vorabentscheidungsverfahrens nach Art. 267 Abs. 3 AEUV die Frage vor, ob eine Schiedsklausel in einem Intra-EU-BIT gegen Art. 344, 267 und 18 Abs. 1 AEUV verstoße.[953]

Der EuGH führte daraufhin aus, dass eine Investitionsschiedsgerichtsbarkeit nicht mit dem Grundgedanken der Autonomie des Unionsrechts vereinbar sei, da dadurch ein Mechanismus zur Beilegung von Streitigkeiten geschaffen werde, der die Anwendung und Auslegung des Unionsrechts in voller Wirksamkeit ausschließen kann.[954] Da sich die schiedsgerichtlichen Streitigkeiten auf die Anwendung und Auslegung des Unionsrechts beziehen könnten, das Schiedsgericht jedoch nicht als ein nach Art. 267 AEUV vorlageberechtigtes Gericht anzusehen sei und eine Überprüfung des Schiedsspruches durch ein Gericht eines Mitgliedstaates nur in sehr begrenztem Umfang möglich sei, sei die Autonomie des Unionsrechts gefährdet.[955] Zwar wäre bei der Handelsschiedsgerichtsbarkeit, bei der ebenfalls die Anwendung und Auslegung des Unionsrechts im Raume stehen könne, eine beschränkte Überprüfung des Schiedsspruches zulässig; dies rechtfertige sich jedoch nur aus der der Handelsschiedsgerichtsbarkeit zugrunde lie-

950 EuGH NJW 2018, 1663.
951 EuGH NJW 2018, 1663, 1666.
952 Zum Hintergrund des Verfahrens: *Miller*, EuZW 2018, 357, 358.
953 *Miller*, EuZW 2018, 357, 358.
954 EuGH NJW 2018, 1663, 1666.
955 EuGH NJW 2018, 1663, 1665 f.; vgl. auch: *Classen*, EuR 2018, 361, 362 f.

genden Privatautonomie, die bei Intra-EU-BITs zwischen zwei Mitgliedstaaten gerade fehle.[956]

Die knappe Begründung, mit der der EuGH der Intra-EU-BITs Investitionsschiedsgerichtsbarkeit eine klare Absage erteilt, wurde teils stark kritisiert, da sie mehr Fragen aufwerfe als beantworte.[957] Eine ausführliche Analyse aller (unionsrechtlich) aufgeworfenen Fragen soll hier nicht erfolgen. Für die vorliegende Untersuchung ist jedoch maßgeblich von Interesse, inwiefern sich die unionsrechtlichen Feststellungen des EuGH auf nationaler Ebene auf das Grundgesetz übertragen lassen. Hierzu befürchtet *Classen*, dass nationale Verfassungsgerichte – d.h. auch das BVerfG – die Argumentationslinien des EuGH bezüglich des Unionsrechts auf die nationalen Verfassungen übertragen könnten.[958] Der Sache nach ließe sich die Entscheidung nämlich auch dahin auslegen, dass dem EuGH ein absolutes Rechtsprechungsmonopol hinsichtlich der Anwendung und Auslegung des Unionsrechts zustehe. Die parallele Problematik besteht auch auf der Ebene des Grundgesetzes im Verhältnis zwischen nationaler Gerichtsbarkeit und nationalem Recht. Art. 92 GG sieht aber gerade kein Rechtsprechungsmonopol der staatlichen Gerichte vor.[959] Sollte die Entscheidung daher i.d.S. zu verstehen sein, wäre sie diesbezüglich klar abzulehnen, da die Autonomie des Rechts der EU als staatsnaher Organisation nicht weiter gehen darf als die Autonomie des Rechts auf nationaler Ebene.[960]

Andererseits ließe sich die Entscheidung des EuGH auch als Einschränkung der objektiven Schiedsfähigkeit sehen. Da diese aber wohl pauschal das gesamte Unionsrecht betreffen würde, ist mit dieser Interpretation auch nicht viel gewonnen, da sie im Ergebnis ebenfalls auf ein absolutes Rechtsprechungsmonopol hinauslaufen würde. Folgte man dieser Interpretation, würde der EuGH vermutlich jedoch immerhin das hier ebenfalls herausgearbeitete Argument bestätigen, dass der Schutz sensibler Rechtsgebiete insgesamt nur über den Vorbehalt der objektiven Schiedsfähigkeit, nicht jedoch über den *ordre public* Vorbehalt zu verwirklichen wäre.[961] Dafür spricht, dass es dem EuGH auch nur um eine abs-

956 EuGH NJW 2018, 1663, 1666.

957 Vgl. *Miller*, EuZW 2018, 357, 362; *Wernicke*, NJW 2018, 1644, 1646; *Classen*, EuR 2018, 361, 369; *Nacimiento/Bauer*, BB 2018, 1347, 1349; *Müller/Simon*, NJOZ 2018, 961.

958 *Classen*, EuR 2018, 361, 369.

959 Siehe: Erster Teil B II, S. 15 f.

960 *Classen*, EuR 2018, 361, 368.

961 Siehe: Zweiter Teil D III, S. 141 ff.

trakte Betroffenheit des Unionsrechts durch das Schiedsverfahren ging, nicht hingegen um eine konkrete Verletzung materieller Vorschriften.[962]

Beachtet werden muss hierbei, dass der EuGH seine Entscheidung nur auf Schiedsklauseln in bilateralen Verträgen zwischen zwei Mitgliedstaaten bezogen und die auf der Privatautonomie basierende Handelsschiedsgerichtsbarkeit ausdrücklich ausgenommen hat.[963] Dies spricht dagegen, die Entscheidung i.S. eines absoluten Rechtsprechungsmonopols bzw. einer generellen objektiven Schiedsunfähigkeit zu interpretieren, da beide Vorbehalte an den Gegenstand des Verfahrens, nicht jedoch an die Eigenschaft der Parteien der Schiedsklausel anknüpfen. Denn wäre die Anwendung und Auslegung des Unionsrechts aus zwingenden Gründen der Allgemeinheit einer Schiedsgerichtsbarkeit generell nicht zugänglich, so wäre auch die Privatautonomie insoweit eingeschränkt. Unklar bleibt vor diesem Hintergrund zudem, inwiefern die gerade hier interessierenden Schiedsklauseln in Verträgen zwischen Privaten und einem Staat weiterhin zulässig sind.[964] Die Zulässigkeit hinge wahrscheinlich davon ab, ob der EuGH die Anwendbarkeit des Grundsatzes der Privatautonomie in solchen Verträgen annehmen oder ablehnen würde.[965]

Bedauerlicherweise ist der EuGH in seiner knappen Entscheidung auch nicht explizit auf die Problematik der Fremdbestimmung des Staates durch einen Privaten eingegangen. Da er allerdings die Schiedsgerichte nicht als Gerichte im Sinne des Unionsrechts ansah und eine schiedsrichterliche Anwendung und Auslegung des Unionsrechts ablehnte, lässt sich dies eher i.S. eines Vorbehalts gegenüber der Möglichkeit der Fremdbestimmung eines Staates durch Private verstehen.

Zusammenfassend lässt sich festhalten, dass sich die knappen und pauschalen Argumentationslinien des EuGH nur schwerlich bzw. mit äußerster Vorsicht auf die parallele grundgesetzliche Problematik übertragen lassen. Vom Ergebnis her stimmt die Entscheidung des EuGH mit den in dieser Untersuchung gefundenen Ergebnissen überein: Eine Schiedsgerichtsbarkeit mit staatlicher Beteiligung darf nicht mit der privaten Schiedsgerichtsbarkeit gleichgesetzt werden. Die freie

962 Vgl. *Miller*, EuZW 2018, 357, 359; *Gundel*, NVwZ 2018, 727.

963 Zu den Auswirkungen auf die Handelsschiedsgerichtsbarkeit vgl. *Elsing/Grote*, RIW 2018, 321 ff.

964 *Kläger*, SchiedsVZ 2018, 191, 192.

965 Zur Anwendbarkeit des Grundsatzes der Privatautonomie in Verträgen mit der Verwaltung vgl. Dritter Teil C II 1, S. 201 ff.

Entscheidung privater Schiedsrichter über einen Staat ohne besondere Sicherungen ist abzulehnen.

F. Zusammenfassung (Dritter Teil)

Die Untersuchung einer Schiedsgerichtsbarkeit mit staatlicher Beteiligung hat ergeben, dass keine durchgreifenden verfassungsrechtlichen Bedenken bestehen. Nur darf nicht der Fehler begangen werden, diese mit der privaten Schiedsgerichtsbarkeit gleichzusetzen. Vielmehr bestehen diverse verfassungsrechtliche Bindungen der Exekutive, die schon den Vertrag mit der Verwaltung betreffen und den Spielraum einer Schiedsgerichtsbarkeit mit staatlicher Beteiligung nicht unerheblich einschränken. So ergibt sich eine verfassungsrechtliche Schiedsunfähigkeit bei Austauschverträgen aufgrund des rechtsstaatlichen Koppelungsverbotes, welches eine inhaltliche Nachkontrolle des Schiedsspruches erfordern würde (*révision au fond*). I.Ü. bestimmt sich die verfassungsrechtliche Schiedsfähigkeit wie bei der privaten Schiedsgerichtsbarkeit anhand verfassungsrechtlicher Gesetzgebungspflichten. Als Hauptproblem einer Beteiligung des Staates als Schiedspartei erweist sich hingegen die Fremdbestimmung des Staates durch Private. Es hat sich gezeigt, dass die Ausgestaltung einer Schiedsgerichtsbarkeit mit staatlicher Beteiligung auf Ebene der Schiedsrichter eine an die Beleihung angelehnte gesetzliche Grundlage benötigt und diverse öffentlich-rechtliche Bindungen und Verfahrensanforderungen wie die demokratische Legitimation der Schiedsrichter mit sich bringt, die aber selbst von den Befürwortern einer solchen Schiedsgerichtsbarkeit ohnehin schon gefordert werden. Vor diesem Hintergrund ist es äußerst zweifelhaft, ob die derzeitige gesetzliche Ausgestaltung den verfassungsrechtlichen Anforderungen genügt. Insgesamt lässt sich daher das Untersuchungsergebnis zur Zulässigkeit einer Schiedsgerichtsbarkeit mit staatlicher Beteiligung durch ein bereits eingangs verwendetes, aber modifiziertes Zitat zusammenfassen, in dem der Einklang mit öffentlichen Interessen gefordert wird: »*Wollte man sie* [die Schiedsgerichtsbarkeit] *so ausgestalten, daß sie dieser Anforderung genügten, so müßte man sie ihrer privaten Natur entkleiden und sie zu echten Staats*[behörden] *machen.*«[966] Auch wenn beliehene Schiedsrichter grundsätzlich Private bleiben, lässt sich bezweifeln, ob aufgrund

966 Vgl. *Weidemann*, S. 118, der im Originalzitat jedoch auf die Gleichstellung mit echten Staatsgerichten abstellte.

der weitreichenden Bindungen und der Angliederung an die Verwaltungsorganisation noch von einer »echten« Schiedsgerichtsbarkeit gesprochen werden kann; vielmehr würde sich die Abgrenzung und Definition eines eigenen Typus empfehlen.

Literaturverzeichnis

Aden, Menno, Verfahrensverstoß durch fehlerhafte Rechtsanwendung im Schiedsgerichtsverfahren, DZWIR 2011, 400.

Aden, Menno, Die Nichtöffentlichkeit des Schiedsverfahrens – Verstoß gegen prozessuales Grundrecht?, DZWIR 2012, 360.

Adomeit, Klaus, Die gestörte Vertragsparität – ein Trugbild, NJW 1994, 2467.

Altenmüller, Reinhard, Die schiedsrichterliche Entscheidung kartellrechtlicher Streitigkeiten, Tübingen 1973.

Appel, Ivo, Verfassung und Strafe – Zu den verfassungsrechtlichen Grenzen staatlichen Strafens, Berlin 1998 (zitiert: *Appel*).

Ason, Agnieszka, Schutz des Wettbewerbs im Wettbewerb der Schiedsorte: Zur Ordre-Public-Kontrolle von Schiedssprüchen mit kartellrechtlichem Bezug, WuW 2014, 1057.

Bader, Johann/ Ronellenfitsch, Michael (Hrsg.), Beck'scher Online-Kommentar Verwaltungsverfahrensgesetz: VwVfG, Edition 42, Stand 1.1.2019, München (zitiert: *Bearbeiter* in: BeckOK-VwVfG).

Baldus, Manfred, Die Einheit der Rechtsordnung – Bedeutungen einer juristischen Formel in Rechtstheorie, Zivil- und Staatsrechtswissenschaft des 19. und 20. Jahrhunderts, Berlin 1995 (zitiert: *Baldus*).

Bamberger, Heinz Georg/ Roth, Herbert (Hrsg.), Beck'scher Online-Kommentar Bürgerliches Gesetzbuch: BGB, Edition 49, Stand: 1.2.2019, München (zitiert: *Bearbeiter* in: BeckOK-BGB).

Baumbach, Adolf/ Lauterbach, Wolfgang/ Albers, Jan/ Hartmann, Peter (Begr./ Hrsg.), Zivilprozessordnung: ZPO, 77. Auflage 2019, München (zitiert: *Bearbeiter* in: Baumbach/Lauterbach/Albers/Hartmann).

Beater, Axel, Allgemeinheitsinteressen und UWG, WRP 2012, 6.

Beckmann, Martin, Statutarische Schiedsklauseln im deutschen Recht und internationalen Kontext, Frankfurt a.M. 2007 (zitiert: *Beckmann*).

von Bernstorff, Jochen, Streitigkeiten über gemeinwohlorientierte Regulierung von Investoren gehören im demokratischen Rechtsstaat vor die nationalen Gerichte, VerfBlog, 2014/5/15, zuletzt abgerufen am 20.02.2020 unter: http://verfassungsblog.de/streitigkeiten-ueber-gemeinwohlorientierte-regulierung-von-investoren-gehoeren-im-demokratischen-rechtsstaat-vor-die-nationalen-gerichte-2/.

Bleckmann, Albert, Verfassungsrechtliche Probleme des Verwaltungsvertrages, NVwZ 1990, 601.

M. Schenk, *Schiedsfreiheit und staatliche Schutzpflichten*,
https://doi.org/10.1007/978-3-658-29854-8

Bleistein, Romana/ Degenhart, Christoph, Sportschiedsgerichtsbarkeit und Verfassungsrecht – Schiedsvereinbarungen und Anti-Doping-Gesetzgebung auf dem Prüfstand, NJW 2015, 1353.

Bork, Reinhard, Der Begriff der objektiven Schiedsfähigkeit (§ 1035 Abs. 1 ZPO), ZZP 100 (1987), 249.

Bornkamm, Joachim/ Montag, Frank/ Säcker, Franz Jürgen (Hrsg.), Münchener Kommentar Europäisches und Deutsches Wettbewerbsrecht, 2. Auflage 2015, München (zitiert: *Bearbeiter* in: MünchKomm-GWB).

- Band 2: Gesetz gegen Wettbewerbsbeschränkungen (GWB), §§ 1-96, 130, 131.

Bosch, Wolfgang, Rechtskraft und Rechtshängigkeit im Schiedsverfahren, Tübingen 1991 (zitiert: *Bosch*).

Bosse, Wolfgang, Der subordinationsrechtliche Verwaltungsvertrag als Handlungsform öffentlicher Verwaltung – unter besonderer Berücksichtigung der Subventionsverhältnisse, Berlin 1974 (zitiert: *Bosse*).

Brach, Bianka Manuela, Die Verfassung als Grundlage und Grenze der Schiedsgerichtsbarkeit – Eine amerikanische Perspektive, Berlin 2013.

Brockmeier, Dirk, Punitive damages, multiple damages und deutscher ordre public – Unter besonderer Berücksichtigung des RICO-Act, Tübingen 1999 (zitiert: *Brockmeier*).

Brüning, Christoph, Widerspruchsfreiheit der Rechtsordnung – Ein Topos mit verfassungsrechtlichen Konsequenzen?, NVwZ 2002, 33.

Bundesgerichtshof, Deutschland, Das Bürgerliche Gesetzbuch – Mit besonderer Berücksichtigung der Rechtsprechung des Reichsgerichts und des Bundesgerichtshofes, Kommentar, 12. Auflage, Berlin (zitiert: *Bearbeiter* in: RGRK).

- Band 2, Teil 1: §§ 241-413 BGB, 1976.

Burgi, Martin, Der Beliehene – ein Klassiker im modernen Verwaltungsrecht, in: Geis, Max-Emanuel/ Lorenz, Dieter (Hrsg.), Staat – Kirche – Verfassung, Festschrift für Hartmut Maurer zum 70. Geburtstag, München 2001, S. 581 ff. (zitiert: *Burgi*, FS Maurer).

Busche, Jan, Privatautonomie und Kontrahierungszwang, Tübingen 1999 (zitiert: *Busche*).

Busche, Jan/ Röhling, Andreas (Hrsg.), Kölner Kommentar zum Kartellrecht, Köln (zitiert: *Bearbeiter* in: KK-KartR).

- Band 1: Deutsches Kartellrecht, §§ 1-34a GWB, 2017.

Canaris, Claus-Wilhelm, Verfassungs- und europarechtliche Aspekte der Vertragsfreiheit in der Privatrechtsgesellschaft, in: Badura, Peter/ Scholz, Rupert (Hrsg.), Wege und Verfahren des Verfassungslebens, Festschrift für Peter Lerche zum 65. Geburtstag, München 1993, S. 873 ff. (zitiert: *Canaris*, FS Lerche).

Canaris, Claus-Wilhelm, Grundrechte und Privatrecht – Eine Zwischenbilanz; stark erweiterte Fassung des Vortrags gehalten vor der Juristischen Gesellschaft zu Berlin am 10. Juni 1998, Berlin 1999 (zitiert: *Canaris*).

Canaris, Claus-Wilhelm, Wandlungen des Schuldvertragsrechts – Tendenzen zu seiner »Materialisierung«, AcP 200 (2000), 273.

Classen, Claus Dieter, Die Unterwerfung demokratischer Hoheitsgewalt unter eine Schiedsgerichtsbarkeit, EuZW 2014, 611.

Classen, Claus Dieter, Autonomie des Unionsrechts als Festungsring? – Anmerkung zum Urteil des EuGH (GK) v. 6.3.2018, Rs. C-284/16 (Slowakische Republik/Achmea BV), EuR 2018, 361.

Coesten-Waltjen, Dagmar, Die Inhaltskontrolle von Verträgen außerhalb des AGBG, AcP 190 (1990), 1.

Dauner-Lieb, Barbara, Verbraucherschutz durch Ausbildung eines Sonderprivatrechts für Verbraucher – systemkonforme Weiterentwicklung oder Schrittmacher der Systemveränderung?, Tübingen 1983 (zitiert: *Dauner-Lieb*).

Degenhart, Christoph, Systemgerechtigkeit und Selbstbindung des Gesetzgebers als Verfassungspostulat, München 1976 (zitiert: *Degenhart*).

Detterbeck, Steffen, Allgemeines Verwaltungsrecht – mit Verwaltungsprozessrecht, 17. Auflage 2019, München (zitiert: *Detterbeck,* VerwR).

Detterbeck, Steffen, Öffentliches Recht – Ein Basislehrbuch zum Staatsrecht, Verwaltungsrecht und Europarecht mit Übungsfällen, 11. Auflage 2018, München (zitiert: *Detterbeck*, ÖR).

Dietlein, Johannes, Die Lehre von den grundrechtlichen Schutzpflichten, 2. Auflage 2005, Berlin (zitiert: *Dietlein*).

Distler, Wolfram, Private Schiedsgerichtsbarkeit und Verfassung: eine rechtsvergleichende Untersuchung zum deutschen und englischen Recht, Frankfurt a.M. 2000 (zitiert: *Distler*).

Dolderer, Michael, Objektive Grundrechtsgehalte, Berlin 2000 (zitiert: *Dolderer*).

Duve, Christian/ Keller, Moritz, Privatisierung der Justiz – bleibt die Rechtsfortbildung auf der Strecke? – Ein Beitrag zur Auflösung des Spannungsverhältnisses von Privatautonomie und Rechtsfortbildung in der Schiedsgerichtsbarkeit, SchiedsVZ 2005, 169.

Dütz, Wilhelm, Rechtsstaatlicher Gerichtsschutz im Privatrecht – Zum sachlichen Umfang der Zivilgerichtsbarkeit, Bad Homburg 1970 (zitiert: *Dütz*).

Dreier, Horst (Hrsg.), Grundgesetz Kommentar: GG, Tübingen (zitiert: *Bearbeiter* in: Dreier).

- Band 1: Präambel, Art. 1-19 GG, 3. Auflage 2013.
- Band 3: Art. 83-146 GG, 3. Auflage 2018.

Ebert, Ina, Pönale Elemente im deutschen Privatrecht – Von der Renaissance der Privatstrafe im deutschen Recht, Tübingen 2004 (zitiert: *Ebert*).

Ebbing, Frank, Private Zivilgerichte – Möglichkeiten und Grenzen privater (schiedsgerichtlicher) Zivilrechtsprechung, München 2003 (zitiert: *Ebbing*).

Eidenmüller, Horst, Effizienz als Rechtsprinzip – Möglichkeiten und Grenzen der ökonomischen Analyse des Rechts, 3. Auflage 2005, Tübingen (zitiert: *Eidenmüller*).

Eilmansberger, Thomas, Entwicklungen der Schiedsgerichtsbarkeit im Kartellrecht in der Europäischen Union, in: Böckstiegel, Karl-Heinz/ Berger, Klaus Peter/ Bredow, Jens (Hrsg.), Schiedsgerichtsbarkeit und Kartellrecht, Köln 2006, S. 11 ff. (zitiert: *Eilmansberger*).

Eilmansberger, Thomas, Die Bedeutung der Art. 81 und 82 EG für Schiedsverfahren, SchiedsVZ 2006, 5.

Elsing, Siegfried/ Grote, Franziska Gräfin, TTIP und der Spill-over-Effekt auf die Handelsschiedsgerichtsbarkeit, RIW 2018, 321.

Epping, Volker/ Hillgruber, Christian (Hrsg.), Beck'scher Online-Kommentar Grundgesetz: GG, Edition 40, Stand: 15.2.2019, München (zitiert: *Bearbeiter* in: BeckOK-GG).

Erichsen, Hans-Uwe/ Ehlers, Dirk (Hrsg.), Allgemeines Verwaltungsrecht, 14. Auflage 2010, Berlin (zitiert: Erichsen/Ehlers/*Bearbeiter*, VerwR AT).

Erman, Walter (Begr.), Bürgerliches Gesetzbuch: BGB, Handkommentar, 15. Auflage 2017, Köln (zitiert: *Bearbeiter* in: Erman).

Ernst, Christian, Die Verwaltungserklärung – Die einfache verwaltungsrechtliche Willenserklärung als Handlungsform der Verwaltung, Berlin 2008 (zitiert: *Ernst*).

Fastrich, Lorenz, Richterliche Inhaltskontrolle im Privatrecht, München 1992 (zitiert: *Fastrich*).

Fechner, Frank, Geistiges Eigentum und Verfassung, Tübingen 1999 (zitiert: *Fechner*).

Fehling, Michael/ Kastner, Berthold/ Störmer, Rainer (Hrsg.), Verwaltungsrecht, VwVfG, VwGO, Nebengesetze – Handkommentar, 4. Auflage 2016, Baden-Baden (zitiert: *Bearbeiter* in: Fehling/Kastner/Störmer).

Felix, Dagmar, Einheit der Rechtsordnung – Zur verfassungsrechtlichen Relevanz einer juristischen Argumentationsfigur, Tübingen 1998 (zitiert: *Felix*).

Fikentscher, Wolfgang, Die Freiheit und ihr Paradox – Über Irrtümer unserer Zeit, Frankfurt a.M. 1997 (zitiert: *Fikentscher*).

Flessner, Axel, TTIP und Verfassungsrecht, VerfBlog, 2014/5/13, zuletzt abgerufen am 20.02.2020 unter: http://verfassungsblog.de/ttip-und-das-verfassungsrecht-2/.

Flume, Werner, Die Vereinsstrafe, in: Bettermann, Karl August/ Zeuner, Albrecht (Hrsg.), Festschrift für Eduard Bötticher zum 70. Geburtstag am 29. Dezember 1969, Berlin 1969, S. 101 ff. (zitiert: *Flume*, FS Bötticher).

Flume, Werner, Allgemeiner Teil des Bürgerlichen Rechts, Band II: Das Rechtsgeschäft, 4. Auflage 1992, Berlin (zitiert: *Flume*, AT II).

Freitag, Oliver, Das Beleihungsrechtsverhältnis – Rahmen, Begründung und Inhalt, Baden-Baden 2005 (zitiert: *Freitag*).

Fuchs, Andreas (Hrsg.), Wertpapierhandelsgesetz: WpHG Kommentar, 2. Auflage 2016, München (zitiert: *Bearbeiter* in: Fuchs).

Geimer, Reinhold, Schiedsgerichtsbarkeit und Verfassung, in: Schlosser, Peter (Hrsg.), Integritätsprobleme im Umfeld der Justiz – Die Organisation der Rechtsberatung; Schiedsgerichtsbarkeit und Verfassungsrecht, Band 7, Bielefeld 1994, S. 113 ff. (zitiert: *Geimer*).

Germelmann, Claas-Hinrich/ Matthes, Hans-Christoph/ Prütting, Hanns (Hrsg.), Arbeitsgerichtsgesetz: ArbGG, Kommentar, 9. Auflage 2017, München (zitiert: *Bearbeiter* in: Germelmann/Matthes/Prütting).

Gloy, Wolfgang (Begr.)/ *Loschelder, Michael/ Erdmann, Willi* (Hrsg.), Handbuch des Wettbewerbsrechts, 4. Aufl. 2010, München (zitiert: Gloy/Loschelder/Erdmann/*Bearbeiter*).

Gostomzyk, Tobias, Grundrechte als objektiv-rechtliche Ordnungsidee, JuS 2004, 949.

Großfeld, Bernhard, Die Privatstrafe – Ein Beitrag zum Schutz des allgemeinen Persönlichkeitsrechts, Frankfurt a.M. 1961 (zitiert: *Großfeld*).

Gröpl, Christoph/ Windthorst, Kay/ von Coelln, Christian, Studienkommentar Grundgesetz: GG, 3. Auflage 2017, München (zitiert: *Bearbeiter* in: Gröpl/Windhorst/ v.Coelln).

Gurlit, Elke, Verwaltungsvertrag und Gesetz – Eine vergleichende Untersuchung zum Verhältnis von vertraglicher Bindung und staatlicher Normsetzungsautorität, Tübingen 2000 (zitiert: *Gurlit*).

Habscheid, Walther J., Das Schiedsgutachten, in: Nipperdey, H.C. (Hrsg.), Das Deutsche Privatrecht in der Mitte des 20. Jahrhunderts, Festschrift für Heinrich Lehmann zum 80. Geburtstag, Band 2, Berlin 1956, S. 781 ff. (zitiert: *Habscheid*, FS Lehmann).

Hannich, Rolf (Hrsg.), Karlsruher Kommentar zur Strafprozessordnung: StPO mit GVG, EGGVG und EMRK, 8. Auflage 2019, München (zitiert: *Bearbeiter* in: KK-StPO).

Harder, Florian, Das Schiedsverfahren im Erbrecht – die Besonderheiten der Zulässigkeit und der Durchführung eines privaten Schiedsverfahrens bei der Erbauseinandersetzung aufgrund letztwilliger Schiedsklausel oder Schiedsvereinbarung, Berlin 2007 (zitiert: *Harder*).

Harte-Bavendamm, Henning/ Henning-Bodewig, Frauke (Hrsg.), Gesetz gegen den unlauteren Wettbewerb: UWG, Kommentar, 4. Auflage 2016, München (zitiert: *Bearbeiter* in: Harte-Bavendamm/Henning-Bodewig).

Heermann, Peter/ Schlingloff, Jochen (Hrsg.), Münchener Kommentar zum Lauterkeitsrecht (UWG), 2. Auflage 2014, München (zitiert: *Bearbeiter* in: MünchKomm-UWG).

- Band 1: Grundlagen des Lauterkeitsrechts, Internationales Wettbewerbs- und Wettbewerbsverfahrensrecht, das Unionsrecht und die UGP-Richtlinie, Vorabentscheidungsverfahren, §§ 1-4 UWG.
- Band 2: §§ 5-20 UWG.

Henssler, Martin/ Strohn, Lutz (Hrsg.), Gesellschaftsrecht – BGB, HGB, PartGG, GmbHG, AktG, GenG, UmwG, InsO, AnfG, IntGesR, 4. Auflage 2019 (zitiert: *Bearbeiter* in: Henssler/Strohn).

Herberger, Maximilian/ Martinek, Michael/ Rüßmann, Helmut/ Weth, Stephan (Hrsg.), juris PraxisKommentar BGB, 8. Auflage 2017, Saarbrücken (zitiert: *Bearbeiter* in: jurisPK-BGB).

- Band 1: Allgemeiner Teil.

Hesselbarth, Franziska, Schiedsgerichtsbarkeit und Grundgesetz – (Teil-) Verfassungswidrigkeit des reformierten Schiedsverfahrensrechts, Lichtenberg 2004 (zitiert: *Hesselbarth*).

Heukamp, Friso, Schiedszusagen in der europäischen Fusionskontrolle – Zur Nutzung privater Streitbeilegungsverfahren durch die Exekutive, Köln 2006 (zitiert: *Heukamp*).

Hillgruber, Christian, Der Schutz des Menschen vor sich selbst, München 1992 (zitiert: *Hillgruber*).

Hobbes, Thomas, Leviathan, Ditzingen 2017 (Reclam) (zitiert: *Hobbes*).

Hoffmann-Riem, Wolfgang/ Schmidt-Aßmann, Eberhard/ Voßkuhle, Andreas (Hrsg.), Grundlagen des Verwaltungsrechts, 2. Auflage, München.

- Band 2: Informationsordnung, Verwaltungsverfahren, Handlungsformen, 2012 (zitiert: Hoffmann-Riem/Schmidt-Aßmann/Voßkuhle/*Bearbeiter*, VerwR II).

Holzner, Nelson, Die objektive Schiedsfähigkeit von Immaterialgüterrechtsstreitigkeiten, Baden-Baden 2001 (zitiert: *Holzner*).

Höfling, Wolfram, Vertragsfreiheit – Eine grundrechtsdogmatische Studie, Heidelberg 1991 (zitiert: *Höfling*).

Huber, Peter, Schiedsvereinbarung im Scheidungsrecht, SchiedsVZ 2004, 280.

Hufeld, Ulrich, Die Vertretung der Behörde, Tübingen 2003 (zitiert: *Hufeld*).

Immenga, Ulrich/ Mestmäcker, Ernst-Joachim, Wettbewerbsrecht, München (zitiert: *Bearbeiter* in: Immenga/Mestmäcker).

- Band 2, GWB/Teil 1: Kommentar zum Deutschen Kartellrecht, §§ 1-96, 130-131 GWB, 5. Auflage 2014.

Isensee, Josef/ Kirchhof, Paul (Hrsg.), Handbuch des Staatsrechts, Heidelberg.

- Band 3: Demokratie - Bundesorgane, 2. Auflage 1996 (zitiert: *Bearbeiter*, HStR III²).
- Band 5: Allgemeine Grundrechtslehren, 2. Auflage 2000 (zitiert: *Bearbeiter*, HStR V²).
- Band 5: Rechtsquellen, Organisation, Finanzen, 3. Auflage 2007 (zitiert: *Bearbeiter*, HStR V³).
- Band 8: Grundrechte: Wirtschaft, Verfahren, Gleichheit, 3. Auflage 2010 (zitiert: *Bearbeiter*, HStR VIII³).

- Band 9: Allgemeine Grundrechtslehren, 3. Auflage 2011 (zitiert: *Bearbeiter*, HStR IX[3]).

Jarass, Hans D./ Pieroth, Bodo, Grundgesetz für die Bundesrepublik Deutschland: GG, Kommentar, 15. Auflage 2018, München (zitiert: *Bearbeiter* in: Jarass/Pieroth).

Jauernig, Othmar (Begr.), Bürgerliches Gesetzbuch: BGB, Kommentar, 17. Auflage 2018, München (zitiert: *Bearbeiter* in: Jauernig).

Joecks, Wolfgang/ Miebach, Klaus (Hrsg.), Münchener Kommentar zum Strafgesetzbuch: StGB, München (zitiert: *Bearbeiter* in: MünchKomm-StGB).

- Band 1: §§ 1-37 StGB, 3. Auflage 2017.

Kahl, Wolfgang/ Waldhof, Christian/ Walter, Christian (Hrsg.), Bonner Kommentar zum Grundgesetz, Loseblattwerk, 196. Aktualisierung 2019, Heidelberg (zitiert: *Bearbeiter* in: BK)

Kahlert, Heiner, Vertraulichkeit im Schiedsverfahren – Eine Untersuchung nach deutschem Recht mit internationalen Bezügen, Tübingen 2015 (zitiert: *Kahlert*).

Karl, Roland, Die Gewährleistung der Unabhängigkeit und Unparteilichkeit des Schiedsrichters, Konstanz 2004 (zitiert: *Karl*).

Karpen, Ulrich, Die Verweisung als Mittel der Gesetzgebungstechnik, Berlin 1970 (zitiert: *Karpen*).

Kasolowsky, Boris/ Schnabl, Daniel, Schiedsgutachten als Alternative zu Schiedsverfahren bei Streit über Rechtsfragen, SchiedsVZ 2012, 84.

Kiefer, Günther, Die Beleihung: (K)ein unbekanntes Wesen?, NVwZ 2011, 1300.

Kingreen, Thorsten/ Poscher, Ralf, Grundrechte, Staatsrecht II, 33. Auflage 2017, Heidelberg (zitiert: *Kingreen/Poscher*, GR).

Kittner, Michael, Die Rechtsprechung des BVerfG zur »Wiederherstellung gestörter Vertragsparität« im Lichte der ökonomischen Analyse des Rechts und von Deregulationspostulaten, in: Hanau, Peter/ Heither, Friedrich/ Kühling, Jürgen (Hrsg.), Richterliches Arbeitsrecht, Festschrift für Thomas Dieterich zum 65. Geburtstag, München 1999, S. 279 ff. (zitiert: *Kittner*, FS Dieterich).

Klein, Eckart, Grundrechtliche Schutzpflicht des Staates, NJW 1989, 1633.

Klein, Oliver, Das Untermaßverbot – Über die Justiziabilität grundrechtlicher Schutzpflichtenerfüllung, JuS 2006, 960.

Kleinschmidt, Jens, Delegation von Privatautonomie auf Dritte – Zulässigkeit, Verfahren und Kontrolle von Inhaltsbestimmungen und Feststellungen Dritter im Schuld- und Erbrecht, Tübingen 2014 (zitiert: *Kleinschmidt*).

Kloepfer, Michael, Verfassungsrecht Band II, Grundrechte, München 2010 (zitiert: *Kloepfer*, VerfR II).

Klumpp, Steffen, Die Privatstrafe – eine Untersuchung privater Strafzwecke - Zivilrechtlicher Schutz vor Zwangskommerzialisierung, Berlin 2002 (zitiert: *Klumpp*).

Knack, Hans J./ Henneke, Hans-Günter (Hrsg.), Verwaltungsverfahrensgesetz: VwVfG, Kommentar, 10. Auflage 2014, Köln (zitiert: *Bearbeiter* in: Knack/Henneke).

Knauff, Matthias, Vertragsschließende Verwaltung und verfassungsrechtliche Rechtsschutzgarantie, NVwZ 2007, 546.

Kopp, Ferdinand O./ Ramsauer, Ulrich (Begr./Hrsg.), Verwaltungsverfahrensgesetz: VwVfG, 19. Auflage 2018, München (zitiert: *Bearbeiter* in: Kopp/Ramsauer).

Kornmeier, Udo, Schiedsfähigkeit und materielle Vergleichsbefugnis – Überlegungen zur Auslegung des Merkmals »Vergleich« in § 1025 Abs. 1 ZPO, ZZP 94 (1981), 27.

Kornblum, Udo, Probleme der schiedsrichterlichen Unabhängigkeit, München 1968 (zitiert: *Kornblum*).

Köhler, Helmut/ Bornkamm, Joachim/ Feddersen, Jörn (Hrsg.), Gesetz gegen den unlauteren Wettbewerb: UWG mit PAngV, UKlaG, DL-InfoV, 37. Auflage 2019, München (zitiert: *Bearbeiter* in: Köhler/Bornkamm/Feddersen).

Kölbl, Angela, Schiedsklauseln in Vereinssatzungen, Berlin 2004 (zitiert: *Kölbl*).

Köndgen, Johannes/ König, Conrad, Grenzen zulässiger Konditionenanpassung beim Hypothekenkredit, ZIP 1984, 129.

Krölls, Albert, Grundgesetz und kapitalistische Marktwirtschaft – Die Wirtschaftsverfassung der Bundesrepublik, Frankfurt a.M. 1994 (zitiert: *Krölls*).

Krüger, Wolfgang/ Rauscher, Thomas (Hrsg.), Münchener Kommentar zur Zivilprozessordnung, ZPO 5. Auflage 2017, München (zitiert: *Bearbeiter* in: MünchKomm-ZPO).

- Band 3: §§ 946-1117 ZPO, EGZPO, GVG, EGGVG, UKlaG, Internationales und Europäisches Zivilprozessrecht.

Lachmann, Jens-Peter, Handbuch für die Schiedsgerichtspraxis, 3. Auflage 2008, Köln (zitiert: *Lachmann*).

Lagodny, Otto, Strafrecht vor den Schranken der Grundrechte – Die Ermächtigung zum strafrechtlichen Vorwurf im Lichte der Grundrechtsdogmatik dargestellt am Beispiel der Vorfeldkriminalisierung, Tübingen 1996 (zitiert: *Lagodny*).

Langen, Eugen/ Bunte, Hermann-Josef (Begr./Hrsg.), Kartellrecht, 13. Auflage 2018, Köln (zitiert: *Bearbeiter* in: Langen/Bunte).

- Band 1: Deutsches Kartellrecht.

Larenz, Karl, Lehrbuch des Schuldrechts, Band I: Allgemeiner Teil, 14. Auflage 1987, (zitiert: *Larenz*, Schuldrecht I).

Laufhütte, Heinrich Wilhelm/ Rissing-van Saan, Ruth/ Tiedemann, Klaus (Hrsg.), Leipziger Kommentar Strafgesetzbuch: StGB, Berlin (zitiert: *Bearbeiter* in: LK-StGB).

- Band 1: Einleitung; §§ 1-31 StGB, 12. Auflage 2007.
- Band 2: §§ 32-55 StGB, 12. Auflage 2006.

Lehmann, Matthias, Wertpapierhandel als schiedsfreie Zone? – Zur Wirksamkeit von Schiedsvereinbarungen nach § 37h WpHG, SchiedsVZ 2003, 219.

Leibholz, Gerhard/ Rinck, Hans-Justus (Begr.), Grundgesetz, Rechtsprechung des BVerfG Kommentar, Loseblattwerk, 77. Aktualisierung 2018, Köln (zitiert: *Leibholz/ Rinck*).

Leisner, Walter, Wettbewerb als Verfassungsprinzip – Grundrechtliche Wettbewerbsfreiheit und Konkurrenz der Staatsorgane, Berlin 2012 (zitiert: *Leisner*).

Lembcke, Moritz, Die Influenz von Justizgewährungsanspruch, Rechtsmonopol des Staates und rechtlichem Gehört auf außergerichtliche Streitbeilegungsverfahren, NVwZ 2008, 42.

Limbach, Jutta, Forum – Das Rechtsverständnis in der Vertragslehre, JuS 1985, 10.

Limbach, Jutta, Die Kompensation von Ungleichgewichtslagen – Eine Rezensionsabhandlung, KritV 1986, 165.

Löhr, Marcel C., Rechtsschutz im Schiedsverfahrensrecht, Frankfurt a.M. 2017 (zitiert: *Löhr*).

Lux, Jochen, Der Tatbestand der allgemeinen Marktbehinderung – Ein Beitrag zu den Grenzen des Lauterkeitsrechts, Tübingen 2006 (zitiert: *Lux*).

Lühmann, Tobias B., Die Rechtskraft des Schiedsspruchs im deutschen und US-amerikanischen Recht – Zugleich ein Beitrag zur Bedeutung des Parteiwillens für die Bestimmung der Schiedsspruchwirkungen, Tübingen 2014 (zitiert: *Lühmann*).

von Mangoldt, Hermann/ Klein, Friedrich/ Starck, Christian (Begr./Hrsg.), Kommentar zum Grundgesetz: GG, 7. Auflage 2018, München (zitiert: *Bearbeiter* in: Mangoldt/Klein/Starck).

- Band 1: Präambel, Art. 1-19 GG.
- Band 3: Art. 83-146 GG.

Mann, Thomas/ Sennekamp, Christoph/ Uechtritz, Michael (Hrsg.), Verwaltungsverfahrensgesetz: VwVfG, Großkommentar, Baden-Baden 2014 (zitiert: *Bearbeiter* in: Mann/Sennekamp/Uechtritz).

Matscher, Franz, Schiedsgerichtsbarkeit und EMRK, in: Habscheid, Walther J./ Schwab, Karl Heinz (Hrsg.), Beiträge zum internationalen Verfahrensrecht und zur Schiedsgerichtsbarkeit, Festschrift für Heinrich Nagel zum 75. Geburtstag, Münster 1987, S. 227 ff. (zitiert: *Matscher*, FS Nagel).

Maunz, Theodor/ Dürig, Günther (Begr.), Grundgesetz, Loseblatt-Kommentar, 85. Auflage 2019, München (zitiert: *Bearbeiter* in: Maunz/Dürig).

- Band 1: Art. 1-5 GG.
- Band 2: Art. 6-15 GG.
- Band 3: Art. 16-22 GG.
- Band 4: Art. 23-83 GG.
- Band 6: Art. 86-106a GG.

Maurer, Hartmut/Waldhoff, Christian, Allgemeines Verwaltungsrecht, 19. Auflage 2017, München (zitiert: *Maurer/Waldhoff*, VerwR).

Mayer, Otto, Zur Lehre vom öffentlich-rechtlichen Vertrage, AöR 3 (1888), 3.

Merten, Detlef/ Papier, Hans-Jürgen (Hrsg.), Handbuch der Grundrechte in Deutschland und Europa, Heidelberg.

- Band 2: Grundrechte in Deutschland: Allgemeine Lehren I, 2006 (zitiert: *Bearbeiter*, HGR II).
- Band 5: Grundrechte in Deutschland: Einzelgrundrechte II, 2013 (zitiert: *Bearbeiter*, HGR V).

Meyer-Cording, Ulrich, Die Vereinsstrafe, Tübingen 1957 (zitiert: *Meyer-Cording*).

Michalski, Lutz/ Heidinger, Andreas/ Leible, Stefan/ Schmidt, Jessica (Hrsg.), Kommentar zum Gesetz betreffend die Gesellschaften mit beschränkter Haftung: GmbHG, 3. Auflage 2017, München (zitiert: *Bearbeiter* in: Michalski).

- Band 2: §§ 35-88 GmbHG, EGGmbHG.

Mill, John Stuart, Über die Freiheit, Ditzingen 2017 (Reclam) (zitiert: *Mill*).

Miller, Robin Dominik, Autonomie des Unionsrechts versus Schiedsgerichtsbarkeit – Zur Bedeutung des EuGH-Urteils in der Rs. Achmea für die Entwicklung der Europäischen Union als Rechtsgemeinschaft, EuZW 2018, 357.

Möller, Kaspar Henrik, Echte Schiedsgerichtsbarkeit im Verwaltungsrecht – Eine Studie zu Rechtsrahmen und Kontrolle nichtstaatlicher Streitentscheidung im Verwaltungsrecht, Berlin 2014 (zitiert: *Möller*).

Musielak, Hans-Joachim/ Voit, Wolfgang (Hrsg.), Zivilprozessordnung: ZPO, Kommentar mit Gerichtsverfassungsgesetz, 16. Auflage 2019, München (zitiert: *Bearbeiter* in: Musielak/Voit).

Müller, Joscha/ Simon, Sven, Das Achmea-Urteil des EuGH und die Auswirkungen auf Streitbeilegungsmechanismen im Rechtsraum der EU, NJOZ 2018, 961.

Müller-Franken, Sebastian, Bindung Privater an Grundrechte? Zur Wirkung der Grundrechte auf Privatbeziehungen, in: Detterbeck, Steffen/ Rozek, Jochen/ von Coelln, Christian (Hrsg.), Recht als Medium der Staatlichkeit, Festschrift für Herbert Bethge zum 70. Geburtstag, Berlin 2009, S. 223 ff. (zitiert: *Müller-Franken*, FS Bethge).

von Münch, Ingo/ Kunig, Philip (Begr./Hrsg.), Grundgesetz-Kommentar: GG, 6. Auflage 2012, München (zitiert: *Bearbeiter* in: v.Münch/Kunig).

- Band 2: Art. 70-146 GG und Gesamtregister.

von Münch, Ingo/ Mager, Ute, Staatsrecht II – Grundrechte, 6. Auflage 2014, Stuttgart (zitiert: v.Münch/*Mager*, StaatsR II).

Nacimiento, Patricia/ Bauer, Sascha, Das Achmea-Urteil des EuGH – und nun?, BB 2018, 1347.

Nicklisch, Fritz, Instrumente der Internationalen Handelsschiedsgerichtsbarkeit zur Konfliktregelung bei Langzeitverträgen, RIW 1978, 633.

Nipperdey, Hans Carl, Soziale Marktwirtschaft und Grundgesetz, 3. Auflage 1965, Köln (zitiert: *Nipperdey*).

Niedermaier, Tilman, Schieds- und Schiedsverfahrensvereinbarungen in strukturellen Ungleichgewichtslagen – ein deutsch-US-amerikanischer Rechtsvergleich mit Schlaglichtern auf weitere Rechtsordnungen, Tübingen 2013 (zitiert: *Niedermaier*).

Ohly, Ansgar, »Volenti non fit iniuria« - Die Einwilligung im Privatrecht, Tübingen 2002 (zitiert: *Ohly*).

Ohly, Ansgar/ Sosnitza, Olaf (Hrsg.), Gesetz gegen den unlauteren Wettbewerb: UWG, Kommentar, 7. Auflage 2016, München (zitiert: *Bearbeiter* in: Ohly/Sosnitza).

Palandt, Otto (Begr.), Bürgerliches Gesetzbuch, BGB, Kommentar, 78. Auflage 2019, München (zitiert: *Bearbeiter* in: Palandt).

Paulus, Christoph G./ Zenker Wolfgang, Grenzen der Privatautonomie, JuS 2001, 1.

Pautsch, Arne/ Hoffmann, Lutz (Hrsg.), Verwaltungsverfahrensgesetz: VwVfG, Kommentar, Berlin 2016 (zitiert: *Bearbeiter* in: Pautsch/Hoffmann).

Peine, Franz-Joseph, Systemgerechtigkeit: die Selbstbindung des Gesetzgebers als Maßstab der Normenkontrolle, Baden-Baden 1985 (zitiert: *Peine*).

Pfeiffer, Thomas, Der verfassungsrechtliche Anspruch auf Vollstreckung von Schiedssprüchen, in: Ebke, Werner F./ Olzen, Dirk/ Sandrock, Otto (Hrsg.), Festschrift für Siegfried H. Elsing zum 65. Geburtstag, Frankfurt a.M. 2015, S. 387 ff. (zitiert: *Pfeiffer,* FS Elsing).

Pichler, Philipp Daniel, Das Verhältnis von Kartell- und Lauterkeitsrecht – Eine Standortbestimmung nach den Novellen von GWB und UWG, Baden-Baden 2009 (zitiert: *Pichler*).

Prütting, Hanns/ Gehrlein, Markus (Hrsg.), ZPO Kommentar, 10. Auflage 2018, Köln (zitiert: *Bearbeiter* in: Prütting/Gehrlein).

Prütting, Hanns, Schiedsgerichtsbarkeit und Verfassungsrecht, in: Bachmann, Birgit/ Breidenbach, Stephan/ Coester-Waltjen, Dagmar/ Heß, Burkhard/ Nelle, Andreas/ Wolf, Christian (Hrsg.), Grenzüberschreitungen – Beiträge zum internationalen Verfahrensrecht und zur Schiedsgerichtsbarkeit, Festschrift für Peter Schlosser zum 70. Geburtstag, Tübingen 2005, S. 705 ff. (zitiert: *Prütting*, FS Schlosser).

Prütting, Hanns/ Wegen, Gerhard/ Weinreich, Gerd (Hrsg.), Bürgerliches Gesetzbuch, BGB, Kommentar, 13. Auflage 2018, Köln (zitiert: *Bearbeiter* in: Prütting/Wegen/Weinreich).

Redeker, Martin/ von Oertzen, Hans-Joachim (Hrsg.), Verwaltungsgerichtsordnung: VwGO, Kommentar, 16. Auflage 2014, Stuttgart (zitiert: *Redeker/v.Oertzen*).

Regen, Ekkehard, Prozessbetrug als Anerkennungshindernis – Ein Beitrag zur Konkretisierung des ordre public-Vorbehaltes, Jena 2008 (zitiert: *Regen*).

Rehm, Florian Nikolaus, Die Schiedsgerichtsbarkeit im Rechtssystem, Zürich 2009 (zitiert: *Rehm*).

Reichert, Bernhard (Begr.), Vereins- und Verbandsrecht, 14. Auflage 2018, Köln (zitiert: *Reichert*).

Risse, Jörg, Wehrt Euch endlich! Wider das Arbitration-Bashing, SchiedsVZ 2014, 265.

Rosenberg, Leo/ Schwab, Karl/ Gottwald, Peter, Zivilprozessrecht, 18. Auflage 2018, München (zitiert: Rosenberg/Schwab/*Gottwald*).

Röthel, Anne, Richterliche Inhaltskontrolle von Eheverträgen, NJW 2001, 1334.

Ruess, Peter, Schiedsgerichtsvereinbarungen im Gewerblichen Rechtsschutz – eine Einführung, SchiedsVZ 2010, 23.

Ruffert, Matthias, Vorrang der Verfassung und Eigenständigkeit des Privatrechts – Eine verfassungsrechtliche Untersuchung zur Privatrechtswirkung des Grundgesetzes, Tübingen 2001 (zitiert: *Ruffert*).

Rupp, Hans-Heinrich, Grundgesetz und »Wirtschaftsverfassung«, Tübingen 1974 (zitiert: *Rupp*).

Sachs, Michael (Hrsg.), Grundgesetz Kommentar: GG, 8. Auflage 2018, München (zitiert: *Bearbeiter* in: Sachs).

Saenger, Ingo (Hrsg.), Zivilprozessordnung: ZPO, Familienverfahren - Gerichtsverfassung - Europäisches Verfahrensrecht, Handkommentar, 7. Auflage 2017, Baden-Baden (zitiert: *Bearbeiter* in: Saenger).

Savigny, Friedrich Carl von, System des heutigen Römischen Rechts – Erster Band, Berlin 1840 (zitiert: *Savigny*, System I).

Säcker, Jürgen/ Rixecker, Roland/ Oetker, Hartmut/ Limperg, Bettina (Hrsg.), Münchener Kommentar zum Bürgerlichen Gesetzbuch: BGB, 7. Auflage, München (zitiert: *Bearbeiter* in: MünchKomm-BGB).

- Band 1: Allgemeiner Teil, §§ 1-240 BGB, ProstG, AGG, 2015.
- Band 2: Schuldrecht, Allgemeiner Teil, §§ 241-432 BGB, 2016.
- Band 6: Schuldrecht, Besonderer Teil IV, §§ 705-853 BGB, Partnerschaftsgesellschaftsgesetz, Produkthaftungsgesetz, 2017.

Scherzberg, Arno, Grundfragen des verwaltungsrechtlichen Vertrages, JuS 1992, 205.

Schill, Stephan, Öffentlich-rechtliche Schiedsverfahren zwischen Risikobewältigung und Rechtsrisiko, DÖV 2010, 1013.

Schill, Stephan, Erodierung des Öffentlichen Rechts durch öffentlich-rechtliche Schiedsverfahren?, in: Scharrer, Jörg et. al. (Hrsg.), Risiko im Recht – Recht im Risiko – 50. Assistententagung Öffentliches Recht, Baden-Baden 2011, S. 265 ff. (zitiert: *Schill*).

Schlette, Volker, Die Verwaltung als Vertragspartner: Empirie und Dogmatik verwaltungsrechtlicher Vereinbarungen zwischen Behörde und Bürger, Tübingen 2000 (zitiert: *Schlette*).

Schmidt, Eike, Zivilrechtlicher Grundkurs für Studienanfänger, Königstein 1974 (zitiert: *Schmidt*).

Schmidt, Karsten (Hrsg.), Vielfalt des Rechts – Einheit der Rechtsordnung?: Hamburger Ringvorlesung, Berlin 1994 (zitiert: *K. Schmidt*).

Schmidt, Karsten, Kartellrecht im Schiedsverfahren – Neuorientierung durch VO 1/2003 und 7. GWB-Novelle?, BB 2006, 1397.

Schmidt-Bleibtreu, Bruno/ Hofmann, Hans/ Henneke, Hans-Günther (Hrsg.), Kommentar zum Grundgesetz: GG, 14. Auflage 2018, Köln (zitiert: *Bearbeiter* in: Schmidt-Bleibtreu/Hoffmann/Henneke).

Schmidt-Rimpler, Walter, Grundfragen einer Erneuerung des Vertragsrechts, AcP 147 (1941), 130.

Schmidt-Rimpler, Walter, Zum Vertragsproblem, in: Baur, Fritz/ Esser, Josef/ Kübler, Friedrich/ Steindorff, Ernst (Hrsg.), Funktionswandel der Privatrechtsinstitutionen, Festschrift für Ludwig Raiser zum 70. Geburtstag, Tübingen 1974, S. 3 ff. (zitiert: *Schmidt-Rimpler*, FS Raiser).

Schlosser, Peter, Schiedsgerichtsbarkeit und öffentlich-rechtlich beeinflußte Streitgegenstände, in: Böckstiegel, Karl-Heinz/ Glossner, Ottoarndt (Hrsg.), Festschrift für Arthur Bülow zum 80. Geburtstag, Köln 1981, S. 189 ff. (zitiert: *Schlosser*, FS Bülow).

Schlosser, Peter, Die objektive Schiedsfähigkeit des Streitgegenstands – eine rechtsvergleichende und internationalrechtliche Studie, in: Holzhammer, Richard/ Jelinek, Wolfgang/ Böhm, Peter (Hrsg.), Festschrift für Hans W. Fasching zum 65. Geburtstag, Manz 1988, S. 405 ff. (zitiert: *Schlosser*, FS Fasching).

Schlosser, Peter, Das Recht der internationalen privaten Schiedsgerichtsbarkeit, 2. Auflage 1989, Tübingen (zitiert: *Schlosser*, RiPS).

Schoch, Friedrich/ Schneider, Jens-Peter/ Bier, Wolfgang (Hrsg.), Verwaltungsgerichtsordnung: VwGO, Kommentar, Loseblattwerk, 35. Auflage 2018, München (zitiert: *Bearbeiter* in: Schoch/Schneider/Bier).

Schönke, Adolf/ Schröder, Horst (Begr.), Strafgesetzbuch: StGB, Kommentar, 30. Auflage 2019, München (zitiert: *Bearbeiter* in: Schönke/Schröder).

Schulze, Jörn-Christian, Grenzen der objektiven Schiedsfähigkeit im Rahmen des § 1030 ZPO – Eine Betrachtung des Rechts der Schiedsfähigkeit nach der Schiedsverfahrensrechtsreform, Frankfurt a.M. 2003 (zitiert: *Schulze*).

Schulze, Reiner et al. (Hrsg.), Bürgerliches Gesetzbuch: BGB, Handkommentar, 10. Auflage 2019, Baden-Baden (zitiert: *Bearbeiter* in: Schulze).

Schünemann, Bernd, Nulla poena sine lege? – Rechtstheoretische und verfassungsrechtliche Implikationen der Rechtsgewinnung im Strafrecht, Berlin 1978 (zitiert: *Schünemann*).

Schwab, Karl Heinz/ Walter, Gerhard, Schiedsgerichtsbarkeit, Systematischer Kommentar zu den Vorschriften der Zivilprozeßordnung, des Arbeitsgerichtsgesetzes, der Staatsverträge und der Kostengesetze über das privatrechtliche Schiedsgerichtsverfahren, 7. Auflage 2005, München (zitiert: *Schwab/Walter*).

Schwab, Norbert/ Weth, Stephan (Hrsg.), Arbeitsgerichtsgesetz: ArbGG, Kommentar, 5. Auflage 2017, Köln (zitiert: *Bearbeiter* in: Schwab/Weth).

Sellmann, Christian, Privatisierung mit oder ohne gesetzliche Ermächtigung, NVwZ 2008, 817.

Sendler, Horst, Grundrecht auf Widerspruchsfreiheit der Rechtsordnung? – Eine Reise nach Absurdistan?, NJW 1998, 2875.

Singer, Reinhard, Selbstbestimmung und Verkehrsschutz im Recht der Willenserklärungen, München 1995 (zitiert: *Singer*).

Sodan, Helge/ Ziekow, Jan (Hrsg.), Verwaltungsgerichtsordnung: VwGO, Großkommentar, 5. Aufl. 2018, Baden-Baden (zitiert: *Bearbeiter* in: Sodan/Ziekow).

Soergel, Hans Theodor (Begr.), Bürgerliches Gesetzbuch mit Nebengesetzen und Einführungsgesetzen: BGB, Stuttgart (zitiert: *Bearbeiter*, in: Soergel).

- Band 2: Schuldrecht 1, §§ 241-432 BGB, 12. Auflage 1990.
- Band 5/3: Schuldrecht 3/3, §§ 328-432 BGB, 13. Auflage 2010.

Sonnauer, Hans, Die Kontrolle der Schiedsgerichte durch die staatlichen Gerichte, Köln 1992 (zitiert: *Sonnauer*).

Spohnheimer, Frank, Gestaltungsfreiheit bei antezipiertem Legalanerkenntnis des Schiedsspruchs – Zugleich ein Beitrag zur Gewährung rechtlichen Gehörs in Schiedsverfahren und zur Aufhebung von Schiedssprüchen, Tübingen 2010 (zitiert: *Spohnheimer*).

Stadler, Astrid, Außergerichtliche obligatorische Streitschlichtung – Chance oder Illusion?, NJW 1998, 2479.

von Staudinger, Julius (Begr.), Kommentar zum Bürgerlichen Gesetzbuch mit Einführungsgesetzen und Nebengesetzen, Berlin (zitiert: *Bearbeiter* in: Staudinger).

- Buch 1: Allgemeiner Teil, §§ 21-79 BGB (Allgemeiner Teil 2), 2005.
- Buch 1: Allgemeiner Teil, §§ 164-240 BGB (Allgemeiner Teil 5), 2014.
- Buch 2: Recht der Schuldverhältnisse, §§ 315-326 BGB (Leistungsstörungen 2), 2015.
- Buch 2: Recht der Schuldverhältnisse, §§ 328-345 BGB (Vertrag zugunsten Dritter, Draufgabe, Vertragsstrafe), 2015.
- Buch 2: Recht der Schuldverhältnisse, §§ 779-811 BGB (Vergleich, Schuldversprechen, Anweisung, Schuldverschreibung), 2015.
- Eckpfeiler des Zivilrechts, 2018.

Stelkens, Ulrich, Verwaltungsprivatrecht – Zur Privatrechtsbindung der Verwaltung, deren Reichweite und Konsequenzen, Berlin 2005 (zitiert: *Stelkens*).

Stelkens, Paul/ Bonk, Hans Joachim / Sachs, Michael (Hrsg.), Verwaltungsverfahrensgesetz: VwVfG, Kommentar, 9. Auflage 2018, München (zitiert: *Bearbeiter* in: Stelkens/Bonk/Sachs).

Stein, Friedrich/ Jonas, Martin (Hrsg.), Kommentar zur Zivilprozessordnung: ZPO, 23. Auflage, Tübingen (zitiert: *Bearbeiter* in: Stein/Jonas).

- Band 10: § 1025-1066, 23. Auflage 2014.

Stendel, Robert, Referendarexamensklausur – Öffentliches Recht: Staatsorganisationsrecht und Völkerrecht – Undemokratische Schiedsgerichte?, JuS 2016, 822.

Stern, Klaus, Das Staatsrecht der Bundesrepublik Deutschland, München.

- Band III/1: Allgemeine Lehren der Grundrechte, 1988 (zitiert: *Stern*, Staatsrecht III/1).

Stöber, Kurt/ Otto, Dirk-Ulrich, Handbuch zum Vereinsrecht, 11. Auflage 2016, Köln (zitiert: Stöber/*Otto*).

Störring, Lars Peter, Das Untermaßverbot in der Diskussion – Untersuchung einer umstrittenen Rechtsfigur, Berlin 2009 (zitiert: *Störring*).

Ströbele, Paul, Vom Freihaltungsbedürfnis zum Allgemeininteresse im Markenrecht, in: Ahrens, Hans-Jürgen/ Bornkamm, Joachim/ Kunz-Hallstein, Hans Peter (Hrsg.), Festschrift für Eike Ullmann, Saarbrücken 2006, S. 425 ff. (zitiert: *Ströbele*, FS Ullmann).

Ströbele, Paul / Hacker, Franz/ Thiering, Frederik (Hrsg.), Markengesetz, Kommentar, 12. Auflage 2018, Köln (zitiert: *Bearbeiter* in: Ströbele/Hacker/Thiering).

Stumpf, Christoph A., Alternative Streitbeilegung im Verwaltungsrecht – Schiedsgerichtsbarkeit - Schiedsgutachten - Mediation - Schlichtung, Tübingen 2006 (zitiert: *Stumpf*).

Teufer, Tobias, Alternative Beilegung privater Wettbewerbsstreitigkeiten – Kartellmediation, Kartellschiedsgerichtsbarkeit und Wettbewerbsvergleich im Spannungsfeld zwischen Privatautonomie und staatlicher Regelung, Frankfurt a.M. 2006 (zitiert: *Teufer*).

Umbach, Dieter C./ Clemens, Thomas (Hrsg.), Grundgesetz Mitarbeiterkommentar, Heidelberg 2002 (zitiert: *Bearbeiter* in: Umbach/Clemens).

- Band 1: Art. 1-37 GG.
- Band 2: Art. 38-146 GG.

Vorwerk, Volkert/ Wolf, Christian (Hrsg.), Beck'scher Online-Kommentar Zivilprozessordnung: ZPO, Edition 31, Stand: 1.12.2018, München (zitiert: *Bearbeiter* in: BeckOK-ZPO).

Voit, Wolfgang, Privatisierung der Gerichtsbarkeit, JZ 1997, 120.

Vollmer, Lothar, Verfassungsrechtliche Grenzen der Kartellschiedsgerichtsbarkeit, WuW 1969, 421.

Voßkuhle, Andreas/ Kaiser, Anna-Bettina, Grundwissen – Öffentliches Recht: Der allgemeine Justizgewährungsanspruch, JuS 2014, 312.

Völker, Christian, Zur Dogmatik des ordre public – Die Vorbehaltsklauseln bei der Anerkennung fremder gerichtlicher Entscheidungen und ihr Verhältnis zum ordre public des Kollisionsrechts, Berlin 1998 (zitiert: *Völker*).

Wagner, Gerhard, Prozeßverträge – Privatautonomie im Verfahrensrecht, Tübingen 1998 (zitiert: *Wagner*).

Weidemann, Helmut, Schiedsgerichtsbarkeit in verwaltungsrechtlichen Streitsachen, Clausthal-Zellerfeld 1968 (zitiert: *Weidemann*).

Weisel, Klaus, Das Verhältnis von Privatisierung und Beleihung – Eine verfassungsrechtliche Untersuchung der Kombinationsfähigkeit von Privatisierung und Beleihung sowie der Einflüsse der Anwendung des neuen Steuerungsmodells für die öffentliche Verwaltung auf ihre Zulässigkeit, Baden-Baden 2003 (zitiert: *Weisel*).

Weller, Marc-Philippe, Die Vertragstreue – Vertragsbindung - Naturalerfüllungsgrundsatz – Leistungstreue, Tübingen 2009 (zitiert: *Weller*).

Werner, Matthias, Allgemeine Fehlerfolgenlehre für den Verwaltungsvertrag – Unter besonderer Berücksichtigung der Entwicklung der Rechtsprechung, Baden-Baden 2008 (zitiert: *Werner*).

Wernicke, Stephan, Autonomie und Häresie – Investitionsschiedsgerichte in der Rechtsunion, NJW 2018, 1644.

Wimmer-Leonhardt, Susanne, UWG-Reform und Gewinnabschöpfungsanspruch oder »Die Wiederkehr der Drachen«, GRUR 2004, 12.

Wolf, Christian, Zwischen Schiedsverfahrensfreiheit und notwendiger staatlicher Kontrolle, RabelsZ 57 (1993), 643.

Wolff, Johanna, Grenze der Heimlichkeit – Nicht-öffentliche Schiedsverfahren mit Beteiligung der öffentlichen Hand am Maßstab des Verfassungsrechts, NVwZ 2012, 205.

Wolff, Reinmar, Streitwertfestsetzung bei wertabhängiger Schiedsrichtervergütung – Schiedsrichter in eigener Sache?, SchiedsVZ 2006, 131.

Wolff, Reinmar, Beschlussmängelstreitigkeiten im Schiedsverfahren, NJW 2009, 2021.

Wolff, Reinmar, Die Schiedsvereinbarung als unvollkommener Vertrag? Zum Rügeerfordernis des § 1032 Abs. 1 ZPO, SchiedsVZ 2015, 280.

Woltereck, Richard, Unechte und echte Schiedsgerichte des Verwaltungsrechts, DÖV 1966, 323.

Ziekow, Jan, Verwaltungsverfahrensgesetz, Kommentar, 3. Auflage 2013, Stuttgart (zitiert: *Ziekow*).

Zöller, Richard (Hrsg.), Zivilprozessordnung: ZPO, 32. Auflage 2018, Köln (zitiert: *Bearbeiter* in: Zöller).